广视角·全方位·多品种

权威·前沿·原创

皮书系列为
"十二五"国家重点图书出版规划项目

湖南蓝皮书

BLUE BOOK OF HUNAN

2014年
湖南社会发展报告

ANNUAL REPORT ON SOCIAL DEVELOPMENT OF HUNAN
(2014)

湖南省人民政府经济研究信息中心
主　编 / 梁志峰
副主编 / 唐宇文

社会科学文献出版社
SOCIAL SCIENCES ACADEMIC PRESS (CHINA)

图书在版编目(CIP)数据

2014年湖南社会发展报告/梁志峰主编. —北京：社会科学文献出版社，2014.4
（湖南蓝皮书）
ISBN 978-7-5097-5854-0

Ⅰ.①2… Ⅱ.①梁… Ⅲ.①社会发展-研究报告-湖南省-2014 Ⅳ.①D676.4

中国版本图书馆CIP数据核字（2014）第067203号

湖南蓝皮书
2014年湖南社会发展报告

主　　编／梁志峰
副 主 编／唐宇文

出 版 人／谢寿光
出 版 者／社会科学文献出版社
地　　址／北京市西城区北三环中路甲29号院3号楼华龙大厦
邮政编码／100029

责任部门／皮书出版分社（010）59367127　　　　责任编辑／丁　凡
电子信箱／pishubu@ssap.cn　　　　　　　　　　责任校对／师晶晶
项目统筹／邓泳红　桂　芳　　　　　　　　　　责任印制／岳　阳
经　　销／社会科学文献出版社市场营销中心（010）59367081　59367089
读者服务／读者服务中心（010）59367028

印　　装／北京季蜂印刷有限公司
开　　本／787mm×1092mm　1/16　　　　　　印　张／27.5
版　　次／2014年4月第1版　　　　　　　　　字　数／442千字
印　　次／2014年4月第1次印刷
书　　号／ISBN 978-7-5097-5854-0
定　　价／128.00元

本书如有破损、缺页、装订错误，请与本社读者服务中心联系更换
▲ 版权所有　翻印必究

湖南省人民政府经济研究信息中心
湖南蓝皮书编辑委员会

主　　任　梁志峰

副 主 任　杨志新　唐宇文　康锦贵　唐雪琴　李建国
　　　　　李绍清

编　　委　彭蔓玲　蔡建河　唐文玉　谢坚持　禹向群
　　　　　陈国兴　王佳林　丁桃凤　赵迦南　曾晓阳
　　　　　柳　松　王力共　罗小阳　彭谷前　温长远
　　　　　武晓兰

主　　编　梁志峰

副 主 编　唐宇文

《湖南蓝皮书·2014年湖南社会发展报告》

执行编辑　唐文玉　袁建四　王　颖　屈莉萍　曹宝石

主要编撰者简介

梁志峰 湖南省人民政府经济研究信息中心主任，管理学博士。历任中共湖南省委办公厅秘书处秘书，中共湖南省委高校工委组织部部长，湘潭县委副书记，湘潭市雨湖区委书记，湘潭市委常委、秘书长、组织部部长。主要研究领域为资本市场和区域经济学，先后主持多项省部级研究课题，发表CSSCI论文20多篇，著有《资产证券化的风险管理》《网络经济的理论与实践》《古云村 古城村调查》等。

唐宇文 湖南省人民政府经济研究信息中心副主任，研究员。1984年毕业于武汉大学数学系，获理学学士学位，1987年毕业于武汉大学经济管理系，获经济学硕士学位。2001~2002年在美国加州州立大学学习，2010年在中共中央党校一年制中青班学习。主要研究领域为区域发展战略与产业经济。先后主持国家社科基金项目及省部级课题多项，近年出版著作有《打造经济强省》《区域经济互动发展论》等。

摘　要

党的十八届三中全会提出，要创新社会治理体制，改进社会治理方式，激发社会组织活力，这为湖南省委、省政府加快社会建设、保障民生指明了方向。2014年2月，湖南出台了《关于加强和创新社会组织建设与管理的意见》，从改革创新管理体制、加大扶持培育力度、完善内部治理机制、健全监督管理体系、强化管理工作保障等五方面，对加强创新社会组织建设管理工作做出了详细、周密的安排部署，这将推动湖南社会建设迈入新的历史阶段。

本书主要利用湖南省政府和相关部门发布的权威数据和资料编撰而成，共分四个部分，包括主题报告7篇，总报告1篇，部门报告16篇，专题报告16篇，共40篇。其中主题报告深入分析了2013年湖南社会建设的总体成效，提出了加强社会建设、创新社会治理方式的总体思路；部门报告分别从公安司法、就业与社会保障、城乡居民收入、文化、教育、医药卫生、民政、信访、社会治安及应急管理等方面进行了专项研究，多视角展现了湖南社会发展的基本情况、特点、亮点及制约因素，并展望2014年湖南社会建设的发展趋势；专题报告选取了对湖南社会发展有重大影响的几个领域，如法治建设、城市化、社会养老、社区建设、弱势群体、群体性事件及安全生产等当前重大理论与实践问题，展开了前瞻性与应用性研究，为推进湖南社会建设提供了有针对性的建议，为全省各级各部门推进社会发展、创新社会治理方式提供了丰富的资料和决策参考依据。

目 录

BⅠ 主题报告

B.1 聚焦中心抓重点　反腐倡廉正党风 …………………… 黄建国 / 001

B.2 党的群众路线教育实践活动对新形势下党的作风建设的
　　启示 …………………………………………………… 郭开朗 / 012

B.3 切实履行职责　不断推动政法工作全面发展 ………… 孙建国 / 020

B.4 深化改革　提高质量　推动高等教育内涵式发展 …… 李友志 / 031

B.5 维护社会安全稳定　保障群众安居乐业 ……………… 盛茂林 / 038

B.6 发挥司法审判职能　服务经济社会发展 ……………… 康为民 / 045

B.7 忠实履行监督职能　维护社会和谐稳定 ……………… 游劝荣 / 056

BⅡ 总报告

B.8 2013年湖南社会形势分析及2014年展望
　　………………… 湖南省人民政府经济研究信息中心课题组 / 064

一　2013年湖南社会发展基本情况……………………………… / 064

二　社会发展面临的主要问题…………………………………… / 070

三　2014年社会发展形势预测与展望………………………… / 073

四　促进社会发展的政策建议…………………………………… / 076

BⅢ 部门报告

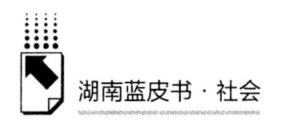

B.9 2013年湖南公安工作进展及2014年展望
　　……………………………………………… 湖南省公安厅警令部 / 086

B.10 2013年湖南司法行政工作进展与2014年展望
　　………………………………………………………… 湖南省司法厅 / 096

B.11 2013年湖南省人力资源和社会保障工作进展及2014年展望
　　………………………………………… 湖南省人力资源和社会保障厅 / 114

B.12 湖南教育拉动内需的分析与建议 ………… 湖南省教育厅 / 124

B.13 2013年湖南文化惠民进展及2014年展望 ……… 湖南省文化厅 / 136

B.14 2013年湖南医药卫生体制改革进展及2014年展望
　　…………………………………………………………………… 王湘生 / 141

B.15 2013年湖南民政工作情况及2014年展望 ……… 湖南省民政厅 / 148

B.16 2013年湖南省保障性住房建设和管理现状及2014年展望
　　………………………… 湖南省住房和城乡建设厅住房保障处 / 154

B.17 2013年湖南人力资源市场动态分析及2014年展望
　　……………… 湖南省人力资源和社会保障厅职业介绍服务中心 / 159

B.18 2013年湖南城乡居民收入状况与走势分析
　　…………………………………………… 国家统计局湖南调查总队 / 167

B.19 2013年依法行政工作情况及2014年展望
　　………………………………………… 湖南省人民政府法制办公室 / 176

B.20 加强综合治理工作　深化平安湖南建设 ………… 田福德 / 184

B.21 2013年湖南应急管理工作情况及2014年展望
　　………………………………………………… 湖南省应急管理办公室 / 197

B.22 2013年湖南信访工作情况及2014年展望 ………… 张　严 / 204

B.23 2013年湖南省安全生产形势分析及2014年展望
.... 湖南省安全生产监督管理局 / 210
B.24 2013年湖南省非公有制经济发展情况研究 .... 湛建阶 / 217

BⅣ 专题报告

B.25 湖南防范和处置重大群体性事件的对策研究
.... 湖南省人民政府经济研究信息中心课题组 / 231
B.26 湖南防范重大安全事故的对策研究
.... 湖南省人民政府经济研究信息中心课题组 / 244
B.27 湖南保障低收入群体基本生活的对策研究
.... 湖南省人民政府经济研究信息中心课题组 / 251
B.28 合肥市"和谐拆迁"的经验与启示 .... 张 严 / 265
B.29 当前湖南妇女就业状况及就业权益保护研究
.... 唐宇文 唐文玉 / 273
B.30 湖南省县级公立医院综合改革试点进展、问题及对策
.... 唐宇文 袁建四 / 283
B.31 转型期推进农村基层社会管理发展的价值特征和路径
选择 .... 刘 丹 彭 澎 / 292
B.32 如何提高公民参与社会治理的有效性 .... 李建华 / 303
B.33 论类型理论下国家精神损害赔偿标准的构建
——以H省102份案例为样本的实证分析
.... 王建林 伍玉联 / 310
B.34 同龄人司法
——未成年人刑事司法参与模式的反思与超越
.... 邓志伟 赵彩艳 / 325

B.35 加快法治政府建设　推动更好更快发展 ……… 唐曙光　王启贤 / 343

B.36 湖南农民工城市融入的现状及其对策建议 ………… 潘泽泉 / 350

B.37 湖南社区服务保障供给主体研究 ………… 谷中原　张　超 / 370

B.38 湖南加快建立社会养老服务体系对策研究 ………… 孙建娥 / 386

B.39 论城镇化过程中拆迁农民的市民化教育支持 ………… 黄帝荣 / 397

B.40 湖南省知识产权战略实施的成效、问题与对策
………………………………………………… 何炼红　邓欣欣 / 408

皮书数据库阅读 **使用指南**

CONTENTS

B I Keynote Reports

B.1 Focus on the spotlight to Grasp the Major, Combat Corruption
and Uphold Integrity to Correct the Party's Style *Huang Jianguo* / 001

B.2 Enlightenment that Educational Practical Activity of the
Party's Mass Line Makes to the Party's Work Style
Construction under the New Situation *Guo Kailang* / 012

B.3 Practically Perform Duties, Constantly Promote overall
Development of Political-Legal Profession *Sun Jianguo* / 020

B.4 Deepen the Reform, Improve the Quality, Promote the
Higher Education Connotative Development *Li Youzhi* / 031

B.5 Maintain Social Security and Stability, Ensure People's
Happy and Peaceful Life *Sheng Maolin* / 038

B.6 Play Justicial Trail Power, Serve Economic Society
Development *Kang Weimin* / 045

B.7 Faithfully Carry Out Its Oversight Responsibilities, Maintain
Social Harmony and Stability *You Quanrong* / 056

CONTENTS

B.16 Progress of Hunan's Indemnificatory Housing Construction and Administration in 2013 and Outlook in 2014
The Bureau of Indemnificatory Housing, The Department of Housing and Construction of Hunan Province / 154

B.17 Dynamical Analysis of Hunan's Human Resource Market in 2013 and Outlook in 2014
The Center of Sincere Employment Agency of the Department of Human Resources and Social Security of Hunan Province / 159

B.18 Development of Hunan's Income of Urban and Rural Residents and Trends Analysis *Hunan Municipal Bureau Statistics, NBS Survey Office* / 167

B.19 Progress of Administration by Law in 2013 and Outlook in 2014
Legislation Office of Hunan Province People's Government / 176

B.20 Improve comprehensive Control Work, Deepen the Construction of Safety Hunan *Tian Fude* / 184

B.21 Progress of Hunan's Emergency Management Work in 2013 and Outlook in 2014 *Emergency Management Office of Hunan Province* / 197

B.22 Progress of Hunan's Letters and Visits Work in 2013 and Outlook in 2014 *Zhang Yan* / 204

B.23 Analysis of Hunan's Safe Production Situation in 2013 and Outlook in 2014
The Bureau of Safe Production Supervision and Administration of Hunan Province / 210

B.24 Study on Hunan Provincial Development of Non-public-owned Economy in 2013 *Zhan Jianjie* / 217

B IV Specific Reports

B.25 Countermeasures Research of Hunan's Guarding Against and Dealing with Major Group Events
Research Team of Economic Research & Information Center of Hunan Provincial People's Government / 231

007

B.26 Countermeasures Rsearch of Hunan's Guarding Against
     Serious Safety Accidents
                    Research Team of Economic Research & Information Center
                              of Hunan Provincial People's Government / 244

B.27 Countermeasures Research of Indemnifying Basic Living of
     Lower-income Population
                    Research Team of Economic Research & Information Center
                              of Hunan Provincial People's Government / 251

B.28 Experience and Enlightenment of Hefei City's Harmonious
     Relocation   Zhang Yan / 265

B.29 Study on the Current Hunan's Situation and Protection of the
     Right and Interests of Women's Employment
                                           Tang Yuwen, Tang Wenyu / 273

B.30 Progress, Problems and Countermeasures of Trials of the
     Comprehensive Reform in County-level Public Hospitals
     of Hunan Province   Tang Yuwen, Yuan jiansi / 283

B.31 Value Feature and Path Selection of Promoting the Development
     of the Rural Basis Social Management in Transition   Liu Dan, Peng Peng / 292

B.32 How to Improve the Effectiveness of Citizen Participation in
     Community Governance   Li Jianhua / 303

B.33 Construction to the National Right Infringement Spirit
     Damage Compensation System in Type Theory
         —Empirical Analysis in H Provincial 102 Cases as Samples
                                           Wang Jianlin, Wu Yulian / 310

B.34 Reflection and Surmounting of Contemporary Justice, the
     Nonage Criminal Justice Participation Pattern   Deng Zhiwei, Zhao Caiyan / 325

B.35 Speeding up the Building Legal Government and Promoting
     the Development Better and Faster   Tang Shuguang, Wang Qixian / 343

B.36 Situation, Countermeasures and Suggestions of the Migrant
     Workers' Urban Inclusion in Hunan   Pan Zequan / 350

CONTENTS

B.37 Study on Community Services Security Providers
Gu Zhongyuan, Zhang Chao / 370

B.38 Countermeasures Research on Accelerating the Building a Social Old-age Service System *Sun Jian'e* / 386

B.39 Study on the Citizenization Education Support of Peasants Whose Houses Were Removed in the Course of Urbanization *Huang Dirong* / 397

B.40 Effectiveness, Problems and Countermeasures of the Implementing of Hunan Provincial Intellectual Property Strategy *He Lianhong, Deng Xinxin* / 408

主 题 报 告

Keynote Reports

B.1
聚焦中心抓重点　反腐倡廉正党风

黄建国[*]

坚决反对腐败，防止党在长期执政条件下腐化变质，是我们必须抓好的重大政治任务。2013年以来，湖南省各级党委、政府和纪检监察机关深入贯彻落实党的十八大、十八届二中、十八届三中全会和十八届中央纪委第二次全会精神，按照中央和省委的部署，扎实开展党的群众路线教育实践活动，全面推进反腐倡廉建设和作风建设，着力解决人民群众反映强烈的不正之风和"四风"方面突出问题，党风廉政建设和反腐败工作取得了新进展、新成效。今后各级各部门要将思想和行动统一到中央对形势的判断和任务部署上来，以更加坚决的态度、更加有力的措施、更加过硬的作风，扎实推进反腐倡廉事业。

一　认真学习中央纪委第三次全会精神

在第十八届中央纪委第三次全会上，习近平总书记发表了重要讲话，王岐

---

[*] 黄建国，中共湖南省委常委、省纪委书记。

山书记作了工作报告。讲话和报告站位很高、目光深远、信息量大、新精神多，我们要认真学习领会，用以武装头脑、指导工作、推动实践。

一要认真学习领会关于"两个依然"的判断。在充分肯定党的十八大以来党风廉政建设和反腐败斗争创新举措和辉煌成果的同时，习近平总书记告诫全党"滋生腐败的土壤依然存在，反腐败形势依然严峻复杂"，"一些不正之风和腐败问题影响恶劣、亟待解决"，"要深刻认识反腐败斗争的长期性、复杂性、艰巨性"。王岐山书记指出："有的党委党风廉政建设主体责任的担当意识不强；一些党组织软弱涣散、纪律松弛；不良作风积习甚深，'四风'问题还比较突出；腐败问题依然多发，在一些地区和部门尚未得到有效遏制。"我们既要经受住"棒杀"，在困难面前增强信心，又要经受住"捧杀"，在成绩面前头脑清醒。

二要认真学习领会关于"三项任务"的部署。第一项是落实惩防体系规划。各级党委要认真执行《建立健全惩治和预防腐败体系2013~2017年工作规划》，把这作为重大政治任务贯穿到改革发展稳定各项任务之中。各级纪委要把惩治腐败作为重要职责，更好地协助党委加强党风建设和组织协调反腐败工作。第二项是深化党的作风建设。作风问题具有顽固性、反复性，必须一抓到底，把作风建设变成常态，坚持不懈，发现反弹严肃处理。纪检监察机关要扭住落实中央八项规定精神不放，一年一年抓下去，一个时间节点一个时间节点地抓，及时查处违纪违规行为，点名道姓通报曝光。第三项是坚决遏制腐败蔓延。坚持以零容忍态度惩治腐败，对腐败分子，发现一个就要坚决查处一个。各级党委要把坚决遏制腐败蔓延势头作为重要任务，切实加强对反腐败工作的领导。

三要认真学习领会"两个为主"的规定。改革党的纪律检查体制，完善反腐败体制机制。党的地方各级纪律检查委员会和基层纪律检查委员会在同级党委和上级纪委领导下进行工作。党的十八届三中全会和中纪委第三次全会都提出，要推动党的纪律检查工作双重领导体制具体化、程序化、制度化，强化上级纪委对下级纪委的领导。明确规定，查办腐败案件以上级纪委领导为主；各级纪委书记、副书记的提名和考察以上级纪委会同组织部门为主。这既坚持了党对反腐败工作的领导，坚持了党管干部原则，又保证了纪委监督权的行使,有利于加大反腐败工作力度。

四要认真学习领会"两种责任"的界定。反腐败体制机制改革,一个很重要的方面是理清责任、落实责任。落实党风廉政建设责任制,党委负主体责任,纪委负监督责任。党的组织、宣传、统战、政法等部门要把党风廉政建设的要求融入各自工作,人大、政府、政协和法院、检察院的党组织都要按照中央要求,履行党风廉政建设主体责任。各级党委(党组)特别是主要领导必须树立不抓党风廉政建设就是严重失职的意识,主要领导是第一责任人,领导班子成员根据分工对职责范围内的党风廉政建设负领导责任。各级党委要把思想统一到十八届三中全会精神上来,认真落实反腐败体制机制改革举措,自觉接受纪委监督,支持和保障纪委履行职责。

五要认真学习领会"三个转变"的要求。就是转职能、转方式、转作风。各级纪检监察机关要加大议事协调机构取消或退出力度,坚决把不该管的工作交还给主责部门,做到不越位、不缺位、不错位,突出党风廉政建设和反腐败斗争这个中心任务,强化案件查办和执纪监督职责。最近中央纪委在将125个议事协调机构清理调整至39个的基础上,决定再取消或退出25个,只保留或继续参与14个。创新思想理念,改进方式方法,把握新形势下的工作规律。坚持以法治思维和法治方式反对腐败,提高依纪依法惩治腐败的能力。带头纠正"四风",加强调查研究,掌握第一手情况,严格日常管理,强化基础工作。

六要认真学习领会"两个覆盖"的目标。即对党和国家机关派驻纪检机构全覆盖,巡视监督对地方、部门、企事业单位全覆盖。派驻机构要对派出机关负责,全面履行监督职责,加强对驻在部门领导班子及其成员的监督,纪检组长在党组中不分管其他业务工作。驻在部门要自觉接受监督,支持派驻机构工作,提供各项保障,工作经费在部门预算中单列。巡视组要剑指党风廉政方面存在的问题,重点就是"四个着力",强化震慑作用。巡视组不固定地区和部门,临时组建,临时派遣,创新组织制度和方式方法,探索专项巡视,加强成果运用,确保整改落实。

七要认真学习领会"两个很高"的论述。习近平总书记对中央纪委一年来工作的评价很高,认为"交出了一份合格答卷",同时要求也很高,强调要

"自觉遵守党纪国法,你们是查人家的,谁查你们?这个问题要探索解决"，"各级纪委要坚持党委统一领导,更好发挥党内监督专门机关作用"。王岐山书记指出:"信任不能代替监督。对纪检监察干部要严格要求、严格监督、严格管理,对违纪违法行为零容忍"，"要坚定理想信念,加强党性锻炼,树立群众观点,做到忠诚可靠、服务人民、刚正不阿、秉公执纪"。

二　党风廉政建设和反腐败工作回顾

——监督检查严格规范。严格执行党的政治纪律,坚决维护中央权威,加强党章和党的纪律的学习教育,查处违反党章和党的纪律的行为。在中央和省委的坚强领导下,严肃查办衡阳破坏选举案,维护人民代表大会制度与党纪国法的尊严和权威。严格组织人事纪律,严肃查处一批违规提拔干部和违规进人问题。开展节能减排、环境保护、规范和节约集约用地、水利建设、工程项目建设、保障房建设分配、城建投资、稳定物价、安全生产、援疆援藏等监督检查,维护政令畅通。组织"发展环境优化年"活动,出台十项禁止性规定,精简行政审批项目,推进电子政务和电子监察,加强效能监督,严格查究问责,优化了经济发展环境。

——作风建设深入推进。落实中央八项规定和省委九项规定,聚焦"四风"问题,注意以上率下,着力遏制文山会海,改进调研活动,精简领导小组和议事协调机构,规范公务接待,清理公务用车、楼堂馆所和办公用房,取消特殊车牌,严控因公出国(境),治理乱发津补贴。加强日常监督管理,抓住元旦、春节、中秋、国庆等重要节点开展明察暗访,狠刹公款吃喝、奢侈浪费、迎来送往等不正之风,查处和通报一批典型案件。注重长效机制建设,建立和完善了一批规章制度。实行"开门立规"，出台"宴请新规"，规范公职人员人情宴请行为。开展作风建设主题月和解难题专项活动。加强农村、社区、国有企业和高校等基层党风廉政建设。

——案件查办加大力度。坚持有腐必反、有贪必肃。各级纪检监察机关共受理群众信访举报5.3万件(次)，立案7766件,结案8043件,给予8062人党纪政纪处分,移送司法机关588人。重点查办胡国初、金潇明、杨冬英、王

湖南蓝皮书·社会

B Ⅱ　General Reports

B.8　Analysis of Hunan's Social Situation in 2013 and Outlook in 2014
　　　　　　　　Research Team of Economic Research & Information Center
　　　　　　　　　　　　　of Hunan Provincial People's Government / 064
　　1. Social Developing Status of Hunan Province in 2013　　/ 064
　　2. Main Problems of Hunan Province Social Development　　/ 070
　　3. Prediction of Hunan's Social Situation and Outlook in 2014　　/ 073
　　4. Policy Recommendations to Promote Social Development　　/ 076

B Ⅲ　Department Reports

B.9　Progress of Hunan's Public Security Work in 2013 and
　　　Outlook in 2014　　The Department of Public Security Police of Hunan Province / 086

B.10　Progress of Hunan's Judicial Work in 2013 and Outlook
　　　in 2014　　The Department of Justice of Hunan Province / 096

B.11　Progress of Hunan's Human Resources and Social Security
　　　Work in 2013 and Outlook in 2014
　　　　　　The Department of Human Resources and Social Security of Hunan Province / 114

B.12　Analysis and Suggestions of the Increasing Domestic Demand
　　　by Hunan's Education　　The Department of Education of Hunan Province / 124

B.13　Progress of Hunan's Cultures benefit the People in 2013 and
　　　Outlook in 2014　　The Department of Culture of Hunan Province / 136

B.14　Progress of Hunan's Medical and Health System Reform in
　　　2013 and Outlook in 2014　　Wang Xiangsheng / 141

B.15　Progress of Hunan's Civil Affairs Work in 2013 and
　　　Outlook in 2014　　The Department of Civil Affairs of Hunan Province / 148

春生、舒曦等一批大案要案，严肃查处严重损害群众利益的问题和安全生产、重大责任事故背后的腐败案件。各级检察机关立案侦查职务犯罪案件1254件、1673人。各级人民法院审结职务犯罪案件413件，追究刑事责任583人。改进办案方式，畅通信访举报渠道，完善案件线索管理，推进案件审理规范化建设，提升了依纪依法、安全文明办案水平，全省没有发生办案安全事故。

——专项治理成效显著。对群众反映强烈的发展环境、涉企收费、干部人事编制、中介机构和行业协会收费、领导干部在社会组织兼职取酬、评比达标表彰等方面存在的突出问题开展专项治理。纠正和消化超范围党政分设的处级单位194个、科级单位1614个。查处纠正强农惠农、教育医疗、城乡低保、征地拆迁、民生专项资金管理使用、保障性住房、电信和金融等公共服务行业收费、公务员考录、国有企事业单位招聘等方面的违规违纪行为和不正之风，开展"为民热线""电视问政"和政风行风投诉处理工作，规范部门行为，维护人民群众合法权益。

——预防腐败取得进展。出台贯彻落实"三重一大"集体决策制度的若干意见，建立市州和县市区党政正职党风廉政状况季度分析预警处理机制，落实领导干部廉政谈话和经济责任审计，开展党政正职述廉评议，推进党务政务公开，加强巡视监督。加强反腐倡廉宣传教育，举办厅级干部廉政培训班，进行县处级干部任职廉政法规测试试点工作，推介陈超英等先进典型，促进廉政教育基地建设，廉政文化新"三进"活动取得成效。完善网络宣传和舆情处置机制。深化廉政风险防控、社会领域防治腐败等工作。狠抓党风廉政建设责任制落实，对不正确履职的领导干部严肃问责。

——自身建设得到加强。省纪委扎实推进群众路线教育实践活动，聚焦"四风"问题，征求群众意见350多条，开展15项专项治理，新建和修订加强纪检监察系统内部监督等51项制度。严格对纪检监察干部的纪律作风监督，全省32541名纪检监察干部职工作出会员卡"零持有"承诺。按照转职能、转方式、转作风的要求，调整纪检监察内设机构，增加案件检查机构，精简领导小组和议事协调机构，强化执纪办案和监督问责。巩固县乡纪检组织规范化建设成果，着力推进省属企业、高等院校以及省直非派驻单位、非公有制企业等纪检组织建设。

在充分肯定成绩的同时，应当清醒地看到，以权谋私、权钱交易等腐败问题仍然突出；"四风"等问题具有反复性、顽固性；对领导干部的监督尤其是对党政正职的监督还相对乏力；许多损害群众利益的突出问题没有得到有效解决；一些反腐倡廉制度的执行仍不够到位等。对这些问题和不足，我们要高度重视，认真解决。

三 推进反腐倡廉工作的主要任务

正党风、反腐败，关系党和国家生死存亡，只能进不能退，只能成不能败。2014年党风廉政建设和反腐败工作的总体要求是：深入贯彻落实党的十八大，十八届二中、三中全会，习近平总书记系列重要讲话和十八届中央纪委第三次全会精神，坚持党要管党、从严治党，聚焦中心任务，严明党的纪律，深化作风建设，坚决惩治腐败，强化权力监督，推进反腐败体制机制创新和制度保障，科学有效、坚决有力地推进党风廉政建设和反腐败斗争。

（一）严明纪律，维护党纪政令严肃性

严明党的政治纪律。党员干部特别是领导干部要自觉坚持和维护党的领导，严格遵守党章和其他党内法规，坚决贯彻执行党的路线方针政策和中央、省委部署要求，在思想上、政治上、行动上同以习近平同志为总书记的党中央保持高度一致，做到有令必行、有禁必止，决不允许各行其是、阳奉阴违。认真吸取衡阳破坏选举案的深刻教训，切实增强政治敏锐性和政治鉴别力，在重大政治原则问题上头脑清醒、旗帜鲜明、立场坚定，坚决维护党纪国法的尊严和权威。

克服组织涣散松弛。强化对广大党员干部的组织纪律观念教育，牢固树立讲党性、讲规矩、讲程序、讲纪律意识，任何时候都不能把个人凌驾于组织之上，任何情况下都不能逾越法律纪律的底线和"红线"，坚决克服个人主义、自由主义、好人主义等现象。领导干部在涉及重大问题、重要事项时必须严格按规定向组织请示报告，决不容许自由散漫；必须旗帜鲜明地与潜规则和歪风邪气作斗争，决不能袖手旁观，更不能随波逐流；对分管的工作必须敢于负

责、勇于担当，决不能挂虚名、当摆设。各级纪检机关对破坏党的组织纪律包括干部人事纪律的行为要铁面执纪，让潜规则没有生存空间，使心存侥幸者付出代价、不守规矩者得不偿失。

（二）整顿作风，努力形成长效机制

着力抓好制度执行。作风问题具有顽固性、反复性。整顿作风，只有"逗号"没有"句号"，只有起点没有终点。最佳的状态是常态，最高的境界是自然。继续抓好中央八项规定和省委九项规定精神的落实，坚持以上率下、由浅入深，一个时间节点一个时间节点地抓，一个问题一个问题地规范。严格执行《党政机关厉行节约反对浪费条例》等新规，运用第一批党的群众路线教育实践活动制度建设成果，规范公务接待、公务用车、公款出国（境）、办公用房、差旅费管理、会议费管理等事项，让高档礼品变得"烫手"，公款吃喝显得"扎眼"，公车私用不再"方便"，违规办事不再"顺畅"。制止奢侈浪费等作风建设规定，必须融入机关建设和日常管理，形成改进作风的刚性约束和常态机制。

深入推进教育实践活动。党的群众路线教育实践活动，是消除吏治腐败、纠正不正之风，密切党群关系、干群关系的有效措施。官易头热，民易心寒。手中有权，便头脑发热、无所敬畏、恣意妄为，就可能让人心冷、失去民心。正所谓："为非作歹腐败狼，遮天蔽日尘霾狂。贪腐雾霾竞相上，同样害人惹心伤。何日两害尽除去，还我黎民得安康。"要顺应民心，结合深入开展第二批教育实践活动，着力解决一些市县和基层单位存在的思想上庸懒散、工作上蛮横硬、生活上奢靡贪的问题，着力克服推诿扯皮、欺上瞒下、优亲厚友、假公济私、吃拿卡要等毛病。加强对惠民政策执行情况的监督及资金项目监管，强化国有企业、高等院校和科研院所党风廉政建设。

切实搞好专项治理。认真开展纠正超标配备公车及公车私用、干部人事机构编制领域"三超两乱"等突出问题的专项治理，严格执行党和国家工作人员操办婚丧喜庆事宜及设立廉政账户促进廉洁自律等规定。抓好公款送礼专项整治，重点纠正领导干部利用传统节日、婚丧喜庆、乔迁履新、就医出国等名义，收受下属单位和个人以及有利益关系的单位和个人礼金礼品行为。严禁用

公款互相宴请、赠送礼金礼品，严禁在公务活动中收受礼金礼品，严禁向上级以及有利益关系的单位和个人赠送礼金礼品。各级纪检监察机关要加强执纪监督和惩戒问责，坚决查处违规违纪行为，点名道姓通报曝光。

（三）查办案件，高悬惩治腐败利剑

坚持重拳惩腐。可怕的不是丑恶现象的滋生蔓延，而是执政安全意识的淡薄；危险的并非腐败案件的易发高发，而是果断查处能力的丧失。腐败不查腐猖獗，查而不处更猖獗。腐败对党的伤害最大。查办案件，不是与谁过不去，而是要严肃法纪。对腐败要零容忍，敢与邪恶争高下，不向腐败让半分，严格审查和处置党员干部违反党纪政纪、涉嫌违法的行为。群众说，"老虎太远，苍蝇扑面"。这告诉我们，反腐败不光要启用打虎族，还要拿起苍蝇拍。坚持既深挖"老虎"，严肃查办领导机关、领导干部以及重点领域、关键环节的腐败案件，又狠拍"苍蝇"，查处发生在群众身边的腐败问题，清除党员干部队伍中的害群之马。加强信访举报工作，对各类反映干部问题的线索进行大清理大排查，严格按五类标准规范处置，建立健全线索集中管理、集体排查制度，防止线索流失，严肃追究压案不报、有案不查行为。强化反腐败协调小组职能，形成惩治腐败的强大合力。

注重抓早抓小。冰冻三尺非一日之寒，油肚三圈非一日之馋。许多事情就像季节，慢慢冷，渐渐热，待到察觉，等到惊悟，已经过了一季。不怕念起，就怕觉迟。要有病早治、有病快治，对党员干部身上的问题早发现、早提醒、早处置。严是爱，松是害。注意掌握党员干部思想、工作、生活情况，对苗头性问题及时约谈、函询，加强诚勉谈话，防止小问题拖成大问题。加强违纪违法案件的剖析和典型案件通报，堵塞制度漏洞，以案释纪，以案施教，发挥警示作用。

规范办案程序。以法治思维和法治方式反腐败。强化初核意识，完善初核程序，提升初核能力，为立案奠定基础。规范党内审查措施审批程序，从严审批措施，严格措施的备案检查和现场检查，杜绝规避审批、违规审查行为。克服单纯依赖措施和口供办案，善用法律威力、思想引导，积极探索慎用、少用、短用、不用措施突破案件。不能妄提"从重从快"，一定要以事实为基

础，以证据为依据，以法纪为准绳，把每一个案件办成经得起推敲、经得起检验的铁案。在审查各环节要加强调查取证，形成各种证据相互印证、完整稳定的证据链。把握时限要求，着力查清主要违纪违规事实，严肃党纪政纪处理，涉嫌犯罪的严格按程序移送司法机关。充分发挥审理工作的审核把关和监督制约作用。

加强安全管理。既要严厉惩治违纪违法案件，又要维护当事人的合法权益，实行文明办案。严格遵守保密纪律，认真落实安全工作责任制，加强专业办案场所、专业陪护队伍建设和办案全过程实时监控，全面排查消除安全隐患，推动县级纪委在市级纪委办案场所统一实施党内审查措施，市级纪委统一组建和管理陪护队伍。对办案安全责任事故必须严肃查究，既要追究相关人员的直接责任，也要追究党委和纪委有关领导的责任。加强经常性的教育、提醒、警示，坚决守住不发生严重办案安全事故的底线。

（四）强化监督，防止权力沦为谋私手段

强化权力的制约监督。认真落实党内监督条例，坚持和完善党政正职三个不直接分管、末位表态等制度，改进和深化党政正职述廉评议工作，严格执行规范"一把手"履职用权行为的若干规定和贯彻落实"三重一大"集体决策制度的意见。落实领导干部报告个人有关事项及抽查核实等相关制度。加强对领导干部经济责任审计和对重点领域、重大项目、重要资金的审计监督。加强行政监察工作，强化对政府转变职能和履行职责情况的监督，加大行政问责力度，严肃追究失职渎职责任。

加强党风廉政宣传教育。既要提高腐败的"死亡率"，又要降低腐败的"出生率"。坚持标本兼治的辩证思维，"急则治标，缓则治本"，扎实开展预防腐败教育。思量疾病苦，自当戒无度；思量牢狱苦，自当守法度。教育党员干部守住廉洁底线，深刻认识廉与德、能、勤、绩的关系是"1"和"0"的关系。如果廉出了问题，一切都是徒劳。理想信念和宗旨教育、党风党纪和廉洁自律教育要经常化。结合衡阳破坏选举案教训，在全省开展"党纪条规教育年"活动，促进领导干部强化纪律意识，做到严格自律。坚持正确舆论导向，做好反腐倡廉宣传和舆论引导工作，挖掘树立一批立得住、可信可学的正

面典型。推进廉政文化"六进"和新"三进"创建活动,培育机关新风和良好民风社风。

推进惩防体系建设。各级各部门要按照《建立健全惩治和预防腐败体系2013～2017年工作规划》及省委实施意见,认真抓好职责范围内的惩防体系建设。加强法规制度建设,提高法规制度执行力,保证法规制度刚性运行,把权力关进制度的笼子里;推进政府及其工作部门权力清单制度,依法公开权力运行流程,深化党务、政务、司法公开和各领域办事公开,确保权力公开透明运行;深化行政审批、干部人事、公共资源交易等改革,其他各方面改革举措也都要体现惩治和预防腐败要求,不断消除滋生腐败的体制机制弊端和漏洞。加强廉政风险防控和防止利益冲突机制制度建设,筑牢拒腐防变长城。

四 以深化改革推进反腐倡廉事业

落实党风廉政建设责任制新要求。各级党委(党组)要切实承担起党风廉政建设和反腐败工作的主体责任,加强对党风廉政建设和反腐败工作的统一领导。纪委要履行好监督责任,既协助党委加强党风建设和组织协调反腐败工作,又督促检查相关部门落实惩治和预防腐败工作任务。眼睛更亮一些,耳朵更长一些,鼻子更灵一些,增强发现问题的能力,提高监督的时效性。加大问责力度,对玩忽职守发生重大腐败案件和不正之风长期滋生蔓延的地方、部门和单位,实行"一案双查",既追究当事人的责任,又追究相关领导责任。对协助党委加强党风建设和组织协调反腐败工作不力,发生严重违纪违法案件的地方、部门和单位,必须追究纪检机构有关人员的责任。

稳步推进体制机制改革。按照中央统一部署,稳步推进省及省以下纪律检查工作双重领导体制具体化、程序化、制度化改革,全面落实查办腐败案件以上级纪委领导为主,各级纪委书记、副书记提名和考察以上级纪委会同组织部门为主,以及案件线索处置和案件查办"双报告"、下级纪委向上级纪委报告工作等制度要求,保证各级纪委监督权的相对独立性和权威性。落实中央加强派驻机构建设指导性意见,针对不同层级、不同部门的规模、性质、特点,分门别类推进派驻工作,逐步做到县级以上纪委派驻监督对同级党和国家机关全覆盖。制定完善各项管理和工作保障规定，建立健全约谈制度，确保派驻机构作用有效发挥。围绕"一个中心""四个着力"，遵循"三个不固定"原则，突出发现问题、形成震慑，稳步推进巡视制度改革，调整巡视机构设置，改进巡视内容，加快巡视节奏，提高巡视能力，严明巡视纪律，扩大巡视范围，做到对市（州）、县（市、区）和省直部门、省属企事业单位全覆盖。

切实加强自身建设。各级纪检机关要认真履行党章赋予的职能，从严惩治，做到有腐必反、有贪必肃；严格监督，做到有纪必执、有违必查；加强教育，做到有病必治、有责必问；用心保护，做到有错必改、有冤必纠。集中力量抓好执纪监督和查办案件等工作，把不该管的工作交还给主责部门。整合纪检机关内设机构，充实执纪监督和办案力量，从不该参与的议事协调机构中退出。更加注重抓早抓小，注重快查快办，注重公开透明，注重监督实效。善于治未病、治初起、治小错，尽力减少利益冲突造成的廉政风险。珍惜党和人民的信任，自觉接受党组织、人大代表、政协委员、人民群众、新闻媒体的监督，保持和发扬党的好传统，务求雷声大、雨点大，秉公心、严执纪，言必信、行必果。纪检监察干部违法犯纪的，坚决严肃查处。

党风廉政建设和反腐败工作，中央和省委要求明确，全社会广泛关注，人民群众寄予厚望。我们要紧密团结在以习近平同志为总书记的党中央周围，在省委的正确领导下，统一思想、坚定信心，锐意进取、改革创新，更加科学有效地推进党风廉政建设和反腐败工作，为实现中央和省委各项决策部署、谱写中国梦的湖南篇章做出更大的贡献！

B.2
党的群众路线教育实践活动对新形势下党的作风建设的启示

郭开朗[*]

党的作风建设问题是党的建设中的一个根本性的重大问题,关系人心向背,关系党的形象和生命。党要管党,就要管好作风;从严治党,就要严抓作风。这次党的群众路线教育实践活动,是在新的时代条件下弘扬党的优良作风、贯彻党的群众路线的生动实践,是集中解决群众反映强烈的作风问题的战略举措。湖南坚持把开展教育实践活动作为落实党要管党、从严治党的重大政治责任和凝心聚力推动科学发展富民强省的重大政治机遇,在实践中深化了作风建设的规律性认识,为促进作风建设常态化提供了重要启示。

一 必须坚持把领导示范作为重要导向,推动形成以上率下、上行下效的浓厚风气

"上有所率,下有所进;上有所行,下有所仿"。领导干部是党的工作的组织者、推动者,也是党性党风的示范者、引领者,能潜移默化地感染和带动党员干部树立起新风正气,也能对党员干部中的不良风气产生无形的约束。发挥领导干部的带头示范作用,是党的作风建设的关键所在。

这次教育实践活动之所以成效显著,一个重要原因就是中央政治局带头开展活动,率先垂范,示范全党。湖南省委常委会以中央政治局为榜样,一开始就作出"五个带头"的承诺,率先提出并落实严格公务用车配备使用管理、全面清理办公用房等10条整改措施,每个环节都走在前列。一个好风气的形

---

[*] 郭开朗,中共湖南省委常委、组织部部长。

成,既取决于示范带动,也取决于强力推动。在活动中,省级党员领导干部均建立活动联系点,通过办点示范、联点指导推动面上工作;省委主要负责同志主动靠前指挥,重要工作亲自部署、重大问题亲自过问、重要任务亲自督办;省委多次召开各单位党组(党委)一把手会议,并采取上级约谈、媒体访谈等措施,督促各单位一把手切实把责任扛在肩上,把活动紧紧抓在手上,把责任和压力一级一级传导下去,为全省教育实践活动高位推进、取得实效提供了强劲动力。

教育实践活动启示我们,作风建设具有辐射效应,加强党的作风建设,必须抓住领导示范这个关键。领导示范,首先体现在树新风以身作则上。要带头执行作风建设有关规定,要求别人做的自己首先做到,要求别人不做的自己坚决不做,用做出样子代替喊破嗓子,增强教育的说服力和行动的感召力,从而产生"不令而行"的带动作用。领导示范,也体现在刹歪风敢于碰硬上。面对歪风邪气敢于坚决斗争、勇于"亮剑",不能圆滑世故、听之任之,不能当"老好人""和稀泥",真正让群众看到敢于正视并解决问题的坚定决心。领导示范,还体现在抓作风守土尽责上。各级领导班子主要负责同志履行第一责任人职责,一级管好一级、一级带动一级;领导班子其他成员坚持"一岗双责",抓业务与抓作风两手抓、两手硬,就能形成大抓作风、齐抓作风、常抓作风的鲜明导向、良好氛围和强大合力。

二 必须坚持把学习教育作为重要基础,增强改进作风、服务群众的思想自觉和行动自觉

作风问题本质上是个世界观问题,有什么样的世界观就会有什么样的作风。如果世界观这个根本问题不解决,或者解决得不好,理想信念就会动摇,宗旨意识就会淡化,这样那样的出轨越界就在所难免。科学的世界观、坚定的信念不可能自发产生,既靠组织的教育培养,又靠自身在实践中锻炼。

我们坚持把学习教育摆在突出位置、贯穿活动始终,着重抓好理想信念、群众观点、宗旨意识、党性党风党纪和道德品行教育,为党员干部自觉参加教育实践活动、增强党性观念打下了较为坚实的思想理论基础。针对一些党员干

部存在的认识误区和思想障碍，深入开展"做群众贴心人"专题讨论和"入党为什么，为党干什么"大讨论，引导党员干部真正把自己摆进去学习。采取多种切实有效的途径和方法，利用红色资源、基层联系点、警示教育基地等开展革命传统教育、民情体验教育和警示教育，动之以情、晓之以理、明之以利害，催人自省自警自励，增强了学习教育的吸引力、感染力。作风问题既是一个认识问题，更是一个实践问题。我们坚持教育与实践两手抓，引导党员干部轻车简从下基层，深入灾区带领群众抗旱救灾，真心实意为群众办实事、解难事，在抗御近10年来最严重旱灾的实践中经受考验；一些单位还组织党员干部以服务对象的身份到窗口单位、服务一线亲身体验、换位思考。在实践中，党员干部思想受到触动，灵魂得到洗礼，收到了单纯理论学习所达不到的效果。

实践使我们更加深刻地体会到，理想信念是共产党人精神上的"钙"，是共产党人抵御各种不良风气侵蚀的精神家园。把学习与实践结合起来，着力解决好理想信念问题，补精神之"钙"、筑思想之魂，是改进作风的前提和基石。必须紧跟时代发展和实践变化，深入把握新时期党员干部队伍的状况和特点，始终把经常性学习教育作为作风建设的一项基础性工程，不断创新方式方法，切实增强教育的说服力、感染力、持久力，有效回答党员干部思想疑虑和现实困惑，打牢坚持为民务实清廉的思想道德根基。必须发扬理论联系实际的马克思主义学风，以知促行、以行促知，引导党员干部深入基层、深入实际、深入群众，同群众一块过、一块苦、一块干，在实践中加深对群众的了解，增进对群众的感情，使马克思主义群众观点深深植根于思想中、真正落实到行动上，切实转化为好作风。

三 必须坚持把批评和自我批评作为重要武器，提高发现和解决自身作风问题的能力

加强作风建设需要禁邪于未萌，防患于未然。党在长期实践中形成的批评和自我批评优良作风，是我们抵御各种政治灰尘和不良风气侵蚀、纠正自身错误、解决党内矛盾、维护党的纪律的有效方法，是党员干部坚持真理、修正错

误、锤炼党性、"防身治病"的有力武器。加强党的作风建设，一个经常性的重要任务，就是要在党内大力弘扬批评和自我批评的优良作风，开展积极健康的思想斗争，提高领导班子、党员干部发现和解决自身问题的能力。

这次教育实践活动，我们按照中央要求，普遍开展谈心交心，绝大多数单位开展了两轮以上谈心谈话，对问题较多、思想有疙瘩的班子成员还进行了谈话提醒，既增进了思想共识，打消了思想顾虑，保证了民主生活会的顺利进行，又加强了经常性思想教育，促进了班子团结和日常监督管理。抓住专题民主生活会这个关键环节，各单位一把手带头开展批评和自我批评，班子成员逐个相互开展批评，不遮遮掩掩、不评功摆好、不就事论事、不避重就轻，绝大多数同志主动谈了个人房产、家属子女从业等情况，一些苗头性、倾向性、潜在性问题及时得到发现和纠正。各单位通过以整风精神开展批评和自我批评，促使领导班子认真反思和查摆决策科学化民主化水平不高、个人说了算、班子合力不强等问题，民主作风、集体领导意识、组织纪律观念普遍增强。

通过教育实践活动我们更加深刻地认识到，依靠批评和自我批评这个有力武器改造主观世界、解决党内矛盾，不断实现自我净化、自我完善、自我革新、自我提高，是始终保持作风上先进和纯洁的不竭动力。必须总结这次教育实践活动的做法经验，把开展批评和自我批评作为促进民主集中制贯彻、建设良好党风的有效途径，既着力解决发扬民主不够导致的独断专行问题，又着力解决正确集中不够造成的软弱无力问题，从组织制度上预防和纠正各种不正之风。必须把开展批评和自我批评作为促进党内生活严格规范、及时清除党内政治"灰尘"和政治"微生物"的重要措施，进一步健全完善民主生活会制度和"三会一课"制度，不断增强党内生活的政治性、原则性、战斗性，切实提高党内生活质量，使各种方式的党内生活都有实质性内容、都能有针对性地解决问题，真正成为解决党内矛盾和不良作风问题、提高党员干部党性修养的大平台、大熔炉。必须把开展批评和自我批评作为促进干部日常管理监督、防止小错酿成大错的有力手段，完善谈心交心做法，把公开批评和个别提醒结合起来，形成制度，长期坚持，前移监督关口，使一些作风上的不良苗头，一露头就被消除在萌芽状态。

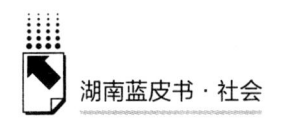

四 必须坚持把开门纠风作为重要方法，发挥广大群众监督、评判干部作风的主体作用

党员干部作风如何、改得怎么样，群众是最直接的感受者，也是最有力的监督者、最权威的评判者。坚持发扬民主、开门纠风，相信群众、依靠群众、为了群众，激发群众参与热情，引导群众履行监督责任，作风建设就能获得最广泛、最可靠、最牢固的群众基础和力量源泉。

早在活动启动前，我们就在全省组织开展了省直机关作风建设情况专项民意调查。活动一开始又组织开展"访基层群众，问干部作风"意见建议征集活动，面向基层、面向群众、面向服务对象广泛征求意见，找准了过去被忽视的、不以为然的或没有来得及解决的、与群众切身利益相关的"四风"突出问题，因而群众参与的热情普遍提高。坚持活动全过程都置于群众监督之下，特别注重发挥舆论监督作用，在省内主要媒体开设专题专栏，集中报道专项整治的进展和成效，曝光违反作风建设规定的典型案例，变以前的内部通报为"公开见报"，既推动了突出问题整改，又引领了社会风气转变。举办电视问政活动，分批安排省直单位主要负责人走进电视直播间，与群众当面锣、对面鼓，就专项治理情况接受群众质询和社会监督，在全省上下产生强烈反响。不少地方和单位借助各类新媒体，积极推广网络问政、微博问政等，扩大群众监督的范围和视野。坚持请群众检验和评判活动效果，每个环节结束后及时组织开展评估，对活动成效开展群众评议和第三方民意调查，形成倒逼机制，有效解决部分党员干部改作风"动力不足"的问题。

实践使我们更加深刻体会到，作风问题的核心是与人民群众的关系问题，对人民群众的态度问题。党的作风建设要经受群众检验、赢得群众满意，就必须站在群众立场、遵循群众意愿，把群众期盼作为改进作风的根本依据，把群众评价作为衡量工作优劣的根本标尺，增强群众在评价干部作风方面的主导权、话语权。必须积极拓展群众参与作风建设的渠道，尤其要探索在互联网、自媒体时代动员整合群众的方式和途径，充分调动群众参与监督的积极性，把党内监督和群众监督、舆论监督、社会监督等各类监督力量拧成一股绳，构建全方位、多层次的监督网络，以无时不有、无处不在的监督，有效传导改进作风的压力，激发党员干部自我完善的动力。

五 必须坚持把整治突出问题作为重要抓手，始终保持纠治不良作风的高压态势

习近平总书记指出："我们中国共产党人干革命、搞建设、抓改革，从来都是为了解决中国的现实问题。"作风建设必须强化问题导向，直面不良作风问题而不断提出新的任务，又在不断解决作风突出问题中持续深化拓展。

中央要求这次教育实践活动聚焦解决"四风"问题，不散光、不走神，凸显了鲜明的问题导向。我们紧紧抓住开展教育实践活动氛围浓、力度大、上下联动的有利契机，在落实中央提出的专项整治任务基础上，结合湖南实际确定"自选动作"，开展了文山会海、超标超配公车、多占办公用房等34个突出问题专项整治工作，一个一个攻坚、一项一项整改，一大批"四风"突出问题和损害党群干群关系的突出问题得到切实解决。比如，通过严格规范"三公"经费预算和支出，省直机关2013年"三公"经费支出大幅度下降，全省公务接待宴请消费同比减少30%以上；针对群众反映强烈的违规提拔干部、顶风违纪乱设机构、乱加编制、在各类社会组织违规兼职、长期违规借调工作人员、"吃空饷"等干部人事编制领域的突出问题，部署开展集中清理，全省共清理纠正分设党政正职2026个，已消化超职数配备干部1808人，省直部门已有670名省委管理干部共辞去1045个社会组织兼职，省直机关共清理违规长期借调人员（一年以上）262人，打破了以往清理"越清越多"的怪圈。抓住中秋、元旦、春节等重要节点，严格执行"限宴令""月饼禁令""贺年卡禁令"，开展暗访督查，强化正风肃纪，累计通报违反作风建设规定的典型案件803起。在看似"不近人情"的从严要求下，一些久治不愈、易发频发、习以为常的不良作风得到大力扭转，防止党员干部在"温水煮蛙"中酿成大错。

实践表明，没有治不了的歪风邪气，只有不够认真的态度、不够明确的目标、不够坚定的行动。改作风，不对准焦距、抓住要害，就可能隔靴搔痒；不

动真格、出"重拳",就难以祛除病根;不经常抓、长期抓,就势必出现反弹。必须把讲认真作为抓作风的根本工作态度,把解决问题作为加强作风建设的切入点,既聚焦群众反映强烈的"四风"突出问题,又不放过带有普遍性的具体问题,紧紧盯住不良作风问题易发多发的节点,以"钉钉子"精神下决心抓,始终保持纠风防风的高压态势,促使党员干部不敢、不能、不愿沾染各种不正之风。一年一年抓下去,就能养成习惯、形成风气,进而培育出涵养清正党风、清明政风、清淳民风的社会文化。

六 必须坚持把建制度立规矩作为重要保障,让党员干部心有敬畏、行有所止

治党务必从严,从严必有法度。制度问题带有根本性、全局性、稳定性和长期性。没有科学管用的制度约束,作风建设就可能时冷时热、抓抓停停,会收一时之功,但难成长久之效。

从教育实践活动一开始,我们就着眼防风堵漏,及时做好制度"废、改、立"工作,省级层面从密切联系群众、厉行勤俭节约、整治文山会海等方面重点建立完善42项制度,扎紧制度"笼子"。比如,针对有的党政一把手用权不当的问题,出台党政一把手履职用权若干规定,对各级党政一把手提出"45个不准";针对婚丧嫁娶容易造成铺张浪费、借机敛财的问题,出台了被称为湖南史上最严"限宴令"的新规。这些制度规定,针对薄弱环节,从工作要求入手,本着"能具体就具体、能明确就明确"的原则,把"红线"范围划得越来越细,既为党员干部厘清行止界限,又便于组织和群众掌握监督标尺。为防止好的制度在执行中落空,我们不仅规定应该怎么办,还明确违反了规定怎么办,出台关于对违反群众工作纪律和干部作风要求进行问责的暂行办法,以严格执纪、铁面问责保障制度执行,防止"破窗效应"。由于立规在前、惩处在后,党员干部的规矩意识、制度意识、法纪意识进一步增强。

实践表明,规之以法纪、固化于制度,为优良作风提供可靠保障、对不良作风形成刚性约束,是解决作风问题的治本之策、长久之计。随着社会主义民主法治进程的深入推进,党员和群众的民主法制意识不断增强,必须更加注重

以法治思维、从制度层面抓作风建设。要强化制度意识，针对薄弱环节和空白领域加强制度设计，着眼搞好衔接和配套完善制度安排，及时根据形势任务发展变化进行制度修复，着力构建倡导优良作风、遏制不良作风的有效制度体系。一些制度失灵、失效，根子在权力失控、失范。必须围绕加强对权力的有效制约和监督完善制度机制，将改进作风、规范权力运行要求贯穿到全面深化改革过程之中，尤其要加快健全完善政绩考核、干部选拔、预算管理、项目审批等方面的制度机制，真正把权力放进"玻璃房"、关进"铁笼子"，从根本上堵塞滋生不正之风的漏洞。制度的生命力与权威性在于落实。必须以铁的纪律强化执行，绝不搞"网开一面"和"下不为例"，让问责惩处这把达摩克利斯之剑始终高悬头上，促使党员干部从心底里把党规党纪当成高压线、警戒线。

B.3
切实履行职责
不断推动政法工作全面发展

孙建国[*]

一 2013年工作进展

2013年，全省政法机关在省委、省政府的正确领导下，着力服务和保障经济社会发展，深入推进平安建设、法治建设和过硬队伍建设，努力夯实政法基层基础，有力促进了社会和谐稳定。全省没有发生一起有重大影响的群体性事件和暴力恐怖事件，刑事发案和八类恶性案件明显下降，全省公众对社会治安的评价同比提高0.93分；警务工作满意度达到97.89%。

（一）着力维稳保平安

突出维护国家安全，有效挫败了敌对势力的系列捣乱破坏活动，强化了对"法轮功"组织的防控和专案打击。突出治安打防控管。强力推进打黑除恶、治爆缉枪、扫黄禁毒等一系列专项打击，严惩违法犯罪；推行社区网格化管理，全省网格化服务管理覆盖面达50%以上；加强以"六张网"为重点的治安防控体系建设，特别是加强治安视频监控系统建设，全省新增摄像头12945个。突出矛盾纠纷排查化解。推动重大决策社会稳定风险评估工作深入开展，全省共评估重大决策事项3585起，通过3064起，其中暂缓实施396起，否决125起，从源头上减少了不稳定问题的发生。健全完善"三调联动"工作机制，组织开展"调解消积案、息访保平安"人民调解活动。全省共排查调处矛盾纠纷39.8万余件，化解重大疑难矛盾纠纷2.2万余件。突出特殊领域的

---

[*] 孙建国，中共湖南省委常委、政法委书记、省公安厅厅长。

服务管理。全面落实流动人口服务和管理，明确了城市城镇务工、经商人员的落户政策，全面推行居住证"一站式"服务平台。对社会闲散青少年、刑释解教人员、社区矫正对象、重病涉毒人员、艾滋病违法犯罪人员等特殊人群的教育、矫治、服务和管理进一步推进。

（二）着力法治促公正

积极推进司法体制改革，按照中央部署，在4个市州开展涉法涉诉信访改革试点，建立诉讼与信访分离机制，将信访事项导入法定程序依法处理、依法终结；稳妥推进劳动教养制度改革，湖南劳教职能已全面停止，全省19个劳教所全部转型为强制隔离戒毒和戒毒康复所；稳妥推进人民陪审员、人民监督员制度改革，全面实现"体制外"选任管理。不断加大执法力度。针对人民群众反映强烈的执法突出问题，先后组织开展罪犯交付与留所服刑、涉党政机关执行积案、久押不决案件清理纠正、涉案财物管理等专项整治活动。推动能动执法、规范执法、和谐执法。深入推进执法规范化。建立健全了执法监督联席会议制度、执法监督例会制度和执法监督特派员制度，全面开展执法培训和阳光警务工作，进一步加强了执法监督工作。不断完善侦查取证、出庭公诉、法庭审理工作机制，推进了量刑规范化和量刑建议改革，全面推进执法依据、流程、结果公开，有效防范了冤假错案。深入推进依法治理。全面开展基层法治创建工作，评选全省十大最具影响力法治人物（事件），扎实开展"法律六进"和农村法制宣传月活动。14个市州和85%的县、市、区建立了政府法律顾问制度，有力促进了依法行政。

（三）着力服务优环境

省直政法部门联合出台了服务企业、优化发展环境的规定，提出了包括"五个慎重""十二个不准"在内的28项措施，着力查处、办理涉企案件。选聘了一批执法监督特派专员，组织开展专项检查、个案督查、案件评查，着力从体制机制上、工作源头上维护企业合法权益。全省政法机关细化、实化服务措施，强化打击整治和矛盾化解，处理各类涉企矛盾纠纷12万余起。开展送法入企活动，举办专题法制讲座640余场次，其中，省委政法委举办了有400余名企业家参加的"企业及企业家刑事风险的防范与应对报告会"。积极推行企业法律顾问制度，全省律师担任8810家企业和1200多个重点工程的法律顾问，先后与3万多家中小微企业开展结对帮扶。

（四）着力队伍建设强基础

狠抓作风建设。以党的群众路线教育实践活动为抓手，狠抓群众观念不强、"四风"突出问题以及"庸懒散"等问题的解决，建立健全了领导决策、选人用人、"三公经费"等机关管理制度，出台了便民利民措施。继续组织开展"一包双联"活动，加强与群众的联系，改进干警作风。狠抓素质提升。加强干警分层、分级、分类培训，全省共组织各类培训班500余期7万余人次。采取挂职锻炼、基层锻炼、交流锻炼等方式，提高干警化解矛盾纠纷、做好群众工作的能力。认真实施高校与政法部门人员互聘"双千计划"，首批互聘人员已全部到岗。狠抓从严治警。采取廉政述职、以案说法、明察暗访和设立举报平台等方式，预防警示政法干警公正廉洁执法，并严肃查究干警违法违纪案件。狠抓基层基础。提请省委、省政府出台了《全面加强和改进公安基层基础工作的意见》，解决了一批制约基层政法工作的体制性、机制性、保障性问题。基层政法部门信息化建设与应用得到全面加强，"两房""两庭"建设债务正在按计划化解。

二　2014年工作展望

2014年全省政法工作的主要任务是：全面贯彻落实党的十八大和十八届三中全会精神、习近平总书记一系列重要讲话精神和中央政法工作会议精神，坚持稳中求进，改革创新，以服务和保障经济建设为突破口，以创新社会治理方式、深化司法体制改革为着力点，扎实推进平安湖南建设、法治湖南建设和过硬队伍建设，全面提升政法工作科学化水平，为促进"三量齐升"、推进"四化两型"创造安全稳定的社会环境、公平正义的法治环境、优质高效的服务环境。

（一）深入学习领会、全面贯彻习近平总书记在中央政法工作会议上的重要讲话精神

全省政法机关和全体政法干警要认真学习习总书记的重要讲话精神，在"五个深化认识"上下功夫。一要深化对坚持党对政法工作领导的认识，不断提高党领导政法工作的能力和水平；二要深化对新形势下政法工作主要任务的认识，肩负起维护社会大局稳定、促进社会公平正义、保障人民安居乐业的神圣使命；三要深化对严格执法、公正司法的认识，不断提升执法司法公信力；四要深化对建设过硬队伍的认识，努力建设信念坚定、执法为民、敢于担当、公正廉洁的政法队伍；五要深化对司法体制改革重大意义的认识，加快建设公正高效权威的社会主义司法制度。要对照习总书记重要讲话中提出的各项任务和要求，结合湖南实际，逐一制定具体措施，扎扎实实抓好落实。

（二）创新社会治理方式，切实推进平安湖南建设

1. 切实做好新形势下的群众工作

要坚持把维护群众权益放在首位。对涉及面广、社会影响大、群众反映强烈的突出矛盾问题，要及时发现、坚决查处其中违法违规、损害群众利益的行为，同时要协调推动有关部门完善政策、健全制度、厉行法治，从根本上解决问题、化解矛盾。要高度重视和认真做好信访工作。针对当前进京非正常访特别是到中央国家机关缠访闹访现象增多的问题，要积极创新信访工作方式方法，加大治理力度。要大力推进网上信访，把信访事项放在网上流转，把受理、办理和结果向网络公开。要以乡、村两级为重点推动实现群众工作站建设全覆盖，发动人大代表、政协委员、法律工作者、农村"五老"参与信访处理。继续深入推进领导接访下访，开展"疑难老案听证化解"活动。进一步建立"信访事项办理群众满意度评价体系"、完善点对点通报和信访约谈制度、建立完善督办回访制度。对进京非正常访突出问题，要研究和制定依法处置机制，加强信息研判，做好稳控、劝返工作，坚决打击扰乱公共秩序的行为。

2. 有效预防和化解矛盾纠纷

要加强源头治理。进一步健全社会稳定风险评估机制，做到"扩面"，即扩大社会稳定风险评估覆盖面，确保应评尽评；"入规"，即将社会稳定风险评估纳入行政程序规定，确保工作的规范化、制度化；"抓实"，即抓好各系统各行业细则的出台，抓好各系统各行业对稳评工作的指导，抓好实施不力造成严重后果的责任追究。在完善诉求表达、矛盾调处、权益保障机制的同时，探索建立心理干预机制，积极开展心理疾病的预防、咨询和治疗工作，从更深层次化解社会矛盾，消除不和谐因素。要加强矛盾纠纷的调处。坚持和发扬"枫桥经验"，依靠群众就地化解矛盾，完善流程全程化解矛盾，运用法治思维和法治方式依法化解矛盾。完善"三调联动"工作体系，积极推进征地拆迁、资源保护、环境污染、市场管理等领域的专业性、行业性调解组织建设。扎实开展"三调联动化矛盾，息诉息访促平安"专项调解活动。

3. 牢牢掌控和驾驭社会治安局势

要强化打击整治。紧紧抓住影响人民群众安全感的突出治安问题，因地制宜地开展打黑除恶、治爆缉枪、打击严重暴力犯罪、打击"两抢一盗"、打击拐卖儿童妇女、扫黄禁赌禁毒等专项行动；紧紧围绕治安乱点、治安盲点和重点领域，对城乡接合部、"城中村"、公共复杂场所、出租房屋、工业开发区、校园及其周边进行重点整治。要强化治安防控。要统筹情报指挥、视频网络等系统建设，统筹网格管理、社区警务、治安卡点等基础建设，统筹人防技防物防设施建设，统筹硬件软件建设，不断完善立体化治安防控体系。特别是要加快完善社会治安视频监控系统建设，继续列入省为民办实事内容，确保年内全省新增摄像头2万个。要强力推进网格化管理，争取年底前14个市州中心城区和全省社会治理创新综合试点地区100%实现网格化。要强化服务管理。要按照推进新型城镇化要求，大力推进户籍制度改革，完善"一证通"，实现常住人口的有序市民化。进一步落实对社区矫正人员、刑释人员、肇事肇祸精神病人、吸毒人员、艾滋病危险人群、重点青少年、在押服刑人员子女等特殊人群的教育、帮扶、矫治和管理，减少治安乱源。

4. 夯实社会治理的基层基础

要进一步加强各级综治委对社会治理的统筹协调，发挥各专项组的牵头作用，抓好系统治理、依法治理、综合治理和源头治理的落实和协同。要加强县、乡、村三级平台建设，县级、乡镇（街道）的中心要组织有关部门集中办公、集成服务，履行好社会治理职责。要有效激发社会组织活力，充分调动志愿服务组织，行业协会商会类、科技类、公益慈善类、城乡社区服务类等社会组织的积极性，进一步明确其参与社会治理的职责任务，加强指导和引导，定期考核，规范管理。要不断发展壮大群防群治队伍，探索和推广社会防控、纠纷调处、法律援助、特殊人群服务管理等领域的购买服务。

（三）落实司法体制改革任务，促进社会公平正义

1. 深化执法司法公开

要畅通渠道，丰富载体，创新方式，构建开放透明、高效便民的阳光执法司法新机制，努力做到以公开为常态、以不公开为例外。要加强执法司法公开工作的规范化建设，分系统制定具体规定，明确和细化公开的内容、形式、范围、责任查究等。人民法院要加快审判流程、裁判文书、执行信息三大公开平台建设，逐步实现庭审全部录音录像、三级法院依法可以公开的生效裁判文书全部上网，申请执行人可以通过网络查询涉案执行进度，公开限制出境和失信被执行人名单等信息。检察机关要落实权利义务告知、检察文书说理、工作通报、公众开放日、新闻发布会等制度，建立终结性法律文书公开制度，对存在较大争议或在当地有较大影响的拟作不起诉、不服检察机关处理决定的申诉案件，主动或依申请公开审查、答复。公安机关要推进执法依据、流程、信息、内容、结果等公开，适度扩大刑事案件公开，确保非涉密案件在网上流转、公开。司法行政等机关要健全落实减刑、假释、保外就医公示和听证制度，杜绝暗箱操作。

2. 全面推进涉法涉诉信访改革

要认真落实中央有关部署，坚决打消等待观望思想和畏难守旧情绪，认真谋划，周密安排，全面总结4个试点市的经验做法，研究解决突出问题和困难，加强宣传引导，全面实施涉法涉诉信访改革。要结合湖南实际，尽快修订完善全省改革实施意见。特别是要围绕入口不顺、程序空转、出口不畅三个环节的突出问题，明确诉与访的甄别标准，建立分工明确、配合有力、流转顺畅

的衔接机制，确保符合条件的涉法涉诉信访都能够依法导入司法程序处理；建立务实管用的依法处理机制，严格责任落实，确保进入程序的案件有专人负责，有制度保障，依程序按时限办理；严把终结质量关，严格依法按程序终结，防止终而不结、无限申诉；要加强沟通协调，积极争取各级党委、政府尊重、支持司法机关依法作出的终结结论。要加强司法救助，切实解决好信访群众"法度之外、情理之中"的问题。

3. 进一步完善司法责任制

省法院、省检察院要根据最高法院、最高检察院审判权力运行机制改革和检察官办案责任制改革试点方案，认真组织开展试点工作。试点法院要加强合议庭的专业化建设，强化主审法官、合议庭的办案责任制；进一步改革审委会制度。试点检察院要探索建立以检察官为主体的岗位管理和执法办案模式，完善执法责任体系；进一步改革检委会制度。公安机关要健全谁办案谁负责、谁审核谁负责、谁审批谁负责的执法岗位责任制。同时，要按照中央部署，认真落实好人民陪审员和人民监督员制度、律师制度、法律援助制度、社区矫正制度、司法管理体制和司法人员管理制度等改革或改革试点工作，制定完善改革方案，积极稳妥推进。

（四）坚持严格执法公正司法，提升执法公信力

1. 切实解决好人民群众反映强烈的执法司法问题

要紧紧围绕习总书记提出的"四个决不允许"，坚持问题导向，认真对照查摆自身存在的问题，结合正在开展的"坚决纠正涉法涉诉中损害群众利益行为"专项整治工作，下大力气加以解决。要着力解决好普通群众打官司难问题。各级法院要认真梳理立案、审判、执行、信访各个环节存在的"打官司难"问题，进一步完善立案和执行机制，建立完善诉讼服务中心、便民诉讼网络。司法行政机关要进一步推动政府法律顾问进企业、进社区；加强和改进法律援助工作。要着力解决好群众报警求助难问题。全省公安机关要坚持不懈地开展执法不作为专项整治工作，加强监督检查和考核评议，严肃查处不作为、消极作为等问题，努力做到执法零懈怠、办案零过错。要着力解决好纠错追责难问题。要坚持有错必纠，有责必究，坚决使受到侵害的权益得到保护和

救济，坚决使违法犯罪活动受到法律的制裁和惩罚。要健全执法过错的防止、发现、纠正机制，建立健全权责一致的办案质量终身负责制和案件责任倒查机制，通过案件评查、执法检查、专项治理、信访处理等，及时发现违法办案线索，严格依法依纪查处错案背后的执法不公、不廉问题。

2. 深入推进执法规范化建设

健全执法司法制度体系。重点围绕修改后的刑诉法和民诉法，健全证据收集、固定、审查机制，完善案件审核把关及重大疑难案件集体讨论机制，防范执法风险；修订完善刑罚执行和刑事辩护制度，进一步规范刑罚执行、刑事辩护工作；强化人权司法保障，出台非法证据排除、未成年案件审理、羁押必要性审查、强制医疗等工作制度。规范司法权力运行。全面推行量刑规范化和案例指导制度，进一步规范自由裁量权的行使。落实执法回避制度，严禁案件承办人员与当事人、代理人和请托人私下单方面接触，防止利益输送、权力寻租。强化内部监督制约。各级政法机关要加强对重点部门、岗位、环节的监督，建立案件质量内控和办案风险评估机制，强化对容易发生徇私枉法、权钱交易、违规办案、不文明执法、玩忽职守、执法不作为的部位和环节的监督检查；强化案件质量把关、案件评查、审判监督等事后监督。

3. 加强对执法司法活动的监督和支持

各级党委政法委要按照中央和省有关规定，认真组织开展执法检查、案件协调、案件督办、案件评查等工作；要健全落实执法监督联席会议制度，加强同各级人大、政协、纪检、组织、宣传等部门的联系沟通，形成监督合力，增强监督实效；年内要建立违反法定程序干预司法登记备案通报和责任追究制度，帮助排除对执法司法活动的非法干预，优化执法司法环境。政法各部门要健全预防和抵制司法外部干扰的工作制度，增强抗干扰能力，将领导干部批条子、打招呼干预案件办理等情况归入案件内卷，在政法机关的纪检部门备案，并及时向上级主管机关和同级党委政法委报告。要采取"科技+群众"的方式，把信息化与执法司法公开结合起来，自觉接受民主监督、法律监督、舆论监督等外部监督。

（五）充分发挥政法机关职能作用，服务保障改革和发展

1. 进一步增强服务大局的意识

全省政法机关要全面把握党的十八届三中全会《决定》中关于经济体制改革的新要求，按照党委、政府的统一安排，抓好需要政法机关配合支持的改革任务的落实，承担起自己应尽的责任。要超前谋划，提前预判，分析经济体制改革会出现哪些法律政策障碍，会产生哪些矛盾和问题，并积极向党委、政府建言献策，提出有效的应对措施，尽可能降低经济体制改革中的风险，尽可能减少经济体制改革中的失误。要继续严格执行《关于全省政法机关服务企业、优化发展环境的若干规定》。

2. 积极支持和保障经济体制改革

要坚持和完善基本经济制度改革，研究制定对非公有制产权依法保护、平等保护的政策措施，保证各种所有制经济依法平等使用生产要素、公开公平公正参与市场竞争。要主动加强对知识产权的保护，设立专门机构，建立专业队伍，制定保护的专项措施。要全面清理行政审批事项，简政放权，做到该取消的行政审批事项一律取消，对保留的行政审批事项要规范行政审批权限、实现阳光操作，压缩审批时间、提高工作效率，直接面向基层和群众的一律下放基层和地方管理。要依法保护好农民的财产权利，对财产占有、收益、有偿退出、抵押、担保、继承、流转过程中产生的矛盾问题，要积极应对，依法妥善化解。

3. 着力服务企业，优化发展环境

分层次建立与企业主管部门、行业协会、商会和工业园区的经常性联系机制，定期走访座谈，开通热线电话，充分听取意见和要求，及时解决企业存在的困难和问题。要深入调查和走访，对各种侵害企业不法行为开展专项整治，加大打击惩治力度。对涉企重点案件，落实领导包案制，省、市、县三级党委政法委和政法部门班子成员、执法监督特派专员，都要负责1~2个涉企疑难复杂案件的督办，限期解决问题。要帮助企业建立健全法律风险防范机制，推行企业法律顾问制度，组织法制讲座，开展"诚信守法企业"创建活动，建立涉企经济犯罪和职务犯罪监控、预警、防范信息发布等制度，及时为企业经营提供法律服务，防范法律风险。

（六）打造过硬队伍，塑造良好形象

1. 坚定理想信念

全体政法干警要不断打牢高举旗帜、听党指挥、忠诚使命的思想基础，坚持党的事业至上、人民利益至上、宪法法律至上，永葆忠于党、忠于国家、忠于人民、忠于法律的政治本色。要明辨大是大非，树立道路自信、理论自信、制度自信，坚持服从党的绝对领导与依法独立公正行使职权的统一，坚持法律效果与政治效果、社会效果的统一，做党和人民的忠诚卫士。

2. 提升能力素质

加强教育培训。强调实效性，有计划有步骤、分级分类开展专业培训，加强实战锻炼，提升"五个能力"。强调系统性，建立健全政法干警教育培训体系，完善落实职业准入、执法资格和分类管理制度，建立教育培训档案，做到每年培训一批政法干警，5年内全体政法干警轮训一遍。加强岗位练兵。通过采取专题讲座、考试竞赛、练兵比武等形式，全面提高政法干警整体素质和执法能力。加强干部交流人才培养。加大政法领导干部的交流力度，凡符合交流条件的一律实行交流。在政法各业务领域建立完善专家库，选拔培养一批政法业务专家、业务尖子和办案能手。进一步落实"双千计划"，大力推动司法实务与高等法学教育相互融合，培养卓越法律人才。

3. 坚持从严治警

要加强纪律教育。要结合正在开展的群众路线教育实践活动，认真查找和坚决整改纪律作风方面的突出问题。要教育引导广大政法干警严格遵守政治纪律、组织纪律、执法办案纪律、群众工作纪律，做到不越雷池，守住底线。继续组织开展以"领导包案、单位联点、干警联户"为主要内容的"一包双联"活动，将这一直接联系群众、服务群众的做法制度化、常态化。建立纪律执行机制。要通过来信来访、案件评查、明察暗访、重点约谈等方式，及时发现政法队伍的违法违纪问题。对违反中央八项规定、省委九项规定、省委政法委六个严禁等禁令的行为，发现一起，查处一起，坚决清除害群之马，决不姑息迁就。

4. 落实从优待警

加强政法文化建设，丰富干警业余文化生活，适当改善食堂伙食、建好单位宿舍，使政法干警更加快乐生活、快乐工作。落实优抚政策。不断研究推出用事业留人、用感情留人、用适当待遇留人的新举措新机制，增强干警职业认同感和职业自豪感。通过调整勤务模式、改进工作方式、落实轮休制度等措施，确保劳逸结合、张弛有度。加强对政法干警的心理疏导，确保干警思想稳定、心理健康。对因公牺牲、负伤的干警，要把各项优抚政策落到实处。对干警在医疗、住房、子女入学、家属就业等方面遇到的问题，要千方百计帮助解决，让干警能全身心投入工作。

5. 加强政法宣传工作

全省各级政法机关要一手抓好"枪杆子"，一手抓好"笔杆子"，传播好党和政府的声音，展示好政法工作的成效，传递政法舆论的"正能量"。树立主动宣传理念。政法宣传方式上要从刻板的说教式向浅显易懂的解说式转变，内容上要从自身关心的问题向社会关注的话题转变，形式上要从应景式、应急式报道向有组织、有计划的活动转变。形成立体宣传态势。在电视、电台、报刊等传统主流媒体上开设政法专栏，建立健全新闻发言人制度，并应用微博、网络、手机短信等新兴媒体适时发布现实工作的信息和内容；完善政法微博建设和各级长安网、社会管理创新网等自办媒体建设。加强先进典型的培养宣传。在全省政法系统营造学典型、争先进、当模范的良好氛围，树立政法队伍可亲可敬可信的良好形象。加强负面舆情的应对和引导。各级政法机关和宣传、网宣部门及媒体之间，要加强沟通协作，建立反应灵敏、协调有序、运转高效的重大敏感案事件舆情处理应对机制。

B.4
深化改革 提高质量
推动高等教育内涵式发展

李友志*

自20世纪90年代末以来，湖南高等教育牢牢抓住高校扩招、布局调整和教育强省建设等契机，积极进取，改革创新，取得了跨越式发展，基本完成了从精英式教育到大众化教育的转变。至2012年底，全省共有普通高校121所，其中本科院校32所、"211工程"高校4所、"985工程"高校3所，"985工程"高校仅次于北京、上海，居全国第3位。在校生总数达137.6万人，高等教育毛入学率达30%，高考录取率达86.4%。应该说，湖南高等教育已站在了一个新的历史起点上，同时也站在了一个重要的发展关口上。把握好这个起点和关口至关重要，决定着湖南高等教育今后的发展方向，甚至兴衰成败。下一步怎么走？党的十八大根据我国高等教育面临的新形势新问题，借鉴世界高等教育发展的一般规律和成功经验，作出了推动高等教育内涵式发展的决策部署，及时为湖南高等教育发展指明了方向。深化改革，提高质量，走内涵式发展道路，是湖南高等教育实现变革转型和科学发展的必然要求，也是当前最紧迫的任务。

一 把握形势，坚定不移走内涵式发展道路

高校的内涵发展比规模上的扩张要复杂得多，难度也要大得多。要将高等教育放在国家经济社会发展的大背景下来审视和把握，放在湖南"四化两型""三量齐升"的发展大局中来思考和理解，深刻认识湖南高等教育内涵式发展的战略意义和长远作用。

---

* 李友志，湖南省人民政府副省长。

(一)加快内涵发展是建设高等教育强国的战略部署

近十年来,世界主要国家纷纷将发展高等教育作为提升国家核心竞争力的重要举措和实现国家战略目标的重要基础。美国启动了高等教育改革行动计划,德国启动了"卓越计划",日本提出了21世纪的研究生院计划和卓越中心计划,欧洲实施了"博洛尼亚进程",掀起了新一轮提高高等教育质量的浪潮。面对这样的形势,我国《国家中长期教育改革和发展规划纲要(2010~2020)》明确指出,"提高质量是高等教育发展的核心任务,是建设高等教育强国的基本要求",党的十八大报告更是强调要"推动高等教育内涵式发展"。这是针对我国高等教育现状所作出的战略部署,既体现了经济社会长远发展的需求,也顺应了广大人民群众的愿望和期待。内涵发展标志着高等教育发展方式的转变、改革思路的调整和工作重心的转移。我们一定要切实担负起这一历史责任,及时转变发展观念,抢抓内涵发展机遇,推动湖南高等教育发展水平迈上新台阶。

(二)加快内涵发展是湖南经济社会发展的必然要求

近年来,随着世界经济整体增速放缓,经济增长的不确定因素在增加,对湖南经济的不利影响日益增大。与此同时,全省经济社会发展内部各种短期问题和长期问题、结构性问题和体制性问题、内部问题和外部问题相互交织并存,特别是发展的不平衡、不协调、不可持续的老问题更加突出,传统发展方式难以为继。只有真正走上创新驱动、内生增长的发展轨道,才能为持续繁荣开辟新的空间。高等教育作为科技第一生产力和人才第一资源的重要结合点,对经济社会发展具有高端引领作用,没有高质量的高等教育,培养不出大批高素质的人才,教育强省便是空中楼阁,富民强省更是纸上谈兵。要立足湖南经济社会实际来定位和发展高等教育,提高教育质量,加快内涵发展,不断提高引领和服务湖南经济社会发展的能力。

(三)加快内涵发展是办好人民满意教育的根本途径

近年来,湖南在保持高等教育规模稳步发展,不断满足人民群众接受高等教育需要的同时,注重综合施策,提升高等教育质量,取得了明显的成效。在大部分反映高等教育质量和创新水平的国家级项目建设中，湖南均进入全国前10位，人才培养卓有成效，师资队伍水平不断提升，科技创新能力取得新突破，成为了全省科技创新的主力军。但是，随着湖南教育领域改革步入深水区，高等教育面临的矛盾和问题更加复杂，与人民群众的期望和要求还存在相当大的差距。特别是随着高考录取率的大幅提高，人民群众不再满足于能否上大学，而是要上好大学；不再满足于高校的良好办学条件，而是更看重高校的办学水平与教育质量。所以，我们要顺应人民群众的新期待，努力解决热点难点问题，办好人民满意的高等教育，就必须走内涵式发展的道路，全面提升高校办学质量。

二 把握规律，大力推进高等教育内涵建设

人才培养、科学研究、社会服务、文化传承创新是现代大学的四大使命，是衡量高校综合实力的核心要素，也是加强高等教育内涵建设必须牢牢把握的重要切入点。要遵循教育规律，围绕四大使命，狠抓内涵建设，不断提升高校综合办学实力与水平。

（一）要大力增强人才培养能力

人才培养是高等教育的本质要求和根本使命，高校一切工作都必须紧紧围绕这一中心。要建立健全人才培养质量保障机制，师资力量、资源配置、经费安排都要体现以学生为本，以教学为重心、以人才培养为重点，特别是要巩固本科教学基础地位，鼓励和引导教师特别是高水平教师承担本科教学任务，坚决扭转本科教学被弱化的现象。现在有的高校老师当了教授就脱离讲台，这是不正常的，既浪费资源，又不利于高校的人才培养。中科院院士、中南大学教授金展鹏全身只有脖子能动，他坐在轮椅上都坚持给本科生讲课，坚持带研究生，这种精神值得所有高校教师学习。高校学生是未来社会主义事业建设的重要力量，他们正处于世界观、人生观、价值观形成的关键时期，必须把立德树人和实践育人作为高校人才培养亟需加强的两个关键环节，以科学的理论武装学生，以优秀的校园文化熏陶学生，以高尚的师德师风引导学生，切实增强大

学生的道路自信、理论自信、制度自信和文化自信,切实增强人才培养工作的社会适应性,培养好我们事业的建设者和接班人。要大力推进人才培养模式改革和教学科研资源设施开放,为大学生自主学习、主动探究提供条件,不断提高创新人才培养水平,为全省实现创新驱动发展提供高水平的人才储备。

(二)要大力增强科学研究能力

科技创新是高等教育内涵发展的战略支撑,必须坚持面向经济主战场,以社会需求为导向,不断提升高校科技创新能力,在推动发展方式转变和创新体系建设中发挥更大的作用。要大力支持高校加强重点和特色学科建设,不断夯实科技创新的平台,以学科建设带动学校全面发展,拓展学校发展空间。要重点围绕国家亟须的战略性问题、科技尖端领域的前瞻性问题、涉及国计民生的重大公益性问题和湖南经济社会发展的关键性问题,大力推进校际、校所、校企、校地之间开展协同创新和国际科研合作,疏通科技成果转化渠道,搭建机制灵活的转化平台,彻底改革封闭科研模式,实现高校科技创新方式的根本转变,努力建设一批优秀创新团队,培养一批拔尖创新人才,形成和转化一批重大创新成果,为经济社会发展和人民生活改善作出积极的贡献。

(三)要大力增强社会服务能力

高等教育的重要职能之一就是服务社会。要充分发挥高校学科、资源、人才等优势,大力推进产、学、研用紧密融合,加快科技成果转化和产业化步伐,以服务和贡献求生存谋发展。要组织师生深入边远贫困地区和企业、社区、乡村,开展科技服务,扶助困难群体,不断增强服务基层和人民群众的能力。要适应终身学习的时代需要,加快发展继续教育,广泛开展科学普及,为全社会提供形式多样的教育服务。要深入开展政策研究,积极发挥思想库和智囊团作用,努力为党委政府科学决策、民主决策作出积极贡献。

(四)要大力增强文化传承创新能力

高等学校是优秀文化传承与思想文化创新的高地,是文化大繁荣大发展的生力军。要在继承和研究前人文化成果的基础上,扬弃旧义,创立新知,积极发挥文化育人作用，把社会主义核心价值观教育融入高校育人全过程，不断培育崇尚科学、追求真理的思想观念，发挥先进文化引领风尚、服务社会、推动发展的作用，推动社会主义先进文化建设。要深入领会社会主义核心价值体系的内涵，积极培育富有特色的大学精神，形成境界高尚、底蕴深厚的校园文化。大力加强高校学风建设，培养良好学术传统，打击学术不端行为，使高校真正成为学术的神圣殿堂和引领社会风气的高地，激励和引领高校内涵式发展。

高校内涵发展必须始终贯穿在人才培养、科学研究、社会服务、文化传承创新各项工作之中，缺一不可。需要强调的是，尽管科学研究、社会服务和文化传承创新作为现代大学的重要功能，都对人才培养具有重要促进作用，但高等教育的根本任务是培养人才，离开人才培养就不叫大学。因此，牢固确立人才培养的中心地位，着力提高人才培养质量，才是实现高等教育内涵式发展最核心的任务。只有以人才培养为核心，四大功能相互支撑，有机互动，才能形成整体提升质量的有利格局，不断开辟内涵发展的新局面。

三　把握重点，努力创造内涵发展条件

加快高等教育内涵式发展，是当前湖南高等教育改革发展的重大任务，也是重大机遇，必须摆在教育强省建设重中之重的位置来抓。要立足实际，突出重点，强化措施，努力为高等教育内涵发展创造良好的条件。

（一）牢固树立科学的高等教育发展观

加快高等教育内涵发展，首先有一个思想观念问题。我们各级各部门一定要把思想认识统一到中央和省委省政府的决策部署上来，坚持稳定规模、优化结构、强化特色、注重创新，牢固树立科学的高等教育发展观。过去一段时期，我们高校的主要精力都用于建新校区、盖新大楼、买新设备，扩大规模，争取项目等外延性的发展事务，这在当时是事业发展必需的。但新校区、新大楼、新设备不等于高质量；扩大规模、争取项目也不是内涵发展。现在，高等教育规模发展已基本没有空间，各高校招生规模基本稳定，学科格局基本形

成，校区建设基本完成。我们必须准确把握湖南高等教育所处的阶段性特征，大力转变过去的思维习惯与工作模式，牢固树立科学的发展观念，真正把提高质量作为高校的生命线来抓，真正把时间、精力和资源重点放在内涵发展上，抓教学、促管理、调结构、强特色，在不同层次、不同领域办出特色、办出水平，实现高等教育发展方式的根本性转变。要深入开展教育思想观念大讨论，努力在全社会、各级各部门和高等教育战线进一步增强全员质量意识，凝聚内涵发展共识，形成人人关心、人人参与、人人服务内涵发展的良好格局。

（二）扎实有效推进高等教育管理改革

以改革促发展，是加快高等教育内涵式发展的必由之路。近几年来，省政府及有关部门花了很大力气，帮助高校基本化解银行债务，并推动解决社会化学生公寓和食堂问题，取得了重要成效。下一步，我们将集中精力重点推进高校管理体制机制改革，不断激发高等教育发展的活力。要对接湖南产业发展和社会需求，引导高校动态调整和优化学科专业结构，加快形成与湖南经济社会相适应的学科体系及专业预测、预警和退出机制，使高校人才培养和科学研究更好地满足湖南经济社会发展需求。要坚持和完善党委领导下的校长负责制，加快完善高校内部治理结构与运行机制，积极推进大学章程建设，积极探索大学与社会良性互动机制，不断完善中国特色现代大学制度，为高等教育内涵发展提供重要的制度保障。要针对目前高校反映强烈的问题，深入开展调查研究，广泛听取意见建议，切实落实好《高等教育法》规定的高校办学自主权，同时大力转变政府管理职能，改革过去那种僵化的管理方式，简政放权，创新管理，不断向高校释放改革红利，切实增强高校内涵发展的内在动力。

（三）切实加大经费投入和优化办学环境

要切实加大高等教育财政经费投入，不断建立完善内涵发展的投入保障机制，大力提高本科生均经费拨款水平，同时进一步调整支出结构，确保省级高等教育经费主要用于研究生和本专科学生培养。要加强高校经费预算监督和把关，确保全省高校各项经费收入主要用于教学工作。教学经费得不到保障，教授和老师们就不会安心教学工作，就会热衷于争项目、跑经费，在人的培养上就会打折扣，高校的发展也就会偏离正确方向。要切实加强和改进对高校的领导，教育主管部门要进一步加强高等教育管理，同时对各种涉及高校的政府管理行为，如职称评审、校园周边环境整治等问题，积极牵头并加强沟通协调，各有关部门也要积极主动配合，不断理顺管理关系，完善政策措施，形成合力推动高等教育内涵发展的良好格局。各新闻宣传和舆论媒体要坚持正确的舆论导向，多报道高校内涵发展方面的好经验和好做法，多宣传高等教育内涵发展的重要性和紧迫性，积极引导全社会正确认识转型期高等教育存在的问题与困难，努力为内涵发展营造良好的社会环境和宽松的舆论氛围。

（四）着力打造高水平的高校教师队伍

大学必须有大师。一所高校的发展不仅要有一个好的领导班子，更需要一支水平高、结构优、肯奉献的教师队伍。这是学校的长远发展所在，比建几座漂亮的大楼重要得多。必须树立教师队伍是第一资源、培养人才是第一工程的理念，坚持以人为本、人才强校，始终把教师队伍作为高等教育内涵发展最重要的基础工程来抓。要充分利用国家和湖南各类人才计划，加强高层次拔尖人才的引进与支持力度。要舍得投入，下大力气打破以学历、资历和数量论人才的惯性，营造宽松的学术氛围和尊重劳动、尊重知识、尊重人才、尊重创新的良好环境，为优秀人才脱颖而出创造条件，加快培养一批大师、名师和良师。要进一步完善教师教学工作业绩评价制度和优秀教师表彰奖励制度，充分发挥广大教师的积极性与创造性，充分发挥大师、名师和良师的示范引领作用，引导和鼓励教师安心教学，潜心育人。要针对目前高校存在的师德失范、学术不端、德才相悖等突出问题，建立教育、评价、监督、惩处相结合的师德建设长效机制，切实加强高校师德师风建设，增强广大教师教书育人的责任感和使命感。

B.5
维护社会安全稳定
保障群众安居乐业

盛茂林[*]

安全生产、信访维稳和民生保障工作是关系到人民群众生命和财产安全，关系到经济发展、民生改善和社会稳定大局的重要工作。2013年以来，湖南各级各部门牢固树立"抓安全就是抓发展，抓民生就是抓稳定"的理念，全力以赴抓好相关各项工作，以和谐保发展，以发展促和谐，取得了较好成效。展望2014年，全省各级各部门要深入学习贯彻落实习近平总书记关于安全生产的重要讲话精神，抓好信访维稳工作，促进湖南民生保障工作再上新台阶。

一 抓好安全生产工作，促进健康发展

安全是发展的基础，没有安全就没有真正意义上的发展。搞好安全生产工作，切实保障人民群众的生命财产安全，体现了最广大人民群众的根本利益，是全面建设小康社会的重要内容，是实施可持续发展战略的组成部分。习近平总书记在中央政治局第28次常委会上就安全生产工作作了重要讲话，习总书记站在党和国家事业发展全局的战略高度，深刻阐述了安全生产的工作规律，体现了科学发展观的核心立场，揭示了群众路线的本质特征。

2013年以来，湖南下发了《湖南省党政领导干部安全生产"一岗双责"暂行规定》和《湖南省安全生产监督管理职责规定》，狠抓安全生产责任体系建设，扎实开展安全生产大检查，深入推进行业领域的安全专项整治和"打非治违"，严格兑现奖惩，不断夯实基层基础，安全生产取得了阶段性成果。

---

[*] 盛茂林，湖南省人民政府副省长。

2013年，湖南安全生产工作取得了历史最好成绩，也是安监部门成立以来事故数量最少，重大事故起数最少，主要指标下降幅度最大，工作成绩最好的一年。全省事故死亡人数、较大事故起数控制指标分别位列全国第30位和第24位。主要表现在以下几方面。

"六个下降一个较好"：事故总量、死亡人数、受伤人数、直接经济损失、重大事故起数、较大事故起数下降。1~12月，全省发生各类生产经营性安全事故5851起，死亡1064人，受伤2821人，直接经济损失3.58亿元，同比分别下降4.2%、20.2%、15.1%、9.4%；发生重大事故1起、死亡10人，同比减少4起、61人，分别下降80%、85.9%；全省发生较大事故40起、死亡172人，同比减少9起、34人，分别下降18.4%、16.5%。重大事故全国排位较好。重大事故起数从2012年全国第1位后移至23位；连续3年没有发生特别重大事故，实现了省委、省政府提出的"四个确保"目标。

全省安全生产取得了来之不易的成绩，但当前安全生产形势依然严峻：一是安全生产客观条件比较差，高危行业门类齐全、数量多、规模小，煤矿与非煤矿山资源禀赋差，瓦斯灾害和水患比较严重，山区公路线长路差，河流多航道条件差，管理难度大、风险高。二是安全生产意识弱和责任不落实问题仍然突出，一些地方、行业和企业对安全生产重视不够，安全生产"政府热企业冷""上热下冷"的问题突出，非法违法和违规违章现象仍然不同程度存在。三是安全隐患仍然大量存在，事故反弹的压力较大。四是少数行业领域和地区事故有所上升。五是安全生产"基础脆弱、基层薄弱"和"高危行业低技能人员就业"的现状短期内仍难改观，事故发生几率仍然较大。

安全生产的本质要求是科学发展、安全发展、以人为本，首要的是以人的生命健康为本；基本原则是党政同责、一岗双责、齐抓共管；基本要求是落实安全生产负责制，落实企业主体责任，落实行业主管部门直接监管、安全监管部门综合监管、地方政府属地监管，坚持管行业必须管安全、管业务必须管安全、管生产经营必须管安全；根本方法是标本兼治、举一反三、整章立制，坚持安全生产大检查和专项治理相结合；重要手段是严格执法，严格事故调查，严肃责任追究。下一步，要以深入学习宣传贯彻习总书记重要

讲话精神为契机，进一步强化措施、落实责任，努力实现全年安全生产工作目标。

一是深入学习贯彻落实习近平总书记重要讲话精神，牢固树立安全第一、生命至上的理念。要通过召开省政府工作会、省安委会、安全生产工作座谈会、市县党委常委会、政府常务会、企业职工大会等多种形式，广泛深入地将习总书记重要讲话精神传达到基层，传达到广大干部职工，切实增强全民安全生产意识，切实增强企业抓安全生产的主动性、员工遵守安全规程的自觉性和干部抓安全生产的积极性，切实将安全发展理念贯穿到经济社会发展和企业生产经营全过程，坚守发展决不能以牺牲人的生命为代价这条红线。

二是强化建设和落实安全生产责任体系。认真落实省委省政府出台的《湖南省党政领导干部安全生产"一岗双责"暂行规定》和《湖南省安全生产监督管理职责规定》，进一步强化各级党委、政府的监管职责，坚持一级抓一级，层层抓落实。把落实企业主体责任作为重中之重，将安全生产责任和措施落实到全员、全领域、全过程，做到不安全不生产，有隐患必整顿。要依法从严从快加强事故查处和责任追究，严查事故背后的腐败和失职渎职行为，对事故责任单位和责任人要打到痛处，深刻吸取教训。抓好年度安全生产工作考核，将考核结果与干部选任、评先评优挂钩。

三是切实巩固安全生产大检查的阶段性成果。对安全生产大检查排查出来的隐患，要按照整改方案、责任、措施、资金、预案"五落实"要求，坚决限期整改到位，防患于未然。同时，积极推广新技术、新工艺、新设备，大力实施"科技兴安"战略。要继续加大"打非治违"工作力度，严厉打击和切实纠正各类非法违法、违规违章行为。加强安全生产隐患排查治理体系建设，推动安全生产大检查工作的规范化、制度化和常态化。

四是强力推进矿山整顿关闭工作。国家安监总局要求对年产能9万吨及以下的煤与瓦斯突出矿井进行关闭整顿，这是一场硬仗，各地各部门要有充分的思想准备和工作准备。要尽快完善煤矿整顿关闭工作方案，严格安全监管监察执法，坚决杜绝因煤矿企业擅自复产复工诱发事故。尽快启动冷水江锡矿山矿区整顿整合工作，深入推进全省非煤矿山整顿关闭工作。

五是加强安全监管队伍建设。加强对安全生产的领导,注意选调一批事业心强、懂业务、勇于担当的领导干部抓安全生产工作。要强化培训,明确责任,严格管理,对安监干部参与企业生产经营谋取利益的,一律依法顶格处理。要高度重视关心县乡特别是乡镇安监队伍建设,支持帮助解决工作中的突出问题,确保编制、人员、装备、经费"四落实"。

二 抓好信访维稳工作,促进稳定发展

稳定是发展的前提和保障。全省信访维稳机关在加强社会治安管理、信访维稳、妥善处置群体性事件等方面做了大量工作,信访形势继续保持了平稳可控的态势,2013年全省县以上信访部门共受理群众来信来访43.5万件(人)次,同比上升0.96%,没有因信访问题引发重大群体性事件,没有发生赴京大规模集体访,没有发生极端恶性事件,公众对社会治安的评价比2012年提高0.93分。社会治安环境有效改善。全省共侦破刑事案件6.8万起,现行命案破案率达97.2%;查处治安案件37.5万起,查处违法嫌疑人19.9万人次;开展"调解化积案、息访保平安"人民调解专项活动,成功排查调处各类社会矛盾纠纷40.2万余件;认真做好劳教体制改革的准备工作,监狱改造工作平稳;社区矫正、刑释解教人员安置帮教效果明显;民族、宗教事业创新发展。信访维稳工作有序推进。紧紧围绕"两节两会""六四""八一"、十八届三中全会和中央巡视组在湘巡视等敏感时期,加强情报信息搜集研判,及时化解矛盾纠纷。强化首办责任制,提高一次化解率。加强交办督办工作,加大积案化解工作力度。政法基础设施建设进一步加强。下发《关于加强和改进公安基层基础工作的意见》,破解基层警力不足等问题。深入开展"三无"县市区创建活动和"三无"乡镇(街道)创建活动。

当前,湖南信访维稳工作仍面临新情况、新问题、新挑战:一是信访维稳工作责任不落实。有的地方和部门对信访维稳工作重视度仍然不够,人员和经费投入不够,有的干部缺乏事业心、责任感,存在推、拖、躲的现象,接访包案走形式,"只挂帅、不出征"。二是对信访维稳规律研究把握不够。有的对信访工作重稳控轻化解,重上头轻源头,重工作考核轻问题解决,"花钱买平

安""拦卡堵截"现象仍有发生。三是劳教体制改革和涉法涉诉工作改革,对信访维稳工作带来新的挑战。四是基层基础仍较薄弱。存在警力不足,经费不够,化解矛盾、解决问题能力不强等现象。

发展是硬道理,稳定是硬任务,完不成硬任务就讲不起硬道理。我们必须高度重视信访维稳工作。下一阶段主要做好四方面的工作。

一要进一步强化各级党委政府的维稳责任。各级党委政府要树立强烈的责任意识,把信访维稳工作真正作为"一把手"工程,切实负起责任来。

二要切实加强社会综合治理工作。进一步提高侦破打击能力和提高破案率,强化对敌斗争,切实提高社会治安管理水平;要稳步推进法治宣传、人民调解、矫正安帮、监管改造工作,积极应对中央劳教制度改革。积极推动各项民族宗教政策的落实,全力维护和促进民族宗教和谐稳定。积极做好全省政法基础设施建设的化债工作。

三要在"事要解决"上下功夫,依法依政策按程序处理解决现存信访问题。主要领导要靠前指挥,带着感情、带着责任、带着法律政策去解决信访问题。要重视初信初访问题的处理,把矛盾化解在基层、把问题解决在萌芽。对久拖不决的信访问题,要加大督办交办力度,推动相关部门和地方解决问题。对突出信访问题要集中解决,如对征地拆迁、复退军人等信访突出问题,要整合执政资源,集中时间和精力成批解决,有法律政策依据的,要坚决解决,没有政策的,要做好宣传解释工作,决不能为了一时稳定,突破政策和法律底线去解决个案。对非法访、缠访闹访的要坚决依法按政策予以处理。

四要及早预防和及时化解可能发生信访案件的矛盾纠纷。防范远胜于补救,要将社会管理重心移向基层,转向源头治理。要加大决策的科学性、公开性,提高决策的民众参与度,在决策中整合群众利益诉求。要建立矛盾排查预警机制。对社会运行中的不稳定信息,及时提出预警,尤其是春节、两会、五一国际劳动节、国庆节等特别防护期间,要开展集中排查行动,落实稳控措施。要建立矛盾调处化解机制,对排查出来的不稳定因素,要综合运用人民调解、司法调解、行政调解等方法,多渠道分流和化解矛盾。要加强信访风险评估,对重大政治活动、重点建设项目、重点专项工作的信访风险实行评估,要及时研究对策措施。比如拆迁问题在信访中占了很大的比例,要学习推广合肥市拆迁经验。合肥的经验有很多，关键是坚持走群众路线，切实维护群众合法利益，严格依法依政策办事，阳光操作，让群众看得见公正，感受到公平。

三 抓好民生保障工作，促进和谐发展

民生是发展的目的，也是发展的底线。2013年以来，围绕服务大局、服务群众，民生保障工作取得一定的成效。救灾应急管理得到加强。积极争取民政部安排湖南救灾应急资金4.77亿元（应急资金1.3亿元，冬春救助资金2.79亿元），省里下拨救灾资金3200万元，救助受灾群众450万人次，全力保障受灾群众的基本生活。基本民生保障有较大改善。2013年，全省城市和农村低保月均保障421万人，月人均救助水平分别为271元、119元，农村五保集中和分散供养标准分别达到5028元/年和2511元/年；完成205所敬老院改扩建，四项工作都达到或超过全省为民办实事考核指标。优抚安置政策进一步落实。全面实施新型退役士兵安置制度，加强退役士兵教育培训，鼓励退役士兵自谋职业投身地方经济社会建设。推广常德市退役军人"双带双促"（带头建设家乡，促进经济发展；带头维护稳定，促进社会和谐）活动经验，为退役军人营造良好的创业干事环境。社会管理创新力度进一步加大。推进社会组织登记体制改革，制定出台《关于对四类社会组织实行直接登记管理的暂行办法》，实现基金会在省厅直接登记，2012年全省新增社会组织3700个，总数达2.23万个。省人大修订出台了《湖南省实施〈村组法〉办法》和《湖南省村委会选举办法》，城镇居委会和农村村委会依法自治达标率纳入县级全面建成小康社会考评指标体系，加快了全省基层民主政治建设的进程。基本公共服务加快发展。抓好老年优待维权，为34.7万老年人发放了高龄津补贴。积极开展"慈善一日捐"等活动，募集慈善款物2.6亿元，全年慈善援助10万人次，发行福利彩票突破60亿元。残疾人事业稳步推进。召开省残联第六次代表大会，完成了新一届省残联的选举换届。成功举办第八届全国残疾人艺术汇演湖南赛区比赛。统筹推进为民办实事项目"贫困残疾人救助工程"、残疾人康复、残疾人教育就业、残疾人身体素质提升、残疾人权益维护等工作。

当前，民生保障方面存在的突出问题和困难有：一是基层民政能力建设滞后，乡镇民政工作人员偏少、工作经费紧张的问题比较突出。二是相关资金严重短缺。比如，湖南农村低保要达到6%的全国平均水平，需要新增近100万人，存在10多亿元资金的缺口。三是涉军维稳工作矛盾突出，很多诉求在现有政策范围内难以解决。

做好民生保障工作是社会主义优越性的本质体现，是社会文明进步的根本标志，是群众路线的具体实践。民生保障的工作对象都生活在社会底层，民生保障是"救命工程""良心工程""兜底工程"，必须做好，没有退路。2014年，重点抓好四方面的工作。

一是抓好社会救助工作。认真贯彻落实国发〔2012〕45号文件（《国务院关于进一步加强和改进最低生活保障工作的意见》）。完成好四项为民办实事任务，推动医疗救助和临时救助规范发展。探索建立全省最低生活保障指导线，加大对贫困地区的支持。继续抓好为民办实事五个省级绩效评估重点项目和"贫困残疾人救助工程"项目的落实。

二是抓好救灾应急工作。加快救灾应急管理体系建设，确保灾害发生后12小时内受灾群众得到有效救助。加快中央救灾物资长沙储备库建设，启动1到3个市州物资储备仓库的建设。要加大救灾工作指导，搞好各地灾情评估，分类分批启动全省受灾群众生活救助，确保受灾地区生产生活社会稳定。

三是抓好双拥优抚安置工作。做好元旦春节期间残疾军人、伤残退役人员等10类重点优抚对象的走访慰问和解困维稳工作。抓好安置遗留问题的解决和涉军群体的维稳工作。

四是抓好社会管理创新工作。出台推进城乡社区治理创新、加强农村基层政权建设等政策制度。提高城镇居委会和农村村委会依法自治达标率。全面完成第九次村委会换届选举工作。争取出台《湖南省加强和创新社会组织建设与管理工作的意见》，扩大四类社会组织直接登记试点。加强社会组织党建工作，探索建立民政部门购买社会组织服务的机制。

B.6 发挥司法审判职能 服务经济社会发展

康为民*

2013年，省法院在省委的领导下，在省人大及其常委会的监督下，在省政府、省政协的关心和社会各界的支持下，认真履行宪法和法律赋予的职责，努力让人民群众在每一个司法案件中都感受到公平正义，为促进"三量齐升"、推进"四化两型"[1]提供公正有效的司法保障和服务，各项工作取得了新进展。全省法院审判、执行结案36.07万件，同比上升7.32%，结案率83.98%。其中，省法院审判、执行结案4861件，同比上升11.31%，结案率96.99%。公众满意度[2]测评全省法院连续七次名列第一位。

一 突出依法办案，秉持公平正义，充分发挥审判职能

加强民商事审判工作。认真贯彻实施新修正的民事诉讼法，充分发挥民事审判职能作用，积极服务省委提出的经济和社会发展战略。全省法院审结民商事案件21.77万件，同比上升7.67%。注重涉民生案件审理，审结婚姻家庭、民间借贷、拖欠农民工工资等案件10.50万件，省法院被评为"全国维护妇女儿童权益先进单位"。推进城乡一体化，审结建设工程施工合同纠纷等案件2701件。加强"三调联动"[3]，注重矛盾化解，民商事案件调撤率达60.79%。开展涉企业投资、经营等案件专项清理活动，优化经济发展环境。维护金融安全和市场稳定，审结融资、证券、保险等金融案件4.76万件。配合国资委等部门做好国企

---

* 康为民，湖南省高级人民法院院长。

改革工作，审结破产案件47件。加强知识产权司法保护力度，审结知识产权案件1144件。与国家知识产权局专利复审委员会建立了咨询沟通机制。刘大华诉东风日产乘用车公司等垄断纠纷一案，被评为"全国法院知识产权保护十大创新案例"。审结涉外、涉港澳台民商事案件137件，平等保护外商投资权益。依法办理涉外和涉港澳台司法协助案件，其中涉台案件数量位居全国第二位。

加强刑事审判工作。贯彻实施新修正的刑事诉讼法，增强刑事法官人权保障意识、程序公正意识、证据规则意识，全省法院审结刑事案件3.87万件，同比下降3.25%。重点打击严重暴力犯罪活动，审结黑社会性质组织犯罪案件30件319人；审结杀人、强奸、绑架等暴力犯罪案件2737件4341人；审结盗窃、抢夺、诈骗等多发性侵财犯罪案件1.16万件1.79万人；审结毒品犯罪案件6625件7742人；审结贪污、贿赂、渎职犯罪案件702件1008人，其中县处级以上国家工作人员29人，长沙市城市规划局原副局长顾湘陵因受贿和巨额财产来源不明被判处死刑，缓期二年执行。针对群众反映强烈的食品药品安全问题，与有关部门联合开展专项打击行动，审结此类犯罪案件54件88人。严格执行非法证据排除、疑罪从无等规定，防止冤假错案，对23名被告人依法宣告无罪。积极参与社会治理，与省"扫黄打非"办等部门配合整顿市场经济秩序，与社区、单位共同推进特殊人群帮教管理。

加强行政审判和国家赔偿工作。坚持依法监督行政行为与促进争议实质性解决并重，着力提升行政审判和国家赔偿工作公信力。全省法院审结行政诉讼案件1.15万件，审结国家赔偿案件94件，决定国家赔偿金额107.44万元。制定征地拆迁案件指导意见，规范非诉行政案件审查执行，受理审查并依法执行非诉行政案件1.15万件，执结率96.40%。加大协调化解力度，行政诉讼和国家赔偿案件协调化解率达71.07%。向行政机关提出司法建议432份，省法院连续五年发布"行政审判白皮书"[4]，为政府决策提供参考。与财政部门建立国家赔偿金支付机制，确保及时兑现赔偿金。

二 坚持司法为民，破解司法难题，回应群众关切

加强执行工作。坚持以执行工作的信息化、规范化建设为重点，提升执行

质效，确保充分实现当事人胜诉权益。全省法院执结案件6.45万件，执行标的额130.73亿元，实际执结率76.07%。加大强制措施适用力度，采用限制高消费、限制出境措施673人次，罚款、拘留2292人次，判处拒不执行判决裁定罪23人。开展执行积案专项清理活动，清理涉银行积案149件，涉党政机关执行积案819件全部清理完毕。启动涉民生案件专项执行活动，加大对困难群体的执行保障力度。建立健全司法网络查控系统，与在湘21家商业银行达成合作协议。推进执行规范化建设，强化对强制措施、案款管理、评估拍卖等重点环节的监管。

加强立案信访工作。落实各项便民利民措施，省法院召开专题会议部署全省法院司法为民工作。制定小额诉讼[5]受理标准、法定两类案件申请再审管辖等规范性文件，充分保障当事人诉权。加强信访源头治理，完善院长、庭长和承办法官三级接访制度。全省法院接待来访2.59万人次，处理来信1.15万件。开展就地立案、就地开庭、巡回审判[6]，57.91%的一审案件适用简易程序和小额诉讼程序依法审结。全省法院司法救助经济困难当事人460万元，缓、减、免交诉讼费4679万元，尽最大努力为群众诉讼提供便利。

加强审判监督工作。坚持以事实为根据，以法律为准绳，充分发挥二审和再审监督职能，依法维持正确裁判，纠正错误裁判。严格二审把关，全省法院审结二审案件2.03万件，改判、发回4206件。加强再审案件审查工作，审结当事人申请再审审查案件2957件，其中裁定驳回2080件，启动再审538件，调解撤诉180件。做好再审案件审理工作，审结再审案件1247件，其中调解144件，维持383件，改判347件。严格办案程序，规范减刑、假释、监外执行工作。建立指令再审和发回重审案件信息反馈机制，通报情况，坚决防止有错不纠。

三 深入开展党的群众路线教育实践活动，切实加强自身建设，改进工作作风

认真学习贯彻党的十八大和习近平总书记系列重要讲话精神。全省法院认真组织学习领会新一届党中央对加强司法工作的新要求，深刻把握社会主义法

治国家建设要求和人民法院工作规律,为做好新时期人民法院工作打下坚实思想基础。深化社会主义法治理念教育,大力弘扬司法核心价值观。推进法院文化建设,深入开展"五型审判机关"[7]创建活动。113个先进集体和126名先进个人受到省级以上表彰。

聚焦"四风"开展群众路线教育实践活动。省法院认真落实中央"八项规定"和省委"九项规定",坚持开门搞活动,向有关单位和人大代表、政协委员、律师征求"四风"方面的意见建议281条。召开专题民主生活会,开展批评与自我批评,剖析"四风"原因,研究整改措施。建立和完善厉行节约、娱乐活动"五个不准"等19项制度。全面清理评比表彰活动,启用电子公文传输系统,推行无纸化办公,会议、文件大幅精简。全面清理办公用房超标问题,已全部整改到位。完善安检制度和来访信息录入系统,努力解决"门难进"问题。制定公务接待整改规定,严格干部出国(境)审批程序,大力整治公(警)车违章现象,"三公"经费使用进一步减少。

加强队伍建设。抓好公开招录工作,全省法院招考录用工作人员624人。推行法官遴选制度,实行省级统筹管理,遴选法官及其他工作人员159名。完善教育培训工作机制,开办民事诉讼法和刑事诉讼法等培训班18期,确保新修正法律得到正确有效实施。开展司法警察体能达标活动,考核总成绩位居全国法院第三名。加强审判理论研究,获得全国法院学术讨论会第一名。信息工作继续保持全国先进,综合得分进入全国法院前三名。完善干部培养机制,采取挂职锻炼、基层锻炼、交流锻炼等多元化培养方式,提高干警化解矛盾纠纷、做好群众工作的能力。加强与高等院校合作,推进与高校人员互聘交流。

加强反腐倡廉建设。积极配合最高法院对省法院开展第二轮司法巡查。制定实施对全省中级法院的司法巡查计划,重点巡查遵守党的政治纪律和执行党风廉政建设情况。开展会员卡清退活动、违规兼职和经商营利专项治理。开展经常性明察暗访,对发现的问题及时查处。落实法官"一方退出"任职回避[8]规定,对41名法官实施任职回避。以零容忍的态度惩治违法违纪行为,全省法院查处违法违纪干警56人,其中移送司法处理4人,给予党纪政纪处分41人,给予其他处理2人,另9人未结案。严格落实办案过错责任[9]追究制度,全省27名法官因办案过错受到处理。

四 深化司法公开，强化审判管理，提高法院整体工作水平

推进司法公开。以公开促公正、以透明保廉洁，推进审判流程公开、裁判文书公开和执行信息公开三大平台建设。全省8个法院被评为"全国司法公开示范法院"。开展庭审网络图文直播570余场。三级法院全部开通官方微博，省法院微博被评为"全国法院十大官方微博"。召开新闻发布会40余次，及时通报社会舆论关注的重点案件办理等情况。公开裁判文书，全年在互联网公开裁判文书13.23万份，累计上网公开38.67万份。开展"阳光执行年"活动，将执行过程各个环节公布于众。实施人民陪审员数量倍增计划，选任人民陪审员6755名，新增人民陪审员三分之二以上由基层群众担任，人民陪审员参审率达72.36%。

强化审判管理。构建科学实用的审判管理平台，数字法院管理系统投入使用，案件信息录入率达99.01%，误差率控制在1%以内，有效提升了案件审理的规范化水平。对审判质量、效率、效果进行全面考评，全省法院评查案件3.50万件，裁判文书3.15万份，对存在的问题督促整改。对人大代表、政协委员和当事人反映较多的案件进行重点评查，形成评查报告并予以通报。下大力气解决案件超审限问题，集中清理长期未结诉讼案件77件。

夯实基层基础。健全基层联系点制度，深入基层听取意见，帮助解决实际困难。加大领导班子协管力度，派人参加中级法院民主生活会，协助党委完成6个中级法院14名班子成员的调整。建立基层法官编制增补机制，强化职业保障，部分法院人员流失、法官断层等问题有所缓解。加强基层公用经费保障，中央和省级转移支付经费6.84亿元。督促下级法院厉行勤俭节约，严格按照规定完成审判业务用房建设7.48万平方米。做好"两庭"[10]建设债务化解前期准备和指导工作，基础设施建设债务逐年减少。加强信息化建设，数字法院、科技法庭在全省法院迅速推广。采取提级管辖、指定管辖等方式，支持下级法院依法独立行使审判权。强化监督指导，下发业务通报和典型案例，基层业务水平显著提升。

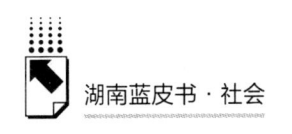

五 强化宪法意识，自觉接受监督，不断改进各项工作

主动接受人大监督。联合省人大内司委对全省法院实施新修正的民事诉讼法情况进行调研，并向省人大常委会作了专项报告。认真落实省人大常委会对执行工作情况报告的审议意见，制定13项整改措施并逐项落实。向省人大常委会依法提请法官的任免事项。做好代表联络工作，定期走访人大代表，赠阅《人民法院报》和《联络督查工作通讯》，通过短信平台及时向代表发送法院重大工作动态，虚心听取意见建议。认真办理代表建议事项和转交涉诉案件。坚持领导带头办理、联络督查部门全程跟踪，省法院办理省人大转办代表建议和关注案件71件，被评为"省人大代表建议、政协委员提案办理工作先进单位"。

依法接受检察机关法律监督。支持、配合检察机关依法履行诉讼监督职责，依法办理抗诉案件。审结检察机关抗诉案件293件，其中维持原判120件，改判102件，发回重审30件，以调解等方式结案41件。对抗诉案件进行分析通报，指导下级法院提高办案水平。认真办理检察建议，落实检察长列席法院审判委员会制度。

积极接受政协和社会各界监督。主动向政协通报法院工作，认真办理委员提案，听取委员对法院工作的意见和建议。认真听取民主党派、工商联、无党派人士对法院工作的意见建议。推进"法院开放日"制度化、规范化、常态化建设，全省法院共举办"法院开放日"312次，积极邀请人大代表、政协委员、青少年学生及社会各界群众代表7000余人到法院参观和旁听庭审。重视舆论监督，坦诚对待媒体和网民意见，积极回应社会关切。邀请社会各界人士担任廉政监督员，让人民群众了解和监督法院工作。

2014年以来，全省法院工作取得的进步，是党委领导、人大监督和政府、政协以及社会各界关心、支持、帮助的结果。我们也清醒地认识到法院工作的不足和问题：一是少数案件处理不公、效率不高、程序不严，与人民群众的司法期待还存在较大差距。二是有的法官司法不廉，对干警违法违纪问题的查处需要进一步加大力度。三是有的法院存在虚假诉讼等问题，严重影响了司法公正形象。四是工作中的形式主义问题依然存在，内部管理有待进一步加强。五是对下指导不够，深入基层调研解决问题不多。六是一些法院不能正确处理依法独立行使审判权与接受依法监督的关系，少数法官在干扰和压力面前不能坚持依法办案。七是法院应对复杂司法环境的能力不足，对"信访不信法"、缠访闹访问题没有解决良方。

六　2014年工作思路

2014年是贯彻落实党的十八届三中全会精神、全面深化改革的第一年，是完成"十二五"规划目标任务的关键一年。全省法院工作的总体思路是：认真贯彻党的十八大、十八届三中全会和中央政法工作会议、全国高级法院院长会议、省委政法工作会议精神，认真贯彻习近平总书记系列重要讲话精神，紧紧围绕"让人民群众在每一个司法案件中都感受到公平正义"这个目标，牢牢坚持司法为民、公正司法这条主线，加强执法办案，深化司法改革，推进司法公开，推进过硬队伍建设，推进平安湖南、法治湖南建设，为湖南全面建成小康社会提供有力的司法保障和服务。为此，我们将着重抓好以下六方面工作。

一是坚持党的领导，确保法院工作的正确政治方向。把学习贯彻中央、最高法院、省委重要会议和习近平总书记系列重要讲话精神作为当前和今后一个时期的首要政治任务，旗帜鲜明地坚持党的领导。正确处理好执行党的政策和国家法律的关系，处理好党的领导与依法行使审判权的关系。建立法院党组向同级党委定期报告工作制度。法院重大人事调整、工作部署、重要活动等及时向党委请示汇报，在党委的领导下履行好法院工作职责。

二是发挥审判职能，切实肩负起维护社会大局稳定、促进社会公平正义、保障人民安居乐业的神圣使命。严厉打击各类刑事犯罪活动，健全预防和纠正冤假错案工作机制。正确处理好维稳与维权的关系，坚持和发展"枫桥经验"[11]，积极参加"三调联动化矛盾，息诉息访保平安"专项调解活动。充分发挥民商事审判职能，进一步优化经济发展环境。加强行政审判工作，有效保障社会主义民主政治建设。坚持司法为民宗旨，按照四个"决不允许"[12]的要求，有效落实便民利民措施，简化诉讼费退费和执行款领取流程，扎实开展涉民生案件专项执行活动。切实做好少年审判、刑释解教人员帮扶工作，严格规范减刑假释和暂予监外执行等工作。

三是加强法院自身建设，提高司法公信力。规范庭审活动，严格执行非法证据排除规则，继续做好久押不决案件清理工作。继续深入推进司法公开三大平台建设，加强数字法院系统的应用，加大裁判文书公开的力度，有效公开执行信息，以公开、透明确保公正廉洁，让暗箱操作没有空间，让司法腐败无法藏身。加强司法宣传和舆情引导工作，营造良好的司法舆论环境。不断规范立案、审理和执行工作，认真落实量刑规范化建设各项要求。合理调整人民法庭的数量和布局，切实发挥人民法庭便于人民群众诉讼的职能作用。继续加大对贫困地区法院的资金扶持力度，帮助基层解决实际困难和问题，不断提升基层法院工作水平。

四是推进司法体制改革，建设公正高效权威的司法制度。始终坚持司法体制改革的正确方向，在中央和最高法院的统一部署下积极稳妥、分类有序推进。认真做好法院职能定位、审判权运行机制等改革。完善人民陪审员制度，进一步发挥人民陪审员作用。积极推进涉诉信访工作改革，做好信访终结移送工作。切实加强司法体制改革的领导，紧紧依靠党的领导、人大监督推进改革，积极争取政府、政协及有关部门支持，加强与其他政法机关协调配合，形成工作合力。

五是打造过硬法院队伍，全面提升队伍素质。按照"政治过硬、业务过硬、责任过硬、纪律过硬、作风过硬"的要求，努力建设一支信念坚定、执法为民、敢于担当、清正廉洁的法院队伍。把理想信念教育摆在首位，培育司法良知和职业道德，增强秉公执法的定力。积极推进队伍正规化、专业化、职业化建设，强化教育培训，完善法官遴选和工作人员招录工作，健全干部交流制度。巩固党的群众路线教育实践活动成果，指导下级法院开展教育实践活动，切实整治"四风"问题。抓好党纪国法和铁规禁令的严格执行，加大对虚假诉讼、办案过错等违法违纪行为的查处力度，下大力气整治腐败，坚决清除队伍中的害群之马。

六是更加主动接受监督，不断提高法院工作水平。做好年度工作和专项工作报告，落实人大审议意见和有关决议，积极配合人大开展执法检查监督工作。认真办理人大代表建议、政协委员提案和关注事项，切实解决代表委员关注的热点、难点问题。完善联络机制，落实工作措施。接受检察机关诉讼监督，积极争取政府、政协及社会各界对法院工作的支持，不断改进各项工作。

附：相关数据图表

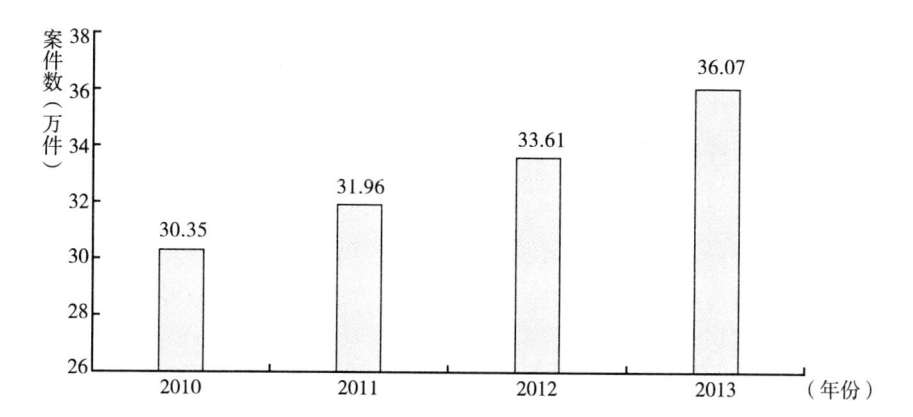

图1　2010~2013年湖南省法院审执结案件情况

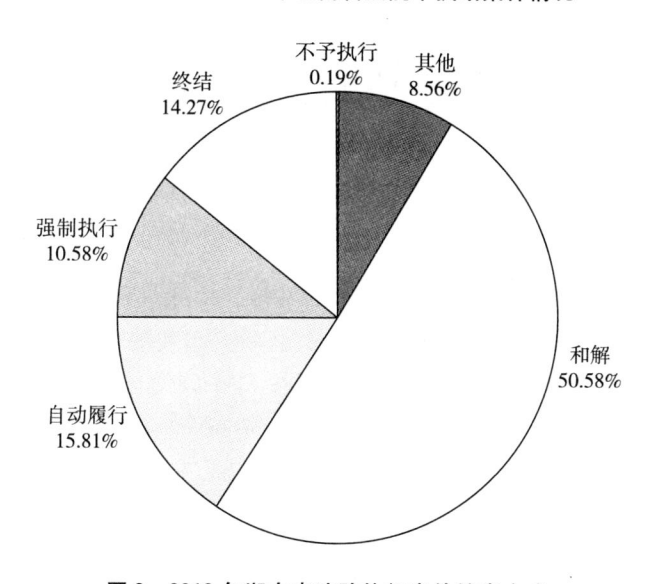

图2　2013年湖南省法院执行案件结案方式

注释

[1] 三量齐升、四化两型：2011年11月省委经济工作务虚会正式提出"三量齐升"观点：坚持转型发展、创新发展、统筹发展、可持续发展、和谐安全发展，努力促进经济总量、人均均量和运行质量的同步提升。省委九届十次全会提出全面推进"四化两型"建设目标：推进新型工业化、农业现代化、新型城镇化、信息化，建设资源节约型、环境友好型社会。

[2] 公众满意度：是政法队伍建设民意调查的主要指标。政法队伍建设民意调查由省委政法委委托省统计局民意调查中心进行，采用计算机辅助电话系统随机问卷的方式，在全省范围内开展，每半年测评一次。

[3] 三调联动：是指人民调解、行政调解和司法调解相互配合，共同化解矛盾的纠纷解决机制。

[4] 行政审判白皮书：是《行政案件司法审查情况报告》的简称，主要内容是法院根据当年审理行政案件的情况，总结行政案件的特点和规律，分析行政机关败诉的原因，提出规范行政执法的意见和建议。

[5] 小额诉讼：是指人民法院为方便群众诉讼，在当事人自愿的前提下，对简易民商事案件实行快审快结的一种审判方式。2013年1月1日开始施行的新《民事诉讼法》确立了小额诉讼程序，该法第162条规定：凡是事实清楚、权利义务关系明确、争议不大，标的额为各省、自治区、直辖市上年度就业人员年平均工资百分之三十以下的民事案件，可适用小额诉讼程序。

[6] 巡回审判：是指人民法院特别是基层人民法庭，为方便人民群众诉讼，根据本地实际情况，深入农村及交通不便、人员稀少等偏远地区，就地立案、就地开庭、当庭调解、当庭结案的一种审判方式。实践中，各地实行流动办案，创造了许多巡回审判方式，被形象地称为"草原法庭""马背法庭""海上法庭""田间法庭"。

[7] 五型审判机关：省法院就全面加强机关建设工作，提出创建"五型审判机关"的目标，即努力创建"学习型、创新型、服务型、文明型、廉洁型"机关。

[8] 任职回避：是指人民法院领导干部和审判、执行岗位法官，其配偶、子女在其任职法院辖区内从事律师职业的，应当实行任职回避。人民法院在选拔任用干部时，不得将具备任职回避条件的人员作为法院领导干部和审判、执行岗位法官的拟任人选。人民法院在补充审判、执行岗位工作人员时，不得补充具备任职回避条件的人员。

[9] 办案过错责任：是指法院工作人员在办案过程中违反法律规定，存在实体、程序错误，导致所办案件裁判错误或被依法改判、发回重审、执行回转、引起国家赔

偿等情形，或者在办案过程中存在其他明显违反实体法、程序法规定的行为而应承担的相应责任。

[10] 两庭：是人民法院审判法庭和人民法庭的统称。其中人民法院审判法庭是各级人民法院开庭审判的工作场所；人民法庭是基层人民法院的派出机构和组成部分，在基层人民法院的领导下开展工作。

[11] 枫桥经验：浙江省诸暨市枫桥镇干部群众于1963年创造了"发动和依靠群众，坚持矛盾不上交，就地解决；实现捕人少，治安好"的"枫桥经验"。毛泽东同志亲笔批示"要各地仿效，经过试点，推广去做"。1964年1月14日，中共中央发出指示，把"枫桥经验"推向全国。从此，"枫桥经验"成为全国政法战线的一面旗帜。

[12] 四个"决不允许"：习近平总书记在2014年1月7日召开的中央政法工作会议上提出：要重点解决好损害群众权益的突出问题，决不允许对群众的报警求助置之不理，决不允许让普通群众打不起官司，决不允许滥用权力侵犯群众合法权益，决不允许执法犯法造成冤假错案。

B.7
忠实履行监督职能　维护社会和谐稳定

游劝荣*

一　2013年工作进展

2013年，全省检察机关在中共湖南省委和最高人民检察院的领导下，在省人大及其常委会的监督和省政府、省政协的关心支持下，深入贯彻党的十八大精神和习近平总书记对政法工作的一系列重要指示，认真落实省十二届人民代表大会第一次会议决议，坚持围绕全省工作大局，忠实履行宪法和法律赋予的职责，不断强化法律监督、强化自身监督、强化队伍建设，各项检察工作取得新进展。

（一）围绕全省工作大局，忠实履行法律监督职能，为经济社会发展营造良好环境

根据推进"四化两型""四个湖南"建设和"三量齐升"的目标要求，加强对全省经济发展形势和运行规律的研究，出台《关于充分发挥查办和预防职务犯罪职能优化我省经济发展环境的意见》，明确了为优化发展环境提供服务的具体措施。配合"发展环境优化年"活动，积极参与整顿和规范市场经济秩序，依法惩处破坏经济发展环境的犯罪，共批准逮捕涉嫌生产销售伪劣商品、金融诈骗、侵犯知识产权、破坏环境资源保护、妨害公司企业管理秩序、破坏金融管理秩序、扰乱市场秩序犯罪2116人，提起公诉4480人；立案查办商业流通、工程建设、土地开发、环境保护等领域和重大责任事故背后的职务犯罪674人。注重改进执法办案的方式方法，防止因自身执法不当损害地方投资和发展环境、损害守法企业和企业家的合法权益。

---

* 游劝荣，湖南省人民检察院检察长。

（二）认真贯彻反腐败总体部署，积极查办和预防职务犯罪，深入推进反腐倡廉建设

针对职务犯罪的新特点、新变化，进一步改进侦查一体化办案机制，坚持省、市检察院带头办案，切实加大查办职务犯罪案件力度。共立案侦查贪污贿赂犯罪1235人、渎职侵权犯罪566人，其中大案980件，要案88人（厅级8人）；基层组织工作人员190人。按照中央和省委的统一部署，参与了"衡阳破坏选举案"的查处工作。深入开展查办发生在群众身边、损害群众利益职务犯罪专项工作，立案查办社会保障、征地拆迁、扶贫开发等民生领域的职务犯罪368人，农村基础设施建设、资金管理使用、资源开发利用等涉农领域的职务犯罪199人。比较典型的案件有：省交通厅原党组书记陈明宪、原副厅长李晓希、邹和平涉嫌特大受贿案，怀化市政协原副主席杨冬英涉嫌滥用职权、受贿、巨额财产来源不明、非法倒卖土地使用权案，湘江流域重金属污染防治工程建设中的玩忽职守案，涟源、新化学生食用营养餐中毒事件背后的滥用职权、受贿系列案等。同时，坚持标本兼治、惩防并举，结合办案加强职务犯罪预防工作。针对案件多发领域开展预防调查574件，提出预防检察建议486件；为有关单位或个人提供行贿犯罪档案查询18866次；运用典型案例开展警示教育650次。

（三）积极参与平安湖南建设，依法打击各类刑事犯罪，维护社会和谐稳定

把握社会矛盾凸显、刑事犯罪高发、对敌斗争复杂的阶段性特征，全面贯彻宽严相济的刑事政策，全力做好检察环节维护社会和谐稳定的各项工作。加强与公安、法院等单位的密切配合，深入开展打黑除恶、禁赌禁毒、扫黄打非、打击"两抢一盗"等专项行动，保持对严重刑事犯罪的高压态势。共批准逮捕各类刑事犯罪嫌疑人37928人，提起公诉54485人，其中批准逮捕黑恶势力犯罪、严重暴力犯罪、多发性侵财犯罪、涉黄赌毒犯罪嫌疑人22251人，提起公诉28982人。继续深化刑事和解、检调对接、释法说理工作，致力于在法律许可的范围内最大限度减少社会对立面，化解消极因素。共运用刑事和解

不批捕1142人、不起诉2615人。加强对社会稳定形势、重大敏感案件和热点问题的分析研判，实施12309举报电话、网上信访、来信、来访群众诉求畅通机制，做好检察长接待、视频接访、乡镇检察室就地接访等工作，加大依法受理、依法纠错、依法赔偿、依法救助力度，努力化解社会矛盾。共办结涉检信访案件333件、刑事申诉案件141件，救助困难刑事被害人55人。积极参与社会治安防控体系建设，配合整治重点地区、重点领域的突出问题，加强对监外执行罪犯、刑释人员、涉案未成年人等特殊人群的帮教管理，推进法律服务进乡村、进社区、进学校、进企业、进机关，推动形成学法遵法守法用法的良好氛围。

（四）强化对诉讼活动的监督，维护司法公正，努力让人民群众在每一个司法案件中都感受到公平正义

针对执法不严、司法不公等突出问题，完善监督机制，狠抓薄弱环节，着力强化对侦查活动、刑事审判活动、民事审判和行政诉讼、刑罚执行和监管活动的监督。共监督纠正应该立案而不立案547件，不该立案而立案302件；追加逮捕1714人，追加起诉969人；对不构成犯罪、证据不足的依法不批捕6240人，不起诉1794人；提出刑事抗诉193件，已改判64件，发回重审26件；监督纠正减刑、假释、暂予监外执行不当967人，违法超期羁押11人，监外执行履行职责不当2446件；提出民事行政抗诉123件、再审检察建议35件，已改判47件，发回重审、调解结案、采纳再审建议54件。在深化日常监督的同时，着力推进行政执法与刑事司法相衔接，组织开展危害民生刑事犯罪专项立案监督活动，督促行政执法机关移送涉嫌犯罪222件348人，其中涉嫌危害民生刑事犯罪141件219人；开展罪犯交付执行与留所服刑专项检查活动，清理纠正余刑一年以上留所服刑罪犯98人；开展久押不决案件专项清理工作，监督纠正三年以上久押不决案件25件81人；加强支持起诉、督促履职工作，支持相对弱势的被侵害方提起民事诉讼642件，督促有关行政机关依法履行职责910件，为国家追回应收款项6亿余元。着眼于解决人民群众反映强烈的司法腐败问题，加大渎职行为调查和职务犯罪查办力度，共调查渎职行为56件，立案查处74人。

（五）实施修改后刑事诉讼法和民事诉讼法，进一步转变执法理念，提高执法办案规范化水平

适应修改后刑事诉讼法、民事诉讼法在保障人权等方面提出的更高要求，强化对新法律的学习，引导检察人员顺应法治文明进步，牢固树立人权意识、程序意识、证据意识和监督意识。部署开展转变执法理念教育活动，通过举办执法理念专题讲座，组建执法理念巡讲团，清理不符合新要求的文件，查摆、整改执法中的突出问题等活动，促进理性平和文明规范执法。加强对执法办案的分析研究，分别就全省检察业务数据、撤回起诉、无罪判决等情况进行专项调研，召开专题会议研究改进措施，形成转变执法理念的倒逼机制。落实职务犯罪案件立案报备和撤案报批、讯问职务犯罪嫌疑人全程同步录音录像、审查逮捕职务犯罪嫌疑人上提一级等制度，加强对职务犯罪侦查权运行的监督。深化改革创新，完成铁路运输检察、林业检察体制改革，探索建立指定居所监视居住、非法证据排除、羁押必要性审查等人权保障机制，执法规范化体系进一步健全。成立案件专门管理机构，制定案件集中管理实施细则，对所有案件进行统一受案、同步管理、全程监督。加强个案督察工作，仅省人民检察院就直接督查个案21件，督促整改问题49起，督办执法过错追责案件3起。

（六）坚持从严治检，扎实开展群众路线教育实践活动，全面提升队伍整体素质

省人民检察院坚持把开展党的群众路线教育实践活动作为解决自身发展问题、提高检察工作水平的一项重要政治任务来抓。认真落实中央、省委的决策部署，加强理论学习，广泛听取意见，深入剖析整改。在严格落实这些"规定动作"的同时，结合检察实际，重点完成以优化经济发展环境、转变执法理念、干部队伍教育整顿为主题的"自选动作"，以整风精神对群众反映强烈的"四风"和执法办案中的突出问题进行了专项整治，并建立健全了领导决策、选人用人、机关管理等制度。深入开展"创建学习型检察院、争当学习型检察官"活动，狠抓分类培训、岗位练兵和业务竞赛，提升法律

监督能力。4人被评为第3批全国检察业务专家，3人被评为全国优秀公诉人。坚决贯彻中央八项规定和省委九项规定，加大整风肃纪力度，严肃查处检察人员违纪违法案件，全省39名检察干警被查处。坚持"抓两头、促中间"，树立示范院，确定重点联系院，采取领导挂点、部门对口指导、先进检察院结对帮扶等措施，着力加强基层检察院建设。8个单位获评第五届"全国先进基层检察院"，5个单位被评为省文明窗口单位，67个单位获省级以上文明单位称号。坚持科技强检，全面加强统一业务应用系统建设，着力推进电子检务工程、侦查信息化和装备现代化建设，努力提高检察工作科技含量。

（七）坚持党的领导，自觉接受监督，确保检察权正确行使

正确处理坚持党的领导和依法独立公正行使检察权的关系，始终坚持党对检察工作的领导，确保思想上、政治上、行动上与党中央保持高度一致，确保党的路线方针政策和国家法律在检察工作中得到正确执行。不断增强接受监督意识，坚持经常主动向人大常委会报告工作。省人民检察院向省人大常委会专题报告了《关于加强人民检察院对诉讼活动法律监督工作的决议》贯彻执行情况，针对审议意见，形成了针对性、操作性较强的整改方案并付诸实施。加强与人大代表的联系，通过上门走访、专题座谈、寄送征求意见函等方式，主动通报检察工作情况，诚恳听取意见。省人大常委会转交办事项8件已办结5件，另外3件正在积极办理之中；省人大代表建议、批评和意见11件已全部办结。自觉接受政协民主监督，主动邀请政协委员参与检察活动，及时向民主党派、工商联和无党派人士通报检察工作情况。召开律师代表座谈会，听取律师意见，重视保障律师执业权。制定《人民监督员监督案件工作基本规范》，人民监督员监督评议相关案件238件。深化专家咨询委员、特约检察员制度，邀请参与讨论热点疑难案件，听取对检察决策事项的意见和建议。重视涉检网络舆情，妥善处置舆论关注的热点问题。加强检务公开平台建设，推进执法过程公开。全省检察机关联动举办"检察开放日"活动，邀请6000多人"零距离"参与和监督检察工作。

二 2014年工作展望

2014年，全省检察机关将认真贯彻党的十八大、十八届三中全会和习近平总书记系列重要讲话精神，认真贯彻中央、省委政法工作会议和全国检察长会议精神，紧紧围绕全省经济社会发展大局，以促进社会公平正义、增进人民福祉为出发点和落脚点，以强化法律监督、强化自身监督、强化队伍建设为总要求，以执法办案为中心，以深化改革创新为动力，全面履行检察职能，着力提升工作水平，为促进湖南"三量齐升"、推进"四化两型"建设提供司法保障。重点做好以下工作。

（一）深入学习贯彻党的十八届三中全会精神，确保检察工作正确的政治方向

深入学习、准确把握党的十八届三中全会、中央政法工作会议和习近平总书记系列重要讲话精神，牢牢把握中央对检察工作的新要求，毫不动摇地坚持党对检察工作的领导。自觉在思想上、政治上、行动上同党中央保持高度一致，坚定不移走中国特色社会主义政治发展和法治建设道路，确保党的政策和国家法律得到统一正确实施。围绕全省工作大局，着力优化经济发展环境，保障人民群众合法权益，维护社会公平正义。

（二）充分履行法律监督职能，为全省经济社会持续健康发展提供有力的法治保障

密切关注社会治安和公共安全新情况，突出打击黑恶势力、严重暴力、涉枪涉爆涉恐、拐卖妇女儿童、危害食品药品安全、环境污染等严重危害人民群众生命健康的犯罪，提升人民群众安全感和满意度。积极参与深化打击整治网络违法犯罪专项行动，切实维护网络社会安全。重视打击侵犯知识产权等犯罪，依法惩治财政、金融、证券等领域的犯罪活动，坚决打击侵犯非公企业特别是小微企业合法权益的犯罪活动，加强行政执法与刑事司法衔接，共同营造法治化营商环境。学会运用法治思维和法治方式推进涉检信访工作，既依法按政策解决合法合理诉求，努力为群众排忧解难，又坚守法律底线，维护正常信访秩序。积极参与

社会治安防控体系建设，切实维护社会和谐稳定。坚决贯彻反腐败工作总体部署，坚持有案必查、有腐必惩，坚决查办发生在领导机关和领导干部中的贪污贿赂、渎职侵权犯罪案件，国家机关工作人员利用职权实施的非法拘禁、报复陷害、破坏选举等犯罪，严肃查办发生在教育、就业创业、社会保障、食品药品安全、征地拆迁、环境保护等群众身边的腐败犯罪；结合办案深化职务犯罪预防，提高预防调查、预防检察建议、警示教育的针对性，促进把权力关进制度的笼子里，切实推进反腐倡廉建设。紧紧抓住人民群众反映强烈的执法不严、司法不公问题，全面加强和规范对诉讼活动的监督，深入开展清理纠正久押不决案件工作和违法减刑、假释、暂予监外执行专项监督，开展"坚决纠正涉法涉诉中损害群众利益行为"的专项整治，坚决防止冤假错案，维护司法公正，让人民群众切实感受到公平正义。在坚持有法必依、执法必严、违法必究的同时，不断改进方式方法，优化办案程序，提升办案效率，努力为经济社会发展创造良好的法治环境，努力让检察机关成为良好投资与发展环境的重要组成部分，甚至标志。

（三）积极落实改革部署，努力提升改革实效

牢牢把握中央关于全面深化改革的指导思想、总体思路、目标任务，立足检察职能加强调查研究、司法应对、服务保障各项工作，严厉打击阻挠和破坏改革的违法犯罪行为，坚定不移地做全省深化改革的支持者、促进者和保障者。在中央、省委和最高人民检察院统一领导下，积极争取各方支持，全面推进涉法涉诉信访工作机制改革，稳妥推进检察自身改革。加强检察实务研究，健全完善人权司法保障机制和执法办案机制，形成科学合理、规范发展的法律监督工作格局。推进执法过程公开，细化各环节公开的内容、对象、时机和方式，探索建立终结性法律文书公开制度，健全公开审查、公开答复制度，组织对争议或影响较大拟作不起诉、不服检察机关处理决定的申诉案件开展公开审查、公开答复，进一步依托信息网络拓宽检务公开的途径和方式，加快实现当事人通过网络实时查询举报、控告、申诉的受理、流转和办案流程信息。

（四）加强执法规范化建设，切实提高办案质量

持之以恒推进执法理念转变，使检察工作在正确理念引领下更加符合司法

规律和群众期待。严格执行修改后的刑事诉讼法、民事诉讼法，进一步规范办案流程、细化执法标准。深化案件集中管理机制，全面推进教育自律、制度约束、风险预警、过程监控、案件查究内部监督制约机制建设，实现对执法办案活动的全程、统一、实时、动态管理和监督。建立办案质量终身负责制，完善案件质量动态跟踪制度，健全错案防止、发现、纠正和责任追究机制，将办案质量记入个人执法档案，加强案件流程监控、质量评查、考核评价和业务态势分析，实现办案质量稳步提升。

（五）加强检察队伍建设，进一步夯实基层基础

深入开展党的群众路线教育实践活动，既坚决纠正"四风"，又认真解决执法司法中的突出问题。深入开展爱民实践活动，立足检察职能拓展联系服务群众平台，不断提高服务于群众工作能力，始终保持同人民群众的血肉联系。加强专业培训和岗位练兵，狠抓自身纪律作风和反腐倡廉建设，强化监督管理和警示教育，严肃查处违纪违法行为，努力建设一支信念坚定、执法为民、敢于担当、清正廉洁的检察队伍。认真贯彻最高人民检察院《2014~2018年基层人民检察院建设规划》，加强执法规范化标准化、队伍专业化职业化、管理科学化信息化、保障现代化实用化建设，为推动检察工作科学发展奠定坚实基础。

（六）自觉接受监督，提升执法公信力

认真执行人大及其常委会的决议决定，及时报告决议决定执行情况；加强与人大代表的联系，认真办理人大代表建议、批评和意见，充分尊重和支持人大代表依法履行职责。省人民检察院将逐条落实省人大常委会关于加强诉讼监督专项报告审议意见的整改措施，认真做好向省人大常委会报告推进检务公开、规范执法行为的工作。自觉接受政协民主监督，健全与政协及民主党派的重大决策咨询机制、重大问题联合调研制度。主动接受社会和新闻媒体的监督，深化人民监督员、专家咨询委员、特约检察员制度，拓展人民群众有序参与检察工作的途径，进一步落实权利义务告知、检察文书说理、检察开放日等制度，保证检察权在阳光下运行，努力让全省检察机关和检察干警在严格、严密监督下开展工作成为自觉、成为习惯。

总 报 告

General Reports

B.8
2013年湖南社会形势分析及2014年展望

湖南省人民政府经济研究信息中心课题组*

2013年，全省各级各部门深入贯彻落实党的十八大精神，牢牢把握"稳中求进"的工作基调，坚持以人为本，着力惠民生促发展，全年各项社会事业进展顺利。展望2014年，全省社会形势将保持平稳发展态势，各级各部门要围绕解决人民群众反映最强烈的问题，全面推进社会事业发展。

一 2013年湖南社会发展基本情况

2013年，湖南省委、省政府围绕广大人民群众"学有所教、劳有所得、病有所医、老有所养、住有所居"等最直接、最实际的利益问题，加大投入力度，促

---

* 课题组组长：梁志峰；课题组副组长：唐宇文、李绍清；课题组成员：唐文玉、袁建四、王颖、屈莉萍。

进社会事业发展，着力保障和改善民生，全省社会运行和发展态势良好。全年公共财政支出4635.5亿元，同比增长12.5%，与民生直接相关重点支出3016.08亿元，占全年公共财政支出的65.1%。全省社会形势总体呈现以下六大特点。

（一）城乡居民收入提高，生活质量明显提升

2013年，全省城镇居民人均可支配收入为23414元，较上年增加2095元，增长9.8%，扣除价格因素实际增长7%；农村居民人均纯收入8372元，比上年增加932元，增长12.5%，扣除价格因素实际增长9.8%。体现城乡居民生活质量的三个方面均有明显改善。

1. 居民消费稳步增长

2013年，全省城镇居民人均消费支出15887元，比上年增加1278元，增长8.7%；全省农村居民人均生活消费支出6609元，比上年增加739元，增长12.6%。

2. 消费结构升级

从饮食消费来看，饮食结构更趋合理。城镇居民食品消费支出5584元，比上年增长2.6%；占生活消费支出的35.1%，下降2.1个百分点。此外，文教娱乐、交通通信、医疗保障类等发展型消费快速增长，消费结构进一步升级。受住宅价格和房屋租赁价格上升、房屋装修支出增长等影响，居住类消费支出增幅较大。2013年，全省城镇居民人均消费支出增长8.7%。随着消费方式和消费观念进一步变化，居民的网络购物和金银饰品消费支出大幅增长，人均分别达到130元和156元，分别增长90.6%和65%。2013年，农村居民消费支出增长12.6%。随着农民收入的增加，改善出行方式与通信产品更新换代等方面消费观念也不断增强，交通、通信消费支出大幅增加。人均交通和通信消费支出640元，比上年增长32.9%。其他主要农村居民消费支出为：医疗保健消费，人均638元，比上年增长28.4%；居住类消费，人均支出1438元，比上年增长32.2%。

3. 物价水平基本稳定

2013年，湖南居民消费价格总水平继续保持在温和上升区间运行，全年居民消费价格总水平上涨2.5%，低于3.5%的调控"上限"。湖南居民消费价格指数（CPI）呈逐步上升势头，但年底有所回落。

（二）就业局势基本稳定，社会保障和社会救助体系逐步完善

1. 就业形势总体平稳

2013年新增城镇就业80.09万人，同比增加7.7万人，完成年度目标任务的114.4%。失业人员再就业34.7万人，就业困难人员再就业12.35万人，城镇登记失业率控制在4.2%的较低水平；新增农村劳动力转移就业73.66万人，全省农村劳动力转移就业总规模达1379.36万人；发放小额担保贷款22亿元，直接扶持2.5万人自主创业；城镇零就业家庭保持动态清零，就业形势总体保持稳定。

2. 社保惠民实现突破

连续第9年提高企业退休人员基本养老金，调待人员月人均养老金1648元。全省城乡居民社会养老保险参保3496万人，城镇职工基本养老保险参保1087.5万人，基本医疗、工伤、生育和失业保险参保人数分别为2308.5万人、727.5万人、535.5万人、461.7万人，均超额完成年度目标任务。全年五项保险征缴基金763.2亿元，支出857.8亿元。

3. 劳动关系和谐稳定

全省规模企业动态劳动合同签订率稳定在98%以上，将最低工资标准由870～1160元/月调整提高到945～1265元/月。已建工会企业工资集体协商建制率达到85%，覆盖企业超过5.6万户，涉及职工超过251万人。严格执行建筑领域农民工工资保障金制度，目前开户8000户，累计存入工资保障金60亿元，惠及农民工80万人次。开展了农民工工资支付情况专项检查和清理整顿人力资源市场秩序专项执法行动，共受理调解劳动人事争议案件2.5万件，结案率95%；各级劳动保障监察机构查处违法案件1.86万件，责令用人单位补签劳动合同38万份，补缴社会保险费1.1亿元，补发拖欠工资2.35亿元，其中农民工工资1.8亿元，有效维护了劳动者的合法权益。

4. 民生保障水平持续提高

省财政下达资金239亿元，确保企业离退休人员基本养老金、城乡居民基础养老金的按时足额发放，以及城乡居民养老保险缴费补贴的落实。城乡低保月人均补差水平分别提高21元和16元，农村五保户集中、分散供养年补助标准分别增加860元和216元，优抚对象抚恤标准进一步提升。全省城市、农村低保月均保障分别为143万人和278万人，月人均救助水平分别为271元和119元。农村五保集中和分散供养标准分别达到5028元和2511元。发放医疗、临时救助资金12亿元和2亿元。切实保障5.3万名孤儿的基本生活。

5. 扎实推进各项扶贫重点工作

2013年省财政增加扶贫专项8000万元，增幅达42%。实施了一大批扶贫重点项目，总投资超过1000亿元。

（三）文化惠民成效突出，文化产业态势喜人

1. 文化惠民活动成效突出

举办"欢乐潇湘"大型群众文艺汇演活动，参演节目13.8万个，演出13094场，观众达1670.7万余人次。"雅韵三湘"高雅艺术普及活动已演出177场，惠及观众23万余人次。继续开展"送戏下乡，演艺惠民"，全省各级专业文艺院团共完成演出11623场。继续将农家书屋出版物补充更新列入省为民办实事考核指标体系，启动了长沙、湘潭、岳阳等六市的农家书屋图书补充更新，全年共完成14050个农家书屋的出版物补充更新工作任务。推进"三馆一站"免费开放，全省全年接待观众2713.6万余人次，观众满意度90%以上。

2. 公共文化服务不断创新提升

长沙市以总评分中部第一、全国第二、市民对文化满意度全国第一的优异成绩，建成首批国家公共文化服务体系示范区；衡阳市公共文化服务进社区活动和常德市鼎城民间艺术团体惠民演出批准为首批国家公共文化服务体系示范项目。推进"三馆一站"免费开放，全省76家免费开放博物馆、纪念馆接待观众2713.6万余人次，观众满意度达到90%以上。

3. 文化产业蓬勃发展

继续抓好国家示范园区、重点企业和重大产业项目建设，全省演艺、文化娱乐、动漫游戏产业等保持良好发展势头。成功举办了第七届中国原创手机动漫游戏大赛、2013张家界国际乡村音乐周等活动。

（四）教育改革稳步推进，教育事业更加注重公平和质量

1. 进一步巩固了义务教育经费保障机制改革成果

实现了家庭经济困难学生资助政策体系的全覆盖，启动了高校社会化学生公寓和食堂运营困难化解工作，完善了省属高校经常性财政拨款方案，为149万农村义务教育学生提供了免费营养餐。

2. 教育改革试点工作由全面启动阶段转向重点引领阶段

规范高考加分制度。稳步推进高职院校单独招生改革试点，新增7所高职院校的15个艰苦行业专业进行单独招生试点，努力促进民办教育规范发展，鼓励、引导社会力量兴办教育，其中157所民办学校获得省民办教育发展专项资金奖励。

3. 着力改善教育民生

顺利完成学前教育三年行动计划，2013年学前三年毛入园率达67.2%。加快义务教育合格学校建设，2013年全省计划完成合格学校建设1456所，总投资26亿元。其中列入省政府为民办实事项目校500所，省教育厅备案管理项目校500所，各地自建项目校456所。"实事项目校"建设预算投资总额136972万元，5991个建设项目已全部完工。加快义务教育合格学校建设，规范校车安全管理，构建高校毕业生就业帮扶长效机制，切实保障弱势群体的受教育权益，贯彻落实助学金、奖学金制度，推进生源地信用助学贷款工作，确保了家庭经济困难学生"应贷尽贷"、无一人因贫失学。

（五）医改取得新成效，卫生事业平稳发展

全省医疗卫生财政支出328.6亿元，增长12%。省财政下达补助资金149.15亿元，将新农合、城镇居民基本医疗保险的人均补助水平由240元提高到280元。

1. 新农合保障水平进一步提高

全省新农合参合率达99.0%；政策范围内住院费用报销77.7%；重大疾病保障范围扩大到30个病种，住院补偿率达80%以上。郴州市启动了城乡居民大病保险试点，最高支付额度30万元。

2. 基本药物制度进一步巩固

在政府办基层医疗卫生机构全部实施基本药物制度的基础上，逐步向村卫生室、非政府办基层医疗卫生机构、公立医院延伸，其中村卫生室实施率达到92.35%。

3. 基层医疗卫生服务体系建设不断加强

启动实施了县级医院、乡镇卫生院等建设项目，继续开展全科医生转岗培训、招收定向免费医学生、招聘执业医生，城乡基层医疗卫生服务"软硬件"都得到明显改善。

4. 基本公共卫生服务均等化水平不断提升

人均基本公共卫生服务补助标准由每人每年25元提高到30元，实施基本药物制度的村卫生室补助标准平均提高到每年5000元。安排资金24.98亿元，为全体居民提供了41项基本公共卫生服务，支持各地开展实施重大公共卫生项目。安排人口和计划生育经费3.84亿元，保障计生对象权益，完善利益导向机制。

5. 公立医院改革进一步深化

为破除"以药补医"，浏阳、茶陵等8个县市启动县级公立医院综合改革试点。

（六）社会治理水平提升，安全生产形势良好

1. 扎实抓好信访维稳工作

全省信访维稳机关在加强社会治安管理、信访维稳、妥善处置群体性事件等方面做了大量工作，信访形势继续保持了平稳可控的态势，2013年全省县以上信访部门共受理群众来信来访43.5万件（人）次，同比上升0.96%，没有因信访问题引发重大群体性事件，没有发生赴京大规模集体访，没有发生极端恶性事件，公众对社会治安的评价比2012年提高0.93分。社会治安环境有效改善。全省共侦破刑事案件6.8万起，现行命案破案率达97.2%；查处治安案件37.5万起，查处违法嫌疑人19.9万人次；开展"调解化积案，息访保平安"人民调解专项活动，成功排查调处各类社会矛盾纠纷40.2万余件；认真做好劳教体制改革的准备工作，监狱改造工作平稳；社区矫正、刑释解教人

员安置帮教效果明显；民族、宗教事业创新发展。信访维稳工作有序推进。紧紧围绕"两节两会""八一"、十八届三中全会和中央巡视组在湘巡视等敏感时期，加强情报信息搜集研判，及时化解矛盾纠纷。强化首办责任制，提高一次化解率。加强交办督办工作，加大积案化解工作力度。政法基础设施建设进一步加强。下发《关于加强和改进公安基层基础工作的意见》，破解基层警力不足等问题。深入开展"三无"县市区创建活动和"三无"乡镇（街道）创建活动。

2. 安全生产形势稳定向好

湖南连续三年没有发生特别重大生产安全事故。重大事故起数从去年全国第1位后移至20多位；连续3年没有发生特别重大事故，实现了湖南省委、省政府提出的"四个确保"目标。2013年湖南事故总量及主要指标全面下降，全省累计发生各类生产经营性安全事故5855起，同比减少250起，下降4.1%；死亡1096人，同比减少265人，下降19.9%。

二 社会发展面临的主要问题

近年来，湖南加大社会领域投入力度，全省上下形成了抓社会事业、抓民生发展的良好氛围，人民群众就学、就医、就业、社会保障等难点问题得到有效缓解。但随着人民生活水平不断提高，社会公众对公共服务的需求不断增加，全省社会事业投入不足、水平偏低、发展不平衡等问题比较突出，公共服务供给不足与需求加速增长的矛盾日益加剧，社会事业机构的管理体制和运行机制方面的障碍，直接影响了公共服务的供给能力和有效性，长期来看，影响了社会发展良好态势。突出表现为"6个不相适应"。

（一）投入模式与事业发展需要不相适应

主要表现为：湖南社会事业发展基础较弱、积累时间较短、历史欠账较多，社会事业投入普遍不足。就业投入不足。地方财政投入特别是市、县投入严重不足，一些政策的落实打折扣，无法完全到位。教育投入捉襟见肘。目前各地在总体完成财政性教育经费占GDP 4%分解目标后，在教育投入方面都不同程度的存在松懈现象。2012年财政教育支出占公共财政支出的16.1%，低于全国和中部六省平均水平，排全国第21位；小学和初中生均经费分别居全国第28位和第17位。同时，社会事业投入主体和提供方式比较单一，尚未建立多元化、多渠道、多方式的公共服务供给体系。比如养老，服务设施建设主要依靠彩票公益金投入，地方政府基本没有资金支持，现有"政府包打天下"的投入模式远远不能满足社会事业发展需要。公共卫生服务投入有限。由于各级政府财力有限，政府对公立医院基本建设与公共服务的投入难以落实到位。2014年新农合、城镇居民医保财政补助标准提高至320元/人，仅省本级就需新增配套支出7.2亿元，财政压力增大。

（二）就业能力与就业发展形势不相适应

主要表现为：受宏观经济影响，全省就业总量压力和结构性矛盾并存的基本格局没有改变。一是就业岗位不足，"就业难"问题将长期存在。未来几年，年均需要就业的城镇劳动力在140万人左右，其中城镇新增的劳动力70多万人（高校毕业生每年超过30万人）；因节能减排、淘汰落后产能等产生的失业人员60多万人，随着国家化解过剩产能工作进度的加快，失业人员数量还会进一步攀升。全省城镇劳动力供求缺口达30余万人，还有近300万农村剩余劳动力处在隐性失业或不稳定转移就业状态。二是技能型人才缺乏，"招工难"有常态化趋势。据统计，全省凡具有一技之长或专业技术职务的人员，其求人倍率均大于1，而无技术等级或职称的求职者求人倍率为0.3。目前，全省初级技能以上求职者只占全部求职人员的43.9%左右，难以满足企业发展对技能人才的需求。三是就业观念改变，素质就业的要求越来越高。劳动者特别是青年农民工就业观念发生根本变化，与第一代农民工相比，他们对薪酬待遇、工作环境、权益维护等方面期望值更高，企业提供的一般岗位和待遇对他们吸引力不强，有的宁可灵活就业也不安心工作，导致企业员工流失率高，有的企业员工流失率甚至高达40%。所以满足就业困难人员找到合适工作、公平的就业环境、良好的就业能力、合理的就业结构、和谐的劳动关系等更高要求，是全省今后一段时期就业工作的一项重要任务，挑战更大。

（三）社保水平与社保运行压力不相适应

主要表现为：一是享受社保待遇的人数越来越多。2013年，全省企业离退休人数达到265万人，增幅达9%；2012年医保参保人员在职退休比为2.24∶1，远高于全国2.99∶1的平均水平，参保人员住院157万人次，年均增幅约11%；工伤认定范围扩大后，除纳入统筹的32万老工伤人员外，享受工伤保险待遇人数年均增幅达15%。二是扩面征缴的难度越来越大。随着经济下行压力加大，企业经营困难，费源萎缩，征缴困难，企业和个人停缴断保的趋势有所显现。中小企业参保率不到40%，且由于实缴人数较低、费源结构不合理、收入质量不高等因素，基金增收困难，再加上企业要求减负、降低费率的呼声越来越高，但社保靠征缴扩面支撑发放的大局2014年不会有根本改变，征缴扩面的压力越来越大。三是确保发放的责任越来越重。2014年全省企业基本养老基金结余的增长趋势迎来拐点，还有近20个困难县区的支撑能力长期维持在两个月的预警水平。由于新医改大幅度提高待遇标准，医疗费用较快增长，医保基金支付压力增大。随着新工伤保险条例的实施和老工伤人员纳入统筹，工伤保险基金支出增加60%以上，已经出现当期收不抵支的状况。

（四）资源配置与均等化的要求不相适应

主要表现为：面向农村、贫困地区和弱势群体的公共资源配置不足，部分社会事业的"短板"项目和薄弱环节比较突出，均等化改革和扩面任务较重。教育资源在区域、城乡、校际之间配置不均衡，湘西土家族苗族自治州除吉首、凤凰外，其他县建成的合格学校数不足应建数量的一半；部分困难县30%的农村中小学缺乏基本的寄宿条件，据初步测算，湖南农村寄宿制学校生活用房缺口近120万平方米，资金缺口15亿元；农村学校"弱"和"空"，城市学校"强"而"挤"；校际发展不均衡，"重点校"聚集过多的教育资源，"择校热"现象难以降温。医疗资源配置不够合理。优质资源仍集中在大城市和大医院，基层医疗机构卫生资源缺乏，尤其是乡镇卫生院骨干人才缺乏，流失现象严重，造成卫生事业发展不均衡。此外，基础设施建设也滞后于社会发展需要，相对"金财""金保"工程，民政工作信息化明显滞后，如城乡低保仍需手工操作,导致对象认定难、动态管理难,影响了资金使用效益。促进基本公共服务均等化的任务比较艰巨。

(五)机构能力与人民群众需求不相适应

主要表现为:社会力量办学、办医及兴办各种社会事业存在诸多政策体制障碍,发展动力不足,供给能力有限;部分公共服务硬件设施相对落后,不能满足群众基本的安全性、舒适性和实用性要求。全省学前教育普及率长期低于全国平均水平,公办幼儿园仅占全省幼儿园总数的12.9%,且布点不均衡。全省中、小学校舍危房率分别比2007年增加3.3个和5.3个百分点;基层医疗卫生机构标准化建设滞后,乡镇卫生院和村卫生室达标率分别为79%和66%,远低于95%的"十二五"目标;部分养老服务设施环境差、设施简陋、功能单一、房舍设计不合理等问题比较突出;部分特殊困难群体救助设施严重不足,目前全省共有残疾人托养、照料机构143家,总托养能力3000人,难以满足45万智力、精神和其他重度残疾人的巨大托养需求。

(六)服务水平与经济发展阶段不相适应

主要表现为:部分领域、部分服务项目水平偏低,人民群众没有充分享受到发展改革成果。2012年全省每千名老人拥有床位18.7张,比全国平均水平少4.7张,30多个县市区、100多个乡镇没有养老设施;五保老人集中供养率30%,完成35%的"十二五"目标有一定压力,且远低于50%的国家标准;社会资本办医不足。目前,湖南省非公立医疗机构床位数分别占医疗机构床位总数和服务量的7.3%和6.5%,离国家20%的要求还有很大距离,非公立医疗机构床位数均低于全国平均水平4~5个百分点;面向大众、收费较低的普惠性幼儿园布局较少,学前教育毛入学率标准低于全国5.7个百分点,部分领域提标提质的任务还比较重。

三 2014年社会发展形势预测与展望

2014年,社会发展面临新的机遇和挑战,将是社会领域全面深化改革之

年,也是社会发展加速之年,更是社会建设的提质之年。社会发展将呈现以下"6大特征"。

(一)经济实力增强和消费结构升级,社会公共服务需求快速增长

消费结构升级,拉动社会公共服务需求持续增长,而需求得以实现并转化为消费后,又将带动产品和产业结构的升级调整,社会事业发展的经济基础更为雄厚。工业化、城镇化加速发展,城乡结构进入转换的关键时期,城市社会将逐步占据主导地位,蕴含着社会事业加速发展的巨大市场需求和发展空间;还有,扩大内需、应对国际金融危机、加大基础设施投入、解决民生问题,为解决社会事业短腿的问题提供了条件。

(二)社会由生存型向发展型转变,社会需求呈现多层次、多样化

生活由生存型向发展型转变,对教育、医疗卫生、环境保护、社会保障等公共产品的需求加速增长,形成社会事业发展的需求支撑。全社会不仅将继续保持对基本公共服务的旺盛需求,同时对个性化、专业化、潮流化的非基本服务提出更高要求,并逐步从以外部驱动为主转化为以个体发展的内在需求为动力。

(三)经济发展方式转变加速,社会服务产业发展空间巨大

社会服务产业基本都属于低能耗、无污染产业,符合建设资源节约型和环境友好型社会的要求,是经济效益和社会效益有机统一的经济新增长点。不拘泥于传统的产业结构演进规律,以应对国际金融危机挑战为契机,加快发展社会服务产业,必然成为未来社会事业发展的一项重要战略取向。

(四)社会结构深刻变动,社会建设和社会治理的重要性和紧迫性凸显

"十二五"后期是人口红利阶段的转折点,充分利用好人口红利的最后机会并及时挖掘替代经济增长源泉成为眼前的紧迫任务。人口城镇化水平将超过50%,标志着我国将完成从农村社会向城市社会转变。这将对现有以城乡分割为基本特征的公共服务制度和社会治理体制等提出新课题。

（五）改革进入攻坚阶段，社会事业体制机制亟须创新突破

社会转型过程中相伴随的社会风险以及长期积累的社会矛盾，根本上都与公共服务制度及其运行效果相关。社会事业改革的动力和压力既来自于外也蕴含于内。社会事业发展与体制约束之间的矛盾越来越大。尽管社会领域的改革滞后，社会保障体系不完善，政府职能转变还没有到位，社会事业发展的主体即事业单位运行机制和管理体制改革仍有待深化。随着经济利益主体的多元化，社会利益格局也将进一步调整，更增添了改革的难度。但也应看到，人民对改革的承受力增强，心理准备也已经比较充分。只要改革真正体现最广大人民群众的利益，广大人民就不会反对。按照党的十八届三中全会《中共中央关于全面深化改革若干重大问题的决定》（以下简称《决定》）精神，未来社会事业发展领域中，将更好地发挥市场作用，引导社会资本进入服务市场，建立竞争机制，加快形成多元办医、办学、办养老院等新的格局，以满足人民群众多层次服务需求。改革进入战略突破期，社会领域改革的任务更加突出。

（六）信息社会带来新挑战，社会治理面临新任务

信息社会也是一个网络社会，互联网的快速发展和迅速普及正在改变着人们的生产方式和生活方式。信息社会为当前工业化与信息化相结合的新型工业化道路提供了条件，同时，也为社会治理带来了一系列的挑战。一是数字鸿沟带来挑战，消除人群间的数字鸿沟，实现信息通信技术的普及化，是社会治理的一个重大挑战。二是信息社会对政府的社会管理方式构成了挑战。网络民意表达、网络监督、网络民间舆论所催生的公民集体行动的增加，都在挑战缺乏透明性、互动性、回应性的传统社会管理方式。三是伴随着收入差距扩大，城镇化进程快速推进，人口的高度集中、高密度、高异质性和快节奏等城市特性，产生了一系列社会问题，利益格局更加复杂多样，构建和谐社会的任务更加艰巨。值得一提的是，城市化的快速推进导致农村集体土地被征用，大量农民失去土地，成为无土地、无职业、无社保的"三无"农民。如何妥善安置失地农民，解决他们的就业、社会保障问题，是社会治理迫切需要解决的问题。

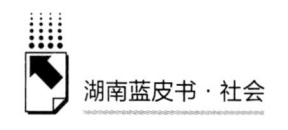

四 促进社会发展的政策建议

2014年是全面完成"十二五"规划目标的关键一年。按照十八届三中全会《决定》的总体要求，结合湖南实际，围绕"全面深化改革"核心，"加快形成科学有效的社会治理体制"的精神，统筹做好教育、就业、收入分配、社会保障、医药卫生、住房、食品安全、安全生产和社会治安综合治理等各项重点民生工作，在满足全体公民生存和发展基本需求的基础上，促进社会事业和社会治理改革创新，全面落实深化改革新举措，突出抓好"6大领域改革"。

（一）调整完善民生保障思路，不断充实民生保障内容

1. 调整保障思路

以保基本、兜底线、促公平为重点，继续按照守住底线、突出重点、完善制度、引导舆论的思路，把加强民生投入与完善制度有机结合，突出解决当前民生领域约束机制弱、制度碎片化的问题。加大民生资金整合力度，严肃财政纪律，千方百计管好用好民生资金。

2. 充实保障内容

启动实施义务教育学校标准化建设以及农村义务教育寄宿制学校运行补助和条件改善计划，推动义务教育均衡发展。进一步加大对公益性文化事业发展的支持力度。继续支持实施更加积极的就业政策，强化政策落实，帮扶就业困难群体就业创业。继续支持深化医药卫生体制改革，巩固基层医改成果。支持推进城乡居民大病保险试点扩面，有效提高重特大疾病保障水平。提高企业养老保险统筹层次，整合城乡居民基本养老保险体制。支持完成国有企业"老工伤"人员纳入保险统筹管理。正式启动国有企业职教幼教退休教师待遇补差工作。全面落实城镇独生子女家庭计划生育奖励政策。充分发挥彩票公益金作用，重点支持社会福利、体育公益及校外教育事业发展。

3. 稳步提高保障标准

大力支持文化、教育、卫生等社会事业发展，省财政将新增安排资金，支持

将新农合、城镇居民医保人均补助水平上升到每人每年320元,进一步提高城乡低保、农村五保户的保障水平,稳步提高本科院校和职业院校的生均经费水平。

(二)继续扩大和稳定就业,逐步健全社会保障体系

1. 进一步实施更加积极的就业政策

推进就业创业公平。落实完善相关法规政策,规范招人用人中的不公平行为,努力消除城乡、行业、身份、性别等一切影响平等就业的制度障碍和就业歧视,营造公平就业的社会环境。突出抓好高校毕业生就业,继续实施离校未就业高校毕业生就业促进计划和大学生创业引领计划,健全完善实名制登记和跟踪服务制度,鼓励各级政府购买基层公共管理和社会服务岗位用于吸纳高校毕业生就业。大力推进创业带动就业,全面落实鼓励劳动者创业的各项政策措施,完善政策引导创业、培训促进创业、服务稳定创业"三位一体"的创业扶持工作机制,重点扶持高校毕业生和返乡农民工等群体创业。加强创业型城市和创业孵化基地建设,大力推进小额担保贷款工作。促进扩大就业与经济发展联动。着力服务劳动密集型企业、淘汰落后产能和压缩过剩产能企业、湘江流域重金属污染治理关停企业,做好就业再就业工作。围绕全省承接产业转移、转型升级对技能人才的需求,开展更有针对性、更符合企业需求、更适应培训对象发展的职业培训。强化对就业困难人员的托底机制。实施分类帮扶和实名制动态管理,多渠道多方式促进困难人员就业。健全完善就业资金绩效评价制度,提高就业资金使用效率。健全积极的劳动关系政策体系,完善劳动关系协调机制,加强劳动关系源头治理和动态管理。加快研究和制定湖南劳务派遣管理办法和行政许可配套政策。加大劳动保障监察和争议调解仲裁实施力度,切实维护劳动者合法权益。

2. 不断健全社会保障体系

建立更加公平可持续的社会保障体系。全面对接国家社会保障体制改革顶层设计。加快企业养老保险基金省级统收统支,做好机关事业单位养老保险改革和整合城乡居民基本养老保险制度有关准备工作,稳步推进医疗保险城乡统筹和市级统筹。稳妥实施市州县属国有企业关闭破产养老保险欠费和预留费用挂账,积极支持新一轮国有企业改革改制,服务经济社会发展。继续实施劳动

密集型企业费率过渡试点，适时扩大到小微型企业；完善养老保险制度转移接续政策，推进事业单位转企改革；多措并举减轻企业负担，支持转型升级，最大限度发挥社保政策作用。加快推进人员全覆盖。按照"广覆盖、保基本、多层次、可持续"的原则，进一步扩大社保覆盖面，建立健全各类人员社会保险待遇确定和正常调整的机制；加快社会保障卡发放，加强基层公共服务平台建设，不断提高经办服务能力，为群众提供方便、快捷、高效服务。

3. 努力提升社会救助水平

按照国发［2012］45号文件精神，不断健全新型城乡社会救助体系，加快建立健全居民家庭经济状况核对和信息比对机制，推动市县两级全部建立低收入家庭认定信息比对机构并投入实施使用，制定农村低保申请家庭经济状况核查办法。按照省委分类指导全面建成小康社会的要求，加强分类分片指导，集中民政资源支持罗霄山片区和武陵山片区的扶贫开发工作。在全省实施统一城乡最低生活保障指导线，确保2014年城、乡低保分别达到330元/月、165元/月的标准，并健全合理兼顾城乡居民的低保待遇确定和政策调整机制，完善低保标准与物价上涨挂钩的联动机制，重点保障好困难地区和困难群众，逐步实现"应保尽保"，确保城乡低保标准不低于全国平均水平。

4. 不断完善养老服务体系

全面贯彻《国务院关于加快发展养老服务业的若干意见》（国发〔2013〕35号）精神，尽快出台养老服务业发展的配套政策、民办养老服务机构资助办法，启动养老服务业综合改革试点。对照全省县级全面建成小康社会考评指标，不断提高基本养老服务补贴率。加快养老服务体系建设，健全以五保供养、互助养老为主的农村养老服务网络，推进福利院、民办养老机构，社区日间照料中心、农村幸福院、乡镇综合性老年福利服务中心、社区居家养老服务示范点和养老服务信息平台建设。

（三）加大文化体制改革创新力度，加快建设文化强省

以贯彻落实党的十八届三中全会精神为主线，按照湖南省委、省政府关于文化强省建设的战略部署，以深化文化体制机制改革创新为关键，围绕中心，以构建现代公共文化服务体系和建立健全现代文化市场体系为重点，全面推进

各项文化工作上新台阶。

1. 做好文化基础工作

着力推进公共文化基础设施建设，着力推进县级及以上城市重点公共文化基础设施建设和老旧设施提质升级，力争2020年达到全省人均公共文化基础设施0.3平方米的目标。着力推进文化基本队伍建设，培育一支与保障人民群众基本文化权益相匹配的人才队伍。落实"三区"人才支持计划文化工作者专项的选派和培养工作。着力推进公共文化基本活动建设，在"雅韵三湘""送戏下乡，演艺惠民"等重点文化惠民活动取得基本经验的基础上，固化一批活动，打造一批品牌。着力推进文化产业基础项目建设，加快发展动漫新兴产业，推进文化产业内容、形式、业态创新，促进文化与科技、旅游相关产业融合发展。着力推进文化基本政策建设，进行研究舞台艺术、文博考古、非物质文化遗产等地方性法规和政策。积极促进出台《关于扶持民间文博演艺机构健康发展的意见》《关于加强行政综合文化站管理的意见》。

2. 着力推进优秀剧目建设，优化市场环境建设

繁荣艺术创作与生产，推出一批思想性、艺术性、观赏性相统一，具有湖湘气派的优秀文艺作品。逐步改善执法环境，提升文化执法监管人员素质。着力推进文化遗产保护，推进非物质文化遗产保护传承体系建设。重点推进长沙铜官窑国家考古遗址公园二期、宁乡炭河里国家考古遗址公园等保护和建设项目，抓好老司城遗址申报世界文化遗产各项准备工作，力争2015年实现湖南省世界文化遗产零的突破。深入研究非遗保护传承规律，极力寻找现代市场经济环境下的非遗发展空间，建设具有湖湘特色的优秀文化传承体系。

（四）大力促进教育均衡，加速推进教育强省建设步伐

围绕湖南经济社会发展总体目标，加强教育顶层设计，逐步深化教育体制改革，加速推进教育强省建设步伐，大力促进教育均衡，全力维护教育公平。

1. 促进义务教育资源均衡配置

根据经济社会发展规划、人口变化预测、教育承载力，统筹布局区域内城乡学校。依法将城区义务教育基础设施建设纳入城区建设和开发规划，做到同步规划、同步建设、同步投入使用。落实农村寄宿制学校建设标准，统筹建设

食堂、宿舍、开水房、浴室、厕所、围墙等基本生活设施，将工勤等教辅管理人员配备纳入教职工编制体系。加大对薄弱学校建设支持力度，实施教室坚固抗震、通风采光、黑板材料等标准化建设，逐步缩小学校之间办学条件差距。促进区域内教师资源均衡配置，逐步推行名校校长定期轮岗交流、名师均衡流动机制，采取特岗津贴、专项补助、职称评级优先等激励措施，推动名师向相对薄弱学校有序流动。加强新建住宅区配套学校建设，采取新建、扩建、改建等措施，对县镇义务教育学校进行改造扩容。通过学区制、学校联盟、集团化办学等方式合理分流学生，解决义务教育择校问题。

2. 构建有湖南特色的现代职业教育体系

根据区域经济发展趋势，合理调整职业教育层次、类别结构和区域布局，完善现代职业教育体系架构；开展高职应用技术本科试点，建立学分积累与转换制度，促进职业教育与各类教育沟通衔接；加强中职师资队伍建设，开展农村中职教师免费定向培养，实施"特岗专业教师"项目；推进工学结合、校企合作、顶岗实习等培养模式，引导每所中职学校办好1~2个特色专业，提高农村职业教育服务区域产业能力；实施卓越职业院校建设、特色专业体系、专业教师队伍素质和农村中职教育攻坚等"四大计划"。

3. 创新高校人才培养体制机制

落实高校教学投入，将投入重点转向人才培养，确保教学日常运行经费增长高于生均总投入增长；以专业综合改革为突破口，推动高校严格按照高素质应用型人才的培养要求，突出加强专业理论和专业技能培养；推进人才培养模式、教学团队、课程教材、教学方式、教学管理等重要环节的综合改革，整体提升人才培养水平。以教育部组织实施的卓越工程师、卓越医生、卓越法律人才、卓越农林人才等系列"卓越人才培养计划"为示范，大力推进高等学校与行业、企业产学合作培养人才，促进实务部门与高校人才培养的紧密结合，积极探索整合社会各种资源共同培养人才的体制机制。积极推进课堂教学改革，着力培养学生分析和研究问题并探求解决办法的创造性思维能力。大力加强实践教学改革，重点建设一批省级大学生创新训练中心和校企合作人才培养示范基地，推动高校广泛开展大学生创新教育和创新实践训练。

4. 积极推进高考招生制度改革

进一步推进省属本科院校自主招生改革试点，完善高校多元评价和多元录取机制，加强对自主招生试点院校监管。促进高职院校招生制度改革，重点探索"知识+技能"的考试评价办法，为学生接受高等职业教育提供多样化入学形式。

5. 促进民办教育持续健康发展

加强民办教育统筹规划，各级政府要把民办教育纳入经济社会发展规划和教育事业发展规划，统筹民办教育和公办教育的发展，满足人民群众多样化的教育需求。清理并纠正对民办教育的歧视性政策，保护民办学校举办者的合法权益，落实民办学校及其师生与公办学校及其师生同等的法律地位。健全民办教育分类管理体系，民办学校按照非营利性和营利性实施分类管理，制定实行分类扶持政策。建立政府购买服务制度，鼓励各类民办学校开发教育公共服务项目，政府通过委托、承包、采购、订单定向培养等形式，向民办学校购买服务。设立民办教育发展专项资金，对民办学校基本建设、设施设备、教学科研、教师保障、学生资助等方面给予补助和奖励。

（五）深化医疗体制改革，进一步健全全民医保体系

2014年，湖南省医疗卫生改革应按照保基本、强基层、建机制的要求，进一步深化医疗保障、医疗服务、公共卫生、药品供应以及监管体制等领域的改革，持续不断地把改革推向深入。

1. 健全全民医保体系

逐步提高居民医保和新农合政府补助标准，到2015年城镇居民医保和新农合政府补助标准提高到每人每年360元以上，政策范围内住院费用支付比例达到75%左右；推进建立城乡居民大病保险制度，提升基本医保支付能力和重特大疾病保障水平。加大医保支付方式改革力度，积极推行按病种付费、按人头付费、总额预付等综合方式，增强医保对医疗行为的激励约束作用。完善城乡医疗救助制度，健全重特大疾病医疗保险和救助制度，健全疾病应急救助制度，筑牢医疗保障底线。积极发展商业健康保险，支持发展与基本医疗保险相衔接的商业健康保险，满足多层次的健康保障需求。

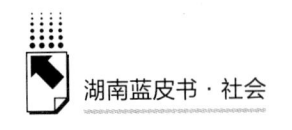

2. 巩固完善基层医改

巩固完善国家基本药物制度，有序扩大基本药物制度实施范围，健全基层医疗卫生机构稳定长效的补偿机制。继续加强基层医疗卫生服务网络建设，健全以县级医院为龙头、乡镇卫生院和村卫生室为基础的农村医疗卫生服务网络。加快建设以社区卫生服务为基础，与大医院分工协作的新型城市医疗卫生服务体系。深入实施基层中医药服务能力提升工程，不断完善中医药发展机制和政策。转变卫生服务模式，逐步建立分级诊疗、双向转诊制度。积极推进家庭签约医生服务模式，建立全科医生与居民契约服务关系。进一步落实乡村医生补偿、养老等政策，加强乡村医生的培养培训。

3. 加快推进公立医院改革

履行好政府办医职责，合理确定公立医院功能、数量、规模、结构和布局，坚持公立医疗机构面向城乡居民提供基本医疗服务的主导地位。破除以药补医机制，统筹推进管理体制和价格、药品供应改革，理顺医药价格，建立科学的补偿机制。推进建立公立医院内部治理结构，深化人事分配等机制综合改革，建立适应行业特点的人事薪酬制度和医疗绩效评价机制。力争用3年时间基本完成县级公立医院综合改革试点。巩固深化城市医院对口支援县级医院的长期合作帮扶机制，力争使县域内就诊率提高到90%左右，基本实现大病不出县。

4. 着力推进基本公共卫生服务均等化

继续加强公共卫生服务能力建设，积极探索"政府购买"公共卫生服务模式创新。继续提升人均基本公共卫生服务经费标准，实施好规划免疫、妇幼保健、重性精神疾病患者管理、健康教育等基本公共卫生服务和重大公共卫生服务项目。

5. 积极鼓励社会办医

科学制定区域卫生规划，明确省、市、县级卫生资源配置标准，进一步放宽社会资本举办医疗机构的准入范围，新增卫生资源优先考虑社会资本。鼓励非公立医疗机构向高水平、规模化的大型医疗集团发展，积极发展医疗服务业，扩大和丰富全社会医疗资源。鼓励社会力量以出资新建、参与改制、托管、公办民营等多种形式投资医疗服务业，优先支持社会资本举办非营利性医疗机构。加大价格、财税、用地等政策引导，清理取消不合理的规定，加快落实对非公立医疗机构和公立医疗机构在市场准入、社会保险定点、重点专科建设、职称评定、技术准入等方面同等对待的政策。

6. 推进人才培养使用制度改革

建立适应行业特点的人才培养制度，加快建立住院医师规范化培训制度。加强全科医生队伍建设，开展全科医生规范化培养，做好全科医生转岗培训、农村订单定向医学生免费培养，实施全科医生特岗项目，确保如期实现基层医疗卫生机构全科医生配备目标。加强护士、养老护理员、药师、儿科医师等急需紧缺专门人才培养。允许医师多点执业，鼓励具备条件的医师向基层流动。

7. 逐步完善计划生育利导政策

依法稳妥推进生育政策调整工作，扎实有序推进"单独二孩"政策。加大计划生育利益导向政策的整合优化力度，完善和健全政策体系。尽快出台城镇独生子女父母奖励制度并严格兑现。加大资金保障力度，推进利益导向各项奖励扶助提标扩面，提高计划生育家庭满意度。高度重视困难计生家庭发展，着力抓好"失独家庭"、独生子女伤残家庭和计划生育手术并发症家庭帮扶工作。

（六）创新社会治理体制，推动平安湖南建设

1. 以网格化为载体，夯实综治工作基层基础

坚持固本强基，建立健全重心下移、力量下沉、保障下倾的工作机制，大力加强基础设施、专业技术和综治队伍建设，做实基础工作，进一步增强基层的实力、活力和战斗力。加快推进县、乡、村三级综合服务管理中心建设，整合资源，集中办公，集成服务，规范运行。总结推广一些地方网格化管理经验，在全省强力推进网格化管理，推动各地在城市社区科学划分网格，明确网格管理员职责，实现基层服务管理精细有效。

2. 以信息化为支撑，提升综治工作现代化水平

加快推进社会管理综合治理信息平台建设。2014年实现社会管理综合治理信息系统覆盖全省市州、县市区、乡镇街道和部分有条件的社区（村），使

用终端达到5万个左右，提升社会服务管理效能，为群众提供更方便快捷、优质高效的服务。加快推进社会治安视频监控系统建设。创新立体化社会治安防控体系，大力推动以技防为重点的科技创安，实现公安视频监控省、市州、县市区及派出所四级联网；积极引导和规范社会视频监控系统建设。加大对命案、"民转刑"和"两抢一盗"等可防性案件的防范工作。加快推进专项工作信息化。推动建立健全安全生产监管、食品药品监管和环境监管信息化机制，加强交通运输、消防、危险化学品等重点领域安全生产专项治理，预防和减少公共安全事故。推进铁路护路护线和校园及周边综合治理工作，确保铁路、公路和电力电信、广电设施及输油气管道安全，确保广大师生生命财产安全。

3. 以多元化为手段，有效预防化解矛盾纠纷

严格执行社会稳定风险评估，积极构筑全方位、动态化的社会矛盾排查预警体系。完善人民调解、行政调解、司法调解联动工作体系，试点建立征地拆迁、环境保护、物业管理等专业调解组织，建立调处化解矛盾纠纷综合机制。强化法治保障，全面落实《法治湖南建设纲要》，形成办事依法、遇事找法、解决问题用法、化解矛盾靠法的社会氛围。推进依法执政、依法行政、严格执法、公正司法，提升运用法治思维和方式推动平安湖南建设的能力。推进"六五"普法和"法律六进"活动，推动依法治理工作。会同省人大法工委、内司委和省政府法制办，研究制定平安建设领域的地方立法规划，加快推进相关法规规章的立改废工作，为创新社会治理、深化平安建设提供有力法治保障。

4. 及早预防和及时化解可能发生信访案件的矛盾纠纷

要重视初信初访问题的处理，把矛盾化解在基层、把问题解决在萌芽。对久拖不决的信访问题，要加大督办交办力度，推动相关部门和地方解决问题。对突出信访问题要集中解决，如对征地拆迁、复退军人等信访突出问题，要整合执政资源，集中时间和精力成批解决。对非法访、缠访闹访的要坚决依法按政策予以处理。要加强信访风险评估，对重大政治活动、重点建设项目、重点专项工作的信访风险实行评估，要及时研究对策措施，切实维护群众合法利益，严格依法依政策办事，阳光操作，让群众看得见公正，感受到公平。

5. 推动社会组织建设与发展，推动重点领域共建共治

通过政府购买服务、提供公益性岗位、治安保险、举报奖励等办法，大力引导和激发社会力量积极主动参与社会治理和平安建设。争取出台《湖南省加强和创新社会组织建设与管理工作的意见》，扩大四类社会组织直接登记试点。加强社会组织党建工作，探索建立民政部门购买社会组织服务机制。推进道路交通、流动人口及各类特殊人群等重点领域管理服务的社会化。创新流动人口服务管理，突出完善落实"以房管人"等措施，稳步推进城镇基本公共服务常住人口全覆盖。建立健全政府、社会、家庭三位一体的关怀帮扶体系，加强对农村"三留守"人员的关爱服务，落实对肇事肇祸精神病人、刑释解教人员、社区矫正人员、重点青少年等各类特殊人群的教育、帮扶、矫治和管理。

部门报告

Department Reports

B.9
2013年湖南公安工作进展及2014年展望

湖南省公安厅警令部

2013年，湖南省公安机关深入学习贯彻党的十八大精神，紧紧围绕全面建成小康社会奋斗目标，牢牢把握中国特色社会主义事业建设者、捍卫者的职责使命，突出抓好提升打击整治实效、规范执法行为、加强基层基础和提高队伍素质能力等重点工作，有力维护了全省社会政治稳定和治安大局平稳。

一 2013年湖南公安工作情况

2013年，全省公安机关在省委、省政府和公安部的正确领导下，深入贯彻落实党的十八大和十八届三中全会精神，扎实推进打击整治质量年、规范执法攻坚年、基层基础建设年、队伍素质提升年，有力保障了全省社会政治稳定和治安平稳。民意调查显示，公众对社会治安的评价在逐年提升的基础上，

2013年又比2012年提高0.93分；警务调查显示，群众对警务工作的满意率达97.89%。

（一）深入开展平安湖南建设

紧紧围绕平安湖南建设总要求，全面提升打防管控整体效能，有效增强了维稳保安工作的针对性和实效性。全力维护国家安全和社会稳定。高标准落实各项稳控措施，稳妥处置系列复杂敏感案事件，成功侦破一批重大专案，实现了"五个坚决防止"工作目标。打击整治网络有组织造谣炒作专项行动战果进入全国十强。以涉法涉诉信访工作改革为契机，开展"抓源头、打基础、强机制、促规范"专项活动，取得了良好工作成效。重拳打击各类违法犯罪。深入开展打黑除恶、"打盗抢保民安""扫毒害保平安"、缉枪治爆、扫黄禁赌、打假、打击传销等专项行动，全年侦破刑事案件6.8万起，抓获犯罪嫌疑人6.1万人；查处治安案件37.5万起，查处违法嫌疑人19.9万人，成功侦破湘粤桂赣系列持枪抢劫金店案、长沙"9·30"故意杀人案、葛兰素史克中国分公司商业贿赂案等一系列大要案，现行命案破案率达97.23%，8类主要案件下降10.49%，打击食品药品犯罪、打黑除恶、打击毒品犯罪战果排名全国前列。健全完善社会治安防控体系。大力加强社会治安防控"六张网"建设，全省抢劫、抢夺案件同比分别下降20.5%和25%。加强特殊病违法犯罪人员和精神病人收治工作，深入开展涉爆涉枪专项整治，有效减少了社会乱源。道路交通和消防安全形势总体平稳，杜绝了重特大火灾事故发生，交通违法处罚到位率同比提高30%，一次死亡3人、5人以上的道路交通事故分别下降27.91%、28.57%，一次死亡10人以上的道路交通事故近10年来首次"零发生"。

（二）全面深化执法规范化建设

以全面实施"一法两规定"为契机，紧紧围绕"执法无懈怠、办案无过错"总要求，深入推进执法规范化建设，顺利通过公安部检查验收和省人大常委会专项审议，省公安厅被评为"全省依法办事示范窗口单位创建工作先进集体"。强化执法为民理念。大力开展人民警察核心价值观教育、宗旨教育和法治理念教育，始终坚持严格依法履行职责、法律面前人人平等、尊重和保障人权，切实维护社会公平正义和最广大人民群众的合法权益。加强对修改后的《刑事诉讼法》的学习培训和调研指导，及时解决执法过程中的具体问题，防止消极执法、被动执法。充分发挥"三调联动"作用，综合运用法律、政策、经济、行政等手段，统筹协调处置各种利益冲突，有效促进社会和谐。组织开展执法资格考试，将其作为晋级晋职的前置条件，全省已有6.12万、2.51万民警分别取得基本级、中级执法资格。全面规范执法行为。认真贯彻修改后《刑事诉讼法》和公安机关办理刑事、行政案件程序规定及"新交规"等法律法规，及时做好与之相冲突的文件规定的清理、修订、废止工作。制定与"一法两规定"相配套的14项具体规程，严格执行涉企案事件处置28条规定，完成规范执法6个100%目标。配齐配强基层所队法制员，加强执法制度建设，规范执法动作和执法语言，细化执法量处标准，坚决杜绝"选择性""倾向性"执法。坚决整治突出问题。认真组织开展"涉案财物、代管财物、取保候审保证金、监管场所保证金、交通违法处罚金"等执法活动财物管理问题专项审计监督，实行交通违法"零减免"，大力整治取保候审、接处警环节的执法突出问题，公安信访案件下降19.08%。深化执法公开，组织开展"规范执法警营开放周"活动，自觉接受群众监督，建立首个省级架构的阳光警务执法查询系统并全面普及。主动服务经济建设。牢固树立"企业至上、服务第一"的理念，严格执行《湖南省优化经济发展环境十条禁止性规定》《全省政法机关服务企业、优化发展环境的若干规定》，依法妥善处置涉企案事件，坚决防止执法办案利益驱动，为企业发展营造了更加安全、公平、宽松的环境。强力推行网上政务，依托全省公安门户网站"湘警网"，积极建设"网上办事大厅"，实现执法依据、办案办事流程、收费依据网上公开，并将群众有需求、法律无障碍的执法服务项目逐步搬到网上，极大地方便了群众办事。2013年，共受理网上办事业务4.6万件，办理网上政务服务40万起。大力加强和改进公安行政管理，推出了系列涉及交通管理、人口、消防、治安等方面的便民利民惠民举措。

（三）扎实推进基层基础建设

认真贯彻湖南省委、省政府《关于加强和改进公安基层基础工作的意见》，省公安厅制定了加强和改进公安派出所工作的决定、社区和农村警务工作规范等政策举措，全力推进打基础、利长远、增后劲的工作，经验做法被公安部推介。着力加强所、队建设。按照辖区"发案少、秩序好、社会稳定、群众满意"的目标，进一步明确派出所职责、任务、目标、勤务模式等，全面推动派出所工作重心向治安防范、人口管理、信息收集、矛盾化解、服务群众转型。大力推进社区民警专职化，推动落实"一区一警"或"一区多警"，全省2293个社区警务室，配备专职民警2864名。全面加强专业队建设，省公安厅分别出台了强化刑侦、经侦、网技、国保、禁毒等警种基层基础建设的具体措施，并在市、县建立图侦和打击侵财犯罪专业机构，在城区和重点乡镇建立责任区刑侦中队，有效提升了侦破打击专业队伍攻坚克难能力。切实加强信息化建设应用。把信息化作为加强基层基础的核心内容，按照做优顶层设计、做实信息终端、做强实战应用的工作思路，全面推进基层基础工作转型升级。推进基础平台、重点项目建设，完成信息共享服务平台等10多个项目深度研发，整合归集数据100多亿条，557个交通电子卡口实现全省联网。通过信息研判、临时布控，抓获各类违法犯罪嫌疑人9600余名，协助查破案件11万起。强化基层各项保障。采取精简机构、文职置换、联所驻区等措施，大力推动警力下沉。出台《县级公安机关基本业务装备配备实施计划》，县级基本业务装备配备率达到92%。扎实推进"210"和"五十百千"工程建设，170个重点项目竣工44个，在建99个。严格落实派出所户籍室、窗口规范化建设标准，全省新建示范户籍室170个、达标户籍室44个。建成涉毒特殊人员收治场所24个，收治工作模式得到公安部肯定。

（四）大力加强队伍正规化建设

坚持政治建警、素质强警、从严治警、从优待警，着力打造一支忠诚可靠、执法为民、务实进取、公正廉洁的过硬公安队伍。切实改进工作作风。扎实开展党的群众路线实践教育活动，认真贯彻落实中央、省委和省公安厅党委作风建设系列规定，重拳整治形式主义、官僚主义、享乐主义、奢靡之风，受到了省委督导组充分肯定。全面提升队伍素质能力。坚持实战引领、问题主导，部署开展以体能达标、警用手枪实弹射击和公安信息化应用技能为主要内容的"三项基本功"大赛。组织开展素质强警警务交流，建立苏、湘、黑、甘四省素质强警合作框架，举办培训班279期，培训民警2.3万余人次。大力培育选树先进典型，组织"司法公正为人民"集中宣传报道、"学雷锋先进集体、先进标兵"评选推介活动，涌现了李杨、项文渊、杨明洪等一大批先进典型。始终坚持严优并举。严格落实领导干部廉政建设责任制，加强领导干部党风廉政建设考核，认真开展法纪、警示和帮扶教育，加大警纪警规督察力度，严肃查处公安民警违法违纪案件，进一步整肃警风、严明警纪。省厅出台全省公安机关"惠警""廉警"双十条措施并狠抓督导落实，推动各地切实解决民警实际困难和问题，进一步增强了民警职业认同感和自豪感，提升了队伍凝聚力和战斗力。

二 2014年湖南公安工作展望

当前，我国仍处于大有可为的战略机遇期，做好维稳保安工作有许多有利条件。但维稳形势"三个期"和"四个相互交织"的基本特点没有变，外部形势的不确定、不稳定因素与国内发展不平衡、不协调因素相互交织，给公安工作带来了严峻的挑战。2014年，全省公安机关将深入贯彻习近平总书记系列重要讲话和党的十八大、十八届三中全会精神及各项工作部署，紧紧围绕完善和发展中国特色社会主义制度、推进国家治理体系和治理能力现代化总目标，牢牢把握促进社会公平正义、增进人民福祉总要求，坚持稳中求进、改革创新，继续以提升打击整治质量、规范执法行为、加强基层基础和提高素质能力为重点，深入推进平安湖南、法治湖南、过硬队伍建设，着力提升人民群众安全感、满意度和公安机关战斗力、公信力，为全面深化改革开放、促进"四化两型"建设创造安全稳定的社会环境、公平正义的法治环境和优质高效的服务环境。

（一）继续提升打击整治质效，着力深化平安湖南建设

1. 坚决维护国家安全

坚持系统治理、依法治理、综合治理、源头治理，进一步深化平安湖南建设的各项举措，全面提升打防管控综合效能，确保人民安居乐业、社会安定有

序。强化反恐怖斗争，全面落实综合防范措施，严防发生暴力恐怖活动。加强应急反恐处突力量建设和实战训练演练，建立平战结合、常态维稳、应急处突、应急救援的有效机制。

2. 全力维护社会治安大局持续平稳

继续将各种警务资源要素最大限度向侦查破案聚焦，积极构建大侦查工作格局，努力做到更快地破大案、更多地破小案、更好地控发案。因地制宜开展打击严重暴力犯罪、黑恶势力犯罪、多发性侵财犯罪、涉枪涉爆犯罪、涉众型经济犯罪、食品药品犯罪和黄赌毒犯罪等专项行动，全面提升破案率和追赃挽损率。在强化现场勘查、信息采集、侦察手段建设的基础上，积极拓展新型技术手段的综合应用、深度应用，努力挖掘新的破案增长点。

3. 重点加强社会治安防控体系建设

运用信息化手段对社会治安防控体系进行改造升级，构建立体化、现代化治安防控体系。升级改造110接警调度系统，实现指挥中心到派出所、各种巡防力量的点对点指挥、动态控制。加强重点部位安防体系建设，科学部署社会面防控力量，打造"5分钟治安控制圈"。分类制定治安防范标准，推动落实企事业单位法人治安保卫主体责任，引导单位、小区充实保安员等社会防控力量，放大群防力量的辐射效应。加强对重点地区、重点行业、重点场所的综合治理和排查整治，严格管理枪支弹药、危爆物品、易制毒化学品及精麻药品，大力抓好旅馆业住宿人员信息"四实"登记工作，最大限度压缩违法犯罪活动空间。

4. 有序推进公安改革

根据中央要求，结合湖南实际，深入推进户籍制度、公安行政管理、涉法涉诉信访工作改革。加快推进户籍制度改革，调整完善户口迁移政策，切实解决已转移到城镇就业农业转移人口落户问题，服务湖南省城镇化建设。积极推进公安行政管理改革，进一步简政放权，大力优化道路交通、消防、治安、户政、民航安全、边检管理服务，集中研究推出一批新的便民利民举措。深入推进涉法涉诉信访工作改革，坚持重心下移、源头治理、滚动排查、多元化解各类矛盾纠纷，推动落实社会稳定风险评估机制，建立健全公安信访甄别导入机制，维护正常信访秩序。

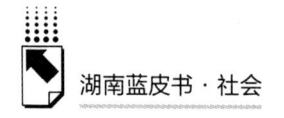

（二）继续推进执法规范化建设，着力促进社会公平正义

1. 突出增强执法素养，着力提升执法能力

深入开展法治理念、宗旨观念、职业道德教育，教育引导民警信仰法治、坚守法治，铁面无私，秉公执法。重点加强法理知识、办案流程、实务操作的培训，将执法资格等级考试结果与执法岗位、工作绩效、晋职晋升挂钩。加强规范执法随岗训练示范点建设，推动建立省市县规范执法教官人才库。

2. 突出完善执法制度，着力规范执法行为

加强公安立法研究，与新法出台和旧法修订同步配套、完善相关的执法制度。抓紧制定常见案件的证据规格，健全完善证据收集、固定、保存、审查制度。加强与行政执法部门的协作，商请法院、检察院，尽快完善与《刑事诉讼法》等法律法规相配套的执法工作规程，做到行政执法与刑事执法相互促进，公安侦查与诉讼、审判有机衔接。以执法操作规范为重点，分期分批制定完善务实、管用的制度。

3. 突出加强执法管理，着力强化执法监督

坚持以公开促公正，努力让公平正义以群众看得见的方式实现。对内，切实加强执法源头、执法流程和重点环节的管控，严格落实案件质量终身负责制和错案追究制度。对外，深入推进警务公开，自觉接受人大、政协和检察机关以及各界群众的监督。

4. 突出改进执法服务，着力提升服务效能

牢固树立"企业至上、服务第一"的理念，严格执行涉企案事件处置28条规定，努力营造稳定、透明、公平、宽松的经济发展环境。主动适应经济体制改革的新形势，充分发挥职能优势，严厉打击各种经济犯罪活动，坚决维护各类市场主体合法权益。严肃整治执法不规范、不作为、乱作为和执法不公、不严、不廉行为，重点解决好损害群众权益的突出问题。加强和改进窗口服务工作，积极推行"一网通""一网办"，将群众有需要、法律无障碍的执法服务项目全部搬到网上，努力为群众提供快捷方便的服务。

（三）继续加强基层基础工作，着力推进公安工作转型升级

1. 强化所队建设

认真执行《加强和改进公安派出所工作的决定》，围绕加强派出所建设的10项重点工作攻坚，着力在推动警力下沉、加强辅警力量配备、落实社区民警专职化方面聚焦突破。加快110社会应急联动机制建设，推进乡镇（街道）社会矛盾纠纷调处中心和驻所人民调解室建设，全力推进派出所工作重心向治安防范、人口管理、信息收集、矛盾化解和服务群众转型。强力推进社区民警专职化，引导激励社区民警扎根社区、融入群众，把社区建设成为公安工作的平安区、满意区。大力推进省市两级侦查部门向"实战化、实体化"转型，优化专业队警力配置，按实际需要加快图侦、打击侵财犯罪、责任区刑侦中队等职能机构和工作力量建设，全面提升攻坚克难能力。

2. 强化科技信息支撑

全面推广市州公安机关基础平台建设应用和社区警务信息综合工作平台，做到"一站式采集、全平台关联、多系统应用"。明确基础信息、案件信息采集标准规范，确保信息真实、准确、鲜活。着力打造集警务指挥、110接处警、视频监控、信息研判、社会面管控"五位一体"的综合警务指挥体系，推动警务模式向集约高效转型。升级完善网络和安全基础设施，全面推进公安专网、互联网"双网"进社区警务室。

3. 强化基层警务保障

坚持结构性挖潜与内涵式发展相结合，强化向科技应用要警力、向教育训练要警力、向科学管理要警力的理念，推动实现警力"无增长改善"。推动调整市州县公安经费保障标准，建立与经济社会发展相适应的经费逐年增长机制。科学合理分配中央和省级转移支付资金，加大装备、科研、技术手段和信息化建设经费保障。抓紧建设指挥通信、侦查办案、应急处突、执法勤务、社会管理服务等公安装备体系，建立公安装备维护巡回服务工作机制，确保基层实战需要。

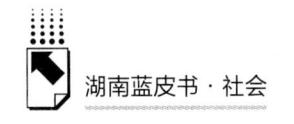

（四）继续提升素质能力，着力建设过硬公安队伍

1. 始终坚持党对公安工作的绝对领导

始终把理想信念教育摆在队伍建设的首要位置，教育引导广大民警坚定对中国共产党领导的思想自觉、政治自觉、行动自觉，始终坚持高举旗帜、听党指挥、忠诚使命，矢志不渝做中国特色社会主义的建设者、捍卫者。

2. 大力加强领导班子建设

认真贯彻落实《党政干部任用选拔条例》，进一步深化公安机关干部人事制度改革，真正把"信念坚定、为民服务、勤政务实、敢于担当、清正廉洁"的干部选拔到各级领导岗位上来。继续加大从基层选拔干部的力度，加大内部交流、上下交流、异地交流力度，选好配强各级领导班子特别是"一把手"。继续巩固局长"进班子"工作，严格按核定的领导职数配备市县公安机关领导干部。大力加强各级领导班子思想、组织、作风、廉政和制度建设，真正把各级领导班子建设成为讲政治、顾大局、重团结、守纪律的坚强战斗集体。

3. 深入推进队伍能力建设

坚持问题主导训练，深入开展"基层基础大轮训"，进一步提高民警的政治、业务、法律、科技、心理、体能素质和实战本领。巩固省市县三级教育训练体系，强化市、县两级公安机关培训主体作用，努力推动教育训练工作由知识灌输型向能力培养型转变。健全"院局合作"机制，加强培训基地建设，研发精品培训专题，提升教育训练工作的质量和效果。科学设定岗位能力素质标准，严格考试考核并与晋职晋级、评先评优挂钩。加强正面宣传教育，做好主题宣传策划，不断唱响主旋律、激发正能量。

4. 切实抓好纪律作风建设

始终坚持从严治警不动摇，进一步严明纪律、整肃警风，坚持不懈地抓好"八项规定""五条禁令""三项纪律"等纪律条规的贯彻落实。加强正反典型教育、廉政文化建设和帮扶教育，统筹整合纪检、监察、督察、审计、信访等监督力量，加强人权、财权、物权、事权等关键环节的廉政风险预警机制建设，强化不敢腐、不能腐、不易腐的制度保障。加快推广应用12389群众举报平台和监督信息化平台，以最坚决的意志、最坚决的行动扫除公安机关腐败现象,坚决清除害群之马。深入开展党的群众路线第二批教育实践活动,大力整治"四风"突出问题,着力增强群众观点、站稳群众立场、自觉践行群众路线,健全民警直接联系群众的常态化机制,以实际行动引领"为何从警、如何做警、为谁用警"大讨论活动。

5. 落实从优待警政策措施

全面落实定期体检和休假制度,健全民警心理健康咨询服务、动态监管机制,努力解决民警面临的实际困难。出台《湖南省公安厅改进作风、服务基层十项举措》,加强服务基层各项工作。紧紧抓住全面深化改革的有利契机,抓紧研究建立民警统一招录、有序交流、逐级遴选机制,积极协调解决专业人才引进、公安院校学生招录、偏远地区招警难等问题。积极争取党委、政府重视支持,加大《公安机关组织管理条例》落实力度,完善民警分类管理,推动出台符合公安职业特点的执法风险防范、因公负伤医疗待遇、大病医疗救助的政策,为公安民警积极主动、依法公正履职提供强有力的保障。创新契合基层特点、贴近实战需要、符合民警需求的思想政治工作方法,积极营造激情工作、快乐生活的警营氛围。

B.10
2013年湖南司法行政工作进展与2014年展望

湖南省司法厅

一 2013年湖南司法行政工作发展状况

一年来,湖南司法系统认真贯彻落实司法部和湖南省委、省政府的决策部署,"实"字当头、开拓进取,力破难题、励精图治,着力推进"五大建设",各项工作有了新进展、取得新成效。

(一)平安建设创实绩

守住"一条铁律、四个绝不容许"[1]底线,深入开展警务督查、明察暗访及执法整顿、违禁品清查等专项活动,监管制度较好落实,押犯非正常死亡明显下降,监所单位均实现"四无"。劳教制度改革稳妥推进,劳教人员清理按期完成。劳教所全部转型为强戒所,年内新增床位5千个,建成12个社区戒毒指导站,戒毒康复模式基本成型,戒毒矫治水平大幅提升。"教育质量年"活动扎实有效,监狱、戒毒系统心理咨询师配备量提前达部颁标准。"低报酬"制度全面推开。1万余人接受监所技能培训,获证率达93%。实施顽危犯攻坚,转化率达76%。依法办理"减假保"案件2.41万件,监狱执法公信力进一步提高。监所文化蓬勃发展。导入循证矫治,"大戒毒、大矫治"体系不断形成。监所经济稳中有升,主要经济指标均创新水平。

扎实推进"规范化示范创建年",社区矫正工作快速发展。文书送达、对象接收等衔接机制有效形成。在全国率先组织社区矫正执法工作者参加国家职业资格考试。委托适用社区矫正调查评估1.4万余件,采信率达98%以上。

严格落实请销假等制度,试行指纹、图像识别和电子报到,撤销缓刑假释及收监执行122人。强化集中学习、社区服务及心理危机干预,社区服刑人员再犯罪率仅为0.6%。刑释解教人员网上信息核实率达98%、衔接率达70%。实施困难救助、落实低保、就业安置3万人次,帮教率达95%,重新犯罪率为1.47%,低于全国平均水平。

以"调解化积案、息访保平安"专项活动为主线,人民调解切实为平安湖南建设发挥了"防增量"的积极作用。成功调处纠纷40.2万件,其中复杂疑难纠纷3.1万件,防止民转刑3732件、群体性上访6578件、群体性械斗2909件,协助化解信访积案7000余件。排查化解生态领域纠纷。推行积案登记督办销号制。实行"首席人民调解员"、人民调解网格化管理等工作创新。行业性、专业性调委会不断拓宽。湘赣边界联防联调体系初步建立,常德、永州、湘西等地边界联调深入推进。永兴县投入人民调解经费700万元建立"大调解"体系。建立湖南省化解重大矛盾纠纷专家库,实行挂牌督办,"三调联动"进一步健全。依托高校加强人民调解理论研究。具有湖湘特色的人民调解文化不断形成。

(二)服务经济建设做实功

深入开展"转作风、解难题、强服务、促发展"专项活动,湖南省委、省政府和司法部予以充分肯定。服务党委政府转方式调结构等经济决策3700多次,参与项目可行性论证2200余次,起草或审查招商引资合同8000余份。实施中小企业无偿"法律体检"2666家,帮助各类市场主体摸排法律问题3万多起。与省经信委联合下发加强企业法律顾问工作的意见,企业法律顾问面同比上升10%。巩固扩大"诚信守法企业"创建,参与重点企业、项目周边整治3600余次。省法律顾问形成文化产业集群等4项高质量研究成果。开展项目建设服务年,先后为长沙国际会展中心、衡茶吉铁路等一批重大工业、基础设施项目和国际贷款项目等出具法律意见书2000余份。长沙、株洲、益阳、衡阳等地推行重大项目法律服务办法,湘潭、娄底等地成立中小微企业法律服务中心,怀化、岳阳等地加速推进人民调解进企业、进商业。省司法厅健全与省商务厅、省贸促会的合作机制,组织律师服务第八届中博会、"2013港洽周"、长

三角先进制造对接会及各市州大型商务活动，为中联重科等企业"走出去"提供大型法律服务。

（三）助推法治建设求实效

"五类法治创建"[2]深入推进，管理、考核机制进一步完善。完成"六五"普法中期检查。实施人大任命干部任前法律资格考试，推行干部述法考核。14个市州、85%的县市区、32%的乡镇（街道）党委政府和2300余家政府部门，成立法律顾问团或聘请法律顾问。普法无纸化系统推广面扩大一倍以上。分级培训4000余名法制副校长。积极创建"市民法制学校"，邵阳近百万人接受法制教育。开设媒体普法专栏150个，培育县级法治文化阵地30个。"2012年度最具影响力法治人物、事件"评选关注度进一步提升。承办第六届中部崛起法治论坛，举办"转变执法理念防止冤假错案"等12个专题研讨会。司法考试首次实施全程网络化管理，报名和参考人数均创新高。

推动标准化建设，法律援助办案达3.1万件，实施刑事援助7900余起，律师办案率达67%，服务满意率达98%。加强律所管理，出台律所负责人考核等制度，做好重大案件律师辩护代理指导协调工作。律师办理诉讼和非诉讼案件12.3万件，同比增长13.6%。建立重大质量事件报告制度，四级公证质量管理体系进一步健全。公证办案18万件，其中涉外和港澳台民事公证6万余件。制定司法鉴定机构考评办法，加强司法鉴定质量建设，全年办案10.9万件，能力验证通过率和满意率有较大提高。大力整顿基层法律服务市场，服务"三农"成效明显。

（四）建设过硬队伍出实招

省司法厅、"两局"及省直监所广泛征求意见，深入查摆"四风"问题，召开高质量民主生活会，认真开展批评和自我批评，群众路线教育实践活动从严从实推进。坚持边学边查边整改，清理纠正违规配备公务用车及公车私用、多占办公用房、吃空饷、在编不在岗、编外大量聘用人员、违规长期借调人员等九项治理取得实效，基层反映强烈的"七多"[3]现象得到有效遏制。"三超两乱"[4]专项治理进展顺利。省司法厅会议、文件分别减少30%和21%，"三公经费"明显下降。厅机关简报由8合1、表彰奖励由24合1、考核检查由10合1。省厅制定实施50条整改措施，出台正风肃纪18项制度，为作风建设常态化打下了良好基础。

发挥中心组学习的示范带动作用，广泛开展党的十八大、党建知识竞赛，加强思想政治教育，队伍素质不断增强。协助配齐配强"两局"班子。严格选人用人标准，任免调整干部64人次，协助配备8个市州局主要领导。完善分类定级晋位，基层党支部优秀率达80%。律师担任各级"两代表一委员"数较上届增加41%。省戒毒局在全国率先推行民警岗位资格认证。逐级开展人民调解、社区矫正岗位练兵知识技能竞赛，举办培训班10期、培训干部3710人次，培训法律服务从业人员2万人次。评选全省"十佳"监所警察、"十佳"司法所长。9个单位被评为厅文明单位。湘乡市司法局获评第八届"全国人民满意的公务员集体"。制定系统文化建设规划，大力推进行业文化建设。加强舆情信息监控，建成"大宣传"雏形。细化4大类50项制度措施，推动党风廉政建设责任制落实。依法查处法律服务执业投诉200多起，查处违法违纪案件79件101人。

（五）加强基层基础办实事

省政府出台专题会议纪要，解决以政府购买服务方式加强司法所力量、清理充实司法所专项编制、提高司法所公用经费标准、实行人民调解案件"以奖代补"、保障社区矫正经费、推动司法所长职级待遇落实、为模范司法所解决执法执勤车辆编制等基层基础建设七大问题。岳阳、长沙、永州、邵阳市委市政府先后研究并出台一系列相应措施。制定湖南省司法厅首部工作规则，建立厅财务协调联席会议机制。提出"八个一点子"，解决司法所缺编少人问题。建立全省律师工作联席会议制度，引导促进县域律师事业发展。取消基层法律服务工作者执业注册费，审批权限下放市州。赋予省管县司法鉴定、公证机构设立初审权并直接报厅权限。省厅将23家省直司法鉴定机构管理权限委托下放长沙市局。对考生不足的12个司考区补贴考务经费。大力实施监狱医院标准化建设，20个戒毒场所取得戒毒医疗资质。正式开通运行覆盖14个市州的12348法律援助热线。建成法援便民服务窗口130个、公安看守所法律援

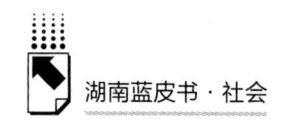

助站112个。省财政首次将律师培训经费纳入预算。争取省直监所和市县司法局基础设施建设配套资金2亿余元、监所化债资金6800万元。全省大部分市县法律援助办案补贴标准提高到500~800元每件。司法所建成率已达97%，张家界市率先完成。完成司法业务用房建设7.2万平方米。

同时，也要清醒地看到存在的困难和问题。一是基层基础仍较薄弱，司法所缺编少人的问题急需突破，监所布局调整尚未完成，信息化建设滞后，经费保障还不适应工作需要；二是特殊人群面较大，影响监管安全稳定的因素仍然较多，社区服刑人员、安帮对象管理还有漏洞；三是"四风"问题还不同程度存在，执法、执业公信力不高，消极腐败现象仍有发生；四是队伍内生动力不足，合力不够，活力不强。

二 2014年湖南司法工作主要任务

2014年是全面深化改革的第一年，是完成"十二五"规划的关键之年。全省司法行政工作的总体要求是：深入贯彻党的十八大和十八届三中全会精神，按照习近平总书记"维护大局稳定、促进社会公平正义、保障人民安居乐业"的政法工作主要任务的要求，全面落实司法部、省委省政府和省委政法委的工作部署，推进"六项改革"、抓实"六个重点"、开展"四项活动"、突破"四个难题"，全力推进平安湖南、法治湖南和过硬队伍建设，提升司法行政工作现代化水平，为谱写中国梦的湖南篇章作出新的更大贡献。

（一）深入学习贯彻习近平总书记在中央政法工作会议上的重要讲话精神

习近平总书记在中央政法工作会议上的重要讲话，精辟论述了新形势下政法工作的原则、方向和目标，深刻阐述了事关政法工作全局和长远发展的理论和实践问题，明确提出了一系列新思想、新论断、新要求，为进一步做好司法行政工作指明了方向。

（1）要旗帜鲜明坚持党对司法行政工作的领导，自觉在思想上、政治上、行动上与以习近平同志为总书记的党中央保持高度一致。坚持中国共产党领导是中国特色社会主义最本质的特征,是我国各项事业取得胜利的根本政治保证。坚持党的领导和坚持社会主义法治是一致的,没有党的领导,就没有社会主义的依法治国。司法行政机关是政法机关的重要组成部分,必须始终置于党的绝对领导之下。在坚持党对司法行政工作的领导这样的大是大非面前,一定要保持政治清醒和政治自觉,任何时候、任何情况下都不能有丝毫动摇。

(2) 要牢牢把握新形势下政法工作主要任务,忠诚履行维护社会大局稳定、促进社会公平正义、保障人民安居乐业的神圣职责。维护社会大局稳定是司法行政工作的基本任务,促进社会公平正义是司法行政工作的核心价值追求,保障人民安居乐业是司法行政工作的根本目标。要牢记稳定是根本大局的道理,充分发挥司法行政职能作用,努力维护社会稳定;要把维护人民合法权益作为司法行政各项工作的根本出发点和落脚点,让人民切实感受到公平正义就在身边;要以人民对平安的愿望和要求为导向,以提升人民安全感和满意度为目标,为人民安居乐业提供有力的法律服务和保障。

(3) 要坚持严格执法、公正司法,不断提升司法行政执法执业公信力。严格公正文明执法、依法诚信执业是司法行政工作的生命线。要教育引导司法行政干警和法律服务工作者信仰法治、坚守法治,恪守职业良知,增强秉公执法和诚信执业的定力;要完善制度规范,厉行执法公开,加强执法监督,大力推进执法执业规范化建设,努力提升司法行政执法执业公信力。

(4) 要始终坚持把过硬队伍建设作为根本任务,努力建设信念坚定、执法为民、敢于担当、清正廉洁的司法行政队伍。坚定的理想信念是司法行政干警的政治灵魂,执法、执业为民是司法行政执法、执业的本质要求,敢于担当是司法行政干警必须具备的基本品质,旗帜鲜明反对腐败是司法行政队伍必须打好的攻坚战。要按照"五个过硬"[5]的要求,努力建设一支高素质司法行政队伍,为司法行政事业发展提供坚强保证。

(5) 要深化司法体制改革,坚持和完善中国特色社会主义司法行政制度。深化司法行政体制改革,是要更好坚持党的领导、更好发挥我国司法制度的特色、更好促进社会公平正义。要正确把握深化司法体制改革的方向、目标、重点,积极稳妥地推进司法行政体制改革,不断推进中国特色社会主义司法行政制度的自我完善和发展。

（二）积极推进"六项改革"

党的十八届三中全会关于全面深化改革若干重大问题的决定，对司法行政体制机制改革提出了明确要求，内容涵括司法行政各主要业务，是历来党的重要纲领性文献中对司法行政工作着墨最重的一次。各级司法行政机关要进一步增强机遇意识、忧患意识、责任意识，按照司法部关于深化司法行政体制机制改革的部署，坚定信心，锐意改革，力创司法行政改革的湖南试验田和先行先试样本。

（1）进一步健全社区矫正制度。目前，湖南省社区矫正人数与在押服刑人员的比例接近"四六开"，劳教制度废止后，预计这一比例还会增加甚至达到一半，社区矫正工作急需加强。要健全社区矫正联席会议制度，完善各部门衔接配合机制，形成社区矫正工作合力。强化社区矫正小组责任，落实日常监管。实施分类分级管理，进一步扩大手机定位监管，尝试对严管级对象使用电子手铐，防止"人机分离"、脱管漏管。建立完善突发事件应急处置机制，严防发生重、特大刑事案件及参与群体性事件。利用教育基地、社区服务基地加强入矫、日常及解矫教育和心理矫治，着力提高教育矫正质量。积极协调有关部门完善、落实社会适应性帮扶政策，切实预防和减少重新违法犯罪。有条件的市、县要争取成立社区矫正管理局、工作局或加挂牌子，城区建立社区矫正中心。

（2）进一步推进戒毒事业发展。劳教制度废止后，湖南省劳教职能全部转型为强制隔离戒毒和戒毒康复。戒毒工作与原劳教工作在执法依据、工作性质、目标任务等方面有明显区别，必须进一步转变观念、去劳教化，去除劳教烙印；进一步转换机制，全面完善、实施"三期四区五级管理六项机制"[6]，积极构建具有湖南特色的"大戒毒、大矫治"体系。强化以人为本的工作理念，针对戒毒人员既是违法者又是受害者和特殊病人的特点，进行科学戒毒、综合矫治、关怀救助，帮助戒除毒瘾。探索建立科学的戒毒工作评价体系，规范"四区"工作制度和基础业务，不断提高戒断率、降低复吸率。发挥白泥湖戒毒康复所"四个基地"[7]作用，实现戒毒康复与强戒、社区戒毒有效对接。积极支持和指导社区戒毒、社区康复，年内各市州要在毒情严重的地区建立社区戒毒工作指导站。狠抓监管制度落实，确保持续安全稳定。要积极争取党委政府重视支持，解决好内设机构设置、人才补充招录、场所建设、经费保障等问题，实现转型发展、加快发展。

(3) 进一步深化狱务公开。阳光是最好的防腐剂。要顺应监狱法治建设大势，回应社会关切，进一步完善减假保依法公开制度，细化、量化工作标准，严格减假保案件的法定条件、呈报原则和优先排序，严格落实"四级评审"[8]程序、"四级公示"[9]制度，推行听证和隐名评审、票决制度，主动邀请驻狱检察机关和执法监督员全程监督，严防"关系案""金钱案"。进一步明确狱务公开内容，依法公开罪犯管理、奖惩规定，公开罪犯权利和义务规定，公开监狱警察的纪律规定等，做到应公开的一律公开，让公开成为常态。在遵循保密原则的前提下，充分运用现代信息技术完善狱务信息公开平台，畅通公开渠道，创新公开方式，形成符合监狱工作特点的狱务公开机制。

(4) 进一步完善法律援助制度。"决不允许让普通群众打不起官司"。要让法律援助成为为民生服务添彩、为司法行政加分的品牌。以事业单位改革为契机，积极推动法援机构、人员转换为行政管理机构、公务员编制序列，强化行政监管职能。建立省、市、县法律援助专项资金及办案经费最低保障制度，出台法援案件补贴管理办法，明确以办案数量为标准给予经费保障，推动法律援助纳入政府购买服务项目。推动调整经济困难标准和补充事项范围，使援助对象从低保群体逐步拓展至低收入群体，更多惠及困难群众。严格落实司法部颁布的《办理法律援助程序规定》，进一步规范接待、受理、审查、承办各环节的服务行为。完善刑援案件协作机制，让符合条件的刑诉当事人及时获得法律援助。加强窗口建设，实行"一站式"服务，深入推进援务公开，落实服务承诺制、首问负责制。法援办案情况列入律师、基层法律服务工作者年度执业考核。完善"12348"法律热线运行机制。

(5) 加快公证机构改革步伐。改革是决定公证事业发展的关键选择。湖南省要在深入论证、争取各方面理解支持的基础上，尽快启动公证机构改革。现有行政体制的公证机构改为事业体制，使其成为履行国家公证职能、自主开展业务、独立承担责任、按市场规律和自律机制运行的二类公益性事业法人单位，有条件的可实行自收自支、参照企业化模式管理。实施公证人员身份转换，建立事业单位法人治理结构，推行绩效工资，坚决破除"大锅饭"。早改主动、晚改被动。公证改革是湖南省司法行政体制机制改革绕不过的"硬骨头"。各级司法行政机关和各公证机构要冲破思想观念的束缚、突破利益固化的藩篱，正确对待利益格局调整，确保改革顺利实施。公证管理部门要加强统筹协调，加强思想引导，确保改制期间队伍不散、业务不断、管理不乱。

（6）进一步理顺内部职能职权。主要是实施简政放权让利，用厅局权力的"减法"换取全系统发展活力的"乘法"。发挥好各层级各方面的积极性，才能真正形成全系统"一盘棋"。湖南省司法厅主要是抓大事、议长远、谋全局。2013年，湖南省司法厅实施了一些放权让利。2014年，要在调查研究的基础上，进一步理顺、明确省市县司法行政部门的管理权限，该下放的下放；进一步理顺、明确厅和"两局"、警院及省直监所间的管理职权，做到有收有放，以强化自上而下的工作推进力与自下而上的执行力，实现集权与分权的最大合理化。

（三）着力抓实"六个重点"

（1）实现由保监管安全向提升教育质量转变。安全稳定是监狱工作的重中之重，既是首要任务，也是底线、红线。确保监管安全，重在制度落实，难在常抓不懈。"罪犯脱逃、干警脱帽"，"四个绝不容许"必须继续强化。有规必执，有违必查，决不能让制度成为束之高阁的一纸空文。坚持常态治理与应急处置相结合，大力加强狱情研判、狱政管理、狱内侦查、刑罚执行、生活卫生工作，强化安全检查和隐患排查，提高动态化条件下驾驭和确保监狱稳定的能力，形成源头预防、依法治理、综合施策的保安维稳新格局。

提升教育质量，将罪犯改造成守法公民，是监狱工作的中心任务、终极目标。要彻底清除"不跑人则万事了"的观念，以为平安建设"减存量"的责任担当，把首要标准落到实处。完善重新违法犯罪率的统计、分析，探索教育改造质量评价考核体系，以教育改造成效倒逼监所教育改造工作做实创新。要根据限制减刑犯、长刑犯、短刑犯的不同特点，加强分类教育、个别教育和心理矫治；准确摸排、严密控制顽危犯，落实包教包转化，提高押犯遵纪守法率和改好率；大力推进监区文化建设，完善监区文化基础功能，努力提升教育改造的针对性和实效性，最大限度地防止和减少在押人员带着仇恨和怨气回归社会，从源头上防控重新违法犯罪。

安置帮教是巩固教育改造成果、帮助刑释解教人员增强"守法免疫力"的重要防线。加强安帮信息日常管理，实现刑释解教人员信息库与公安机关人口数据库有效对接。突出核查"三假"[10]，确保重点帮教对象无缝衔接。深入推进"三帮一促"[11]，争取优惠政策促进刑释人员就业。

（2）深入推进社会治理方式创新。人民调解、普法依法治理是司法行政部门参与社会治理体制创新的重要职能，必须进一步做新做实。

打造湖南人民调解工作升级版。坚持和发展"枫桥经验"，深入推进人民调解从纵向（完善县、乡、村三级人民调解委员会及工作机制）、横向（扩大设立医患、交通事故赔偿、婚姻、市场、生态、矿山、环保等专业性、行业性调委会）、环向（协调周边6个省份，建立环省6+1边界纠纷联防联调协作机制，并顺延至环市、环县、环乡边界）拓展延伸，构建全方位、立体型、全覆盖的大调解工作格局，做到"小事不出村、大事不出镇、矛盾不上交"。探索设立人民调解员职业资格等级制度，着力发展专业化人民调解员队伍。进一步扩大人民调解工作室在县级行政部门、法院、检察院的覆盖面，加强人民调解与行政调解、司法调解的三调联动，加强与信访部门的衔接，确保矛盾纠纷调处"联得动、调得好、化得了"。

健全社会普法依法治理机制。积极探索"三湘法治指数"，建立全省法治建设考核评价体系。推动党报（《湖南日报》）、党台（湖南经视）、党网（红网）设立普法专题、专栏。整合湖南法治网、湖南律师网和省司法厅、"两局"及各市州局门户网站资源，大力开展以案释法，让受众有兴趣、易接受。联合消防、卫生、质量、环保等部门，开展事关民生的专业法宣传。积极加强人民调解法、监狱法、律师法、公证法等宣传，让社会更多了解司法行政工作。探索省市县三级联合普法的工作载体。完善干部学法用法制度，分专业、分层次推进普法"无纸化考试"。实施"法制宣传十百千万工程"，即评选十个法治文化项目、开展百场法制讲座、培养千名农村"法律明白人"示范教员、发展万名普法志愿者。深入推进法律"六进"[12]，努力实现普法阵地、重点法律、教育对象全覆盖、深渗透。进一步深化法治城市、法治县（市、区）

创建和基层创建活动，着力提升社会法治化水平。

（3）提升执法执业公信力。严格执法、诚信执业，关系社会公平正义，关系人民福祉，关系司法行政系统的形象，必须摆到突出位置、下狠功夫，着力提升公信力。

加强执法规范化建设。强化社会主义法治理念入脑入心，引导干警增强法治意识和思维能力，切实把法治原则贯彻到执法工作中。以"执法无懈怠、办案无过错"为目标，抓紧出台《关于推进公正文明廉洁执法的意见》，推进执法规范化攻坚。积极开展减刑、假释、暂予监外执行专项治理，制定完善减刑、假释、暂予监外执行规定，坚决杜绝有权人、有钱人以权或花钱赎身的问题。健全戒毒人员教育矫治、管理、生活卫生、戒毒治疗、诊断评估等工作规程，完善戒毒人员从入所到出所各环节的执法标准，提升戒毒工作执法规范化水平。进一步健全社区矫正接收、管理、考核、奖惩、解矫等环节制度，统一基本流程和工作标准，统一文书格式。

加强执业诚信建设。诚信问题是当前社会对法律服务行业反映较为集中的问题。严格落实《关于规范法律服务执业行为的意见》（湘司发〔2013〕44号），建立完善11类53项制度并从严实施，切实整治法律服务市场。各业务处室和行业协会已完成或即将完成的制度为28项，其余25项年内务必出台。加强法律服务工作者教育管理，加强职业道德建设，培养执业良知，提升职业素养，促进依法诚信尽责执业。探索法律服务工作者诚信分级制度。抓紧建立全省法律服务行业网上查询系统，健全公示制度，实现法律服务机构及执业者基本信息公开、诚信状况披露。健全投诉查处和违法违规执业惩戒，全方位提高失信成本，让失信者无业可执、无处可藏。建立市、县律师联席工作会议制度。组织开展司法鉴定行风建设专项活动，深入推进认证认可和能力验证，提高鉴定质量，减少鉴定投诉。依法从严治考，倡导诚信参考，精心组织好2014年国家司法考试。

（4）大力加强基层基础。求木之长者，必固其根本。要在2013年的基础上继续咬住不放，再花气力狠抓几年，切实为司法行政事业发展奠定坚实的基层基础。

推动省政府专题会议纪要和省财政厅、省司法厅相关文件落实。《关于全省司法行政基层基础建设有关问题的会议纪要》（湘府阅〔2013〕90号）解决了长期以来困扰司法行政事业发展的难题。目前，省财政出台了社区矫正经费标准、明确强制隔离戒毒支出标准、提高在押罪犯生活保障标准、人民警察服装费标准、监狱戒毒公用经费标准。从省厅层面看，可以说为监所、为县局、为司法所破解保障难题提供了政策依据。但政策要落地生根、开花结果，得靠市、县局的同志尤其是主要负责同志继续努力，切实把省政府的政策措施落到实处，不能让好政策成"过道"效应。各级司法行政机关要积极协调、争取支持，最大限度用好用足政策，努力实现政策效益的最大化。湖南省司法厅将实行厅领导、相关处室联系县局制度，加强指导督促，培育推广典型，并开展专题督查，半年予以通报。

攥紧司法所职能拳头。全省司法所所均不足2人，要履行好九项职能，其工作强度和难度可想而知。据调查，还有相当一部分司法所"干副业荒主业"，一年到头忙于应付各种检查。"有所为有所不为"应是当前司法所工作的现实选择。要重点发挥司法所组织指导人民调解、日常监管社区服刑人员、开展法制宣传的职能作用。2014年，所有司法所要完成收编直管。各项业务工作不能都对司法所定目标、下任务、提要求、搞考核。县局要切实将人财物向司法所倾斜，不得截留挪用司法所公用经费、人民调解"以奖代补"经费，并安排必要的社区矫正日常监管经费，不得占用模范司法所执法执勤用车，切实改变部分司法所"找米下锅"和工作经费完全依赖乡镇的局面，努力为司法所履职创造良好条件。

加强监区、四区建设。这是监狱、戒毒工作基础中的基础，是基层中的一线，任何时候都不能放松。监所定位就是基层单位，内部不应再分机关、基层，监所"机关"概念必须破除。要实行扁平化管理，坚决压缩监所综合科室警力，警力要向一线倾斜。进一步完善监区、四区警察一日工作流程，形成覆盖工作各环节的制度和标准，并强化奖惩兑现，增强制度执行力。完善监区、四区基础设施建设，配备必要的值勤装备和基本生活设施。加强监区、四区组织建设，配齐配强领导班子。探索优秀监区、四区主要负责人高配，不免原职。新提监所领导在符合干部选拔任用条件的同时，须具备2年以上监区、四区主要负责人经历。推广监所领导带班制，原则上每人每年不少于30天。

湖南省司法厅各处室、两局及处室要更多为监所排忧解难，为基层警察减压减负。要大力营造越往监所一线走、提拔机会越多、奖励系数越高的工作氛围，让监所警察安心工作、快乐生活。

（5）强力推进信息化建设。相对政法各部门，司法行政系统信息化建设确实太落后。2013年，省司法厅已制定了全系统信息化建设纲要及一期建设方案、电子政务内网办公平台方案、视频会议系统方案，并筹措了部分建设资金，可以说信息化前期工作基本就绪。2014年，是信息化建设的"决战年"，必须立说立行、善做善成。

（6）突出建设过硬队伍。队伍是干事创业的根本。要按照习总书记提出的"五个过硬"要求，努力建设信念坚定、执法为民、敢于担当、清正廉洁的过硬司法行政队伍。

加强思想政治工作。要按照"有信仰、有原则、有担当、有作为"的要求，进一步加强理想信念教育，坚定"三个自信"[13]、永葆"四个忠于"[14]的政治本色。全面加强系统党的建设和律师党建工作，建好建强基层党组织，严格党员教育管理。定期分析干警思想状况，及时发现和解决倾向性、苗头性问题。充分发挥警院培训基地作用，进一步抓好警衔培训、初任培训、县级司法局长、司法所长培训。全面落实从优待警十条措施，抓紧建立民警基金会、维权委员会，落实疗养等制度。

选好配强领导班子。坚持正确的用人导向，真正把那些讲大局、敢担当、有本事、肯吃苦的好干部挖掘出来，真正把那些有潜质、有口碑、有劲头、懂规矩、守纪律的好干部培养起来，真正把那些忠诚可靠、视野开阔、埋头干事、一心创业的好干部使用上来；让那些不务正业、东张西望，四面讨好、蜚短流长，不守纪律、跑官要官的人失去市场、没了"官运"，努力形成"用一贤人则群贤毕至"的良好氛围。按照新修订的《党政领导干部选拔任用工作条例》的要求，抓紧修改厅管干部选拔任用工作办法和流程、年轻干部选拔培养、干部交流轮岗等制度，完善省直监所单位处级干部选拔任用机制。着眼事业需要，尽快调整充实一批，交流轮岗一批，不断优化厅管领导班子结构。遴选一批优秀年轻干部充实厅、局机关。认真落实协管要求，主动配合市州委组织部门调整配备好市州局领导班子。

狠抓作风建设。持之以恒落实中央八项规定、省委九项规定，坚决纠正"四风"。严格执行《党政机关厉行节约反对浪费条例》等新规，认真开展纠正超标配备公车及公车私用、干部人事机构编制领域"三超两乱"等突出问题的专项治理，抓好公款送礼专项整治，重点纠正领导干部利用传统节日、婚丧喜庆、乔迁履新、就医出国等名义收受下属单位和个人，以及有利益关系的单位和个人礼金的行为。倒排时间、倒查进度，确保整改落实、整章建制尽快出成果、见成效。律师行业和市、县司法局，直接联系基层、服务群众，要立足高起点及早谋划部署第二批教育实践活动。

着力反腐倡廉。进一步加强廉政教育，强化以公正廉洁为核心的职业道德建设，培养职业良知，树立惩恶扬善、执法如山、公平如度、清廉如水的浩然正气。管好心中私欲，牢记公款姓公、一分一厘都不能乱花，公权为民、一丝一毫都不能私用，不得以履职为名违规领取津贴补贴，尤其是领导干部更要清楚这一点，做到公私分明、克己奉公、严格自律。认真落实《关于对违反群众工作纪律和干部作风要求进行问责的暂行办法》（湘组发〔2014〕10号），严格执行《严肃司法行政机关人民警察纪律十条规定（试行）》，真正让铁规发力、禁令生威。加大述廉评议、内部巡视、明察暗访力度。各级党组（委）要根据中央、省委要求，切实履行党风廉政建设主体责任，纪委负监督责任。各单位"一把手"及班子成员要认真履行廉政建设"一岗双责"。按照中央政法委要求，今后凡是对队伍失察失管的，一律调整领导班子；凡是发生严重违法违纪案件的，一律追究领导责任。各级纪检监察部门要坚持大案小案一起查、新责旧责都要追，始终保持反腐败的高压态势，努力实现全系统干部清正、执法清廉、政治清明。

加大舆论宣传力度。认真落实《关于进一步加强全省司法行政系统宣传工作的意见》（湘司发〔2013〕85号），着力加强司法行政基本职能、重大主题和先进典型宣传，激发团结奋进的强大力量，传播"正能量"。进一步加强专题策划、亮点提炼、典型挖掘，通过组织新闻发布会、"记者走基层"、与中央和省级媒体合作等方式，下功夫推出一批司法行政"宣传大餐"。各级各部门要适应新媒体时代的深刻变化，积极运用网络、微博、微信等方式，加强司法行政工作宣传。要强化办公室统筹、法制宣传部门搭台、各部门"唱戏"、纳入绩效考核及上下联动、共同发力的"大宣传"格局。对因自身工作原因引发舆论关注的,要以诚恳的态度、知错就改的实际行动,赢得理解支持,有针对性地消除误判误读、抑制杂音噪声,把握舆论主动权。

(四)深入开展"四项活动"

基于党委政府的工作要求,回应人民群众的期盼,湖南省司法厅决定以"四项活动"为载体,进一步统一思想、凝聚力量、彰显职能、扩大影响。

(1)"助改革、促发展、保民生"法律服务系列活动。整合法律顾问和律师、公证、司法鉴定、基层法律服务、法律援助机构及法学研究职能资源,积极提供法律咨询与服务,有效防范改革发展中的法律风险。一是营造法治氛围。认真开展"加强法制宣传教育、服务全面深化改革"主题宣传活动。二是健全法律顾问体系。实施"法律顾问百千万"工程,即122个县市区、1000个以上乡镇街道党委政府和10000个村(社区)成立法律顾问团或聘请法律顾问。实现"一社区一法律顾问"。开展"司法考试高校宣传行"活动,吸引更多人才投身法律服务事业。三是开展"牵手重点工程、中小企业法律服务活动"(简称两牵手活动)。搭建合作平台,尽可能扩大企业、项目法律顾问市场,切实为重点工程提供法律服务,为中小企业开展法律体检,有效预防、处理法律问题。整合司法行政资源,探索建立县级法律服务中心,完善公共法律服务体系。四是"法援苍生、与您同行"法律援助系列服务活动。联合省人社、住建、妇联、残联等部门为农民工、妇女儿童、残疾人等提供系列法律援助。当前,要扎实开展农民工讨薪法律援助专项活动。

(2)"三调联动化矛盾、息诉息访促平安"专项调解活动。2014年1月2日,湖南省委、省政府已对这项活动进行了动员部署。要按照活动要求,抓好贯彻落实。希望通过一年的艰苦努力,使全省重大矛盾得到有效遏制,因民事权益纠纷引发的信访案件特别是赴省进京上访、涉法涉诉信访等出现实质拐点。

(3)监所"禁违拒腐、严管队伍"正风肃纪专项活动。整合政工、纪检监察、警务督查、内部巡视、明察暗访等力量,严查监所违禁品传递渠道,坚决斩断利益链条,整治监内秩序;进一步加大狱所"五权"[15]案件查处力度,严肃整治执法不规范、不作为、乱作为等行为，及时查处和公开曝光一批典型案件。

（4）"情暖高墙、关爱孩子"联合帮扶专项活动。据调查，全省在押的6.5万名服刑人员、1.7万名戒毒人员的1.5万名未成年子女不同程度存在缺乏监护人、生活困难、就学艰难或失学、生病、流浪社会乃至违法犯罪等情况。孩子的状况不好，必然直接影响服刑、戒毒人员的改造、戒治。哀莫大于心死。在做好高墙内教育工作的同时，要多关心服刑、戒毒人员子女，多尽一份社会责任。为此，省司法厅拟请省综治办牵头，联合民政、教育、卫生和共青团、妇联、关工、慈善等部门、团体，对这一特殊群体实施关爱帮扶专项活动，帮助解决实际困难和问题，帮助他们成人成才、健康成长，以促进服刑、戒毒人员感恩社会、改过自新。

（五）力争突破"四个难题"

（1）解决司法所缺编少人问题。全面落实"八个一点子"举措，确保消除"无人所""一人所"。要协调落实好原政法学院编制的分配；推动解决司法所政法专项编制清理、空编省级招录补充及司法所长任职资格条件和职级待遇等问题。抓紧协调以政府购买服务方式加强司法所人员力量。尽快启动长沙、衡阳、郴州等地抽调监狱、戒毒警察指导参与社区矫正工作。组织警院大学生以实习方式帮助司法所开展工作。积极协调共青团、志愿者协会等，为司法所联合招募一批志愿者。各市、县也要积极跟进。

（2）加快推进监所布局调整。"十二五"规划只剩最后两年，"两局"及有关监所单位要立下"军令状"，如期高质完成布局调整任务。同时继续加强监所安防设施建设，搞好高度戒备监狱（监区）建设试点。盘活省直监所现有存量土地资源，是解决监所布局调整资金缺口的有效途径。要把握机遇，充分利用国家政策，做好土地的规划利用，探索招商引资、置换、合作开发等模式，为布局调整筹措建设资金。

（3）提升在押在所人员医疗保障水平。当前，监所医务人员紧缺，医疗条件落后。尤其在新刑诉法实施、劳教转型戒毒的背景下，罪犯、戒毒人员医疗保障的问题将更加突出，成为影响监狱、戒毒单位执法和管理的一个突出难题。对此，湖南要不断呼吁，争取支持。一是进一步提高在押在所人员医疗费标准，以满足基本医疗需要；二是探索购买医疗服务方式，与当地医院实行医疗合作，提高医治水平；三是学习借鉴江西、吉林等省的做法，争取将罪犯、戒毒人员医疗纳入全民医保，从根本上为在押人员提供医疗保障。

（4）试行市州局工作考核。回应群众路线教育实践活动中基层反映的意见，经多次调研、论证，省厅对考核检查工作进行了规范，决定自2014年起，对市州司法局、省直监所考核项目整合为综合与业务两大类，厅各业务部门不再进行单项年度检查。省司法厅在省综治考评的基础上，对市州局进行加权制计分，即省综治考评成绩占60%、年度业务工作完成情况占40%，并综合考虑外部评价，即市州司法局民调得分情况。同时，为鼓励创先争优、创新工作，对在上级会议介绍经验、重大工作创新、表彰奖励等实行加分，对队伍建设中出现的重大问题实行扣分。考核拟一年一考核一通报，五年一表彰奖励，自然生成得分及名次。

注释

[1] "一条铁律、四个绝不容许"："一条铁律"即"押犯脱逃、干警脱帽"；"四个绝不容许"即绝不容许有半点疏忽，绝不容许有丝毫懈怠，绝不容许存侥幸心理，绝不容许搞阳奉阴违。

[2] 五类法治创建：法治城市、法治县市区、基层法治示范县市区、依法办事示范窗口单位、民主法治示范村（社区）创建工作。

[3] "七多"：会议多、文件多、活动多、材料多、报表多、检查和评比达标多。

[4] "三超两乱"："三超"指超编制进人，超职数规格配备领导干部，超范围分设党政职务；"两乱"指随意按年龄画线调整配备干部，违反规定程序乱进人。

[5] "五个过硬"：政治过硬、业务过硬、责任过硬、纪律过硬、作风过硬。

[6] "三期四区五级管理六项机制"："三期"指生理脱毒、身心康复、回归适应期；"四区"指医疗戒护、康复教育、常规矫治、回归适应区；"五级管理"指临床监护、封闭、常规、宽松、自我管理；"六项机制"指戒毒医疗、康复训练、再社会化教育、心理矫治、关怀救助、后续照管机制。

[7] "四个基地"：研究实验基地、业务培训基地、经验推广基地、职能拓展基地。

[8] "四级评审"：分监区评议、监区审核、刑罚执行科审查、监狱评审委员会评审程序。

［9］"四级公示"：监区评议公示、监区审核公示、监狱评议公示、法院裁定公示制度。
［10］"三假"：假身份、假地址、假姓名。
［11］"三帮一促"：帮助思想教育转化、帮助培训安置就业、帮助解决实际困难，促使其成为守法公民。
［12］法律"六进"：送法律进机关、进乡村、进社区、进学校、进企业、进单位。
［13］"三个自信"：道路自信、理论自信、制度自信。
［14］"四个忠于"：忠于党、忠于国家、忠于人民、忠于法律。
［15］"五权"案件：一是利用经济管理权在监狱、戒毒布局调整和业务用房建设、信息化建设等基础设施建设中打招呼、揽项目、违规招投标，收受贿赂，谋取个人私利。二是利用刑罚执行权、狱（所）政管理权，在办理收监、减刑、假释、暂予监外执行、释放安置中违规记功奖励、违法申报审批，在对罪犯的分押分管、通信会见、工种安排、调监转监、戒具使用等日常管理中徇私枉法、中饱私囊。三是利用监所企业生产经营权贪污挪用、收受贿赂，利用生活物资采购权拿回扣、得好处。四是利用内部财务管理权、协会管理权违规使用资金、虚报冒领。五是利用干部提拔任用、人事调配权接受礼品、收受现金财物，搞权权交易、权钱交易。

B.11
2013年湖南省人力资源和社会保障工作进展及2014年展望

湖南省人力资源和社会保障厅

2013年，湖南省人力资源和社会保障（以下简称"人社"）部门深入贯彻落实党的十八大精神，牢牢把握"稳中求进"的工作总基调，坚持"民生为本、人才优先"工作主线，创新工作举措，强化工作职责，为促进全省经济社会又好又快发展、构建和谐湖南作出了积极贡献。

一 2013年湖南人社工作进展情况

（一）就业局势基本稳定

面对严峻的就业形势，迅速落实中央和省委、省政府对高校毕业生就业的指示和部署，以省政府办公厅名义出台了《关于做好2013年全省普通高等学校毕业生就业工作的通知》和《关于鼓励支持劳动密集型企业和中小微企业吸纳就业的若干措施》，从培训补贴标准、社保补贴、就业见习补贴、养老保险缴费费率过渡试点、就业扶持范畴、校园招聘活动、落户手续办理等方面，提出8条促进高校毕业生就业、6条鼓励劳动密集型企业和中小微型企业吸纳就业的措施，成效明显。开展了"强技能培训、助产业升级、促经济发展"湖南省2013职业培训年技能振兴专项活动，助推技能人才就业和全省产业结构转型升级。预计全年新增城镇就业80.09万人，失业人员再就业34.7万人，就业困难人员再就业12.35万人，新增农村劳动力转移就业73.66万人，全省农村劳动力转移就业总规模达1385万人。城镇登记失业率保持在4.21%的较低水平。发放小额担保贷款20亿元，直接扶持2万余人自主创业。城镇零就业家庭保持动态清零，就业形势总体保持稳定。

（二）社保惠民实现突破

连续第9年提高企业退休人员基本养老金，调待人员月人均养老金1648元。在全国率先将原仅部分企业参保职工供养对象享受的死亡抚恤金待遇，调整为全部参保职工遗属都能享受的"普惠制"，惠及全省870万企业参保人员。大力支持新一轮国有企业改革，研究起草了市州县属国有企业关闭破产养老保险有关问题的处理意见，认真落实国有困难企业组织欠费清偿的政策规定。制定出台了承接转移企业养老保险费率过渡试点政策。稳步推进医疗保险城乡统筹，稳妥推进医疗保险市级统筹，完善深化医疗保险门诊统筹。积极探索按病种、按疾病单元、按人头付费的医保支付方式改革。稳妥做好居民大病保险试点。指导各地完善生育保险政策项目内分娩医疗费全额支付管理办法，规范生育津贴发放，将居民住院分娩和产前检查医疗费用按规定纳入居民医保支付范围。到2013年11月底，全省企业职工参保872万人，城乡居民社会养老保险参保3496万人，机关事业单位养老保险参保215.5万人，城镇基本医疗保险参保2308.5万人（参保率稳定在95%以上），工伤保险参保727.5万人，生育保险参保535.5万人，失业保险参保459.5万人；五项保险征缴基金689.7亿元，支出786.3亿元。

（三）人才智力工作有新发展

人力资源是第一资源。2013年，全省人社部门认真贯彻落实湖南省中长期人才发展规划，深入开展为战略性新兴产业企业提供人才智力支撑服务和为贫困地区搭建科技平台活动。完成了2013年百千万人才工程国家级人选推荐工作，启动实施省政府特殊津贴制度。人事考试和职业技能鉴定工作安全有序。主动开展引智服务，引进外国专家来湘3628人次，实施国家和省级引智项目470个，新建国家和省级引智成果示范推广基地17个，服务在湘的国家"千人计划""外专千人计划"、省"百人计划"专家147人。服务全省欠发达地区经济发展，启动了"2013湖南省海外高层次专家潇湘行"活动。中国国

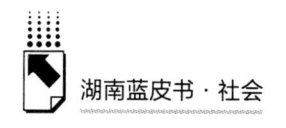

际人才市场湖南分市场获国家批准建立。加快推进湖南技师学院和湖南省公共实训基地建设。

（四）人事制度改革不断深化

深入实施公务员法，坚持"凡进必考"和省市县乡四级联考，全省考录公务员6817名，为省公安厅及长沙市单独招录交通警察760名。特别是创新完善公务员集中面试工作机制，全省2万余名考生集中在4天一次性完成面试，市州考官100%实行异地交流，实行无死角、无盲区监督，进一步提高了选人用人公信度。公务员信息系统建设大力推进，全省共审核入库行政机关公务员21.89万人，参公管理事业单位工作人员5.03万人。规范事业单位公开招聘，建立了事业单位岗位动态管理机制和岗位聘用情况年度备案制度。严格控制和规范评比达标表彰活动，实行总量控制、两级审批、倾斜基层，增强表彰奖励的激励作用。认真做好1623名计划分配军转干部安置和企业军转干部解困稳定工作。深化机关事业单位工资收入分配制度改革，启动了公务员规范津贴补贴第三步标准，其他事业单位绩效工资实施工作稳步推进。规范人员流动配置工作，修订了《省直单位调配工作办事指南》。

（五）劳动关系和谐稳定

深入贯彻实施劳动合同法，全省规模企业动态劳动合同签订率稳定在98%以上。省市县三级劳动关系组织工作体系不断健全。推动职工工资收入持续增长，将最低工资标准由870~1160元/月调整提高到945~1265元/月。已建工会企业工资集体协商建制率达到85%，覆盖企业超过5.6万户，涉及职工超过251万人。严格执行建筑领域农民工工资保障金制度，目前开户8000户，累计存入工资保障金60亿元，惠及农民工80万人次。开展了规范劳务派遣专项行动，积极落实劳动用工备案制度。启动了创建和谐劳动关系试验区。加强劳动人事争议仲裁实体化建设，市县两级仲裁院组建率达96%，乡镇街道调解组织组建率为90%。开展了农民工工资支付情况专项检查和清理整顿人力资源市场秩序专项执法行动，共受理调解劳动人事争议案件2.5万件，结案率95%；各级劳动保障监察机构查处违法案件1.86万件，责令用人单位补签劳动合38万份，补缴社会保险费1.1亿元，补发拖欠工资2.35亿元，其中农民工工资1.8亿元，有效维护了劳动者的合法权益。

二 湖南人社工作面临的形势和存在的问题

2013年经济下行的趋势比较明显，预计未来一段时间内下行压力依然存在。财政收入增幅下降，预计近期或者一个比较长的时期内，都不可能出现财政高增长或超高速增长的局面，财政比较吃紧的局面可能会持续一段时间。靠投资、靠单纯经营土地、靠货币政策刺激拉动经济增长等措施已经接近用到位，效果既不可能持续，也不利于调结构、促转型。人社工作都涉及人，紧连民生，牵涉经济发展。在当前的宏观经济背景下，人社工作面临的形势不容乐观。

（一）就业形势依然严峻

受宏观经济影响，全省就业总量压力和结构性矛盾并存的基本格局没有改变。从掌握的情况看，对2014年全省就业形势整体研判是：就业局势稳中有进，就业"两难"并存局面不会改变；就业总量矛盾有所缓解，但结构性矛盾进一步凸显；一般性就业难问题有所缓解，但高质量就业难问题进一步凸显。

一是从劳动力供给情况看，就业岗位不足，"就业难"问题将长期存在。全省劳动适龄人口规模在2011年出现拐点，农村劳动适龄人口规模变化拐点则出现在2010年，"人口红利"将在2015～2020年逐步消失。但未来几年，年均需要就业的城镇劳动力在140万人左右，其中城镇新增的劳动力70多万人（高校毕业生每年超过30万人）；因节能减排、淘汰落后产能等原因产生的失业人员有60多万人，随着国家化解过剩产能工作进度的加快，失业人员数量还会进一步攀升。从劳动力需求情况看，按经济增长11%，GDP每增长1个百分点能提供4.8万个城镇就业岗位计算，年均可新增城镇就业岗位52.8万个，按城镇登记失业率控制在4.6%以内计算，城镇最大容许失业人数年均为60万人左右，城镇劳动力供求缺口达30余万人。还有近300万农村剩余劳动力处在隐性失业或不稳定转移就业状态，迫切需要转移就业和稳定就业。二是从劳动者技能情况看，技能型人才缺乏，"招工难"有常态化趋势。随着全省经济结构调整、产业结构升级的步伐加快，对技能人才的需求越来越高。据统计，全省凡具有一技之长或专业技术职务的人员，其求人倍率均大于1，而无技术等级或职称的求职者求人倍率为0.3。目前，全省初级技能以上求职者只占到全部求职人员的43.9%左右，难以满足企业发展对技能人才的需求，"结构性缺工"问题日益严重。三是从地方财政投入看，就业资金支撑能力不足。近年来，从积极就业政策到更加积极的就业政策，政策越出越多，口子越开越大，每新出台一个政策，都需要资金来保障。就业资金的增量与政策要求相比，差距越来越大。而全省就业资金主要依靠中央财政补助，地方财政投入特别是市、县投入严重不足，一些政策的落实打折扣，无法完全到位。四是从就业观念看，素质就业的要求越来越高。劳动者特别是青年农民工就业观念发生根本变化，与第一代农民工相比，他们对薪酬待遇、工作环境、权益维护等方面期望值更高，企业提供的一般岗位和待遇对他们吸引力不强，有的宁可灵活就业也不愿去企业上班，导致劳动力大量闲置。有的即使去了企业也不安心工作，导致企业员工流失率高，有的企业员工流失率甚至高达40%。所以既要满足就业困难人员找到工作、农村劳动力转移就业，也要满足所有劳动者充分的就业机会、公平的就业环境、良好的就业能力、合理的就业结构、和谐的劳动关系等更高要求，是全省今后一段时期就业工作的一项重要任务，挑战更大。

（二）社保运行压力增大

尽管全省社会保障体系框架已经基本建立，但要真正实现从制度全覆盖迈向人群全覆盖，还有一定距离。随着经济下行压力加大，基金增收面临困难，基金缺口日益加剧，制度运行压力增大。一是制度分割的矛盾越来越突出。近年来全省社保工作取得了一定成效，但制度割裂的现象仍然严重，突出表现在城乡分割、群体分割、区域分割等方面。随着城镇化进程加速，各项制度间缺乏统筹协调，导致待遇享受不公平，关系转移接续不顺畅。全省每年有上百万的农民工在城乡间频繁流动，加上就业形式灵活多变，制度衔接的矛盾更加凸显。二是享受待遇的人数越来越多。2013年，全省企业离退休人数达到265万人，增幅达9%；2012年医保参保人员在职退休比为2.24:1，远高于全国2.99:1的平均水平，参保人员住院157万人次，年均增幅约11%；工伤认定范围扩大后，除纳入统筹的32万老工伤人员外，享受工伤保险待遇人数年均增幅达15%。三是扩面征缴的难度越来越大。随着经济下行压力加大，企业经营困难。一方面费源萎缩，征缴很难得到增长，企业和个人停缴断保的趋势有所显现。目前，全省非公有制企业主要是中小企业参保率不到40%，实际缴费人数所占比例低、费源结构不合理、收入质量不高等问题没有明显改善，基金增收面临困难。另一方面要求降低费率、减轻企业负担的呼声越来越高，对征缴扩面的反作用力不容忽视。同时，由于社保的刚性支出，一般不会减少，而且会有规律的增加，但中央和省里的财政转移支付是相对稳定的，所以2014年社保靠征缴扩面支撑发放的大局不会有根本的改变，甚至压力更大。四是确保发放的责任越来越重。随着各项社保待遇的不断提高，基金缺口日益加大。养老保险方面，据初步测算，2014年全省企业基本养老金发放额为563亿元，增幅15%，加上落实丧葬费、抚恤金和病残津贴等因素，基金结余的增长迎来拐点；还有近20个困难县区的支撑能力长期维持在2个月的预警水平，基本上依靠转移支付资金来确保养老金发放。医疗保险方面，由于新医改大幅度提高待遇标准、97.9万名关闭破产和国有困难企业职工低标准缴费纳入医保、医疗费用较快增长等因素，医保基金支付压力增大。随着新工伤保险条例的实施和老工伤人员纳入统筹，工伤保险基金支出增加60%以上，支出的压力和风险增加，已经出现当期收不抵支的状况。

（三）人才队伍建设还不适应全省经济社会发展需要

近年来，全省人才队伍建设虽然取得了长足进步，但人才总量与经济社会发展还存在"人才不够用"的供需矛盾，人才分布与产业结构调整还存在"人才不适用"的结构性矛盾，人才发展与体制机制障碍还存在"人才不被用"的管理性矛盾。部分地方和单位人才工作缺乏超前性与预见性，人才开发管理方式存在与本地经济结构、资源产业优势、地区差异不配套的情况。高层次创新型人才缺乏，仅占全省人才总量的6.6%，影响到企业的创新能力和

竞争力；传统产业人才较多，高新技术产业、战略性新兴产业人才和高技能人才不足。人才与经济社会发展结合不够紧密，导致产学研结合不紧，影响人才效能和经济效能。

（四）构建和谐劳动关系任务更加繁重

经济发展环境的错综复杂，经济增长下行压力的增大，必然会在劳动关系领域有所体现。一是职工增加工资预期上涨与企业成本压力上升、加薪能力下降的矛盾更加突出。为维持生产经营，一些困难企业可能降低职工工资待遇，如果企业经营形势恶化，还会有规模裁员的风险。随着农民工岁末年初集中返乡来临，在建筑业、劳动密集型加工制造业、基础建设等行业，拖欠农民工工资问题可能继续集中发生。二是劳务派遣方面的隐性矛盾将会进一步显性化。劳动合同法修正案2013年7月已正式实施后，国家相关配套规定仍未出台，引发了企业和职工对1年过渡期满后如何处理劳务派遣关系的担心，如移动湘西分公司出现了劳务派遣工群访的苗头。三是淘汰落后产能带来职工转岗和失业，妥善安置职工的压力很大。原农民工轮换工、铁路委外装卸工、企业解除劳动关系的原职工、原民办教师要求解决养老保险、工伤待遇等历史遗留问题，在提出经济诉求时，容易混淆劳动关系而引发矛盾。这些都将导致劳动关系矛盾加剧，构建和谐劳动关系、维护劳动者权益的任务更加繁重。

（五）机关事业单位收入分配关系将面临调整

党的十八届三中全会在深化收入分配制度改革方面作出了重大部署，在机关事业单位收入分配制度改革方面，国家将会进一步加大对地区附加津贴实施方案、调整基本工资标准和优化工资结构方案、公务员职务与职级并行方案和机关事业养老保险方案等重大制度方案的研究力度，其中个别方案有可能很快出台。这些改革对解决现行机关事业单位工资收入分配中的深层次问题、理顺收入分配关系，无疑将起到根本性作用。但下一步全省推行这些改革的压力和难度较大。一方面，由于所有的工资收入分配制度改革都需要增加支出，而全省人均可用财力相对较弱；另一方面，由于前期全省在公务员规范津贴补贴和其他工资福利待遇水平方面不占优势,在事业单位绩效工资实施工作方面动作较慢,也不利于改革的推进。

三 2014年湖南人社工作展望

2014年是改革之年,也是全面完成"十二五"规划目标的关键一年,改革和发展的任务都很重。2014年全省人社工作的总体思路是:全面贯彻落实党的十八大、十八届二中、十八届三中全会精神,紧紧围绕湖南省委、省政府促进"三量齐升"、推进"四化两型"战略部署,以深化人社领域改革为统揽,以破解人社事业发展瓶颈问题为导向,以创新人社工作方式方法为动力,坚持"一条主线"(民生为本、人才优先),突出"两个服务"(服务大局,服务群众),守住"三条底线"(基金安全、考录招聘安全、数据网络安全),抓好"七大板块"(就业、社保、人才、收入分配、人事制度改革、劳动关系、绩效评估)工作,努力实现全省人力资源和社会保障事业发展的新突破。

(一)以提质托底为重点,千方百计扩大和稳定就业

按照十八届三中全会关于"健全促进就业创业体制机制"的要求,进一步实施更加积极的就业政策。一是推进就业创业公平。落实完善相关法规政策,规范招人用人中的不公平行为,努力消除城乡、行业、身份、性别等一切影响平等就业的制度障碍和就业歧视,营造公平就业的社会环境。二是突出抓好高校毕业生就业。继续实施离校未就业高校毕业生就业促进计划和大学生创业引领计划,健全完善实名制登记和跟踪服务制度,鼓励各级政府购买基层公共管理和社会服务岗位用于吸纳高校毕业生就业。三是大力推进创业带动就业。全面落实鼓励劳动者创业的各项政策措施,完善政策引导创业、培训促进创业、服务稳定创业"三位一体"的创业扶持工作机制,重点扶持高校毕业生和返乡农民工等群体创业。加强创业型城市和创业孵化基地建设,大力推进小额担保贷款工作。四是促进扩大就业与经济发展联动。着力服务劳动密集型企业、淘汰落后产能和压缩过剩产能企业、湘江流域重金属污染治理关停企

业，做好就业再就业工作。围绕全省承接产业转移、转型升级对技能人才的需求，开展更有针对性、更符合企业需求、更适应培训对象发展的职业培训。五是强化对就业困难人员的托底机制。实施分类帮扶和实名制动态管理，多渠道多方式促进困难人员就业。

（二）以全民覆盖为目标，建立更加公平可持续的社会保障体系

按照党的十八届三中全会关于"建立更加公平可持续的社会保障制度"的要求，让发展成果更多更公平惠及人民群众。一是全面对接国家社会保障体制改革顶层设计。加快企业养老保险基金省级统收统支，做好机关事业单位养老保险改革和整合城乡居民基本养老保险制度有关准备工作，稳步推进医疗保险城乡统筹和市级统筹。二是稳妥实施市州县属国有企业关闭破产养老保险欠费和预留费用挂账，积极支持新一轮国有企业改革改制。三是服务经济社会发展。继续实施劳动密集型企业费率过渡试点，适时扩大到小微型企业；完善养老保险制度转移接续政策，推进事业单位转企改革；多措并举减轻企业负担，支持转型升级，最大限度发挥社保政策作用。四是加快推进人员全覆盖。按照"广覆盖、保基本、多层次、可持续"的原则，进一步扩大社保覆盖面，建立健全各类人员社会保险待遇确定和正常调整的机制；加快社会保障卡发放，加强基层公共服务平台建设，不断提高经办服务能力，为群众提供方便、快捷、高效服务。

（三）以合理有序为原则，深化工资收入分配制度改革

按照党的十八届三中全会关于"形成合理有序的收入分配格局"的要求，健全工资决定和正常增长机制。进一步规范公务员津贴补贴，全面启动市县两级规范公务员津贴补贴第三步标准实施工作。完成事业单位绩效工资实施扫尾任务。根据国家统一部署，做好地区附加津贴、调整基本工资标准和优化工资结构、公务员职务与职级并行和机关事业养老保险等改革方案的研究任务；待国家相关政策出台后，及时做好组织实施工作。推进企业工资收入分配制度改革，按照"提低、扩中、调高、治欠"的原则，努力实现居民收入增长和经济发展同步。

（四）以激发活力为导向，推进人事制度改革

按照党的十八届三中全会关于"加快转变政府职能，深化干部人事制度改革"的要求，进一步规范公务员和事业单位人事管理。完善公务员考录办法，健全公务员面试工作机制，把好公务员队伍"入口关"。建立公务员诚信档案，严格规范全省评比达标表彰活动。坚持规范管理与用人自主相结合，全面推行事业单位人员公开招聘和岗位聘用制度，逐步实现由固定用人向合同用人、由身份管理向岗位管理转变。切实做好军队转业干部安置、自主择业军转干部管理服务和部分企业军转干部解困维稳工作。

（五）以人才强省为核心，为经济社会发展提供有力的人力资源支撑

按照党的十八届三中全会关于"建立集聚人才体制机制，择天下英才而用之"的要求，紧紧围绕转方式、调结构、创新驱动来谋划、推进人才工作。加强高层次高技能人才队伍建设，以人才引领自主创新、带动产业升级。落实重大人才政策，推动重大人才工程，激发各类人才的创新创造活力。加强博士后工作站、专家服务基地、留学人员创业园孵化基地建设，以吸纳更多高层次人才。继续开展为全省战略性新兴产业企业提供人才和智力支撑服务系列活动。加大海外智力和海外高层次人才引进力度，重点实施好"百人计划"和"外专百人计划"，尤其是注重引进与全省产业转型升级紧密结合的海外实用人才。

（六）以维护权益为根本，努力构建和谐劳动关系

按照党的十八届三中全会关于"创新劳动关系协调机制"的要求，建立健全劳动关系主体政策体系。积极研判和有效应对经济形势变化对劳动关系的影响，支持国企改革改制人员分流安置工作。健全积极的劳动关系政策体系，完善劳动关系协调机制，加强劳动关系源头治理和动态管理。研究制定湖南劳务派遣管理办法和行政许可配套政策。加大劳动保障监察和争议调解仲裁实施力度，尤其是在元旦、春节期间组织开展整治拖欠农民工工资、非法用工违法犯罪专项行动，切实维护劳动者合法权益。

B.12
湖南教育拉动内需的分析与建议[*]

湖南省教育厅

一 教育事业发展与拉动内需的关系

(一)教育事业发展对拉动内需具有长期性和即效性

扩大和拉动内需,是我国经济发展的长期战略方针,也是我国经济社会工作的重要任务。作为第三产业的一个类别,教育是扩大和拉动内需的一个领域,且具有长期性和即效性。一方面,教育事业发展对经济增长具有长期的促进作用,具体体现在人才培养、科技创新、文化创新等方面。有关教育对经济的贡献,国内外专家学者进行过大量的研究。另一方面,教育对内需拉动具有即效性。主要体现在教育投资对其他相关产业的拉动、教育服务,以及人文环境创建所产生的经济社会效应。因而,2008年,中央出台关于进一步扩大内需促进经济增长的十项措施,其中第四项是加快医疗卫生文化教育事业的发展,支持中西部农村初中校舍改造、中等职业教育和特殊教育发展等。

(二)政府教育投资成为教育拉动内需的启动机制和推进机制

教育存在于经济社会复杂系统中,与经济社会有着影响与被影响、支持与制约、削减与贡献等复杂关系,既是公益事业,又是一个产业类别,需要政府统筹协调并作为支持主体。财政性教育经费投入,是学校建设、教学科研设备设施建设和教师培养的主导力量,对于教育事业发展、区域投资环境改善,以及相关行业产业的发展,具有不可或缺的作用。同时,居民个人教育支出对其

---

[*] 文中有关数据来自湖南省教育厅《2013年教育强省建设调研报告》。

他消费具有挤出效应，政府教育投资实质上也是提升和释放居民个人整体消费潜能，增加居民即期和预期消费信心的治本措施。

（三）教育拉动内需以推进教育事业发展为基础

扩大内需主要是扩大民间消费在经济增长中的作用，是一个渐进的、持续推进的过程。国内民间对教育的消费，源自教育对于人力资本的提升、教育对于生活质量的提升，以及教育为人的社会垂直流动提供可能。只有当教育事业发展充分，全体社会成员在方方面面总体上都能够感到满意，才有可能把教育作为一个重要消费领域。因而，继续高举教育强省建设旗帜，做大做强湖南省教育，已经成为教育拉动内需的关键。

（四）教育拉动内需以教育质量提升和教育体制机制创新为核心

教育投入是一项战略性投资，基本意义在于以高质量、高水平的教育来培养造就人才、推进科技创新、促进文化建设，进而促进经济社会发展。而教育收费对内需的拉动，比如学费增长、社会上课外高收费补课等，增加了居民的教育成本，进而降低了居民的消费信心。同时，教育体制机制的创新完善，比如建立健全学分互认制度、选修课程制度、学生评价和认定制度，以及以省为单位探索建立学生跨校、跨教育类别、跨地区的流动机制，推进教师跨学校、跨地区的流动机制建设，建立健全优质社区教育和终身教育体系等，也是居民扩大教育消费的重要原因。

二 湖南省教育拉动内需的现状与潜力

（一）教育对经济增长的长期促进效应有效提高

以劳动生产率法为基础进行测算，2007～2011年湖南省教育对经济增长的贡献率为10.61%，高于同期全国平均水平（9.69%），高于同期湖北省（9.07%）、河南省（7.23%）和中部六省平均水平（8.03%）。与

2001~2006年比较，湖南省教育对经济增长的贡献率提高了5.12个百分点。

（二）教育对经济的即期拉动效应进一步显现

2008年以来，湖南省启动教育为民办实事工程，每年建设项目学校1000余所。截至2012年，全省共建成合格学校6140所，总投资近90亿元。2011~2012年农村公办幼儿园建设共完成644所，总投资7.41亿元。2013年，全省将完成合格学校建设任务1400余所，总投资26亿元；农村公办幼儿园建设460所，总投资4.5亿元。全年将新增校舍面积430万平方米，新增教学仪器设备480万件（套），新增设施设备9亿多元。初步测算，每年教育为民办实事项目建设将有力地带动当地基本建设、设备制造、加工以及房屋装修、物流等相关行业的发展，拉动内需50亿元以上。同时，项目建设每年还接纳农村劳动力近5万人，解决大量农村富余人员的就业问题，实现农民增收5亿元以上，促进了地方经济的发展。

（三）湖南省教育拉动内需具有较大潜力

一是高等院校和职业学校，成为推进新型工业化的重要支撑和高新技术领域原始创新的重要源头。湖南省现有普通高等学校108所，其中本科院校32所、高职高专院校76所。2008~2012年，全省高校与省内外各级政府签署全面战略合作协议217个，与7487家企业进行了实质性合作，建立战略联盟293个，共签订科技成果转让合同1565项，提交各级各部门研究咨询报告1418篇，开展产学研合作项目6605项。牵头承担或联合承担的国家重大科技专项68个、省科技重大专项28个，分别占到全省总数的82.93%和75.7%。培育了山河智能、博云新材、湖南红宇耐磨新材料股份有限公司等一批上市的高科技企业。

二是教育质量与水平逐步提升。一批重点学科达到国内领先水平，学科方向达到或接近国际先进水平。据教育部学位与研究生教育发展中心发布的2012年学科评估结果，湖南省高校相关学科排名全国前十的有33个，高出中部六省平均水平12.3个百分点、居中部第二位。其中，中南大学冶金工程排名第一，矿业工程、安全科学与工程分别排名第二和第三；国防科技大学软件工程排名第一，计算机科学与技术、航空宇航科学与技术均排名第二。据美国科技信息研究所ESI数据库显示，湖南省高校2012年共有18个学科（其中省属高校湖南师范大学和湘潭大学有5个学科）进入ESI全球排名前1%。同时，职业院校骨干体系建设得到加强，共立项建设省级示范性高职学院22所、省级示范性中职学校51所、省级示范性县级职教中心41个。2011~2013年，全省中、高职院校共向社会输送合格毕业学生114.8万人，就业率稳定在90%以上。

三是湖南省居民在个人教育消费方面具有良好传统。据统计，居民愿意用10%或更多的钱投资在教育支出上。但2011年湖南省农村居民投资在文教娱乐用品及服务类的支出之和占消费总支出的比例仅为7.04%，城镇居民也只有9.88%，且自2008年以来这一比例呈现出下降趋势。这说明，在更加有利的条件下，居民个人的教育投资有一定的提升空间。

四是湖南省高水平教育服务还有较大的发展空间。近年来，不少发达国家把扩大教育出口，吸引更多的外国留学生作为刺激经济的手段。据加拿大国际贸易部的资料，1996年共接受外国学生近10万名，带来了25亿加元的经济收益，相当于提供了21000个就业机会。美国的高水平教育服务，每年收入达2000亿美元，而且还提供了约200万人的就业机会。作为一个巨大的教育消费市场，湖南省目前高水平大学和高水平中、初等教育的建设和发展都还不够，教育国际交流失衡，居民教育投资流失严重。

三 制约湖南省教育拉动内需的若干问题

（一）城乡、区域和类别之间教育发展失衡

城乡之间、县与县之间在教育发展水平和教育投入上的差距没有发生根本性改变，"农村学校弱，城市学校强"，"农村学校空，城市学校挤"仍是湖南省义务教育的基本现状。民族地区教育与全省平均水平及相邻省份民族地区相比，仍有较大差距。2012年，全省小学适龄儿童入学率为99.85%，民族地区

为98.87%；初中适龄儿童入学率为99.81%，民族地区为98.56%。高中阶段教育的普及程度，民族地区、欠发达地区还较低。由于历史的原因，湖南省各地形成了一批重点小学和重点初中，校际之间的办学差距客观存在。各类教育之间，学前教育相对滞后，2012年学前教育毛入园率低于全国平均水平，"入园乱""入园贵"的问题没有得到根本解决；中等职业教育出现停滞甚至萎缩迹象，办学规模偏小、教育质量不强的问题日益显现；特殊教育体系之间不协调，随班就读发展不充分，2012年湖南省小学、初中随班就读和附设特教班在校生数占特殊教育学生数的50.2%，比全国平均水平低2.5个百分点。

（二）师资队伍仍然薄弱

学前教育师资培养力度不够，合格师资严重不足，且由于待遇低而流失严重。特殊教育专业师资缺乏。中小学教师的学科结构、年龄结构矛盾突出，小学语文、数学等学科教师过剩，音、体、美、物理、化学、生物、信息技术等学科教师短缺；农村教师队伍年龄老化，青黄不接现象相当严重。高中阶段教师严重缺编，临聘（代课）教师多。职业院校专业课教师特别是"双师型"教师比例较低，专职实习实训指导教师数量不足。高等院校专任教师中拥有博士学位、高级专业技术职务低于全国平均水平，年龄结构虽较2007年有明显改变，但仍存在隐性断层现象。普通本科高校40岁以下的专任教师占到57.81%，而50岁以上的专任教师仅占到9.8%。高层次、高水平人才总量偏少，且相对集中分布在长株潭地区的"211工程"学校和省属重点大学。普通高校专任教师中拥有博士学位8447人，占专任教师比例为13.5%，比全国平均水平低4.14个百分点，比湖北省低5.64个百分点。

（三）学校建设与条件改善任务艰巨

中小学尤其是农村学校改造需求量大，2012年与2007年相比，全省小学、中学校舍危房率分别增加了5.29个和3.26个百分点，其中2012年乡村小学、初中校舍危房比例分别为9.18%和7.39%，分别比城区高5.79个和5.3个百分点。农村义务教育学校的音乐、舞蹈、美术等专业教室、艺体器材大部分没有达到国家标准，贫困地区农村学校建设困难突出，宽带网络覆盖率严重不足，仍有不少农村学校只有课桌椅、黑板等基本配置，有的甚至无黑板、无门窗。至2012年底，全省规划完成完全小学和初中合格学校建设任务的县市区为67个，但实际完成的只有38个，其中，国扶县、省扶县、少数民族县、武陵山片区县只有5个。全省乡村小学生师比为30.6，远低于城区学校的16.3；建有校园网的学校仅6.7%，比城区学校低43.4个百分点。全省还有9000所教学点（含非完全小学），主要分布于边远山区，条件都很差。同时，学生安全设施建设形势紧迫。校车、校舍、食品安全，是当前学校面临的三大安全压力，特别是农村学生居住分散，校车安全隐患重重。城区义务教育学位每年缺口巨大，配套学校建设难以跟上，造成义务教育"就近入学"不能完全落实和大班额现象。而且，公办与普惠性幼儿园比例过低，与国家要求相距甚远。

全省本科院校中仍有5所高校的生均教学科研仪器设备值、16所高校的生均图书和22所高校的生均教学行政用房面积达不到教育部基本办学条件合格标准，全省高校的生均教学科研仪器设备值和生均图书两项指标未达到全国平均水平。特别是生均教学科研仪器设备值指标，不仅与全国平均水平相差2600元，与相邻的湖北省相差1600元，而且省内校际之间的差距更大，省属高校仅为部属院校的一半，最少的新建本科学院甚至不足部属院校的五分之一。本科高校"人人通"建设尚未真正启动。

（四）教育经费投入仍是教育发展的瓶颈

一是教育经费总量和人均教育经费投入偏低。2011年全省教育经费投入798.76亿元，仅占全国教育经费23869.29亿元的3.34%，相比湖南省占全国GDP（471564亿元）4.17%的比例低0.83个百分点。同期全省公共财政预算教育经费占公共财政支出比例为16.18%，低于全国16.31%的平均水平，更低于中部六省18.24%的平均水平，排全国31个省市的第21位。全省人均教育经费和人均财政性教育经费2011年分别为1211元和886元，分别比全国平均水平低561元和493元，排全国第27位和第28位。生均预算内教育事业费投入水平也比较低。目前，湖南省义务教育阶段生均公用经费仅达到国务院规定的下限。2012年全省小学、初中、高中、中等职业学校、普通高等学校生

均预算内教育事业费分别排全国第28位、第17位、第26位、第16位和第18位。2011年,中等职业学校生均公共财政预算教育事业费和公用经费,在全国31个省市中分别居倒数第三位和倒数第二位。

二是教育负债尚未有效化解。各区县市部分学校在"普九"债务化解之后又出现新的负债。高中负债现象严重,最多的学校债务达到1亿多元。部分职业院校负债较重,本次典型调研的3所公办高职院校平均负债9378.3万元,6所中职学校平均负债933.8万元。

三是教育投入政策出现断档。湖南省建设教育强省投入政策只执行到2012年,中央关于国家财政性教育经费支出占GDP 4%的目标实现以后的政策也没有明确,2013年以后国家和省里财政教育投入有关政策出现断档,使得湖南省财政教育预算安排缺少可操作的政策依据。2013年,省财政厅下达教育厅年初部门预算只有46.72亿元,仅比2012年增加1亿元校车奖补专项资金,其他方面的经费没有增加。省属本科高校年初生均经常性拨款只达到5030元水平,与中央要求地方普通本科高校生均拨款水平达到1.2万元的差距很大。各市州2013年年初部门预算增幅普遍偏低,缺乏连续、科学规范的教育投入政策。

四 湖南省教育拉动内需的对策措施

(一)高度重视教育体制机制创新

一是落实和规范学校自主权。充分调动学校的积极性、主动性,不断激发学校的办学活力,当务之急要以深入贯彻落实《高等教育法》为抓手,进一步简政放权、改进服务,不断落实和扩大高校的办学自主权。针对当前高校反映突出的问题,在专业技术职务评聘、人员招聘、内设机构设置、对外合作交流、开展协同创新、加强经费管理与化解债务、引导社会资本投入和加强学科、人才队伍建设、改善教师住房条件等方面,出台专门文件及具体的政策措施。同时,要探索落实中小学校的办学自主权。在积极推进中小学校校长专业化的过程中,适时赋予中小学校在学校建设、人员配备、设施设备建设、课程设置、教学管理制度建设与实施等方面较多的自主权。

二是有效促进民办教育发展。民办教育是民间教育投资的重要部分。目前，全省有民办学校10242所，占学校总数39.72%。其中，民办学前教育学校9604所，占学前教育学校数的87.07%。民办高等学校（含独立学院）及机构28个，在校生34.9万人，分别占普通本专科学校数的23.33%、在校生的32.3%。有民办中等教育学校496所，占11.09%。民办普通小学114所，占1.05%。当前和未来较长时期内，要在现有教育规模基础上，根据区域教育发展实际需要，按照加强监管和确保质量的要求，通过政策引导公益资金进入民办教育，引导、鼓励和支持社会力量举办优质教育，充分满足社会对教育的多样化消费需求，尤其是社区教育和终身教育方面的要求。

三是着力推进产学研结合与校企合作。高等院校和职业学校是培养高级专门人才和技术技能型人才的重要基地，也是推进新型工业化的重要支撑和高新技术领域原始创新的重要源头。当前，湖南省正处于新一轮经济社会发展的关键时期，亟须充分发挥高校的人才优势与科技优势，提升产业核心竞争力，培育新的经济增长点。为此，需要采取更加有力的措施，深入推进产学研结合和校企合作创新：一是完善与落实有关促进产学研结合、增强自主创新能力的配套性文件，进一步优化高校自主创新的政策制度环境，引导高校更多地与省内企业开展合作。二是建立健全高校产学研结合长效机制，重点扶持建设一批产学研合作基地，鼓励支持高校领军人才组建创新团队，主动融入区域创新体系，有针对性地组织地方政府、大型企业、科研院所和金融机构组建战略合作联盟，积极探索与创新有序高效的产学研运行机制，着力提升湖南省区域尤其是长株潭城市群的产业核心竞争力。

（二）持续稳定增加财政教育经费投入

一是巩固财政性教育投入占GDP的比例达到4%的成果。依法落实"三个增长"，确保湖南省财政教育支出占公共财政支出16%的比例不降低。考虑到财政收入增速放缓，建议2013~2014年财政教育投入应保持2012年总量水平并努力实现适度增长，从2015年起继续按照中央核定湖南省16%的财政教育支出比例落实，严格执行2012年核定分解的省本级、各市州本级、县市区

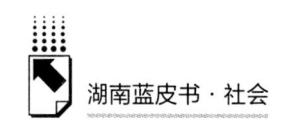

目标比例，年初财政预算、年终财政决算教育支出按照财政支出增幅同比例增长，财政教育支出严格按照中央口径计算。

二是积极拓宽教育经费来源渠道，多方筹集教育经费。严格执行拓宽财政性教育经费来源渠道的三项政策，足额征收教育费附加、地方教育附加，严格按比例从土地出让金收益中计提教育资金，严格执行城市基础设施配套费、城市维护建设税按规定比例用于城区公办义务教育设施建设，杜绝计提不足额、混淆入库的现象。建立健全社会资本和外资支持发展教育的财政配套资金支持制度。

三是建立健全各级各类教育生均经费和生均拨款增长长效机制。加紧研究制定公办幼儿园经费标准和生均财政拨款标准，并逐步调整提高。建立农村义务教育阶段生均公用经费增长长效机制，公用经费基准定额根据生均培养成本、财力状况等因素和物价变动情况逐步调整提高。完善农村义务教育中小学校舍维修改造长效机制，逐步提高校舍维修补助标准。研究制定普通高中生均教育经费标准与生均财政拨款标准，建立健全普通高中教育经费保障机制。健全职业技术教育拨款机制，推进以生均综合定额为主的职业技术教育预算管理改革，逐步提高职业教育经费保障水平。健全高等教育学校生均综合定额拨款预算制度，确保高校生均拨款达到全国平均水平并逐步提高。

四是完善教育投入政策的长效监督机制。完善对省本级、市州和县市区财政教育投入分析评价指标体系，加强财政教育投入目标落实情况的监督考核。建立全省教育经费执行情况统计公告制度，将省本级、各市州和县市区教育投入主要指标进行公告，接受社会监督。把财政教育投入纳入两项督导评估和政府绩效评价指标体系，作为一项重要的考核内容。各级政府每年依法向同级人民代表大会或其常委会报告教育经费预算和决算情况，接受人大监督。

（三）着力推进教育基础设施建设

一是积极推进学校建设。将义务教育合格学校建设和农村公办幼儿园建设继续纳入每年为民办实事项目直至规划完成。将非完全小学和教学点建设比照完全小学以上合格学校建设，纳入省为民办实事项目加以推进。与此同时，加大省本级财政对合格学校建设和农村公办幼儿园建设的支持力度，提高项目校

（园）补助标准，并向贫困地区、民族地区倾斜。进一步协调有关部门简化合格学校建设在规划报建、土地审批、招标采购等方面的手续，减免相关审批费用。引导与支持每个市州重点建好一所功能齐全的特殊教育中心学校，并督促地方政府把教育设施纳入当地基础设施建设整体规划，在政策、资金与项目建设上予以重点支持。实施农村标准化学校建设项目，启动全省标准化学校建设规划编制工作，在统筹已有中央和省级资金，并根据标准化学校建设需求统筹落实建设投资，合理确定省、市、县项目经费投入比例，大力改善农村中小学办学条件，统筹解决教师周转宿舍建设问题。

二是着力加快学校改造。结合农村义务教育薄弱学校改造计划、初中工程、校舍安全工程、中小学校舍维修改造长效机制、学前教育项目等已有的工程项目，用好中央资金，足额落实好地方配套资金，保质保量地完成项目建设任务。实施农村义务教育寄宿制学校学生基本生活条件改善计划，全面改善农村中小学办学条件。实施城镇义务教育学校扩容改造工程，启动全省城镇义务教育学校扩容改造项目规划编制工作，统筹中央和省有关专项资金，根据建设项目需求，合理确定省级补助资金规模，大力解决城镇义务教育资源不足的问题，有效缓解城镇教育资源紧张局面，切实保障城镇适龄学生和进城务工人员子女平等接受义务教育的权利。

三是切实加强设备设施建设。在帮助部分高校继续加强校园建设和改善校舍用房条件的基础上，重点加大高校教学科研仪器设备、教育软件和图书资料等方面的专项经费投入，帮助高校迅速改善实验室条件和图书资料装备，为提高人才培养质量和科研创新水平打下基础。在标准化学校建设的基础上，重点加强中小学校通用技术设施、实验实践设备建设。同时，加大青少年校外教育场所建设，如市州一级示范性实践基地建设、乡村学校少年宫建设、县市区青少年活动中心设备设施添置和维护等。添置中小学生上下学道路标识、乘坐车船等。

（四）不断增强教育服务经济的能力

第一，尽快实施职业教育发展"四大计划"。一是实施"卓越职业院校建设计划"，遴选建设一批品牌学校，提升职业教育协同创新、引领产业发展的能力。二是实施"特色专业体系建设计划"，打造一批特色专业，提高职业院校"对接产业、服务产业、提升产业、引领产业"的水平。三是实施"专业教师队伍素质提升计划",提高湖南省职业院校整体师资水平。四是实施"农村中等职业教育攻坚计划",大力改善农村中职学校办学条件,提高办学水平。与此同时,加快构建覆盖城乡的现代职业教育骨干体系,进一步扩大技术技能人才培养规模,继续推动职业院校积极面向农村招生。

第二,加强重大科技攻关。推动高校紧紧围绕国家战略需要和湖南省产业转型升级需求,进行科学研究和技术开发。一是进一步强化"湖南省教育厅科学研究项目"的导向作用,引导高校教师针对国家、湖南省和行业企业发展中的重大问题,积极进行科技创新和技术攻关,解决一批关键共性难题,培育一批具有自主知识产权的标志性创新成果。二是组织高校积极申报各类国家级和省部级重大科研任务,力争在若干关键领域取得重大原创性成果,显著提升湖南省高校的科技影响力和比较竞争力。

第三,深入实施"2011计划"。按照"湖南急需、国内一流"的要求,遴选建设一批湖南省高校"2011协同创新中心"。以这批协同创新中心为依托,推动高校探索科技创新体制机制改革,充分释放人才、资源等创新要素的活力。同时,推进高层次创新平台建设。支持高校积极申报国家重点实验室、国家工程实验室、国家工程(技术)研究中心、教育部重点实验室等国家级和省部级创新平台,扩大高校自主创新对湖南省特别是区域次中心城市经济社会发展的辐射面和影响度。继续加强"湖南省高校重点实验室"和"湖南省高校社科重点研究基地"的建设,并设置"创新平台开放基金项目",引导高校创新平台服务国家和湖南的重大需求。

第四,加快科技成果转化。通过建立面向区域和产业的工程技术研究中心、大学技术转移中心、科技服务中心、大学与产业联盟等合作组织,开展多层次多形式的成果转化、科技服务和培训活动,大力提高高校科技成果转化水平,着力解决制约产业、企业发展的关键、核心、共性技术,加快高校产学研技术创新成果向现实生产力转化。

(五)有效提升教育消费能力与水平

一是落实学生资助政策。按照《财政部 教育部关于建立学前教育资助制度的意见》（财教〔2011〕410号）和《财政部、国家发改委、教育部关于完善研究生教育投入机制的意见》（财教〔2013〕19号）文件规定，增加学生资助投入。健全覆盖各类教育的家庭经济困难学生资助政策体系，切实保障弱势群体子女平等接受教育的权利。创新完善学生奖学金制度和学生信贷制度，鼓励学生勤奋求学，提高居民信贷消费比重。实施残疾儿童少年义务教育攻坚计划，进一步完善县级随班就读支持保障体系。扩大职业教育免费范围。

二是加快教育普及进程。把大力发展学前教育作为建设社会主义和谐社会的重大民生工程，督促各地按国务院要求以县为单位编制学前教育三年行动计划，立项支持各个乡镇和城市大型社区举办一所示范性公办幼儿园，并采取政府购买服务、减免租金、以奖代补、派驻公办教师等方式，引导和支持民办幼儿园提供普惠性服务，构建"广覆盖、保基本"的学前教育公共服务体系。加快高中阶段教育发展，创新完善高中教育发展机制，着力推动高中阶段教育特色化、多样化发展。加快社区教育和终身教育发展，提高教育与文化产业的链接水平。

三是扩充与提升优质教育资源。在推进义务教育均衡发展的同时，鼓励支持学校特色发展。坚持以特色学科建设带动高水平大学建设，重点支持建设一批高水平、有特色的重点学科。加快教育信息化建设。制订《湖南省推进教育信息化三年行动计划》。将教育信息化纳入湖南省"四化两型"建设的总体布局，出台推进教育信息化的支持政策。重点建设优质共享、交互式的基础教育教学资源库、职业与成人教育教学资源库和普通高等学校数字资源中心，力争2015年初步建成覆盖城乡各级各类学校的教育信息化体系。

B.13
2013年湖南文化惠民进展及2014年展望

湖南省文化厅

2013年是贯彻落实党的十八大精神的开局之年。一年来，湖南省文化系统全面贯彻落实中央和省委、省政府关于文化工作的一系列决策部署，以建设文化强省为目标，坚持解放思想、求真务实、开拓创新，努力开创文化工作新局面。

一 2013年湖南文化惠民工作进展

（一）大力推进公共文化设施建设

加快推进省本级文化设施建设。省博物馆改扩建工程2012年8月8日正式动土施工，并确立了"千日开馆"的建设目标；湖南艺术职业学院松雅湖新校区建设进入桩基础施工阶段，2013年9月份完成一期主体工程；重新修订完善了《湖南省文化艺术中心总体规划方案》及项目功能定位、建设规模、投资估算，前期准备工作已就绪，待省政府及相关主管部门确定项目的建设规模和投资估算后，即可开工建设。

各市州的重大文化项目也在积极推进。衡阳市图书馆已完成选址、立项、规划设计。邵阳市文化艺术中心（五馆一院）占地面积175亩，建筑面积10万平方米，2012年完成主体建设，预计2015年投入使用。娄底市文化中心项目建设完成投资1.41亿元，占总投资的55%，已完成主体工程建设。岳阳市积极推进市图书馆新馆项目、市巴陵戏传承展演基地项目、市书画院（美术馆）项目建设。常德市文化馆已建成开馆，博物馆改扩建项目、滨湖剧场的改造项目正在积极推进。长沙市"两馆一厅"四个单体建筑已完成主体工程。郴州市文化艺术中心（四馆一厅）项目动工兴建。永州市完成了市博物馆、市图书馆的可行性研究报告。

完成639个乡镇综合文化站设备、6个市州图书馆的数字图书馆建设设备统一采购配送工作，为42家改制文艺院团配送流动舞台车。

（二）涌现一批优秀文艺作品

舞台艺术剧目湘剧《谭嗣同》、花鼓戏《平民领袖》分别荣获第十届中国艺术节"文华优秀剧目奖"和"文华剧目奖"，邵展寰、夏明庚获第十届中国艺术节"优秀表演奖"，钱珏荣获"文华剧作奖"；曲艺《传承》等6个群文作品、《和风衡州——群众文化艺术节》等3个群文项目和陈恭森等4人获得"群星奖"，群文节目获奖总数位居全国第9位，这是湖南省在近三届中国艺术节上成绩最好的一次。祁剧《梦蝶》入围文化部2011~2012年度国家舞台工程资助剧目，湖南省昆剧团雷玲获第26届中国戏剧梅花奖。长沙市湘剧《苏秀才》参加中国第十三届戏剧节并摘得中国戏剧奖·剧目奖。株洲市编排了大型花鼓戏《刘海砍樵》和《春草闯堂》等。郴州市小戏《老四维稳》获第五届中国戏剧文化奖小戏小品优秀剧目奖。举办全省中青年戏曲演员折子戏和新创小戏比赛，88个剧目参加，3个剧目获新创小戏创作一等奖，11人获折子戏表演一等奖。益阳市成功举办首届中国（湖南）花鼓文化艺术节，规模之大、影响之大、效果之好前所未有。郴州市桂阳湘剧团荣获全国"服务基层、服务农民"先进集体荣誉称号。

（三）文化惠民活动成效突出

"欢乐潇湘"大型群众文艺汇演，在全省城乡掀起了群众文化活动热潮，全省12700多个文艺团队参加演出，参演节目13万多个，观演群众达1670万人次，共评出舞蹈《快乐神仙》等100个优秀节目，活动极大地丰富了人民群众的精神文化生活，进一步激发了基层群众的文化热情，受到社会各界的一致好评。"雅韵三湘"高雅艺术普及计划活动，开展了五大系列演出活动，历时9个月，演出181场，惠及观众20万余人次，提高了人民群众文化素养，

积极引导和培育了文化消费市场，真正让文化惠民落到实处。完成"送戏下乡、演艺惠民"演出11920场，超额完成全年10000场演出任务。成功举办"文化春节·亲情演出季"和第二届中国百诗百联大赛。

各市州、县市区积极开展文化惠民活动。怀化市组织开展"文化大拜年"城区群众文化系列活动。张家界市积极打造"美丽张家界，狂欢元宵节""欢乐潇湘，美丽张家界"等文化活动品牌。湘潭市成功举办"春风暖万家，欢乐满莲城"春节文化惠民系列活动。

（四）公共文化服务水平不断提升

长沙市以总评分中部第一、全国第二，市民对文化满意度全国第一的优异成绩，建成首批国家公共文化服务体系示范区；衡阳市公共文化服务进社区活动和常德市鼎城民间艺术团体惠民演出被批准为首批国家公共文化服务体系示范项目。认真组织开展了全省第五次公共图书馆和乡镇综合文化站评估定级工作。大力创新"三馆一站"免费开放服务方式，努力为群众提供优质的文化服务，全省87家免费开放博物馆、纪念馆，接待观众3640万余人次，观众满意度达到90%以上。组织实施了湖南省"春雨工程"——文化志愿者边疆行活动，组建文化志愿服务团队740多支，文化志愿者达3万余人。

一年来全省文化系统的工作取得了可喜的成绩，但与中央和省委、省政府的要求和人民的期待相比，还存在一定差距，还存在许多困难和不足，公共文化资源供给不足、整合不够、配置不合理，区域、城乡发展不平衡；文化产品和要素市场发育不完善，文化市场主体活力和竞争力不足；文化人才总量偏少，整体水平偏低，素质及结构等方面亟待提高和改善等，这些问题都需要在下一步的工作中努力加以解决。

二 2014年湖南文化惠民工作展望

2014年，以贯彻落实党的十八届三中全会精神为主线，按照省委、省政府关于文化强省建设的战略部署，以深化文化体制机制改革创新为关键，以构建现代公共文化服务体系和建立健全现代文化市场体系为重点，围绕中心、服务大局、改革创新，着力推进"五基两优两保"工程，全面推进各项文化工作上新台阶。

"五基"，一是着力推进公共文化基础设施建设，在全面完成乡镇综合文化站建设的基础上，着力推进县级及以上城市重点公共文化基础设施建设和老旧设施的提质升级，至2020年，力争达到全省人均公共文化基础设施0.3平方米的目标。二是着力推进文化基本队伍建设，培育一支与保障人民群众基本文化权益相匹配的人才队伍，形成专业艺术人才、群众文化人才、文化产业人才、文化市场监管人才、业余文化人才等结构合理、数量恰当的文化人才队伍。落实三区人才支持计划文化工作者的选派和培养工作，做好跟踪服务、管理和协调。三是着力推进公共文化基本活动建设，在"欢乐潇湘——全省群众文艺汇演""雅韵三湘"高雅艺术普及计划、"送戏下乡、演艺惠民"等重点文化惠民活动取得基本经验的基础上，固化一批活动，打造一批品牌，常年坚持，丰富群众精神文化生活，提升群众文化素质。四是着力推进文化产业基础项目建设，从项目抓起，以项目促企业，以企业促园区，提升文化产业规模和质量。加快演艺、娱乐等传统产业提质升级，加快发展动漫新兴产业，推进文化产业内容创新、形式创新、业态创新，促进文化与科技、旅游相关产业融合发展。五是着力推进文化基本政策建设，在文化强省加快建设的背景下，精心研究舞台艺术、文博考古、非物质文化遗产、群众文化、民间演艺、文化产业、市场监管等地方性法规和政策，努力营造文化健康、快速发展的政策环境。确立"三馆一站"免费开放工作标准，创建免费开放服务品牌。积极促进出台《关于扶持民间文博演艺机构健康发展的意见》《关于加强乡镇综合文化站管理的意见》。

"两优"，一是着力推进优秀剧（节）目建设，繁荣艺术创作与生产，推出一批思想性、艺术性、观赏性相统一，人民群众喜闻乐见、具有湖湘气派的优秀文艺作品，为人民提供更多更好的精神食粮。召开湖南省舞台艺术精品创作座谈会，拟定创作生产规划，完善目标管理考核体系。二是着力推进优化市场环境建设，坚持打击非法、遏制违规、保护合法并举，逐步改善执法环境，提升队伍素质，树立良好形象。

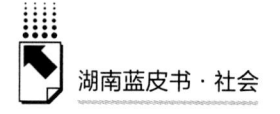

"两保"，一是着力推进文化遗产保护，突出历史文化和地域特色，重点推进长沙铜官窑国家考古遗址公园（二期）、宁乡炭河里国家考古遗址公园、永顺老司城国家考古遗址公园等保护和建设项目。抓好老司城遗址申报世界文化遗产各项准备工作，力争2015年实现湖南省世界文化遗产零的突破。二是着力推进非物质文化遗产的保护传承体系建设，深入研究非遗保护传承规律，极力寻找现代市场经济环境下的非遗发展空间，建设具有湖湘特色的优秀文化传承体系。

B.14 2013年湖南医药卫生体制改革进展及2014年展望

王湘生[*]

一 2013年湖南医药卫生体制改革的主要进展

2013年，湖南省坚持"保基本、强基层、建机制"的原则，突出工作重点，精心组织，加大投入，攻坚克难，多项医改工作取得积极进展。

（一）全民医保体系建设加快推进

一是基本医保覆盖面继续扩大。全省城镇基本医保参保率达到95%以上；新型农村合作医疗参合率达到98.98%。二是筹资和保障水平进一步提高。城乡居民医保政府补助标准提高到了每人每年280元；城镇居民医保政策范围内住院费用支付比例稳定在70%以上，新农合统筹地区政策范围内住院费用报销比例达到77.51%，住院费用最高支付限额提高到12万元以上。三是重大疾病保障能力进一步增强。全省所有新农合县市区均开展了新农合重大疾病保障工作，将儿童先心病、肺癌、乳腺癌、宫颈癌、血友病等31种重特大疾病纳入新农合大病保障，规定报销比例提高到80%，全年大病新农合住院补偿16.83万人次，补偿金额8.27亿元。积极探索建立城乡居民大病保险制度，引入商业保险机构具体承办，促进政府主导与市场机制作用有效结合，进一步提高基本医疗保障水平和质量。郴州市启动城乡居民大病保险试点，从城镇居民医保和新型农村合作医疗基金中划出大病保险资金，向商业保险机构购买大病保险，对基本医疗保障补偿后需个人负担的合规医疗费用超过上一年度城镇

---

[*] 王湘生，湖南省卫生厅政策法规处处长。

居民年人均可支配收入（上一年度农村居民年人均纯收入）部分，再按照不低于50%的比例给予报销，最高为70%，最高支付额度为30万元。四是付费方式改革不断深化。积极推行总额控制下按病种付费、按单元付费、按床日付费等支付方式改革。总结借鉴蓝山、桑植县新农合支付方式改革经验，在全省乡镇卫生院住院推行起付线外全报销的"限费医疗"模式，参合农民在乡镇卫生院住院实际补偿率达82.24%。

（二）基本药物制度和基层运行新机制不断巩固完善

一是基本药物制度实施范围不断扩展。全省政府举办的基层医疗卫生机构全面实施国家基本药物，村卫生室基本药物制度实施率达到92.35%，以购买服务的方式逐步将非政府举办的也纳入实施范围。二是基本药物采购供应机制不断完善。根据新版国家基本药物目录实施工作要求，制订了基本药物采购方案，启动了新一轮基本药物的采购工作，集中采购工作进入网上注册、资质审核阶段。加强基本药物制度实施工作的指导监管，开展基本药物临床用药培训。对基本药物生产、配送企业进行督导检查，加强基本药物质量监督抽检。三是基层医疗卫生机构新机制平稳运行。基本实行了全员聘用和岗位管理制度，有2077所政府办基层医疗卫生机构通过竞聘上岗，实行基层医疗卫生机构负责人任期目标责任制；全面实施了绩效工资制度，加大了绩效考核力度，合理拉开了分配差距。四是服务模式实现新转变。积极推行全科医生和乡村医生签约服务新模式，长沙市芙蓉区全面启动了社区全科医生签约服务，资兴市、衡阳市雁峰区等14个县市区开展以"基本医疗服务、基本公共卫生服务、健康评估与转诊服务"为主要内容的乡村医生签约服务试点工作。

（三）公立医院改革稳步推进

一是首批县级公立医院综合改革试点取得较好成效。浏阳、茶陵、炎陵、湘乡、石门、冷水江、祁阳、龙山等8个县市作为首批开展县级公立医院综合改革试点地区，在破除"以药补医"、统筹推进管理体制、补偿机制、人事分配、价格机制等方面进行了探索。26家试点医院门诊人数、住院人数上升，医药费用得到控制，医疗服务有所改善。二是城市公立医院改革深入推进。株洲市制定了公立医院"医药分开"综合配套改革方案，确定市属7家公立医院取消药品加成，实行药品集中配送，探索建立法人治理结构。三是全方位提升医院服务质量。全省43家三级医院与县级医院建立长期对口支援机制。继续实施骨干医师、管理干部培训项目。以患者为中心，改善医院内部管理，便民惠民服务不断强化。二级以上医院全面开展了优质护理服务，三级以上医院和68.5%的二级以上医院实行了临床路径管理；三级以上医院全面开展预约诊疗服务、双休日和节假日门诊，参与同级医疗机构检查和检验结果互认；在全省医疗卫生系统开展服务好、质量好、医德好、患者满意的"三好一满意"活动以及抗菌药物专项整治活动。这些措施的推行，给人民群众带来了实实在在的好处。

（四）相关领域改革统筹推进

一是基本公共卫生服务进一步拓展。人均基本公共卫生服务经费标准提高到30元，免费为群众提供11类41项服务项目。为武陵山片区20个贫困县的半岁至2岁农村婴幼儿免费提供营养包669.12万盒。农村妇女免费宫颈癌、乳腺癌检查分别达76.44万、5.19万名。实施贫困白内障患者免费复明手术2.48万例。2013年7月份，国家考核组对11个省份的基本公共卫生服务项目开展情况进行了现场考核，湖南省名列前茅，得到国家奖励。二是基层卫生人才队伍建设持续加强。2013年5月，省委、省政府出台了《关于武陵山片区农村基层教育卫生人才发展提供重点支持的若干意见》（湘发〔2013〕3号），对武陵山片区和罗霄山脉片区基层卫生人才发展给予特殊政策支持。湖南省"特殊政策解特困地区人才荒"，被《中国卫生》杂志评为"2013年度十大医改新举措"之一。加快全科医生规范化培养，全年招收农村订单定向免费培养医学本科生250名、全科医生转岗培训1150名，启动了首批336名全科医生的规范化培养，免费培训农村卫生人员6.24万人、社区卫生人员5500人。三是医疗卫生服务体系建设不断加强。2013年，新增基层医疗卫生服务体系建设项目2503个，总投资11.15亿元；全省乡镇卫生院、社区卫生服务中心、村卫生室达标率分别为79.3%、88.7%和66.13%。以县级医院为龙头，乡镇卫生院（社区卫生服务中心）、村卫生室（社区卫生服务站）为基础的基层三级医疗卫生服务网络不断健全，城市居民15分钟就医圈初步形成。四是卫生信息建设稳步推进。中央投资的农村基层卫生信息系统、县级医院信息化、远程会诊系统等建设项目基本完成。新农合全面实现信息化管理，省、市、县、乡四级实现住院费用即时结算报销。长株潭及郴州4市的区域卫生信息平台试点建设成效明显。

2013年，全省医药卫生体制改革取得了新进展、新成效，但仍然还存在许多突出矛盾和问题。第一，公立医院改革进展缓慢。县级公立医院改革试点在取消"以药补医"和调整医疗服务价格方面取得进展，但医院取消药品加成后，主要依靠增加医疗服务收费弥补减少的收入，创收机制还没有真正改变，群众的医疗费用负担没有明显减轻。推进公立医院法人治理结构存在的困难，对公立医院法人治理结构的内涵认识不足，各方权、责、利界定不明，尚无明确的顶层设计。符合公立性质和职能要求的运行机制和绩效考核评价机制还没有建立起来，医院的人员工资和运行经费仍主要依靠服务收费解决，医患之间仍存在利益冲突。第二，基层医疗卫生机构改革成效弱化。部分地区绩效考核和分配政策未执行到，基层医务人员的收入差距没有拉开，影响了技术骨干的工作积极性。第三，医疗资源配置仍不够合理。优质资源仍集中在大城市和大医院，基层医疗机构高素质人才少、服务能力差的状况还没有明显改变，特别是乡镇卫生院普遍存在"招不来、留不下"以及骨干人才缺乏、流失等现象。第四，合理的分诊制度还没有建立。群众患常见病、多发病仍涌入大医院就诊，看病难的问题仍很突出。第五，药品生产和购销秩序仍比较混乱。药价虚高、商业贿赂和药品回扣等问题仍比较突出。第六，社会办医仍存在不少障碍，多渠道办医的格局尚未形成。

二 2014年湖南医药卫生体制改革的展望

党的十八届三中全会审议通过的《中共中央关于全面深化改革若干重大问题的决定》（以下简称《决定》），从经济社会发展全局出发，对继续深化医药卫生体制改革做出了全面部署。2014年是落实党的十八届三中全会精神，全面深化改革的关键之年。展望2014年湖南医改，将继续坚持保基本、强基层、建机制的方针，把建机制摆在更加突出的位置，更加注重改革的系统性、整体性和协同性，在前几年改革的基础上取得新进展、新突破。

（一）在健全全民医保体系上取得新进展

继续巩固扩大基本医保覆盖面，参保（合）率保持在95%以上。完善筹资机制，政府补助标准将按"十二五"规划的要求继续提高。政策范围内住院费用报销比例保持在75%左右。全面推开支付方式改革，增强医保对医疗行为的激励约束作用，实现提高医疗服务质量与控制医药费用过快增长的双优结果。完善城乡医疗救助制度，加快健全重特大疾病医疗保险和救助制度，健全疾病应急救助制度，筑牢医疗保障底线。加强不同层次、不同类型医疗保险险种以及医疗保险机构之间的相互补充、相互联动、相互合作，做好不同险种之间的转移接续工作。

（二）在巩固完善基层医改成果上取得新进展

进一步完善基本药物集中采购制度，加大对基本药物中标企业和配送企业的监管力度，加强药品配送，保障农村和边远地区基本药物需求。加强基本药物制度宣传教育工作，引导群众对基本药物制度的合理预期。深化人事和分配制度改革，落实基层医疗卫生机构用人自主权，建立符合行业特点的薪酬制度，对绩效工资分配制度进行合理调整，充分调动医务人员的积极性。完善基层医疗卫生机构绩效考核评价机制，突出服务数量与质量及群众满意度指标的导向作用，落实经费补助、人员奖惩等配套措施，增强基层卫生工作活力。继续加强基层医疗卫生服务网络建设，完善以县带乡、以医院带社区的医疗卫生服务机制。深入实施基层中医药服务能力提升工程，不断完善中医药发展机制和政策。转变卫生服务模式，逐步建立分级诊疗、双向转诊制度。积极推进家庭签约医生服务模式，建立全科医生与居民契约服务关系。进一步落实乡村医生补偿、养老等政策，加强乡村医生的培养培训，提升乡村医生队伍的服务能力和水平。

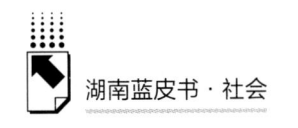

（三）在加快公立医院改革步伐上取得新进展

扩大县级公立医院综合改革试点范围，同时，深化拓展城市医院的综合改革试点。公立医院改革的重点是落实政府责任，建立体现公益性的运行机制。一是制定和完善区域卫生规划。合理确定公立医院功能、数量、规模、结构和布局，切实发挥规划的引领作用，推进公立医院规划布局调整，严格控制床位规模和建设标准，坚决制止公立医院相互攀比、盲目扩张等现象。二是以破除"以药补医"机制为关键环节，理顺医疗服务价格，增加政府投入，建立科学的补偿机制。三是推进建立公立医院内部治理结构，深化人事分配等机制综合改革，建立适应行业特点的人事薪酬制度，建立科学的医疗绩效评价机制，建立和完善现代医院管理制度，推动医院内部管理的科学化、规范化和精细化。四是加强上下联动，深入推进城乡医院对口支援工作，建立城市医生下基层长效机制，提升县级医院和社区医疗机构的服务能力。五是推广便民惠民措施。不断优化诊疗流程，推行和完善预约挂号、同级医疗机构检查结果互认等，为群众提供更加便利的服务。六是推进药品生产流通领域改革。通过多环节联动改革，把虚高药价降下来，建立经营规范、竞争有序、服务高效的药品流通新秩序。

（四）在鼓励社会资本办医上取得新进展

落实国务院《关于促进健康服务业发展的若干意见》，以政策为导向，加大对社会办医的支持力度。一是放宽服务领域要求。进一步放宽举办主体、服务领域和大型设备配置要求。鼓励社会资本直接投向资源稀缺及满足多元需求服务领域，支持发展老年护理和康复服务。二是鼓励非公立医疗机构向高水平、规模化的大型医疗集团发展，积极发展医疗服务业，扩大和丰富社会医疗资源。三是支持社会力量以多种形式参与公立医院改制重组。在确保国有资产不流失的前提下，支持社会资本采取合作、兼并、收购等多种形式，参与包括国有企业所办医院在内的部分公立医院改制重组，增强公立医院服务活力。四是推行和规范医师多点执业。鼓励具备条件的医师向基层流动，支持和规范有资质人员依法开业，方便群众就医。

（五）在推进相关领域改革上取得新进展

一是推进公共卫生服务均等化。加强区域公共卫生服务资源整合，健全专业公共卫生服务机构与基层医疗卫生机构分工协作机构。重点做好流动人口、农村留守儿童及老年人的基本公共卫生服务。按照"补助城乡统一，标准逐步提高，内容不断扩充"的基本要求，促进基本公共卫生服务走向制度化、常态化和规范化。二是加快卫生信息化建设。加强区域医疗卫生信息平台建设，推动医疗卫生信息资源共享、互联互通。以面向基层、偏远和贫困地区的远程影像诊断、远程会诊、远程监护指导、远程教育等为主要内容，发展远程医疗，使优质资源更加便捷地服务基层群众。三是继续深化人才培养使用制度改革。以全科医生培养为重点，加大基层适用人才队伍建设力度，通过订单定向培养、转岗培训等途径培养一批乡镇卫生院、社区卫生服务中心全科医生，建立健全激励机制，引导全科医生到基层执业，逐步形成以全科医生为主的基层医疗卫生队伍。四是改革医疗卫生监管体制。强化全行业监管职能，优化监管机制、完善监管制度、创新监管手段。建立信息公开、社会多方参与的监管制度。加大执法力度，切实保障人民群众健康权益。

B.15
2013年湖南民政工作情况及2014年展望

湖南省民政厅

一 2013年湖南民政事业工作情况

2013年，湖南省民政系统在省委、省政府的正确领导下，认真贯彻落实党的十八大、十八届三中全会精神，践行党的群众路线，各项目标任务全面完成，服务了全省经济社会发展大局。

（一）救灾应急高效有序推进

湖南省2013年遭受7次洪涝灾害及特大干旱灾害，造成全省2400余万人次受灾。国务院汪洋副总理专程来湘指导，徐守盛书记、杜家毫省长、盛茂林副省长等省领导多次会商灾情，李立国部长专门听取湖南省灾情汇报，并给予倾斜支持，安排湖南省救灾资金4.77亿元。针对灾情，湖南省及时下拨救灾资金5.09亿元和一批救灾物资，救助受灾群众450万人次，妥善安排了灾区群众的基本生活和冬春救助工作，确保了灾区社会稳定，人心安定，民政部对此充分肯定，并在全国救灾工作会议上进行推介。

（二）民生保障水平持续提高

深入贯彻落实国发〔2012〕45号和湘政发〔2013〕35号文件精神，全省救助申请家庭经济状况核对工作进展顺利。按照省政府常务会议和杜家毫省长的批示精神，加快制定全省统一的城乡低保指导标准，李立国部长、窦玉沛副部长给予了高度评价。扎实做好为民办实事工作，2013年，全省城市低保月均保障143万人,月人均救助水平271元。农村低保月均保障278万人,月人均救助水平119元;农村五保集中和分散供养标准分别达到5028元和2511元;完成205所敬老院改扩建,四项工作都达到或超过全省为民办实事考核指标。统筹推进民政部门承担的分类指导全面小康社会和罗霄山片区、武陵山片区扶贫开发任务,确保民政服务对象共享改革发展成果。协同推进各项社会救助工作,发放医疗救助资金12亿元,救助困难群众520万人次;发放临时救助资金2亿元,救助40万户困难家庭;发放一次性"两节"生活补贴10.7亿元,惠及460万城乡困难群众。发放孤儿保障资金2.5亿元,有效保障了5.3万名孤儿的基本生活。协调安排老区扶贫开发资金2000万元,近10万老区困难群众直接受益。

(三)优抚安置政策全面落实

以退役士兵教育培训和退役军人服务模式创新为重点的优抚安置保障政策全面落实,89万重点优抚对象抚恤标准均达到或超过全国平均水平;深入开展困难优抚对象帮扶活动,解决优抚对象实际困难9万多人次,维护了涉军群体稳定。新的安置制度有效实施,加强退役士兵教育培训,鼓励退役士兵自谋职业投身地方经济社会建设。在全省退役军人推广"双带双促"(带头建设家乡、促进经济发展;带头维护稳定,促进社会和谐)服务管理模式,得到李立国部长高度评价,并批示部办公厅组织中央电视台、人民日报社、新华社等9家中央部属媒体集中采访湖南省做法。军休职工交接安置工作、双拥创建中期评估工作全面完成,全国优抚安置工作会议和全国军休职工移交安置工作会议重点推介了湖南省做法。

(四)基层社会治理创新发展

推进社会组织登记体制改革,制定出台《关于对四类社会组织实行直接登记管理的暂行办法》,实现基金会在省厅直接登记,并指导长沙、常德、张家界对公益慈善类、社会福利类、社会公益类、工商经济类社会组织进行直接登记,2013年全省新增社会组织3700个,总数达2.23万个。召开全省社会组织党工委会议,50个县市区成立了社会组织党工委,建立社会组织党组织

2861个。顾朝曦副部长来湘调研,认为湖南省抓社会组织培育和党建在全国具有重大示范意义。加强基层民主建设,省人大修订出台了《湖南省实施〈村组法〉办法》和《湖南省村委会选举办法》,城镇居委会和农村村委会依法自治达标率纳入县级全面建成小康社会考评指标体系,加快了全省基层民主政治建设的进程。深化城乡社区建设,出台了《关于开展社区服务和管理创新实验区创新工作的通知》,推动城乡社会规范化、标准化建设,窦玉沛副部长作出重要批示,给予了高度评价。在3000多个村开展农村社区建设试点,全面启动乡镇无房社区服务用房问题。加强基层老年社会管理,建立3.5万个城乡基层老年协会,占村级总数的76%左右,充分发挥老年人在基层特别是农村基层的积极作用。

(五)社会福利事业加快发展

认真贯彻落实国发〔2013〕35号文件精神,指导65个县市区建立基本养老服务补贴制度,主办中国湖南养老服务博览会和湖南省首届老年人智力交流洽谈会,推动全省养老服务业社会化、市场化发展。基本养老服务补贴率纳入县级全面建成小康社会考评指标体系,推动93个市县为34.7万老年人发放了高龄津补贴,指导全省全部落实65岁以上老人免费乘坐城市公交车政策,近800万老年人直接受益。全国老龄办2013年来湘调研,肯定湖南省老年人免费乘坐城市交通的做法。扎实开展老年优待维权,全国老龄委在湖南省召开现场会议推介湖南省经验。集中部署省福彩公益金支持养老服务设施建设,新增床位2.7万张,全省集中养老总床位达到21.4万张,建设城乡社区居家养老服务示范点900多个。全省5.3万名孤儿的基本生活得到切实保障。积极开展"慈善一日捐"等活动,募集慈善款物2.6亿元,慈善援助10万人次福利彩票突破60亿元。

(六)社会专项事务管理规范

根据"四化两型"建设和加快全省新型城镇化的需要,稳妥推进县城管理体制改革,对全省部分县市行政区划进行局部调整,审批新设立街道办事处14个,乡改镇14个,有效扩大了城市发展的空间。加强行政区划管理,推进公共地名服务，民政部在湖南省召开全国区划地名信息化服务现场会议，宫蒲光副部长高度肯定湖南省围绕"数字湖南"建设，推进地名公共服务信息化先进经验。改版发行新的湖南省行政区划图，全面完成第三轮湘桂线联检工作，千年古县申遗工作全面启动，全省地名文化建设取得新进展。完善流浪乞讨人员（未成年人）主动救助保护机制，全年救助生活无着流浪乞讨人员26.6万人次。特别是指导永州市救助香港流浪汉梁某回家，《文汇报》刊发后，在海内外产生良好的社会反响。窦玉沛副部长专门批示说"为流浪乞讨救助系统争了光"。深化婚姻登记规范化建设，开展了婚登机关的等级评定工作，开展了两岸婚姻交流活动；加强殡葬规范管理，推动惠民殡葬体系建设，全省火化区火化率达到50%。

二 2014年湖南民政工作展望

2014年是全面贯彻党的十八届三中全会精神的开局之年，是民政事业转型发展的关键之年。2014年全省民政事业转型发展的总体要求是：以党的十八大、党的十八届三中全会精神为指导，按照中央经济工作会议"守住底线、突出重点、完善制度、引导舆论"的民生工作思路，认真贯彻落实湖南省委、省政府的决策部署，继续落实"五个围绕，五个确保"的目标要求，坚持稳中求进、好中求新，深入推进民政领域改革、坚持深化改革与持续发展相统一、重点突破与整体推进相结合、业务发展与能力建设相促进，扎实做好以下八项重点工作。

（一）完善养老服务体系

全面贯彻国发〔2013〕35号文件精神，出台养老服务业发展的配套政策、民办养老服务机构资助办法，启动养老服务业综合改革试点。按照全面建成小康社会要求，大力推进地方政府建立基本养老服务补贴制度，全省老年养老服务补贴目标覆盖人群达到40%。加快养老服务体系建设，推进福利院等福利设施建设，新增床位3万张。

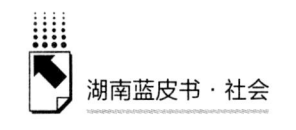

（二）提升社会救助水平

加强和改进低保工作，实施全省统一城乡最低生活保障指导线，确保2014年城乡低保分别达到330元/月、165元/月的标准，逐步实现"应保尽保"；加快建立健全居民家庭经济状况核对和信息比对机制。集中民政资源支持罗霄山片区和武陵山片区扶贫开发工作。

（三）强化区划调整工作

在协调推动宁乡、邵东两县撤县改市工作的同时，再选择几个符合条件的县启动县改市工作。推进撤乡镇设街道工作，通过乡镇撤并，减少乡镇数量、扩大乡镇规模，增强区域经济发展活力。

（四）抓好救灾应急工作

加快救灾应急管理体系建设，确保灾害发生后12小时内受灾群众得到有效救助。加快中央救灾物资长沙储备库建设，启动1到3个市州物资储备仓库的建设。

（五）推进社会治理创新

出台推进城乡社区治理创新、加强农村基层政权建设等政策制度。提高城镇居委会和农村村委会依法自治达标率。全面完成第九次村委会换届选举工作。争取出台《湖南省加强和创新社会组织建设与管理工作的意见》，扩大四类社会组织直接登记试点。加强社会组织党建工作，探索建立民政部门购买社会组织服务的机制。

（六）落实双拥优抚安置政策

全面落实双拥优抚安置政策，确保重点优抚对象抚恤补助标准达到全国平均水平。全面完成零散烈士纪念设施抢救保护工程。开展退役士兵职业教育和技能培训及"双带双促"活动。做好涉军群体维稳工作。

（七）发展福利慈善事业

完善和落实孤儿保障制度，适度扩大普惠型儿童福利制度试点，推进困境儿童分类保障制度建设。推动彩票发行稳步增长。加强慈善组织建设和志愿者队伍建设，帮扶更多困难群众解决问题。

（八）加强专项社会事务管理

认真贯彻落实中办国办《关于党员干部带头推进殡葬改革的意见》，加快推进殡葬改革，提高惠民殡葬政策的覆盖面。加强流浪乞讨人员救助管理服务，做好婚姻登记机关标准化建设和等级评定工作。

B.16
2013年湖南省保障性住房建设和管理现状及2014年展望

湖南省住房和城乡建设厅住房保障处

一 2013年湖南省保障性住房建设和管理现状

（一）目标任务完成情况和特点

2013年在湖南省委、省政府的正确领导下，省住建厅围绕完成保障房目标任务、提高精细化管理水平，坚持建管并重，认真组织和指导抓好保障房规划、计划、建设、分配和管理等关键环节工作。截至11月底，全省保障性住房和各类棚户区改造开工362998套、开工率108.3%，基本建成342628套，竣工208547套，完成投资308.5亿元。全年工作有以下几个特点：一是建设进度明显加快。2013年，全省城镇保障性安居工程任务居全国第5位。上半年，全省保障房开工率即达到86.3%，比2012年同期提高24.9个百分点，排全国第6位。下半年，湖南省是全国17个保障房建设开工率最早达到100%的省份之一。二是规划和质量安全水平稳步提升。全省保障房规划逐步被纳入到城市总体规划。部分地区保障房建设违反基本建设程序的状况得到遏制，少数未被纳入监管的保障房项目通过巡查得到纠正。全省保障房建设全年实现零死亡，株洲、湘潭等市本级保障房项目建设质量水平总体上高于商品房开发项目。省住建厅被全国总工会评为保障性安居工程建设劳动竞赛优秀组织单位。三是配套建设得到加强。配套资金压力大、配套建设跟不上的状况得到中央和省委、省政府的高度重视。中央加大了保障房配套建设资金投入，2012年湖南省保障房建设任务38.78万套，中央补助基础设施配套资金24.19亿元，2013年建设任务33.26万套，中央补助35.69亿元。在2012年12月26日全省保障性安居工程和城市污水垃圾治理现场会议上，杜家毫省长明确指示保障房省级配套资金要在前几年的基础上翻一番。各地也不同程度地加大了配套建设力度，如怀化市对开工率、竣工率、入住率同步考核。四是认真探索后续管理。长沙市年初制订保障房管理示范小区创建方案，从配套设施、住房管理、小区组织、物业管理四个方面提出创建标准，在2012年12月进行了考评。常德市适应保障对象跨区居住的需要，把保障房小区纳入社区化管理。株洲市和谐家园小区把行政管理和物业管理、基层党建和引导群众自我管理、以爱心小屋形式把社会救济与帮助特困群众结合起来的办法得到了小区住户的认同。益阳市银东社区配套设施完善、基层组织健全、管理服务全面。

（二）2013年湖南的主要做法

（1）加强组织领导。一是省委、省政府高度重视。徐守盛书记非常关注全省保障性安居工程，多次带队深入调研并作出重要指示。2013年12月26日，省政府在株洲召开保障性安居工程现场会。二是形成了省里负总责、市县抓落实的工作机制。省政府成立了城市保障性住房建设工作领导小组和保障性安居工程投资有限公司，明确了住建、发改、财政和国土等部门的责任分工。各级地方党委、政府实行一把手负责制，主要领导亲自调度、统筹安排，分管负责同志和相关部门认真落实，确保了保障房建设工作的协调推进。2013年7月国务院关于加快棚户区改造工作的意见下发后，各级各部门加大工作力度，其中长沙市政府专门开会研究落实；衡阳市委、市政府主要领导带队调研并组织研究本地棚户区改造规划，牵头负责重大项目改造工作。

（2）加强政策引导。几年来，省政府及相关部门先后下发文件23个，涉及规划编制、保障对象资格认定、项目申报审批、资金管理、土地供应、质量安全监管和分配管理等，指导开展各项工作。各地认真执行，绝大部分市县编制了本地保障房"十二五"规划，明确了年度计划任务，确保了保障房建设有序开展。在建设管理上，各地按照省住建厅推行建设工程安全质量标准化、监督规范化、监管信息化的工作要求，把保障房纳入重点督查，整体提升了保障房质量安全水平，湘潭市德馨廉租房小区等示范项目被评为2012年全国人居经典规划金奖。还有娄底市率先执行省政府有关保障房在商品房中进行配建的规定，对全市71宗挂牌出让土地明确配建指标，先后配建保障房7.4万平方米。在保障房分配工作上，各地采取了"三次审核三次公示"的办法，做到严格程序、随机摇号、信息公开。对于保障房后续管理，各地采取了由当地房产部门聘请人员和物业公司进行管理的方式，部分地解决了群众生活需要。

（3）狠抓项目建设。一是分工协调。住建部门牵头负责公租房和城市棚户区项目申报和审批工作，发改部门牵头负责廉租房、国有工矿棚户区和垦区危旧房、林业棚户区等项目申报和审批。为加快工作进度，省国土资源厅将保障房新增建设用地纳入计划单列，建立审批绿色通道；省住建厅及时向市州下放公租房和城市棚户区项目审批权。二是及早筹备。为完成保障房建设当年全面动工、当年基本建成60%的进度要求，各地采取了"抓今年、备明年"的办法，对于下一年建设项目提前储备并完成规划、设计和招投标等前期工作，有条件的提前开工建设。从2013年的情况看，湖南省保障房建设进度总体上处于全国前列，扭转了前几年曾经滞后的被动局面。三是大力落实建设资金。从2009年到2013年，湖南省共争取保障性安居工程中央补助资金414.42亿元，省财政安排补助资金51.69亿元；各地多措并举，按规定的渠道和标准落实配套资金，将土地出让总价款的5%提取作为保障性安居工程建设资金，同时积极争取信贷支持、公积金收益投入、市场运作和企业、个人参与。5年来，通过各种方式，全省投入保障房建设达1530多亿元。

（4）严格督查考核。一是实施巡查制度。自2011年起，全省抽调巡查人员，按照建设时间节点要求，做到项目全覆盖现场检查。二是实行通报制度。省保障性安居工程领导小组按各地每月建设进展情况进行排位，及时通报，并通过《湖南日报》、湖南卫视等媒体向社会公布。三是实行工作目标考核制度。省政府办公厅每年下发湖南省保障性安居工程工作目标考核办法。省政府与各市州、县市政府年初签订目标责任状，对工作进展不力和反映问题突出的地方负责人采取约谈措施，年终由省政府绩效办会同省有关部门组织专项考核，对成效突出的地方提请省政府表彰奖励。各地也相应强化了考核工作，比如株洲市实行"四个挂钩"的办法，即保障性安居工程任务完成情况与部门负责人薪酬、部门办公场所建设审批、主体单位其他建设项目立项审批、财政补助资金拨付挂钩，多方面促进责任落实；怀化市对不按市里要求定期完成的地方采取约谈办法，对主要负责人不评先、不提拔、不重用。

二 2014 年湖南保障性住房工作设想及展望

2014 年，湖南将按照中央和省委、省政府关于保障房工作的政策目标，立足自身职责和已有的工作基础、机制、措施，积极发挥牵头部门作用，坚持问题导向，务求工作实效，着力提高水平，努力把这项民生工程办成城镇中低收入困难家庭和部分外来务工人员住得进、住得安的满意工程，确保保障房可持续建设和利用。

（一）严格规范计划项目审核工作

在梳理全省保障房计划项目审核情况和建设问题的基础上，着手制定《全省保障性住房计划项目审核办法》。重点明确 6 个内容：一是项目前期准备工作深度，确保计划项目能够按国家要求的时间节点和当地的规划有序实施。二是按推进新型城镇化要求确定各地重点项目，进一步发挥棚户区改造项目和公共租赁住房项目对改善城镇面貌、改善外来人口居住条件、提升群众生活品质的作用。三是分析测算历年来各地保障房建设容量，按照城镇人口 20% 的标准，对已经超标或远远没有达标的地方采取适当的干预措施。四是对选址偏远的项目实行地方政府配套建设承诺制度，对不能按期配套的项目严格控制准入。五是对公共租赁住房建设结构类型和设计提出控制性指标，确保可持续利用。六是建立保障房建设社会风险防控机制。对新建的公共租赁房要实行建设前公示，确保建设规模、地点、户型、标准与保障对象的实际需求基本匹配；对棚户区改造要严格征求改造范围内群众意见，对群众反对意见较多的不予纳入。

（二）深化保障房建设规划和设计工作

积极发挥湖南省住建厅规划和设计指导职能作用，一是推进保障房规划与城市总体规划、修建性详细规划的结合。按照中央对住房保障工作是政府的公共服务职能之一的定位，不仅要从规划上考虑"十二五"全省160万套保障房建设问题，还要结合湖南省实际考虑到各地城市规划期内保障房建设规模问题。二是加强设计引导和支持。针对提高保障房空间合理使用率、二次设计、提供必需的配套设施等问题，组织专业设计力量深入保障房建设现状进行调研，开展专项设计竞赛，推介优秀设计方案，并提出必要的指导意见。

（三）优化保障房建设方式

一是把保障对象按条件组织申报与解决特别困难行业及人员相结合。将符合条件的城市环卫临聘人员纳入重点保障对象。二是积极推进配建工作。杜家毫省长在全省保障性安居工程现场会上对娄底市把保障房纳入城市商品房开发中配建的做法给予了充分肯定。总结和推广娄底市做法。三是选定部分项目推进住宅产业化试点。四是着力摸索民间资本进入保障房建设工作。重点工作放在建立项目平台和明确支持政策上。五是集中部分资金重点支持保障房示范小区的基础设施配套建设，尽快形成有效供应。

（四）加大后续管理力度

一是督促各级政府制定和完善《湖南省保障性住房分配和运营管理暂行办法》（湘政办发〔2012〕111号）的配套措施；二是制定廉租住房和公共租赁住房并轨的管理办法；三是推进信息化建设，争取资金，着手建立保障住房的电子地图；四是加强配套建设，加大分配入住率考核力度；五是总结各地保障性住房小区管理经验，提升保障性安居工程示范项目水平。

B.17
2013年湖南人力资源市场动态分析及2014年展望

湖南省人力资源和社会保障厅职业介绍服务中心

一 2013年湖南人力资源市场动态分析

2013年，是全面贯彻落实党的十八大和十八届三中全会精神的开局之年，也是加快转变发展方式的关键时期。湖南省贯彻就业优先战略，大力实施更加积极的就业政策，建立经济发展和扩大就业的联动机制，健全政府促进就业责任制度，全省就业形势总体稳定，全省登记失业率控制在4.2%以内，市场在人力资源配置中开始发挥决定性作用。纵观2013年全省人力资源市场情况，其基本特点可以概括为：市场活跃度虽较2012年有所下降，但仍呈相对活跃态势，就业总量矛盾在初步缓解，全年求人倍率为1.11；结构性矛盾开始凸显，高校毕业生、农村转移劳动力以及城镇就业困难人员等重点人群的就业成为今后一段时间就业工作的重中之重。

（一）主要特点

（1）人力资源市场供求双方均止涨回落。市场用工需求总量从2012年度的235.47万人回落至2013年的228.42万人，降幅2.99个百分点；求职人员总量从2012年度的211.68万人回落至2013年的205.69万人，降幅2.83个百分点（见表1）。分季度观察，除第三季度的用工需求量同比增加0.18万人，环比增加1.06万人外，第一、第二、第四季度的用工需求量同比、环比同时下降；本年各季度的求职量同比、环比亦同时下降。

表1 2012~2013年湖南省人力资源市场供求状况

单位：万人

类别	2012年度			2013年度		
	需求人数	求职人数	求人倍率	需求人数	求职人数	求人倍率
第一季度	71.05	60.6	1.17	65.41	57.94	1.13
第二季度	58.16	54.01	1.08	56.61	53.27	1.06
第三季度	57.49	53.9	1.07	57.67	52.41	1.10
第四季度	48.77	43.17	1.13	48.73	42.07	1.16
合计	235.47	211.68	1.11	228.42	205.69	1.11

（2）就业总量矛盾初步缓解。以2011年第一季度为分界线，全省人力资源市场供求关系发生根本转换。此前，各年度、各季度的人力资源用工需求总量小于求职人员总量。此后，用工需求总量大于求职人员总量，2013年也保持了这一态势。2013年，全省人力资源市场求人倍率均保持在1以上，这表明，从理论上说，全省就业总量矛盾正在缓解。

（3）第三产业的用工需求还有较大增长空间。分析表明，2013年第三产业的用工总需求虽比2012年度略有下降，但仍占总需求的57.79%，特别是，2013年以来，湖南省经济结构发生很大变化，第二产业的发展速度提升，而且主要体现在制造业等基础行业的增长上，导致第二产业的用工需求继续上涨，全年第二产业的用工总需求占全部用工总需求的38.19%，比2012年增长1.24%（见表2），由于第二产业的发展和第三产业的发展具有一定的联动性，未来一段时间，第三产业的用工需求将有较大的增长空间。

表2 2012~2013年湖南省三次产业用工需求情况

单位：万人，%

类别	2012年度				2013年度			
	第一产业	第二产业	第三产业	三次产业累计	第一产业	第二产业	第三产业	三次产业累计
需求人数	7.19	87.01	141.27	235.47	9.18	87.23	132.01	228.42
需求比重	3.05	36.95	60.00	100.00	4.02	38.19	57.79	100.00

（4）高学历、高技能即"双高"人员需求旺盛，就业渠道亦越来越宽。数据显示，2013年，全省大专以上高校毕业生、职业资格二级（技师）以上、高级专业技术人员的求人倍率分别为1.06、1.82、2.66，大大高于其他人员。

（二）需求分析

2013年度全省人力资源市场用工需求总量228.42万人，主要集中在第二、第三产业，分别占需求总量的38.19%和57.79%；其中，制造业、批发和零售业、住宿和餐饮业、居民服务业和其他服务业，占需求总量的71.32%；从用人单位经济性质分析，民营经济（指股份合作企业、联营企业、有限责任公司、股份有限公司、私营企业、其他企业、个体经营户）是用工需求的主体，占需求总量的80.2%；从职业构成观察，用工需求主要集中在商业和服务人员，生产运输设备操作工两类职业，需求比重分别为32.66%、30.29%；从年龄构成看，用工需求主要集中在16~24岁、25~34岁两个年龄组，需求比重分别为31.50%、37.15%；从文化程度看，用工需求主要集中在高中（职高、技校、中专）、大专两个文化层次，需求比重分别为38.66%、26.39%；从技术等级构成看，用工需求主要集中在无要求、初级技能、初级专业技术、中级技能四个层次，分别占需求总量的28.62%、20.31%、18.23%、15.42%。

（三）供给分析

2013年度全省人力资源市场求职人员总量205.69万人。从职业构成观察，主要集中在商业和服务人员、生产运输设备操作工、办事人员和有关人员三个职业，分别占求职人员总量的29.81%、21.74%、14.76%；从求职人员类别观察，主要集中在新成长失业青年、本市农村人员和就业转失业人员三类。而新成长失业青年中，应届高校毕业生自2012年一季度开始便占据求职总量的一半以上，2013年度处于历史最高点；从年龄构成看，主要集中在16~24岁、25~34岁两个年龄组，全年求职比重分别为34.33%、34.89%；从文化程度构成看，主要集中在高中（包括职高、技校、中专）和大专两个文化程度层次，求职比重分别为41.43%、29.43%；从技术等级看，主要集中在无专业技术、初级技能、初级专业技术、中级技能四个层次，求职比重分别为28.66%、25.99%、18.92%、12.96%。

（四）结构分析

（1）民营经济体成为用工需求主体。2013年度，全省民营经济体的用工需求比2012度提高了3.74个百分点，占到用工总需求的80.23%，其中，私营企业、有限责任公司、股份有限公司、个体经营户则是用工需求主体；而国有企业、集体企业用工需求比重持续下降（见表3）。由于民营经济的用工需求主要是通过市场来得到满足，因此可以说，市场已经在人力资源的配置方面发挥决定性的作用。

表3 2012~2013年湖南省人力资源性质分组情况

单位：万人，%

单位性质	2012年 需求人数	2012年 需求比重	2013年 需求人数	2013年 需求比重
企业	219.37	93.16	217.21	95.09
内资企业	161.59	68.62	164.95	72.21
国有企业	8.53	3.62	14.66	2.04
集体企业	3.00	1.27	2.58	1.13
股份合作企业	6.66	2.83	6.85	2.99
联营企业	3.24	1.38	4.11	1.80
有限责任公司	45.05	19.13	46.54	20.40
股份有限公司	26.99	11.46	30.44	13.33
私营企业	56.79	24.12	56.41	24.67
其他企业	11.34	4.82	13.36	5.85
港澳台商投资企业	13.84	5.88	15.08	6.60
外商投资企业	14.53	6.17	11.64	5.10
个体经营户	29.41	12.49	25.54	11.18
事业	1.57	0.67	0.82	0.36
机关	0.83	0.35	0.39	0.17
其他	13.71	5.82	10.00	4.38
累计	235.47	100.00	228.42	100.00

（2）高校毕业生、农村转移劳动力成为就业的重点和难点。既是就业总量矛盾问题，也有结构性的就业矛盾。表现为两个不一致，即教育结构调整步伐滞后于经济结构的调整步伐，人力资源自身技能的进步不适应用人单位的需

要。高校毕业生因为选择接受高等教育来提升自身的人力资本，推迟了就业时间，既降低了劳动就业参与率，又增加了自身人力资源成本，如果不能在黄金年龄段及时就业，将造成人力资源的巨大浪费，因此，做好高校毕业生的就业成为当前就业工作的重点；农村转移劳动力的素质与用人单位的要求还有相当大的差距，而用人单位往往在薪酬待遇、工作环境等条件与求职者的理想不符，也使顺利实现转移就业有一定的难度。

（3）从年龄分组看，16～34岁年龄段人员的求人倍率高于其他年龄段，用工需求总量大于求职人员总量，说明在16～34岁年龄段人员，有明显的就业优势。而35岁以上各年龄组，随着年龄增长，企业用工需求明显减少，求人倍率也逐渐走低，这一年龄段人员在人力资源市场上，缺乏竞争力，就业难度也大；从文化程度看，文化程度越高，就业优势越明显（见表4）；按性别分组的求人倍率显示，男女两性就业机会基本均等。这主要得益于全社会，包括用人单位的男女平等就业的法律意识日益提高。按技术等级分组的求人倍率显示，随着技术等级的提升，求人倍率也不断走高。由此可见，一方面，用人单位整体看好职业技能证书持有者，专业技能已成为就业竞争中的重要砝码；另一方面，职业技能等级愈高愈受用人单位青睐。由此昭示广大求职者，只有不断提升自身的技能含量，提高技能等级，才能适应市场竞争的挑战。

表4 2013年湖南省求职需求人数文化程度需求情况

单位：万人

初中及以下		高中		其中：职高、技校、中专		大专		大学		硕士以上		无要求	
需求人数	求职人数	需求人数	求职人数	需求人数	求职人数	需求人数	求职人数	需求人数	求职人数	需求人数	求职人数	需求人数	求职人数
27.28	30.70	88.17	85.39	51.70	47.00	60.19	60.30	34.00	28.60	1.78	0.70	17.00	0

（4）求人倍率是反映人力资源市场供求关系的一个指标（求人倍率＝需求人数/求职人数）。一方面，求人倍率高，并不意味求职匹配成功率高，但求人倍率低则一定意味着求职匹配成功率低；另一方面，求人倍率太低或太高，则表明存在人力资源供求结构性矛盾。所谓就业结构性矛盾，就是用人单

位所提供的岗位中，包括职位、技能、年龄、学历、职称、性别等各要素与求职者能提供的上述要素不相适应，导致一方面用工单位招不到合格劳动力，同时又有大量的劳动力找不到工作，这两种现象同时并存，其结果，既导致用人单位劳动力成本上升，又导致全社会人力资源的浪费和失业率上升，而其深层次的原因，则是现行教育结构和模式与经济发展水平和结构还不适应。在2013年度，35岁以上各年龄组，硕士以上文化程度、高级技师、高级专业技术职务等都存在人力资源供求结构性矛盾。

（5）分析全省14个市（州）岗位需求与求职排行榜，可以发现，各市（州）之间由于经济发展水平、经济结构、教育水平的差异，以及市场发育程度、信息化建设水平和求职者的就业意愿等，导致各市（州）之间人力资源市场供求双方存在一定的互补性，因而可以实现跨地区对接，如2013年第三季度，长沙市需要大量保安人员，而株洲、郴州、永州、娄底可以提供大量保安人员，其他一些岗位也存在这种情况（见表5）。建立全省统一、完善、高效的人力资源市场和信息服务网络，做到信息、资源共享，既可以实现地区之间人力资源的调剂互补，又可以大幅降低供求双方的人力资源成本。

表5　2013年湖南省14市（州）岗位需求与求职排行榜

单位：%，万人

市（州）	需求与求职人数的比率	第二产业需求	第三产业需求	需求大于求职人数缺口最大的前三个职业	需求与求职人数的比率	需求小于求职人数缺口最大的前三个职业	需求与求职人数的比率
长沙	1.07	26.40	72.24	服务员	4.37	文秘、打字员	0.36
				机械制造加工工	3.81	其他行政办公人员	0.36
				销售业务员	2.94	财会人员	0.28
株洲	2.43	48.63	49.95	瓷业工	2.61	体力工人	0.66
				餐饮服务人员	2.83	机动车驾驶员	0.47
				治安保卫人员	1.88	焊工	0.67
湘潭	1.17	29.40	69.53	营业人员	1.58	行政办公人员	0.21
				饭店服务人员	1.51	推销展销人员	0.48
				环境卫生人员	1.74	财务人员	0.29
衡阳	1.06	37.80	57.93	美容美发人员	3.00	驾驶员	0.23
				餐厅服务员	2.70	医疗技术人员	0.34
				营业员	2.62	会计	0.45

续表

市(州)	需求与求职人数的比率	第二产业需求	第三产业需求	需求大于求职人数缺口最大的前三个职业	需求与求职人数的比率	需求小于求职人数缺口最大的前三个职业	需求与求职人数的比率
郴州	1.08	30.05	67.97	服务人员	2.26	保安	0.21
				普工	3.75	文员	0.41
				营销人员	1.59	财会人员	0.26
常德	1.18	34.86	63.36	治安保卫人员	2.49	文员	0.14
				推销员	3.60	财会人员	0.20
				保险业务人员	2.85	机动车驾驶员	0.31
益阳	0.87	38.20	50.42	机械制造加工工	2.72	文秘、打字员	0.05
				服务员	1.17	其他行政办公人员	0.50
				保安	2.83	财会人员	0.13
岳阳	1.04	28.83	66.30	财会人员	3.88	护理人员	0.31
				保险业务人员	3.61	物业管理人员	0.29
				其他行政办公人员	3.49	银行业务人员	0.28
永州	1.12	65.28	31.55	毛织加工	2.29	机动车驾驶员	0.57
				电子普工	2.00	治安保卫人员	0.64
				餐饮服员、厨工	1.96	营业员	0.65
怀化	1.85	48.65	49.37	普工	2.16	行政办公人员	0.33
				餐饮服务人员	2.04	建筑和工程施工人员	0.42
				推销展销人员	1.91	家政服务员	0.22
娄底	0.73	40.00	57.58	电器安装工	5.60	焊工	0.17
				传菜员	6.00	其他行政办公人员	0.39
				销售业务员	4.44	财会人员	0.38
张家界	0.32	29.64	56.23	餐厅服务人员	1.41	机动车驾驶员	0.34
				业务员	1.53	文秘	0.70
				导购	1.19	保洁员	0.73
邵阳	1.17	33.72	63.90	保安	2.17	办公室文员	0.28
				服务员	2.26	机动车驾驶员	0.31
				业务员	2.39	仓储人员	0.40
湘西土家族苗族自治州	0.80	47.34	52.65	营业人员	2.87	行政办公人员	0.75
				饭店服务人员	3.31	推销展销人员	0.64
				环境卫生人员	2.67	财务人员	0.72

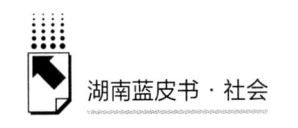

二 2014年湖南人力资源市场发展展望

展望2014年,随着全省经济形势继续向上、向好,各级政府推动积极就业政策作用进一步释放,就业形势亦将出现向好的态势,反映到人力资源市场上,用人单位招聘意愿会比2013年更加强烈,市场会更加活跃,就业总量矛盾会进一步缓解,市场薪酬水平也会随之有所提高,但就业结构性矛盾将依然存在。因此,大力发展职业培训、努力提升农村转移劳动力的素质、改善高校毕业生等群体的素质结构和专业技能,同时,加快全省公共就业服务网络建设,尤其是信息化建设的步伐,可以有效地破解上述矛盾。

B.18
2013年湖南城乡居民收入状况与走势分析

国家统计局湖南调查总队

2013年，湖南省努力克服宏观经济增速下滑、农产品价格波动和自然灾害对居民增收带来的不利影响，加大惠民政策力度，积极拓宽城乡居民增收渠道，为居民收入平稳增长提供了重要支撑。全省城乡居民收入分别增长9.8%和12.5%。

一 2013年湖南城镇居民收入稳步增长

2013年，全省城镇居民人均可支配收入23414元，比2012年增加2095元，增长9.8%，扣除价格因素实际增长7.0%。

（一）城镇居民收入增长的主要特点

（1）收入保持平稳增长，增速较2012年回落。分季度看，城镇居民收入增速呈前低后高态势。一季度增速仅为8.6%，上半年增长9.2%，前三季度增长9.5%，全年增长9.8%，比2012年的全年增长幅度回落3.3个百分点。

（2）工资性收入对城镇居民增收贡献最大，财产性收入增长最快。2013年湖南城镇居民人均可支配收入的四大来源呈现全面增长。一是人均工资性收入为12943元，增长8.5%，增收贡献率最大，达48.6%；二是人均经营净收入为3215元，增长6.9%，增收贡献率为9.9%；三是人均财产性收入为1096元，增长速度最快，达26.3%，增收贡献率为10.9%；四是人均转移性收入为6159元，增长11.6%，增收贡献率为30.6%。

(3)城镇居民人均可支配收入增速比全国平均水平高0.1个百分点,收入水平位居中部第1位。2013年湖南城镇居民人均可支配收入居全国第12位,居中部六省第1位,比全国平均水平26955元低3541元。增速比全国平均水平略高,居全国第20位,排中部六省第5位。

(二)城镇居民收入增长的主要支撑因素

(1)经济持续稳定增长,增资政策逐步落实,工资性收入增速逐季加快。从工资性收入增长趋势看,2013年上半年增长4.7%,前三季度增长5.6%,全年增长8.5%,季度增速平稳加快。影响居民工资性收入增长的因素:一是2013年以来全省企业利润增长,为工资性收入增长提供了保证。二是政策性增资。在规范津补贴政策影响下,部分地区津补贴与绩效考核工资标准提高。新《劳动合同法》2013年7月正式实施后,要求临时工与正式工同工同酬,对劳动者特别是低收入劳动者工资水平的提升有一定促进作用。三是市场劳动力价格提高。2013年,企业招工难和就业难的同时出现,就业结构性矛盾与择业观念的变化,造成劳动力价格呈现上涨的势头,全省最低工资标准也有所提高。

(2)政府转移支付力度加大,转移性收入增长较快。一是养老金和离退休金标准继续提高成为转移性收入增长的重要因素。2013年全省基本养老金提高10%。二是低收入群体基本生活继续改善。多地提高低保标准,促进了低收入群体收入水平提高。

(3)经营环境改善,为经营性收入增长创造了条件。城镇居民经营性收入增长,主要得益于经营环境向好,创业主体增加,增强了居民收入增长的内生动力。政府为扶持个体、私营经济发展出台了一系列优惠政策,不断深化对小微企业在创业、融资、技术、人才等方面的政策扶持,有利于降低经营成本,扩大收入来源。

(4)投资渠道多元,助推财产性收入快速增长。受房地产政策调控、旧城改造、物价上涨等因素的影响,房租价格继续上涨,是居民财产性收入增长的重要因素。品种多样、收益较高的银行理财产品也促进了财产性收入的较快增长。

二 2013年湖南农民收入增长较快

2013年湖南农民收入继续保持较快增长,人均纯收入8372元,增加932元,增长12.5%,扣除价格因素实际增长9.8%。

(一)农民收入增长主要特点

(1)收入增速超过城镇,城乡居民收入相对差距逐渐缩小。2013年全省农民人均纯收入增长12.5%,比全省城镇居民人均可支配收入增幅高2.7个百分点,城乡居民收入相对差距由2012年的2.87∶1缩小为2.80∶1。

(2)四大项收入全面增长。农民纯收入中,人均工资性收入为4596元,增长19.4%,增收贡献率为80.3%;人均家庭经营收入为2962元,增长2.0%,增收贡献率为6.3%;人均财产性收入为148元,增长31.0%,增收贡献率为3.7%;人均转移性收入为667元,增长15.7%,增收贡献率为9.7%。

(3)收入增速有所放缓。虽然全省农民人均纯收入保持了较快增长,但实际增速较2012年回落了1.7个百分点。家庭经营收入增速回落4.5个百分点,是增速回落的主要原因。

(4)收入增速略高于全国平均水平,但收入水平与全国的差距进一步扩大。2013年,湖南省农民人均纯收入比全国平均水平低524元,比2012年的477元有所扩大。增速高于全国12.4%的平均水平0.1个百分点。全省农民收入位居全国第17位,中部六省第4位,在增长速度上处于全国第18位,中部并列第4位。

(二)农民收入增长主要支撑因素

(1)农村劳动力就业趋稳,工资性收入是农民增收的主要来源。2013年农民人均工资性收入4596元,增长19.4%,对全年农民增收的贡献率达80.3%,是增收的主要来源。一是2013年各项政策继续向基层倾斜,各地乡村干部、教师等基层工作者待遇不断提高。二是各地、各行业工资标准不断上

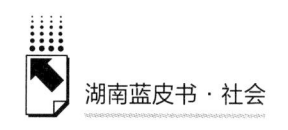

调，外出就业稳定，收入继续增长。三是各地县域经济的发展，新农村建设和基础建设的全面推进，本地非农就业机会增加，农民在本地打工收入继续保持高速增长。

（2）县域经济发展势头较好，拓宽了农民增收渠道。随着工业化与城镇化进程加快，新农村建设不断深入，县域经济发展提速，各地出台了一系列鼓励农民工回乡创业的优惠政策，有力带动了农民收入增长。

（3）惠农政策持续给力，农民转移性收入快速增长。2013年各地进一步落实惠农政策，城乡居民社会养老保险实行全覆盖，进一步提高粮食直补、农机、家电下乡等涉农补贴，上调农村低保、新型农村合作医疗报销标准等。在多项惠农政策的持续给力下，农民转移性纯收入实现快速增长，为收入增长提供了有力保障。

（4）创收渠道增多，财产性收入快速增长。农民财产性收入主要来源于利息、股息红利、租金和转让承包土地经营权收入。各地农村纷纷试水土地流转经营新模式，鼓励农户采取以土地入股、出租土地经营权等方式，推动土地有效流转，提高规模经营效益。

三 2013年湖南城乡居民消费继续增长

（一）城镇居民生活消费结构进一步优化

2013年全省城镇居民人均生活消费支出15887元，比2012年增加1278元，增长8.7%，扣除价格因素实际增长6.0%。

（1）食品消费支出小幅增长，恩格尔系数下降。2013年全省城镇居民食品消费支出5584元，比2012年增加142元，增长2.6%；占生活消费支出35.1%，占生活消费支出比重（即恩格尔系数）比2012年下降2.1%。

（2）医疗保健支出快速增长。随着医疗制度改革的不断深入和居民生活条件的逐步改善，城镇居民自身保健意识不断增强。2013年全省城镇居民医疗保健消费支出1079元，增长17.5%，占生活消费支出比重6.8%，支出比重比2012年提高0.5个百分点。

（3）教育文化娱乐消费支出上涨较快。2013年全省城镇居民文化教育娱乐支出2080元，增长19.7%，占生活消费支出比重为13.1%，比2012年提高1.2个百分点。许多家庭选择参加各类社会特长培训班，城镇居民人均用于教育费用方面支出达1193元，占生活消费比重的7.5%。

（4）居住类消费支出大幅增加。2013年全省城镇居民居住类支出1530元，增长17.5%，占生活消费支出比重9.6%，支出比重比2012年高0.7个百分点。居住类消费支出大幅增加的主要原因包括：一是改善居住环境观念增强，2013年城镇居民人均住房装修支出191元，增长41.3%；二是租赁房房租支出大幅增加，2013年城镇居民人均租赁房房租124元，增长107.7%。同时，水电燃料费用也有较大涨幅。

（5）交通、通信消费支出大幅增加，通信、出行环境不断改善。随着外出旅游、家庭购车、互联网普及、网络购物等现代生活方式的影响和带动，城镇居民交通、通信消费支出大幅增加。城镇居民人均交通和通信消费支出2410元，增长19.7%，占生活消费支出13.1%，支出比重比2012年高1.2个百分点。其中交通工具、车辆燃料及零配件、通信工具、通信服务等方面消费支出均大幅增加。

（6）奢侈品消费大幅增加。2013年全省其他商品和服务消费支出538元，增长15.2%。由于黄金市场价格下跌，城镇居民"抢金潮"热情继续升温，2013年金银珠宝饰品人均消费156元，增长65%。

（7）购物方式呈现多样化，网络消费大幅增加。随着人们生活水平的提高，越来越多消费者的消费观念和购物方式发生了转变，网络购物以方便快捷、价格实惠、售后服务与保障水平的不断提高等优势迅速发展，网络购物消费方式也被越来越多的人接受。2013年湖南城镇居民网络购物人均达到130元，增长90.6%。

（二）农村居民生活消费呈现新特点

2013年，全省农村居民人均生活消费支出6609元，比2012年增加739元，增长12.6%，扣除价格因素实际增长9.9%。其中服务性消费支出1822元，增长12.7%，占农村居民生活消费支出27.6%。农村居民生活消费呈现

新的特点。

（1）食品消费支出首次出现下降，生活质量提高。2013年农村居民食品消费支出2537元，比2012年支出减少38元，下降1.5%。主要原因是农村居民食品大都是自己生产，按照农民出售农产品价格计算的食品消费因粮食、生猪价格下跌而出现微降。农村居民饮食消费从单纯的主食消费向多营养、多种类的副食品消费转化。如食品消费中豆类、肉禽蛋奶及制品类、水产品及茶叶饮料等消费不同程度增加，饮食结构更趋合理。

（2）居住类消费支出大幅增加，改善居住环境和投资观念增强。2013年农村居民居住类支出1438元，比2012年增长32.2%，占生活消费支出比重为21.8%，比2012年提高3.3个百分点。居住类消费支出大幅增加的主要原因，一是在新农村建设的影响下，农民改善居住环境的意识增强，在外务工人员回乡修缮房屋的家庭逐渐增加，太阳能、砂石路、地板砖等改善居住条件的消费支出增加；二是水、电、燃料等支出都有较大幅度的增长；三是受城市房价高涨影响，越来越多的农民倾向回乡投资建房，增加固定资产。

（3）交通、通信消费支出大幅增加，融入现代信息社会意愿增强。2013年农村居民人均交通和通信消费支出640元，比2012年增长32.9%，占生活消费支出9.7%，支出比重比2012年提高1.5个百分点。随着收入增加和网络信息社会的发展，农民改变出行方式与通信产品更新换代等方面消费意愿也不断增强。摩托车、智能手机、电视机等交通、通信产品不断普及的同时，电脑、汽车等高端交通、通信产品也逐渐进入农村居民家中。2013年农村居民人均用于购买交通工具和交通服务支出分别为人均169元、106元，比2012年增长28.4%、3.1%；用于购买通信设备和通信服务的支出分别为59元、157元，比2012年增长93.6%、18.3%。农民家庭每百户拥有汽车1辆、接入互联网8户，分别比2012年增长121%和76%。

（4）医疗保健支出快速增长，农民保健意识不断增强。随着农民收入的增加，新农合等政策的运行，农民自我保健意识不断增强，医疗保健消费支出快速增长，人均达到638元，比2012年增长28.4%。

四 2014年湖南城乡居民收入形势的初步判断

（一）城镇居民收入增势平稳

（1）城镇居民收入增长有三个有利条件：一是企业退休养老金标准继续提高10%，有利于转移性收入增长。二是经营性收入增长迎来新的契机。党的十八届三中全会提出的全面深化改革的目标中指出，要使市场在资源配置中起决定性作用，预计2014年政府对个体、私营企业的政策性扶持力度将持续增大，有利于居民经营收入较快增长。三是财产性收入有望成为城镇居民收入增长新的亮点。近年来居民投资理财渠道不断拓宽，资金与技术门槛大大降低，将进一步盘活居民存款，带来更多财产性收入。

（2）工资性收入增速可能继续回落。虽然企业利润稳步增长为职工工资上涨带来预期利好。但机关、事业单位工资性收入较快增长在短期内难以实现，并且全省最低工资标准的增长幅度由2013年的13%下降至9%。

（二）农民收入高速增长难以维持

（1）农民收入增长的制约因素：一是工资性收入继续高速增长的动力不足。2013年，工资性收入占农民纯收入的一半以上，增收贡献率达80%。当前，一方面在复杂的经济形势下新的就业空间有限，农村劳动力总量也有限，农民工总体就业规模继续扩大的难度较大。另一方面，当前企业用工成本的承受能力减弱，预计各地农民工的工资水平增速较以前会明显放缓。二是第一产业收入受生产和市场的双重风险影响，不确定性加大。湖南省稻谷、畜禽等主要农产品易受自然灾害、病虫害的影响，增产难度较大，农产品价格也难以出现稳定的上涨预期。

（2）转移性和财产性收入是农民增收的积极因素。国家强农惠农政策力度不断增强，农民转移性收入将持续较快增长。城镇化的推进通过农村土地流转、集体经济发展使得农民利息、红利、租金、转让土地承包经营权收入快速增长。

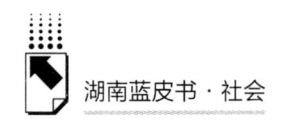

根据以上分析，初步预计2014年城乡居民收入将稳步增长，但增幅可能继续回落。

五 促进湖南居民收入持续增长的对策建议

（1）在中央一号文件的指导下，进一步深化农村体制改革，调动农民的生产投入积极性，依靠科学技术和提高农业生产效益，增强风险抵御能力，促进农业增产增收。要充分发挥各地特色农产品生产的优势，加快农产品运输、仓储、加工、市场的建设，提高农业的组织化程度，提升农业的产业化水平。

（2）进一步提高劳动者素质，提升就业层次。一方面要有针对性地加强对新生代农民就业知识、技能的培训，加大对农民免费的职业教育，对中等职业学校实施免费教育，积极引导农民和失业青年解放思想，更新观念，拓展就业空间。另一方面要充分发挥政府指导、政策扶持等措施的作用，鼓励本地企业吸收本地农民就近就业，同时做好维护和保障农民劳动所得的工作，确保农民工资性收入的稳定增加。

（3）大力发展第三产业，创造就业岗位。居民增收，关键在于就业。以服务业为主的第三产业的就业吸纳能力极大，有较好的发展空间。湖南省第三产业发展方向主要有：当前社会老龄化程度不断加剧，社区、家庭老人看护服务需求快速增长；近年来城镇独生子女夫妻进入生育高峰以及生育政策的调整，城镇居民对母婴护理等服务需求加大；农村城镇化发展过程中对生产生活服务、商贸物流、信息、技术、餐饮服务等发展需求日益加大；旅游业发展势头较好，应充分发挥旅游业的发展及其对相关产业的带动效应。

（4）加快收入分配制度改革，建立企业职工工资集体协商制度和收入增长长效机制，确保企业职工工资随着经济的增长和企业效益的提高而增长。

（5）规范公务员工资结构和增长机制。公务员群体作为社会管理和服务人员，其收入对社会起着风向标作用。当前湖南省公务员工资与津补贴标准普遍偏低、地区差异较大，增长机制没有建立，并且社会公众对"灰色收入""职务收入"等不规范收入误解较大。应进一步规范公务员津贴补贴，杜绝灰色收入，研究建立合理的正常增长机制，合理调控地区间公务员津贴补贴水平差距。

（6）规范投融资体制机制，合理引导和增加居民的财产性收入。资金是影响城乡居民创业、发展的最大瓶颈。要通过深化改革，促进经济发展、帮助居民发展生产、增加收入等方面形成合力，发挥重要作用。建立多种形式的互助合作基金和合作银行，一方面使居民的富余资金发挥作用，增加财产性收入，另一方面可满足部分城乡居民、下岗失业人员自谋职业、自主创业所需要的资金。

（7）加大城乡统筹力度，着力提高社会保障能力，建立与经济发展水平相适应的社会保障体系。虽然城镇居民已经基本实现了医疗、教育、养老保险等社会保障全覆盖，但在广大农村，除了新型农村合作医疗已经在较低水平上基本普及外，农村养老保险仍在试点；农村低保标准水平较低；农村教育投入和教育水平明显偏低。这些都需要省委、省政府积极争取国家政策，在力所能及范围内逐步实现农村社会保障全覆盖，提高农村社会保障水平；进一步加大扶贫转移支付力度，提高扶贫标准和城乡低保标准。

B.19
2013年依法行政工作情况及2014年展望

湖南省人民政府法制办公室

一年来，在湖南省委、省政府的正确领导下，全省政府法制系统紧紧围绕党的十八大提出的到2020年"法治政府基本建成"和省委提出的到2020年"率先建成法治政府"的奋斗目标，以邓小平理论、"三个代表"重要思想、科学发展观为指导，坚持一张好的蓝图干到底，全面推动深入实施"一规划两规定六办法"依法行政制度体系，认真当好省政府依法行政方面的参谋、助手和法律顾问，充分发挥在推进依法行政、建设法治政府中的组织协调、督促指导和考核评价作用，推动全省法治政府建设取得新的成效。

一 2013年湖南依法行政工作主要情况

（一）坚持开门立法，不断提高政府立法质量

一是突出立法重点。紧紧围绕推进"四化两型"建设开展政府立法工作，认真落实2013年省政府立法计划，全年共完成立法项目12件。二是坚持"开门立法"。立法项目通过网上公开征求意见、立法听证会、座谈会等方式，更广泛、更深入地征求了意见。三是开展地方性法规专项清理。首次对42部法规中的51项授权省人民政府和省政府部门制定具体规定的落实情况进行了清理。四是更加关注制度的落实。如针对《湖南省停车场管理办法》执行过程中的问题，及时进行协调督办，有效回应了社会关切。

（二）健全决策机制，切实提升依法科学民主决策水平

一是健全完善重大行政决策机制。推动省直部门、中央在湘单位制定规范

重大行政决策的专门文件。二是抓重大行政决策听证会。对20余个省直单位举行的听证会，从代表遴选到具体操作进行了指导。全省举行重大行政决策听证会310余次，省直部门、中央在湘单位31次，市州政府79次，县市区政府200余次。三是全面落实行政决策的合法性审查制度。14个市州政府和绝大多数省直部门、中央在湘单位的行政决策、政府合同、规范性文件实行了决定前送交法制机构进行合法性审查的制度。四是抓好重大行政决策的专家咨询论证。部分市（州）政府制定了《法律顾问工作规则》，有些市召开行政决策专家咨询论证会10次以上，一些市政府和省直部门在审查重大规范性文件或处理重大涉法事务时均认真听取法律顾问的意见，有些省直部门还建立了依法行政法律专家库。

（三）实施行政执法的全程规范，大力优化发展环境

一是规范执法主体。大力推进相对集中行政处罚权工作，初步解决了城市管理领域多头执法、重复执法、执法扰民等问题。积极支持长沙县探索综合执法改革。二是规范执法培训。建立全省行政执法（监督）证件管理信息系统，完成了全省14.6万名行政执法（监督）人员信息录入工作，强化了社会监督。三是规范执法文书。组织对14个市州和63个省直部门的300余卷行政处罚案卷进行了评查，对行政处罚执法文书进行了规范，并探索开展了行政执法相对人调查评价工作。四是规范执法依据。督促指导全省4000多个单位制定了行政处罚裁量权基准。完成2013年度省政府行政执法指导案例的选编和发布工作。

（四）严格文件审查标准，从源头上防止行政违法行为的发生

全年审查湖南省本级文件496件，发现问题文件129件。受理规范性文件合法性审查申请17件。"三统一"公布规范性文件419件。报备省政府规章3件、省政府和省政府办公厅规范性文件125件；备案各市州规章、规范性文件652件，并在网上逐月公布了备案目录。主动加强了对部分省直单位和市县规范性文件工作的指导力度，及时发现了规范性文件管理中存在的问题和不足，提高了有关部门和市县领导对规范性文件管理工作的重视程度。

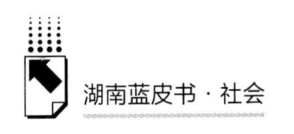

（五）紧紧围绕发挥行政复议化解行政争议的主渠道作用要求，提高行政复议的质量和效率

湖南省本级全年共收到行政复议申请256件，立案74件，办结行政复议案件74件，其中，作出复议决定36件（维持29件，驳回7件），通过协调当事人撤回申请而终止审理或以调解方式结案的38件，综合纠错率为60.8%。一是畅通复议渠道，强化立案工作。全省各级法制机构共收到行政复议申请3710件，立案3241件，比2012年同期分别增长35%、33%。针对湖南省本级收到的申请数和立案数大幅攀升的情况，加强了复议指导。二是探索灵活多样的审理方式。按照调解优先、调裁结合的原则，充分运用调解、和解方式办案，全年行政复议调解、和解结案率达到51.4%。三是落实规范化建设工作。编印《行政复议典型案例选编》。四是加强司法行政互动。争取从制度上推动市县政府和部门积极化解行政争议。

（六）认真做好政府法律服务工作，当好政府领导在依法行政方面的参谋、助手和顾问

紧紧围绕湖南省委、省政府的中心工作，进一步增强了做好法律服务工作的专业性和前瞻性。2013年全年共办理政府法律服务事项49项。组织完成了省领导交办的全省新一轮行政审批制度改革的思路研究、文化市场综合执法体制改革研究等非文件审查类交办事项11件，提交了关于行政审批制度改革、规范行政权力公开运行、市县规范性文件管理等多个专题报告。编写每月法制聚焦，及时了解和借鉴外省市法制工作好做法，总结推介市县政府和部门的好经验。

（七）加大对全省依法行政工作的组织协调和督促指导

一是统筹谋划全省推进依法行政工作。年初提请省政府下发了2013年度全省依法行政工作安排，组织召开了全省政府法制工作会议；年中召开了各市州、省直各部门、中央在湘单位法制办主任、法规处长会议；2013年底，首次召开了有各市州分管领导参加的全省推进依法行政、优化发展环境工作座谈

会，省委常委、省纪委书记黄建国，省委常委、常务副省长陈肇雄出席会议并做了重要讲话。二是召开省推进依法行政工作领导小组成员会议，专题研究开展依法行政示范单位创建活动有关工作。三是针对县级政府法制机构和队伍建设薄弱的情况，组织对全省县级政府法制机构和队伍建设情况进行了一次全面摸底调查。四是加强工作任务的督促检查。五是推介先进经验。六是按照规范化要求加强对12345社会求助服务平台建设的指导。全省13个设区的市已建成社会求助服务平台，并建立完善了受理、交办、反馈、督促、考核等制度。岳阳市12345公众服务热线月受理工单近万个，被省纪委作为典型推介。七是上门督促。对依法行政工作较薄弱的，上门督促整改并建章立制。八是加强依法行政知识和法制工作业务知识的培训。举办了全省市县政府法制干部培训班。

（八）严格依法行政工作考核

2013年初，提请省政府下发了2013年依法行政考核方案。确定专人定期了解掌握依法行政工作开展和完成情况。11月开始，分6组对部分市州政府和省直部门、中央在湘单位依法行政工作进行了抽查，实地核实了相关情况，评定了相关分值。完成了《湖南省法治政府建设"十二五"规划》实施中期评估工作。

二 2014年湖南依法行政工作展望

2014年，湖南省依法行政工作总的指导思想是：紧紧围绕湖南省委、省政府实施"四化两型"总战略，推进"两个加快"总任务，实现"三量齐升"总要求，以党的十八大提出的到2020年"法治政府基本建成"和省委提出的到2020年"率先建成法治政府"为总目标，坚持一张好的蓝图干到底，深入贯彻《国务院关于加强法治政府建设的意见》，不断完善"一规划两规定六办法"依法行政制度体系，全面贯彻落实党的十八大和十八届三中全会精神，进一步创新工作方法，着力打造法治政府"湖南样本"的升级版，为优

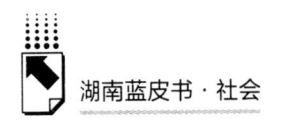

化湖南发展环境，写好中国梦的湖南篇章提供更强有力的法治保障。2014年，将着重做好以下几项工作。

（一）加快推动政府职能转变

全面梳理、及时公布各级政府和部门权力清单。依法做好新增或调整的行政许可项目备案登记工作。配合做好行政审批改革工作。做好政府法律服务工作。

（二）以深化行政执法体制改革见成效为重点，不断加强行政执法监督工作

结合第二批群众路线教育实践活动，对已开展相对集中行政处罚权的单位进行一次全面评估和整改。探索执法人员的在线培训、在线考试。升级执法证件信息管理系统，清理"合同工""临时工"执法。开展完善相对集中行政处罚权和城管执法制度研究。探索在全省范围内征集行政执法指导案例。探索省直主要执法部门选编行政执法指导案例，加强行政执法案卷评查。推行行政执法相对人评价制度。探索行政执法决定书网上公开。推行行政执法责任制。加强法规规章执行情况的监督，落实行政执法的反馈制度、报告制度和统计制度。督促行政执法机关完善投诉、举报制度。加强对食品药品、安全生产、环境保护、劳动保障等重点领域基层执法的指导、监督，针对热点问题，开展行政执法年度专项检查。

（三）以改革行政复议体制，建立行政复议责任制、行政首长出庭应诉制度为重点，充分发挥行政复议化解行政争议的主渠道作用

适时出台行政复议责任制、行政机关负责人出庭应诉规定，明确行政首长的行政复议相关职责。进一步畅通行政复议渠道，加强与信访部门的沟通衔接。创新案件审理方式。坚持调解优先，实现案结事了。督促作为行政复议被申请人、第三人的有关行政机关依法履行相关义务。行政复议法修改后及时做好宣传、培训和落实等工作。加强行政复议指导监督，深入推进全省行政复议工作规范化建设。提高行政复议的透明度和公信力，探索在网上公开行政复议

决定书。开展行政复议案卷抽查评比活动,开展县级行政复议工作大检查,着力提升基层行政复议工作水平。加强行政司法互动,形成化解矛盾的合力。配合做好纪念仲裁法颁布20周年和仲裁协会筹建工作,加强仲裁联系,充分发挥利用仲裁手段化解社会矛盾的作用。

(四)以完善重大行政决策的公众参与和合法性审查机制为重点,进一步推进依法科学民主决策

认真落实重大行政决策公众参与和合法性审查制度,明确重大决策事项的听证标准,进一步规范重大行政决策听证会程序,组织重大行政决策听证会观摩。查处、通报违反重大行政决策程序的典型案例。

(五)以更加广泛、充分的"开门立法"为重点,不断提升政府立法质量和水平

扩大立法项目征集面,向社会公众、各级政府广泛征集立法项目。加强深化经济和行政体制改革、加强政府自身建设、保障和改善民生、推进生态文明建设等方面的立法。配合推进各领域改革,及时修改地方性法规、政府规章。探索建立立法项目课题研究制度,重点研究和制定切中要害的措施和办法,降低执法和守法成本,加大违法成本。探索推行委托专家或者社会组织起草立法建议稿,加强立法咨询论证,准确把握和应对政府立法中的重点难点问题,增强法律制度的可执行性和可操作性。加强和改进立法调研工作,探索适合政府法制工作特点的调研方法,增强调研的针对性和时效性,切实搞清各方面的情况和问题。推进协商立法,拓宽社会公众参与政府立法工作的途径,完善社会公众意见表达机制和采纳情况反馈机制。法规、规章草案的审查讨论更加充分,切实加强对重点立法项目的组织协调和督促指导,努力提高立法计划的完成率,全面完成2014年立法计划。更加注重政府立法的效益,积极开展立法前和立法后的评估,并使之规范化、常态化。积极统筹研究相关法律制度,逐步解决制度"碎片化"问题,并建立省政府规章数据库。

（六）以严格实施规范性文件审查标准为重点，不断加强规范性文件的管理工作

进一步明确规范性文件认定标准。加强对规范性文件起草工作的指导，提高规范性文件质量。建立规范性文件审查操作规范，完善规范性文件合法性审查、申请审查建议、备案审查等制度，明确办理流程，强化审查力度，保障规范性文件审查质量。切实做好规范性文件的"三统一"工作。进一步加强对全省规范性文件"三统一"的指导监督。对于没有依法登记、内容违法的规范性文件，坚决予以纠正。督促市州建立和完善规范性文件动态有效期系统，督促省直部门和市州做好规范性文件到期前的评估工作。探索委托法律顾问团参与规范性文件的合法性审查。按照国家统一部署，及时做好有关法规、规章和规范性文件的清理工作。

（七）更好地发挥在推进依法行政、建设法治政府中的组织协调、督促指导、考核评价作用

一是更加积极地组织协调。推动落实政府常务会议会前学法制度，举办全省依法行政专题研讨班，办好全省城管局长培训班。加强市县政府法制工作人员的业务培训、指导和监督。培育学法、尊法、守法用法良好风尚，以政府法治文化引领法治政府建设。与有关部门充分沟通、汇报，在本次机构改革中切实加强市县政府法制机构和队伍建设。加强政府法律顾问工作的组织协调，组建省政府法律顾问库。完善省推进依法行政工作领导小组运作机制。推动落实市县政府常务会议听取依法行政工作汇报制度。抓好依法行政示范单位的创建工作。开展依法行政优秀单位和先进个人评选。加强政府法制宣传，办好省政府法制网和省政府门户网站《法治政府服务政府》栏目。二是更加主动地督促指导。开展"一规划两规定六办法"实施情况的评估。及时收集省内外信息，探索创办政府法制工作手机报或者微信群，及时推广典型经验。及时发现、查处重大违法事件，认真应对舆情。对重大行政决策、政府立法、执法监督、文件审查、行政复议中发现的普遍性、倾向性问题，及时提出分析报告。三是更加科学地考核评价。分类别开展依法行政考核，进一步科学设计考核指

标，改进考核方式，使考核评价工作更加科学。争取适当增加依法行政在绩效评估中的分值。

（八）以增强研究的主动性和针对性为重点，不断加强政府法制研究工作

针对全省经济和社会发展中带有共性的问题开展法律研究，围绕党的十八届三中全会关于法治政府建设、社会治理等方面的要求组织开展课题研究。当前重点开展"基层政府法治建设""生态环境损害责任终身追究制""行政调解制度"等课题研究。

B.20
加强综合治理工作　深化平安湖南建设

田福德[*]

2013年,全省社会管理综合治理工作在湖南省委、省政府的正确领导下,以党的十八大和十八届三中全会精神为指导,始终坚持民意导向,深化平安湖南建设,为维护全省社会大局持续稳定提供了有力保障,人民群众的安全感和满意度不断提升。湖南省综治工作被评为全国优秀,全国公众安全感和满意度民调进一步提升。2013年,全省有3个县市区被评为2009～2012年度全国社会管理综合治理先进集体,8个市县被评为全国平安建设先进单位,4人被评为全国社会管理综合治理先进个人,长沙、株洲、张家界和资兴4市县荣获"长安杯"。

一　2013年湖南综合治理工作主要情况

(一)科学统筹谋划,推动平安湖南建设深入开展

1. "顶层推动"深化平安湖南建设

湖南省委、省政府高度重视综治工作,将加强和创新社会治理摆到经济社会发展大局中来思考和谋划,认真研究解决经济社会发展中存在的深层次矛盾和问题。省委常委会先后听取了"平安中国建设"和纪念毛泽东同志批示"枫桥经验"五十周年大会情况汇报,并对平安湖南建设等进行专题研究,省委经济工作会议对综治考评结果进行通报。省综治委定期听取综合治理各项工作进展情况汇报。2013年9月27日,省委、省政府召开了高规格、大规模的

---

[*] 田福德,湖南省委政法委副书记、省综治办主任。

深化平安湖南建设工作会议，认真总结交流了前段平安湖南建设工作的经验，进一步规划部署了社会治理和平安湖南建设工作，并对2009～2012年度234个综治工作先进集体和148名先进个人进行了表彰。各级党委政府不断加大了平安建设的保障力度，强化责任机制，推动工作落实。认真开展专项工作督导、重点整治暗访督办、重大问题调研，健全领导责任、目标管理、联点指导、挂牌督办、责任追究、一票否决等制度。严格按《综治工作考评办法》对293个省直和中央驻湘单位及市（州）、县（市区）、乡镇（街道）及基层单位进行考评。2013年全省共警示519个单位，诫勉谈话722人，挂牌督办398个，黄牌警告321个，一票否决134个，并提出处分建议159个，取消5个省级平安单位。

2. "科学规划"引领平安湖南建设

坚持把平安建设置于发展全局中进行谋划，建立健全"党委领导、政府负责、社会协同、公众参与、法治保障"的综合治理工作格局，重点强化了"公共安全、矛盾化解、服务管理、法律政策、基础运行"五个体系建设，推动社会治理创新。坚持把群众对平安的要求作为努力方向，科学制定并下发了《2013年全省社会管理综合治理工作要点》，坚持源头治理、系统治理、综合治理、依法治理，明确了要以项目化为手段，促进社会治理创新。各地认真落实《湖南省社会管理创新项目规划（2012～2015年）》，积极探索以项目化运作的形式加强和创新社会治理，精心设置和组织实施了一批社会管理创新项目，从战略思维、全局视野上予以统筹规划，与经济建设、城市建设同步部署、同步推进。

3. "试点创新"带动平安湖南建设

为推动湖南社会治理创新工作，省、市、县三级着眼实际，明确试点地区，进行先行先试。省综治委召开专题推进会，省综治委成员单位分别进行对口联点指导。各市州（县市区）根据本地实情推进试点工作。目前，全省共有全国试点1个、省级试点14个、市级试点41个、县级试点566个、乡级试点3148个，综合试点整体框架不断健全。试点单位坚持"规定动作不走样、自选动作有创新、重点领域先突破"的思路，因地制宜，积极探索适合试点实情的特色道路。省级试点蓝山县创新社会治理，不断提升服务理念，着力突出流出重点,切实统筹流入难点,提高了流动人口管理服务水平,打造了社会治理创新的"蓝山经验"。慈利县坚持"搭建一个平台、落实三项措施、健全四个机制",探索建立了高速公路护路联防社会化管理新模式。株洲市、郴州市积极探索做好医疗纠纷调解经验推广,不断拓宽专业化调解的覆盖面,医疗纠纷调解社会治理创新成效明显。全国综治试点单位长沙市积极深化平安建设加强社会治理创新,受到中央综治委的充分肯定。

(二)坚持民生为先,化解重点、难点问题取得新突破

1. 立足民生视角,重点解决群众反映强烈的突出问题

2013年按照"哪里治安混乱,就重点整治哪里"的原则,针对人民群众反映强烈的突出治安问题,强力推进打黑除恶、治爆缉枪、扫黄禁毒、打击电信网络犯罪等一系列专项行动,严惩违法犯罪。制定《湖南省社会治安重点地区排查整治工作规范》,全省共摸排出社会治安重点地区687个、行业单位415个,并对17个县市区存在的黄赌毒、涉黑涉恶、盗窃、抢劫、诈骗等7类39个突出治安问题进行警示挂牌,督促整改落实。2013年,"两抢一盗"等多发性侵财案件破案率逐步提升,八类重大刑事案件同比下降12.2%。对民调反映的社会治安、民生服务、干部队伍形象等方面的意见建议,第一时间向相关市州和单位进行反馈交办,得到了有效整改。

2. 强化源头治理,有效预防和化解矛盾纠纷

坚持把源头治理、动态管理、应急处置结合起来,完善矛盾纠纷排查、预警、化解、处置机制,健全完善"三调联动"工作机制,落实矛盾纠纷"一月一协调"会议制度,构建"大调解"工作体系,努力掌握预防化解社会矛盾主动权。建立健全重大决策社会稳定风险评估机制,变事后处置为事前预防,变治标管理为治本管理。层层设立矛盾纠纷调处中心,2013年县、乡新增矛盾纠纷调处中心280多个,新增流动调解庭260多个,全省共建各类专业性、行业性调解机构1635个。创新医疗纠纷调处,全省建立医疗纠纷人民调解委员会200个,设立驻医院调解室596个,调解员1828人,2013年调解医疗纠纷1021件,调解成功率达86.39%。同时,在全省范围内组织开展了"调解消积案、息访保平安"专项活动,共排查调处各类社会矛盾纠纷40.2

万件。

3. 突出重点预防，公共安全体系建设卓有成效

统筹推进了以应急综合平台、应急监测系统、专业应急救援基地建设，加强治安防控体系建设，逐步完善了点面结合、人防物防技防结合、打防控管结合、网上网下结合的社会治安防控网络，基本实现了全方位、全天候、无缝隙、立体化覆盖。下发《关于加强全省社会治安视频监控系统建设工作的意见》，将视频监控系统建设纳入省委、省政府为民办实事项目，争取到省财政"以奖代补"资金2000万元和中央财政3500万元用于社会治安管控综合应用系统建设，全省公共领域新增摄像机12945个，所有市州、县市区及主要城区派出所均建立了监控中心，社会治安电子防控体系已基本建成。

（三）创新工作思路，重点领域的服务管理取得新进展

1. 流动人口服务管理网络不断健全

认真落实《湖南省流动人口服务和管理规定》，建立完善"实有人口管理综合应用系统"，进一步拓展和延伸了"湖南省社区流动人口服务管理信息系统"平台功能，全面推进以证、以房、以业管人和居住证制度，切实保障流动人口的合法权益，促进流动人口基本公共服务均等化。2013年新增流动人口信息200多万条。

2. 特殊人群服务管理成效不断提升

一是依托基层综治服务平台，通过采集公安、银行、通信、民政、人社、税务、工商、供水、供电、供气等相关部门登记人员信息，建立完善信息收集、研判和预警机制，实现重点人员信息化管控。二是积极探索建立政府、企业、家庭、社会"四位一体"的安置帮教系统，实现了重点人员社会化管控。发放《湖南省社区矫正工作中应知应会读本》4000余册，在全国率先举办特殊人群工作心理咨询师培训班，共举办各类培训276场次，培训人员1.6万余人次。积极协调将社区矫正社会工作者等特殊人群工作队伍建设纳入《湖南省社会工作专业人才队伍建设中长期发展规划（2012—2020）》。全省累计完成社区矫正调查评估2.3万余件，社区服刑人员重新犯罪率为0.007%，远低于全国平均水平。三是加强艾滋病危险人群、吸毒人员等特殊人群的服务和管

理，重点探索建立肇事肇祸精神障碍患者服务管理"社会性防控、专业性诊治、开放性康复"工作机制，落实跟踪管理、帮扶救助、强制医疗制度，积极推行"安康医院—社区—家庭"一体化防治模式，确保不脱管、不失控。目前，全省有10个市州、6个县建立了收治中心。全省精神障碍患者肇事肇祸案（事）件下降50%，没有发生一起恶性群死群伤案（事）件。

3. 两新组织服务管理水平不断提高

一是推动服务网络建设。各级分别建立"两新"组织专项管理组，负责对"两新"组织的社会管理。依托"两新"组织中现有的党组织、工会、共青团、妇女组织等机构，不断健全"两新"组织综治机构网络，明确工作职责，落实综治联络员，组建群防群治队伍，形成了"党委统一领导、党团工会推进、部门通力协作、各级多方联动、两新组织广泛参与"的工作格局。截至目前，5093个符合条件的"两新组织"均建立了综治服务机构。二是推动工作制度建设。坚持依法管理、规范管理的原则，建立健全"两新组织"联席会议制度、社会责任评估机制、综合评价机制、"两新组织"年检审核机制，规范建立"两新"组织经费投入保障机制，要求市县将该项经费列入财政预算，保障"两新组织"活动正常开展。坚持培训常态化，2013年全省举办"两新组织"党组织书记轮训班、党的十八大精神学习示范班和社会治理创新培训班20余场次，培训人数超过2000人次。三是推动监管体系建设。建立完善法制监督、政府监督、社会监督、舆论监督、自我监督相结合，多渠道、多部门、多层次的监管方式。强化对劳动者权益保障的监管，加强对《劳动法》《劳动合同法》贯彻情况的检查，督促"两新"组织关心、关爱劳动者，维护劳动者的合法权益，减少劳务纠纷。2013年成功处置各类劳务纠纷2000余起。

4. 护路护线联防工作基础不断夯实

大力加强排查整治，及时解除安全隐患。针对湖南省铁路线长、伤亡事故高发、群众反映强烈的实际，2013年，省综治委重点开展"修桥涵·封栅栏·保安全"专项基础建设工程。就繁忙铁路干线排查出154项工作任务，向10个市的党政负责人面对面进行交办，递交了责任状。这项工作先后投入资金1.3亿元，增建跨线立交通行设施254处，封闭线路300余公里，封闭栅栏开口700余处，解决立交改造和线路封闭过程中产生的纠纷问题150多个，交通事故死亡人数与2012年同比下降34.9%，下降幅度排全国第一。各地积极开展涉路涉线矛盾纠纷排查化解工作。开展公路专项整治行动，检测车辆128万余台次，处理违法超限车辆6万余辆次。"三电"及输油管道护线联防工作办公室在全省组织大检查大整改专项行动，检查787家重点单位，整改隐患211处。加强重点地区整治，对问题突出的6个县市区进行挂牌整治，成效明显。同时，开展"打四黑除四害"专项行动，抓获了一批嫌疑人，打掉了一批犯罪团伙。各地坚持路地配合、专群结合、部门联合，组织开展形式多样的宣传教育工作。大力开展"平安车站""平安铁路示范段"等安全创建活动，多部门联合启动2013年"关爱·和谐"爱路护路宣传教育月活动，举办大型宣教活动100余场次，发放印有爱路护路内容的作业本30余万份，《爱路护路倡议书》签名人数超过50万人次。2013年12月，中央护路办来湘调研，充分肯定了湖南省工作。

5. 预防青少年违法犯罪和校园及周边治安管理工作取得突破

一是加强了制度建设。修订完善了《应对教育系统群体性事件和重大突发事件三级响应工作方案》，拟订完成《湖南省学校安全条例》，进一步规范和完善了教育系统矛盾纠纷排查化解调处、维稳形势研判、重大隐患督查督办、安全例会、年度综治考评等制度，强化了制度保障，增强了工作的执行力。二是加强了平安建设。以"平安高校"和"平安校园"创建推动学校及周边治安管理，选树了39个"平安高校""平安校园"建设先进典型。省、市、县三级组织通过"倾听日""团干恳谈日""三进三同"等活动深入各类青少年开展倾听活动，深化了"青少年心理健康服务"和"青少年网络与新媒体环境"两个主题活动，并在全省范围组织开展"三个一"活动（组织一次应急演练、摸排一次安全隐患、开展一次安全教育），1093万人次参加"5·12"防灾减灾日宣传，834万人次参加应急演练，群众平安意识不断提高。三是加强了载体和队伍建设。抓好了"12355"青少年服务台、青少年维权岗等重点载体的积极作用，对6家"12355"青少年服务台进行跟踪服务、评估指导，科学规划了益阳市、郴州市"12355"青少年服务台建设。举办2期教育系统安全综治工作骨干培训班，对160名安全综治骨干进行了培训。实施

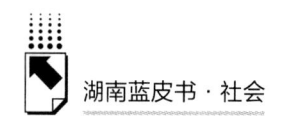

"国培计划"，培训安全教育与管理工作骨干200名。全省累计实施安全教育工作培训1.4万余人次。

（四）坚持固本强基，基层基础工作不断夯实

1. 基层综合服务管理平台建设富有成效

一是狠抓责任落实，提升服务管理能力。湖南省委、省政府把"加强社区服务体系和平台建设"列入"湖南省社会管理创新项目规划"，并纳入了综治考评，有力地推动了综治维稳中心、社区服务体系和平台建设。目前，全省共建综合服务管理平台县级222个、乡级2972个、村级41498个，完善的县、乡、村三级群众工作综合平台逐步形成，提高了基层服务管理能力。二是强化制度建设，确保规范高效运行。制定了首问责任制、代理服务、社会评价等多项工作制度，建立了服务管理联动、矛盾纠纷联调、突出问题联治、应急工作联勤、社会治安联防、基层平安联创等"六联"工作机制，组织有关方面共同参与、联合行动，推动疑难、复杂问题的解决，确保基层综合服务管理平台规范运作、高效运行。三是推进网格化管理，服务触角不断延伸。实现人员配置、综合服务进网格，信息采集、化解矛盾在网格。目前，全省有1144个街道（乡镇）、32573个社区（村）推行了网格化管理，配备网格管理员8万余名。

2. 综治信息化建设稳步推进

为适应社会信息化发展的新要求，推进平安建设信息化进程。2013年按照中央综治委要求，启动了湖南省综治信息平台建设，着手推进信息化建设。目前，每个市州都确定了综治信息化建设试点县市区，取得了初步成效。如长沙市开福区、怀化市鹤城区等建立了较为完善的信息化建设平台。下一步，将整合"人、地、物、情、事、组织"等各类基础信息，搭建纵向连接省、市、县、乡、村五级综治部门，横向连接省、市、县三级综治成员单位信息互联互通、数据交换共享的服务平台，形成集源头治理、动态管理、应急处置于一身全面覆盖、高效灵敏的社会治理信息网络。

3. 基层综治组织建设不断健全

按照有人管事、有钱办事、有处议事、有章理事的要求，建立基层综治组

织体系，进一步充实各级社会管理综合治理组织人员力量，完善机构、强化保障，重点加强县（市、区）、乡镇（街道）社会管理综合治理委员会及其办公室、村（社区）综治工作站建设，确保履行好综治工作各项职责。目前，各县（市、区）、乡镇（街道）均设立了综治协调机构和综治办，配备了综治办主任和综治专干。村（社区）普遍建立了综治工作站，配1名以上综治专干。各级各部门着眼于维护社会大局和谐稳定，大力实施群防群治，把开展创建活动与城镇网格化管理有机结合起来，充分相信群众、发动群众、依靠群众，依托警务室、警民联系点、社区治保安组织、社区平安志愿者、辖区平安义工、综治协管员、治安信息员、治安中心户长等平台织牢"红色安全网"，实现政府治理和社会自我调节、居民自治良性互动，形成了社会和谐人人参与、和谐社会人人共享的好局面。

（五）坚持依法治理，强化平安建设法治保障

1. 法治理念不断加强

坚持把"法治湖南"建设作为重要抓手，推行重大决策前学法、干部任职前考法、工作推进前普法工作机制，推进人民民主的制度化、规范化、程序化，提高依法执政、依法行政和公正司法的能力和水平，提高全社会的法治意识，形成人人守法的良好风尚，加强对权力运行的制约和监督，干部群众法治理念不断增强。

2. 法治保障不断强化

深入贯彻《法治湖南建设纲要》和《湖南省行政程序规定》《湖南省政府服务规定》《湖南省规范行政裁量权办法》等一系列重要规章，把市州、县市区落实情况纳入年度综治考评内容。严格实行重大事项社会稳定风险评估，促进科学民主决策。全省共实施重大决策社会稳定风险评估3585项，准予实施3064项，暂缓实施398项，不予实施125项。同时，紧紧围绕深化平安建设的需要，做好相关法规规章的立改废工作。重点加强了公民权益保护、流动人口和特殊人群管理服务、基层社会管理服务、公共安全管理、信息网络管理、城市管理等方面的地方立法，为依法治理提供了更好的保障。

3. 法治宣传成效明显

通过宣传推动、创建带动、依法引导、机制保障，为平安建设营造了浓厚的法律氛围。"湖南医疗纠纷调解创新"被中央电视台《平安中国》栏目专题推介。2013年5月，湖南省平安建设工作专题片（《平安在法治的轨道上前行》）作为全国12个典型经验在深化平安中国建设工作会议上进行交流。深入开展了"法治县市""法治行业""民主法治示范村"等法治创建活动，常德、张家界和韶山等14个地方被评为全国法治城市、法治县市区创建先进单位，全社会学法、尊法、守法用法意识普遍增强。

二 2014年湖南综合治理工作思路

2014年湖南综治工作的总体要求是：认真贯彻党的十八大、十八届三中全会、中央政法工作会议和习近平总书记系列讲话精神，按照中央和省委关于综治工作的重大部署，以深化平安湖南建设为重点，创新社会治理方式，坚持系统治理、依法治理、综合治理、源头治理，着力解决影响社会和谐稳定的突出问题，严防发生严重刑事案件、重大群体性事件、重大公共安全事故，不断提升人民群众安全感和满意度，提高社会治理科学化、现代化水平，为全面深化改革、全面建成小康湖南创造既充满活力又和谐有序的社会环境。

（一）坚决维护国家安全和社会政治稳定

一是坚决打击危害国家安全的犯罪活动。注重相关情报收集研判，加强对境外非政府组织管理，加强对重点人员教育转化，强化重点地区、重点部位的管控。加大治理非法宗教活动力度，加强反恐怖斗争，提高防范打击能力。二是着力解决进京非正常上访突出问题。建立依法有序表达诉求、及时就地解决问题的机制，努力防止信访上行。及时有效化解突出矛盾纠纷。综合用好综治领导责任制等各项政策措施，加大督办力度，确保取得实效。三是大力加强互联网管理。加强协调配合，推动网上技术手段和管理力量建设，健全网上网下相结合的综合防控体系。认真开展打击网络谣言专项治理活动，引导和规范网络管理，建立法律规范、行政监管、行业自律、技术保障、公众监督的信息网络管理体系。

（二）创新立体化社会治安防控体系

一是依法惩治各类违法犯罪活动。注重收集社情民意，依法惩治黑恶势力、严重暴力、涉枪涉爆涉恐、"两抢一盗"、拐卖妇女儿童、危害食品药品安全、非法集资、电信诈骗等严重危害人民群众生命财产安全的犯罪活动。加强对利用物流、快递等渠道从事违法犯罪等新问题的研究，切实采取有效的防范惩治措施。二是加强对重点地区和突出问题的排查整治。完善社会治安形式分析研判机制，对严重影响群众安全感、集中多发的案（事）件和突出治安问题，及时协调、研究对策措施，推动问题解决。加强对城乡结合部、城中村等社会治安重点地区和非法出租房屋、"黑旅馆"、黄赌毒现象等影响社会秩序突出问题的排查整治。认真开展危爆物品、交通运输、消防等重点领域专项治理，着力解决危害公共安全的突出问题。三是完善社会治安防控运行机制。加强整体规划，完善以情报信息、实战指挥、部门联动、区域协作的立体化社会治安防控运行机制，增强系统性、整体性、协同性。加强视频系统建设，继续列入省为民办实事内容，2014年全省新增摄像头2万个，逐步实现主要道路、公共区域全覆盖。完善枪支弹药、爆炸和易燃及剧毒物品、管制刀具等重点物品的管控机制。加强铁路、公路、水路和电力、电信、广播电视设施及输油气管道等重点部位安保工作。完善幼儿园、学校等重点场所安全防范机制，强化综合治理，确保校园及周边秩序良好。四是严防重特大案（事）件发生。坚持从问题导向入手，抓早、抓小、抓苗头，努力消除各种不安定因素和安全隐患，严防重特大案（事）件发生。进一步完善人防、物防、技防措施，总结推广"零命案"县市区和"零刑案"社区经验，深入开展平安县市、平安乡镇、平安社区、平安家庭等基层平安创建活动。

（三）创新有效预防和化解社会矛盾综合体制

一是加强对社会矛盾的源头治理。坚持和发展"枫桥经验"，适应社会治理主体多元化的新要求，坚持从源头上预防和减少社会矛盾，加强民生改善，严格执行重大事项社会稳定风险评估，最大限度地预防和减少矛盾纠纷发生。二是建立调处矛盾纠纷综合机制。完善人民调解、行政调解、司法调解"三调联动"工作机制，建立调处化解矛盾纠纷排查综合机制，确保矛盾纠纷及时就地化解。加强专业性、行业性调解组织建设，提高调解工作专业化水平。积极构筑全方位、动态化的社会矛盾排查预警体系，全面排查和重点排查相结合。严格落实矛盾纠纷排查调处工作协调会议纪要月报制度，加强排查、研判、预警、调处，切实维护社会和谐稳定。

（四）创新和完善流动人口和特殊人群服务管理

一是创新流动人口服务管理。加强精细化管理，完善落实"以房管人、以证管人、以业管人"等措施和流动人口居住证"一证通"服务模式，逐步实现基本公共服务由户籍人口向常住人口全覆盖。建立完善农村留守老人、妇女、儿童关爱帮扶体系。二是推进特殊人群管理服务的社会化。动员社会力量、引入市场机制，建立健全政府、社会、家庭三位一体的关怀帮扶体系，落实对刑释解教人员、社区矫正人员、吸毒人员、艾滋病危险人群、重点青少年等各类特殊人群教育、帮扶、矫治和管理。因地制宜改建、扩建、新建一批刑满释放人员过渡性安置基地、戒毒场所及康复安置场所、艾滋病诊疗定点医院。三是加强肇事肇祸等严重精神障碍患者服务管理。贯彻落实《精神卫生法》和国办发〔2013〕68号文件精神，加强对肇事肇祸严重精神障碍患者的救治和管控，以县（市、区）为单位落实到位，坚决防止严重精神障碍患者肇事肇祸重大恶性案（事）件发生。省里将严重精神障碍患者治疗特别是贫困家庭严重精神障碍患者救治救助工作纳入为民办实事范围，2014年改扩建精神卫生服务机构20家，救治救助贫困严重精神障碍患者5000人。四是做好预防青少年违法犯罪工作。加强对有不良行为或严重不良行为、闲散青少年，流浪乞讨青少年、在押服刑人员未成年子女等重点青少年群体服务管理工作。深入开展青少年法制教育，大力加强专门学校等基础性设施和青少年事务专职社会工作者队伍建设，有效预防和减少严重侵犯青少年合法权益和人身安全的案（事）件发生。

（五）夯实社会治理创新基层基础

一是积极推进基层综合服务管理平台建设。加强组织领导与统筹协调，落实保障措施，加大推进力度。深入推进县市区、乡镇（街道）、村（社区）综合服务管理平台建设，积极推进社会矛盾纠纷联调、社会治安联防、重点工作联动、治安突出问题联治、服务管理联抓、基层平安联创，充分发挥基层平台在平安建设中的重要作用，切实提高基层社会服务管理水平。二是积极推行网格化管理。研究制定网格化管理的规范性文件，全面推行网格化管理，真正使基层平台的服务触角延伸到每个家庭。在城乡社区（村）科学划分网格，每个网格至少配备一名专职管理员。到2014年底，力争在长沙市和其他13个市州的中心城区及全省综合试点县市区要实现网格化管理100%覆盖，其他县市区60%以上的城市社区和30%以上的农村实现网格化管理。三是积极推进综治信息化建设。结合基层综合服务管理平台建设，构建平安建设信息化综合平台。2014年实施覆盖全省市州、县市区、乡镇（街道）和有条件的社区（村）的综治信息系统建设。强化深度应用，依托综治信息系统，把网格管理员等了解到的群众诉求和发现的矛盾问题，及时上传综合服务管理平台，统一进行台账管理、分流交办、跟踪督办、结果反馈等，为群众提供便捷服务。

（六）切实加强组织领导

一是加强统筹协调。出台《关于深化平安湖南建设的实施意见》，把平安湖南建设置于经济社会发展全局中来谋划、推进。严格落实平安建设的领导、部门、单位责任制和目标管理责任制。充分发挥省综治委11个专项（工作）组和各级综治组织的作用。二是推进社会治理法治化。牢固树立依法治理理念，用法治精神引领社会治理，用法治思维谋划社会治理，用法治方式破解社会治理难题，把社会治理纳入法治轨道。以重大问题为导向，协调、推动社会治理领域法规规章立、改、废和相关政策的制定完善，积极促进信息网络管理、社会组织管理、特殊人群管理、社会救助、突发事件应对等重点、难点问题解决。针对影响全省社会稳定、群众反映强烈的突出问题，会同相关部门研究制定社会治理领域的地方立法规划，推动适时出台相关地方性法规和规章。

深入开展法制宣传教育。三是充分发动和依靠人民群众。结合第二批党的群众路线教育实践活动的开展，紧紧依靠人民群众，鼓励支持各方参与，积极探索社会治理新机制、新途径。发挥好居民在基层社会治理中的主体作用，把平安建设的任务落实到村居和社区。进一步加强群防群治工作，发展壮大平安志愿者、社区工作者、义工、群防群治队伍等专业化、职业化、社会化力量。更加注重发挥人民团体、群众组织、企事业单位的作用，激发社会组织活力，引导人民群众通过社会组织实行自我管理、自我服务，积极参与平安建设。四是切实加强综治组织自身建设。加强思想政治建设，加强纪律作风建设，加强业务培训，健全综治干部学习培训体系，不断提高综治队伍的职业素养和专业水平，提升社会治理能力。进一步加强基层综治组织建设，改善基层综治干部工作、生活条件。五是加强宣传引导。充分利用主流媒体、新兴媒体以及湖南社会管理网等渠道和平台，大力宣传党和政府创新社会治理体制、深化平安湖南建设取得的显著成绩和涌现出的先进典型，更加及时有效地宣传诠释决策思路，引导社会舆论，传递正能量。加强平安文化建设，提高平安湖南建设知晓率、参与率，营造平安共建、和谐共享的良好氛围。

B.21
2013年湖南应急管理工作情况及2014年展望

湖南省应急管理办公室

2013年,湖南省紧紧围绕省委、省政府的工作部署和国务院应急办的工作要求,认真贯彻落实全省应急管理座谈会议精神,妥善处置突发事件,积极推进应急体系建设,大力开展应急宣传培训,不断夯实应急管理工作基础,全省综合应急能力不断增强,应急管理各项工作再上新台阶。

一 2013年湖南应急管理工作情况

(一)妥善应对处置突发事件

各级各有关部门强化隐患排查整改,扎实开展煤矿及非煤矿山、消防安全、道路交通等专项整治,全年重大以上突发事件特别是安全生产事故及其造成的损失明显下降;加强突发事件协调处置,在2013年初冰雪灾害、年中持续干旱、森林火灾和台风等期间,及时下发预警通知,强化各项防范应对工作,全年妥善应对处置了邵东县司马冲煤矿"6·2"煤与瓦斯突出事故等重大突发事件13起,较大突发事件37起,及时跟踪督办领导相关指示批示48件次,有效减轻了突发事件造成的损失,确保了人民群众生命财产安全;抓好灾后恢复重建工作,为应对持续干旱和台风引发的暴雨山洪地质灾害等重大灾情,民政部门及时下拨救灾资金5.14亿元,水利部门落实防汛抗旱经费10.17亿元,受灾地区政府多方落实配套资金积极开展重建工作,切实保障了受灾群众的生产生活。

（二）积极开展应急预案修订和应急演练工作

组织开展应急预案修订工作，截至2013年底，90%的省级应急预案完成第二轮修订，市州和省直部门预案修订工作正在全面展开，预案的针对性和可操作性进一步增强；将《湖南省网络与信息安全事故应急预案》等5件省部门预案升格为省专项预案，新增起草省高速公路突发事件应急处置、严重雾霾天气应对等应急预案，预案体系进一步优化；省政府办公厅发文组织开展了"5·12"全省统一的应急疏散演练，提高了社会公众的防灾避险意识和能力，据统计，2013年全年各级各有关部门组织开展消防灭火、山洪地质灾害、危化品泄露爆炸等应急演练5000余次，进一步检验了预案、锻炼了队伍、提升了能力。

（三）不断健全完善应急管理机制

进一步健全监测预警体系，在全省山洪地质灾害易发区建立了97个监测点，依托气象部门建设省突发事件预警信息发布平台，建立预警信息发布管理机制，依托湖南交通频道建立了"湖南省应急广播"，拓展了应急信息预警和发布渠道；健全应急联动机制，全省大部分县级以上政府应急管理办公室与同级党委办、新闻办、武警、军队等单位建立了常态化的信息共享和应急联动机制，第一时间的应急处置能力不断加强；深化区域合作机制，参与泛珠三角区域内地9省区应急管理合作和中南5省地震应急协作相关活动，跨区域突发事件协同处置能力进一步增强。

（四）加快推进应急平台体系建设

完善省政府应急平台综合应用系统的开发，完成手机平台的改版和安装；推进各级各部门应急平台体系建设，长沙、衡阳、郴州等地市级平台和公安、人防等部门专业应急平台已经建成投入使用，张家界、湘西等市州和地震等部门平台正在建设，14个市州118个县市区的小型移动应急平台已经部署完毕，组织举办了3期180余人参加的小型移动应急平台操作培训班；加大全省应急平台互联互通工作力度，整合郴州、衡阳等市州和公安、高管、省机场管理集团等单位近2000路监控图像资源，整理全省各类应急数据近20万条，实现了通过应急平台传送突发事件现场视频图像功能。

（五）大力推进应急体系建设规划落实

召开了全省应急管理工作座谈会和各市州、部分省直单位应急办主任座谈会，部署应急体系建设规划贯彻落实工作；完成《省"十二五"应急体系建设规划》中期评估，截至2013年7月，17个规划重点项目中有10个已完成建设方案、落实资金，部分已开工建设，省应急管理培训基地等个别项目已建成投入使用；下发了《湖南省人民政府关于进一步加强应急管理工作的通知》，开展了应急财产征用补偿、应急队伍派遣、应急社会动员等配套政策调研和文稿起草。

（六）广泛开展应急宣传培训活动

在"5·12"全国防灾减灾日开展全省性应急知识集中宣传和应急疏散演练活动，免费向社会发放各类宣传资料800万份，通过各级政府门户网站和电子政务内网应急管理栏目，大力宣传介绍应急知识和工作情况；省委党校（湖南行政学院）将应急管理培训纳入教育培训体系，积极开展领导干部和公务员应急管理培训。省应急办会同湖南行政学院组织开办了两期全省应急管理干部培训班，培训各级各部门干部400余人；组织制作"湖南省应急管理情况宣传片"和"应急知识动漫宣传片"，组织编写《应急管理实务》，应急宣传培训的知识性、趣味性和实用性进一步增强。

（七）进一步夯实应急管理基层基础工作

稳步推进基层应急管理工作，深入开展应急管理示范单位创建活动，积极推动社区应急志愿者服务站项目建设；健全突发事件信息报送工作，优化值班工作规则和突发事件信息处理流程，利用应急平台和手机终端平台等手段处理突发事件信息，提升了信息报送质量和时效；加强突发事件的评估分析工作，每月、半年和全年对突发事件信息报告和应急处置工作进行总结评估，实地调

研撰写了《临武"7·17"事件处置工作评估报告》和《蓝山"8·16"山洪地质灾害处置工作调研报告》，供各级各部门参阅。

二 湖南应急管理工作存在的主要问题

（一）重视程度不够

近年来，随着应急管理工作的推进和应急体系建设的深入，重特大突发事件逐年减少，有的地区和单位的领导失去紧迫感，思想上有松懈麻痹的倾向，对应急管理工作重视不够、研究不够、投入不够；有的政绩观认识上存在误区，认为应急管理投入大、见效慢，重经济发展、轻应急管理的倾向比较明显，应急管理工作中存在临时抱佛脚的现象；有的对应急管理的理解出现偏差，重事后应急、轻事前防范，重现场处置、轻日常管理，重具体工作、轻能力提升；有的地区和单位对中央和省里的决策部署落实不到位，工作任务应付了事、流于形式，存在走过场现象。

（二）应急能力不足

目前，全省政府综合应急救援队伍建设取得了一定进展，但专业应急救援队伍力量不足，装备设施和专业训练缺乏，基层应急救援队伍力量薄弱，难以适应实际工作需要；应急物资储备不足，底数不清，缺乏统筹管理，应急资源调度和整合不够；部分领导干部和工作人员常见突发事件的应急处置水平亟待提高，重特大突发事件的应急处置能力明显不足；常态化的应急知识宣传和应急演练开展不够，群众防灾避险意识和自救互救能力不强；乡村和企事业单位等普遍存在应急机构不健全、人员不到位、应急机制不完善、应急预案不实用、防灾减灾基础设施薄弱等情况，难以从源头上预防和减轻突发事件及其造成的损失。

（三）应急演练针对性不强

近几年，各地区各有关部门比较重视应急演练工作，但是，部分地区和部门应急演练的针对性不强，操作性不高。有的演练流于形式，场面和声势较大，实际效果有限；有的搞了一些演练，但没有针对本地多发、常见的突发事件进行；有的演练形式单一，综合性演练和专业性演练安排不合理，实战性演练和桌面推演等结合不够；有的应急演练没有跟应急预案很好结合，不能解决实际应急机制中存在的问题；有的演练后不注重总结评估，没有就演练过程中的弱点和薄弱环节整改提高。

（四）重点项目推进力度不够

目前，部分地区和单位推进"十二五"应急体系建设规划重点项目力度不够，收效不明显。有的未编制规划，或编制了规划但与发改委、财政等部门衔接不够，重点项目建设无法有效落实；有的投入不够、资金落实不到位，项目至今未启动，如大部分市州和相当一部分省直单位因资金和场地原因，应急平台建设没有实质进展；有的项目已经开始启动，完成了初步方案，但无后续资金运行，无法按计划进度推进。

三 2014年湖南应急管理工作展望

2014年全省应急管理工作将以邓小平理论、"三个代表"重要思想、科学发展观为指导，深入贯彻落实党的十八大、十八届三中全会精神和党中央、国务院及省委、省政府关于加强应急管理工作的决策部署，以党的群众路线教育实践活动为指引，完善体系，夯实基础，提升能力，不断提高全省应急管理工作水平，最大程度减少突发事件发生及其造成的损失。

（一）深化应急预案体系建设

梳理、完善应急预案体系，修订《湖南省突发事件应急预案管理办法》，根据需要增补《雾霾天气应急预案》《城市大面积交通拥堵应急预案》等省级应急预案；全面推进省级专项、部门应急预案及市州、县市区应急预案的修订工作；结合实际，组织开展应急预案宣传和演练，提升应急预案针对性、操作性。

（二）强化应急机制建设

进一步强化突发事件信息报送和共享机制，严格落实突发事件信息报送标准和要求，畅通各级各部门之间、军地之间的信息沟通协调和共享；密切关注和分析各类突发事件预警信息和发生发展趋势，着重抓好突发事件监测与预警；加强各地各部门的应急联动，提升联合处置突发事件的能力；完善突发事件评估分析机制，扎实开展年度/半年度突发事件应对工作评估和趋势分析工作；深化区域合作，加强区域间突发事件信息通报、协同处置等，积极参与泛珠三角区域内地9省（区）、中部6省（市）应急管理合作。

（三）着力提升应急能力

制定出台《突发事件预警信息发布管理办法》，依托气象部门建立突发事件预警信息发布平台；进一步完善以公安消防队伍为依托的政府综合应急救援队伍，推动专业应急队伍、企事业单位专兼职队伍和志愿者应急队伍建设，完善应急管理专家组；加强省政府应急平台运维、综合应用系统开发部署，推动全省应急平台应急数据库和市州政府、省直部门应急平台建设，加快实现省政府应急平台与市州、省直部门综合应急平台的互联互通；加强风险管理，组织开展风险隐患排查、评估和整改；建立健全应急物资储备体系，完善应急物资储备管理制度，整合、优化全省应急物资储备布局；加强应急管理基层基础工作，重点推进农村及基层组织、企事业单位应急组织体系建设；统筹规划应急演练，着力抓好跨地区、跨部门、跨行业的综合应急演练。

（四）大力开展宣教培训

继续开展应急知识集中宣传活动和日常宣传，完成应急管理宣传片、应急知识动漫片制作；举办应急管理培训班，强化对各级领导干部和应急管理工作人员的培训；会同省委党校、省行政学院编制应急管理培训基地建设方案，推动省应急管理培训基地建设；研究建立应急管理协会和学会，推动应急产业和应急学术交流；开展《湖南省实施〈中华人民共和国突发事件应对法〉办法》贯彻落实情况调研。

（五）积极推进基层应急管理工作

按照《湖南省人民政府办公厅关于开展创建基层应急管理示范单位活动的通知》（湘政办函〔2012〕139号）要求，深入推进以"四有"为核心的基层应急管理示范单位创建活动，树立典型、以点带面，积极推进应急管理基层基础工作，全面提升基层防范、应对和处置突发事件的能力。

B.22
2013年湖南信访工作情况及2014年展望

张 严*

2013年,在湖南省委、省政府的正确领导下和国家信访局的具体指导下,全省各级信访部门以党的十八大精神为指导,以开展"基层基础建设年"活动为抓手,以预防和化解矛盾为重点,以促进社会和谐稳定为目标,竭尽全力做好各项工作,取得了明显成效,信访形势继续保持了平稳可控的态势。2013年全省县以上信访部门共受理群众来信来访43.5万件(人)次,同比上升0.96%,没有因信访问题引发重大群体性事件,没有发生赴京大规模集体上访,没有发生极端恶性事件,有力维护了社会大局和谐稳定。

一 2013年主要工作

(一)领导干部接访下访深入扎实

按照中央和省委的要求,各地把领导干部接访下访作为畅通信访渠道、转变干部作风、解决信访问题的一个重要抓手,坚持常抓不懈,特别是2013年10月9日"邵阳会议"召开后,在省级领导的示范带动下,各地坚持和完善了领导干部接访制度,通过现场接访、带案下访、预约接访等方式,各级领导干部主动深入基层走访,带头包疑难复杂案件,集中解决了一批带有全局性、普遍性、涉众性的问题,有力促进了本地区、本部门信访工作。益阳市在全市开展为期三年的"三访三化促发展解民忧"主题活动,推动了"领导接访实

* 张严,湖南省政府副秘书长、湖南省信访局局长。

效化、干部下访规范化、党员走访常态化"；长沙市、衡阳市、张家界市等地党政主要领导带案下访，主动调研解决信访工作困难和突出信访问题。常德市、邵阳市、岳阳市、湘西土家族苗族自治州等地健全无会日制度，坚持实行市、县、乡三级联动、同步安排党政领导接待群众；娄底市、株洲市等地由联席办会同党委、政府督查室，对领导接访包案信访事项进行办中指导、到期督办、延期催办、渎职问责。永州市、郴州市等地要求领导接访做到"三定一公开"，建立完整的"五个一"信访档案。中方县等地开展领导接访处访竞赛活动，比夜访走访率、比息诉息访率、比示范带动率，提高了群众满意率。沅江市、浏阳市、洞口县等地还根据每月信访热点和党委政府工作的重点，有针对性安排领导接访下访活动。

（二）基层基础建设年活动有声有色

2013年是全省信访工作"基层基础建设年"，各地围绕创建"三无"县市区和"三无"乡镇的目标，整合基层资源，充实一线力量，做到了"规定动作"不走样，"自选动作"有特色，提升了基层整体工作效能和服务群众水平。衡阳市、娄底市、常德市、怀化市、岳阳市等地加大对信访工作的投入，建设高标准人民来访接待中心；益阳市、张家界市等地坚持高起点规划，主要领导现场办公推动接访中心建设。湘潭市、郴州市等地积极构建信、访、网、电"四位一体"的工作体系，方便群众就地提出信访诉求。邵阳市、娄底市、益阳市、永州市、湘西土家族苗族自治州等地通过召开现场推进会、座谈交流等形式，总结推广基层经验，对乡镇、村、组基层基础建设进行了统一规范。长沙市、衡阳市、永州市等地在乡、村一级建立"和事佬"工作站、信访代办站、"两代表一委员"工作站等，引导社会力量共同参与做好信访工作。益阳市在市电视台创办《和为贵》栏目，聘请基层党员干部和法律工作者组成义工队，以"万事和为贵，人和万事兴"为理念，主动调处民间矛盾纠纷。怀化市、株洲市、衡阳市等地创新网格化管理，做到"民情收集网格化、管理服务团队化、矛盾化解层级化、考核讲评透明化"。雨湖区"政府出资、以奖代投"建设群众工作示范站点、津市"五五"工作模式、湘潭县"四通工作法"、湘乡市"民

意直通车"、湘阴县"信访流动车"等,在创新群众工作机制方法方面做出了积极探索。

(三)及时就地解决问题措施有力

各地牢牢把握维护群众合法权益这一核心,根据年初全省信访工作目标管理责任书的要求,严格落实信访事项首办责任制,努力提高初信初访办理效率和质量,加大对重信重访的交办督办和对信访积案的集中化解力度,多措并举推动"事要解决"。常德市、长沙市、永州市、岳阳市、郴州市等地建立完善了"周点评、月讲评"等督导讲评机制,提高初信初访案件一次性办结率。湘潭市开展"村村挂信箱"活动,明确了群众诉求在7个工作日内进入办理程序,按时办结率达100%。益阳市对重信重访的问题逐一梳理,对信访积案归类调查研究,对重大矛盾、跨部门的纠纷实行联合调度、联合办案,并聘请律师"集体会诊"化解。衡阳市对信访事项办理情况实行"双向评议",即信访事项办理结果的合法性要接受群众审议,经办人的工作作风要接受群众评议。洞口县探索在村级开展村民信访事项上墙公示、群众集中评议,并在村级群众工作站设立了视频接访点,减少了矛盾上交;宁远县等地增加县纪委书记、县公检法"三长"为联席会议召集人,进一步加大了信访部门工作协调力度,推动了问题及时有效化解。省委政法委、省国土资源厅、省环境保护厅、省农办等省直部门高度重视信访工作,积极协调解决了一大批信访突出问题,同时,省财政厅、省电力公司从资金、设备上给予信访部门大力支持。

(四)重点特护期间信访工作成效突出

各地将做好全国"两会""六四""八一"、十八届三中全会和中央巡视组在湘巡视等特护期的信访工作作为重要政治任务来抓。按照省里完善驻京维稳劝返工作的体制机制要求,各地配齐配强驻京力量,坚持"统一指挥、力量整合、协调联动"的工作机制,按照"三统三分"(统一接出、统一稳控、统一教育、分别劝返、分类送返、长沙分流)模式,加强进京非访处置和京地联动,强化依法治访和源头防控,有力确保了全省社会大局和谐稳定,成功实现了中央和省委要求的"五个坚决防止"的目标。湖南驻京机制得到了中央联席办、国家信访局的多次肯定和推介。省联席办在充分调研考察的基础上，出台了《长沙分流中心运行管理暂行办法》，加强了后续的接收安置、接谈训诫、分流接返、协调会商、交办督办工作，充分发挥了机制效应。长沙市坚持"北京妥处理、长沙热办理、基层快办理、公安严处理"的思路，各区县成立联合工作组对反复越级非访和缠访、闹访的重点对象进行约谈，政法委抽调干部全程指导开展依法处置涉访违法的工作，树立了"合理诉求得到妥善解决，不合理的诉求得不到支持，违法行为将受到追究"的良好工作导向，在北京缠访、闹访人员主动要求回长沙解决诉求的大幅增加。永州、株洲、湘西土家族苗族自治州加大了对涉访违法行为的依法打击力度；常德、郴州对违反信访工作纪律的责任单位和人员严格倒查问责，营造了依法信访的良好氛围。

（五）信访队伍建设不断加强

各地认真贯彻落实《中共中央办公厅、国务院办公厅〈关于进一步加强信访干部队伍建设的意见〉》（中办发〔2012〕21号）精神和湘办发〔2013〕18号文件精神，信访部门工作条件得到明显改善，信访干部队伍素质得到明显提升。衡阳市委书记李亿龙对信访干部高看一等、厚爱一筹，2013年该市有2名处级干部交流到县市区和市直单位任职，6名正科级干部交流到重要岗位，10名副科级干部提拔重用为正科级。长沙市、邵阳市等地明确市信访局长兼任市委组织部副部长。郴州市、岳阳市将干部挂职人员覆盖到新提拔干部、拟提拔干部、新进公务员三大类，挂职地点由原来的市、县信访部门延伸到市驻京办和驻长办。益阳市、娄底市、湘潭市、张家界市等明确规定，把信访干部的交流任职、提拔纳入组织人事工作总体规划。湘潭、株洲市等地公开选调综合能力比较强的乡镇党委书记担任信访局长。常德市、湘西土家族苗族自治州、怀化市等地2013年来通过各种形式组织大型培训活动，加强信访干部教育培养，并把信访工作纳入党校干部培训的内容。

从2013年全年信访情况来看，信访总量仍在高位运行，且矛盾多样多发。主要有四方面特点：一是到省进京上访反弹明显，矛盾上行趋势突出；二是信访热点问题相对集中，新的信访热点日益突出；三是重点群体集体访活动频繁，政策性诉求突出；四是过激行为时有发生，择机施压现象突出。

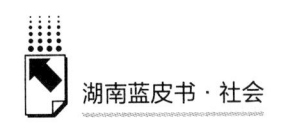

二 2014年工作思路

2014年是贯彻落实党的十八届三中全会精神、全面深化改革的第一年，是完成"十二五"规划目标任务的关键一年，也是信访工作的改革创新年。做好2014年的工作，总的思路是：深入贯彻落实党的十八大、十八届三中全会和中央政法工作会议、全国信访局长会议精神，以改革创新来总揽和推进信访工作，坚持用群众工作统揽信访工作，运用法治思维方式，进一步畅通信访渠道，夯实基层基础，大力提升信访工作的信息化、法治化和科学化水平，全面提高信访工作效能和公信力，全力维护群众合法权益，为促进社会和谐稳定作出新贡献。重点抓好以下五方面的工作。

（一）大力推进网上信访，进一步畅通和拓宽信访渠道

建立以互联网为依托的网上受理信访事项平台，通过网上信访、省（市、县）长电子信箱等形式，引导群众通过网络反映信访事项。主动跟进国家信访局关于全面放开网上投诉受理的工作部署，大力推行"阳光信访"，实现信访事项的"可查询、可跟踪、可督办、可评价"。巩固信、访、网、电"四位一体"的工作体系，加大信访信息系统建设和应用力度，加大对信访信息的收集和分析力度，及时向党委政府提出意见和建议，发挥信访部门的"参谋助手"和"第二研究室"作用。

（二）着力夯实基层基础，进一步强化源头预防和化解

结合全省第二批群众路线教育实践活动，继续深入推进领导接访下访，更多侧重于约访、带案下访和疑难积案专项化解等方式，重点解决群众反映突出的利益问题，特别要大力推广合肥市"和谐拆迁"经验，推动研究完善政策，集中解决征地拆迁突出问题。推广枫桥、洞口经验，推动乡、村两级群众工作站建设全省覆盖。以"三调联动化矛盾、息诉息访促平安"专项调解活动为抓手，探索建立第三方和社会力量参与矛盾化解的机制。

(三)开展"疑难积案听证化解"活动,进一步推动疑难信访问题"案结事了"

在全省深入开展"疑难积案听证化解活动",对重复进京10次以上的上访老户和重大疑难信访积案,要实行市级领导包案,落实"五包一"措施,确保依法解决到位、依法结终到位、依法打击处置到位,坚决杜绝因化解不力造成进京非正常上访。对一些久拖不决的信访突出问题,提请党委和政府督查机构督查督办,加大推动解决的力度。

(四)完善信访事项"分级受理"机制,进一步提高信访工作法治化水平

坚持运用法治思维和方式做好信访工作,按照中央的要求和"属地管理、分级负责"的原则,完善信访事项分级受理工作机制,推行湘潭县群众上访"一册通"的做法,强化属地和部门责任。积极支持和配合做好涉法涉诉信访分离改革,把涉法涉诉信访问题导入司法渠道解决。按照公安部公通字〔2013〕25号和湘公通〔2012〕45号文件精神,加大对信访违法行为的依法惩治力度,坚决遏制"以闹求解决、以访谋私利"等不正常现象。

(五)完善信访工作考核评价体系,进一步提高群众满意率

改革完善考核办法,把地方的主要精力引导到加强基层基础、抓好源头预防上来,引导到依法有效化解矛盾纠纷上来。建立"信访事项办理群众满意度评价体系",把信访事项按期办理率、群众满意率等作为主要考评指标。完善点对点通报和信访约谈制度,履行信访部门"三项建议权",推动信访工作由"数量压力型"向"质量责任型"转变。

B.23
2013年湖南省安全生产形势分析及2014年展望

湖南省安全生产监督管理局

一 2013年安全生产形势分析

2013年全省安全生产工作取得较大进步，总体形势持续稳定向好，创历史最高水平。主要表现在以下四方面：一是主要指标全面下降。1~12月，全省发生各类生产经营性事故5851起，同比下降4.2%；死亡1064人，下降20.2%，比国家控制指标少423人；受伤2821人，下降15.1%；经济损失3.58亿元，下降9.4%。二是群死群伤事故大幅减少。全省发生较大事故40起、死亡172人，同比减少9起、34人，分别下降18.4%、16.5%；发生重大事故1起、死亡10人，同比减少4起、61人，分别下降80%、85.9%；重大事故发生起数从2012年全国第1位后移至20多位；连续3年没有发生特别重大事故，实现了省委、省政府提出的"四个确保"目标。三是大多数地区安全生产形势稳定向好。除常德、张家界外，其余市州事故死亡人数同比下降，其中株洲、益阳、岳阳、永州、湘西土家族苗族自治州、怀化降幅超过30%。四是绝大多数行业安全生产事故明显下降。纳入统计的11个行业领域中，除烟花爆竹业事故死亡人数同比上升外，其余10个行业事故死亡人数明显下降。其中农业机械行业降幅达70.6%，水上交通、工商贸、铁路运输业下降20%以上。

（一）进一步强化安全生产责任体系

湖南省委、省政府始终把安全生产摆在重要位置，2013年初制定《湖南省党政领导干部安全生产"一岗双责"暂行规定》《湖南省安全生产监督管理职责规定》，在全国率先以规范性文件的形式明确了安全生产"党政同责、一岗双责"。湖南省委书记徐守盛、省长杜家毫高度重视安全生产工作,明确提出了"四个确保"的工作目标,亲自动员部署并作了一系列指示批示,多次深入基层和企业调研督导。盛茂林副省长先后12次专题研究部署安全生产工作,带领有关部门负责人深入重点市县、重点行业领域、重点企业检查督查。各级各部门结合实际制定出台具体措施和办法,"党政同责、一岗双责、齐抓共管"的安全生产责任体系初步建立。

(二)全力以赴开展安全生产大检查

按照"全覆盖、零容忍、严执法、重实效"的要求,以前所未有的广度、力度和深度,扎实深入地开展了安全生产大检查,一大批安全隐患得到有效治理,一批非法违法行为得到严肃查处,安全发展理念更加深入人心,对全省安全生产形势稳定向好起到了关键作用。在大检查中,采用"全覆盖、深排查,列表格、建台账,签责任、严追究,下文书、速交办,促整改、抓到底"的安全生产执法检查"五步工作法",同时制定"暗访发现问题—书面交办—跟踪督促整改—公示整改情况—媒体曝光并提出追责意见"的暗访督查工作流程,提高了安全生产行政执法的权威和实效。这一做法得到了国务院安委办的肯定和推介。

(三)强力推进"打非治违"专项行动

2013年初湖南省政府召开"打非治违"专题电视电话会议,相关厅局由厅级领导带队,对23个重点县市区"打非治违"行动实行驻点督导、联合执法、包干负责,与地方一道合力攻坚,成效非常明显。比如,耒阳市、嘉禾县、辰溪县等地煤矿整治,花垣县、冷水江市、苏仙区、零陵区等地非煤矿山整治,浏阳市、醴陵市、祁阳县、临湘市等地烟花爆竹整治,云溪区、洪江区等地危险化学品整治,永顺县、凤凰县等地农村道路交通整治,汨罗市、湘阴县、安化县、沅江市、湘乡市等地水上交通和河道采砂整治,芦淞区、雨花区等地消防安全整治,都是采取驻点督导的方式,攻坚克难,初步解决了一些久攻不下的顽症痼疾。各地结合实际,强力推进"打非治违",如浏阳"打非"工作队、郴州"两法衔接"等"打非治违"长效机制的施行,形成了严打严治的高压态势,因非法违法行为导致的事故明显减少。

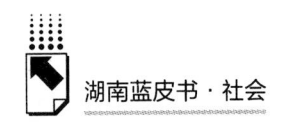

（四）握紧拳头推进安全生产专项整治

狠抓重点地区煤矿安全生产专项整治，通过"治矿、治腐、治黑"三管齐下，耒阳市煤矿综合整治取得阶段性成效。全面启动金属非金属矿山整顿关闭攻坚战，关闭矿山302家；扎实推动尾矿库隐患治理，争取国家投入专项治理资金1.55亿元，巩固治理危险病尾矿库63座。深入开展"道路客运安全年"活动和水上安全整治，突出对"二客一危"道路客运车辆和"三客一危"船舶的动态监控，加强旅游包车、城市公交和异地营运车辆的安全管理和整治，创新省、地联合巡航，航道、海事联合巡航等监管机制，益阳、岳阳等重点水域的运砂船超载现象得到有效整治。强力推进铁路安全生产专项整治和"修桥涵、封栅栏、保安全"专项行动，铁路交通安全形势逐月转好，2013年1~12月铁路交通事故起数和死亡人数同比减少48起、59人，分别下降18%和26.2%。落实《湖南省火灾高危单位消防安全管理规定》，进一步加强人员密集场所消防安全监管，狠抓火灾隐患的排查整治，净化了社会消防安全环境。各级具有安全监管职能的部门结合安全生产大检查和"打非治违"专项行动，有序推进城市工业灾害防治、餐饮场所燃气安全、烟花爆竹运输和建筑施工、涉氨涉氯、危爆物品安全大检查大整治、防雷安全检查检测、客运索道和大型游乐设施及气瓶等专项整治，成效日益凸显。

（五）不断夯实安全生产基础工作

广泛开展安全宣传教育，营造重安全、讲安全的社会氛围。认真宣传并贯彻《煤矿矿长保护矿工生命安全七条规定》，制定出台并大力宣传非煤矿山、危险化学品、烟花爆竹企业主要负责人保护职工生命安全的"七条规定"，提升高危行业企业经营管理人员、从业人员的安全意识和技能。积极推进矿山应急救援体系建设，2013年投入建设资金2200万元。扎实推进安全生产标准化建设，目前危险化学品、非煤矿山、烟花爆竹、工贸等行业领域达标企业8982家。深入开展安全生产示范创建活动，新增省级安全生产示范乡镇99个。全面推行安全生产责任保险，高危企业参保率可望过半。

二 面临的安全生产形势展望

（一）从安全生产规律性特征看，全省处于工业化、城镇化加速期，也是安全生产事故高发易发期

人均GDP1000～10000美元被视为国家经济发展的重大转折点。与此对应，在工业化过程中都要经历一个事故高发期。但由于各国安全生产法治、政策措施的不同，出现高发期的时间会不一样。随着经济社会发展，矿井越挖越深、房子越盖越高、道路越修越长、车船越来越多，给安全生产带来新的隐患和压力。全省建筑施工场所达9万多个，地下工程和超高建筑的安全风险相对较大。2012年末，全省年机动车保有量达800万辆，比4年前增加了150%。高速公路通车里程2013年底全省达5000公里左右。且湖南省位于中部，无论车辆来自南北还是东西，进入本省都是驾驶疲劳期，发生安全事故的几率增大。

（二）从安全生产客观条件看，全省安全隐患突出、安全生产压力大

一是全省高危生产经营单位门类全、数量多、规模小、灾害重。截至2012年底，全省共有高危行业生产经营单位4.07万家，全国有的高危行业，湖南省都有，且中小企业占99%，安全基础薄弱。其中烟花爆竹生产企业2488处（企业总数占全国的50.1%、产值占全国60%、出口占全国70%）、经营网点2万多处、危化生产企业515处、经营单位8900处。二是煤矿与非煤矿山赋存条件差。湖南省煤矿储量小、煤层薄、鸡窝煤多，全省981个煤矿，年产量9万吨及以下矿井861对，占总数的87%；瓦斯灾害严重，煤与瓦斯突出矿井254对，占全国的43.4%；非煤矿山中小型矿山占95.1%；尾矿库中危、险、病库比例达42%。三是农村公路条件比较差。湖南省农村公路18万多公里，占全省公路里程的81.5%，但二级以上公路里程仅相当于全国平均水平的一半。农村道路（山区道路居多）普遍存在路窄、坡陡、弯多、视线不良、标志标线缺失等问题，安全隐患和事故增多。四是河流多航道条件

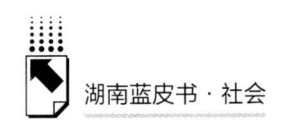

差。湖南省有洞庭湖、湘资沅澧四大水系，通航河流373条，通航里程11968公里，列全国第三位，但三级及以上航道仅占总里程的5.1%。

（三）从安全生产工作现状看，湖南省一些地方安全发展理念树立得不牢，安全生产责任落实不到位

对安全生产工作，需有"三个不能估计过高"：必须对安全生产形势有清醒认识，对干部抓安全生产的积极性不能估计过高，对企业抓安全生产的主动性不能估计过高，对职工群众遵守安全生产规程的自觉性不能估计过高。少数地方安全发展理念树立得不牢，没有真正把安全生产放在突出位置来抓，没有把安全生产责任和措施贯穿到经济建设的全过程。有的存在着畏难心理，认为抓安全生产难度很大，再怎么努力也抓不出成效；有的存在厌倦心理，认为安全生产年年重视天天狠抓，一天到晚神经紧绷，安全事故还是不能避免；有的存在侥幸心理，认为事故发生有很大的偶然性，抓安全生产主要靠运气。一些地方安全生产的责任落实得不到位。一方面，企业的主体责任落实不到位。部分企业重效益轻安全，隐患排查治理措施不落实，安全条件不达标，现场管理不严格，安全责任没有真正到人到岗。有的企业违法违章组织生产，有的企业存在严重的"违章指挥、违章作业、违反劳动纪律"等三违现象。另一方面，少数政府和部门的监管责任落实不到位。一些地区和部门安全生产属地监管和部门监管责任不落实，执法监督不严，工作还存在敷衍应付怕得罪人的现象。一些地方和行业领域"打非"热、"治违"冷，上面紧下面松，工作进展不平衡。有的地方"打非治违"还存在漏洞和死角，非营运车船非法载客、客运车船超载、无证矿山或证照过期矿山非法生产、烟花爆竹非法营运、城区特别是农村非法建房等问题在各地均有发现，少数地方漏管失控还比较严重。少数公务人员违法违纪入股矿山，不但不监管，反而成为非法利益的保护者和受益者，成为抓安全生产工作的"绊脚石"。

（四）从安全生产基础看，"基层薄弱、基础脆弱"现象还没从根本上改变

全省安全监管机构的应急救援、执法检查、信息化等方面的保障能力还比较弱。一些县乡安监部门专业人员少、经费缺乏，执法监管装备匮乏，应急救

援设备设施不足，安全执法保障能力与繁重的监管任务很不相适应。矿山和建筑企业普遍存在"高危行业，低技能人员就业"的现象，绝大部分职工文化程度不高、就业技能不高、安全意识不强。安全基础设施特别是农村公路设施、渡口码头安全设施比较薄弱。

三 2014年工作思路

2014年湖南省安全生产工作的总体思路是：深入贯彻党的十八大和十八届三中全会精神，牢固树立安全生产红线意识，不断强化"党政同责、一岗双责、齐抓共管"的工作格局，大力实施安全生产"四大三基"三年行动计划，即开展安全生产大宣传、大培训、大检查、大整治，加强基础工作、基本建设、基层示范创建，突出五个工作重点。

（一）深入学习贯彻党的十八届三中全会和习近平总书记重要讲话精神，全面落实省委、省政府"两个规定"，进一步强化"党政同责、一岗双责、齐抓共管"

把深入学习贯彻党的十八届三中全会和习近平总书记关于安全生产的重要讲话精神，落实省委、省政府"两个规定"，强化安全生产"党政同责、一岗双责、齐抓共管"，作为头等大事来抓，旗帜鲜明、一抓到底。进一步完善和强化目标管理考核，把"四大三基"、安全生产大检查、打非治违、专项整治等重点工作纳入考核，切实强化安全生产工作合力。

（二）切实加强思想引导和宣传教育，进一步强化安全生产舆论氛围和群众基础

开展安全生产大宣传、大培训。着力推动安全教育进党校，精心组织开展"安全生产年"和"安全生产月"活动，广泛开展全民安全宣传教育。加强与报刊、广播、电视、网络等媒体的合作，切实加大安全生产公益宣传力度，引导群众提高安全意识和防范能力。大力加强从业人员安全培训，逐步实现高危行业企业、特种操作岗位全员持证上岗。

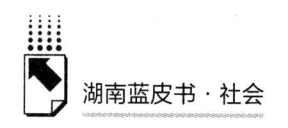

（三）推动安全生产大检查常态化，督促企业认真落实安全生产主体责任

开展安全生产大检查、大整治。总结推广安全生产大检查的成功经验和做法，拟出台《湖南省安全生产行政检查实施办法》，推动安全生产大检查和隐患排查的常态化、制度化、规范化。逐步推广安全生产隐患企业自查自纠自报体系，严格落实挂牌督办、事前问责等制度。持续组织开展地毯式、不留死角的暗访督查，及时发现并督促整改安全生产的重大问题和隐患，始终保持安全生产严抓严管的高压态势。

（四）强化"打非治违"行动，持续推进重点行业领域专项整治

继续采取驻点督导的办法，进一步强化县乡政府、村级组织"打非"主体责任和企业"治违"主体责任。强力推进矿山整顿关闭，按期完成国家下达湖南省的煤矿关闭目标。深入开展非煤矿山整顿关闭专项行动，继续抓好尾矿库特别是无主危矿库的综合治理。进一步严格烟花爆竹行政许可，大力推进烟花爆竹生产技术革新。督促市县健全完善城市工业灾害防治责任体系，严格落实城市重大危险源、重大安全隐患治理监控措施，有计划、有步骤地消除城市安全隐患，将城市工业灾害防治工作不断引向深入。在重点行业领域集中开展职业病危害防治工作。

（五）着力构建安全生产长效机制

大力推进应急救援体系建设，加快6大省级矿山救援基地、10支区域矿山救护队、20支基层矿山救护队建设；普及应急知识，加强应急教育，开展应急演练，提高全社会应急意识和能力。夯实县乡安全基础，出台并落实《关于加强县乡安全生产监管能力建设的意见》，逐步解决县乡基层无人办事、无钱办事、工作不落实、监管不到位的问题。加大安全生产先进适用技术、新型适用产品的推广应用，继续抓好矿山井下安全避险、尾矿库在线监测监控等安全技术示范工程。加快安全生产信息化建设，开发完善、全面推广安全监管执法系统和隐患排查治理系统。高质量开展安全生产标准化建设，大力推广安全生产责任保险，严肃事故查处和责任追究。

B.24
2013年湖南省非公有制经济发展情况研究

湛建阶*

2013年，非公有制经济已成为湖南省经济社会发展的重要动力、社会就业的主渠道和自主创新的中坚力量。全省非公有制经济呈现总量稳步扩大、结构继续优化、企业集群发展、发展后劲增强、社会贡献日益凸显的良好发展态势。

一 湖南非公有制经济发展基本情况

（一）非公经济推动经济总量增长

2013年，全省非公有制经济实现增加值14186.06亿元，增加值总量占全省地区生产总值的比重达57.9%，同比增长11.5%，比全省地区生产总值增速快1.4个百分点，比上半年快0.4个百分点。2008年以来，湖南非公有制经济增速一直高于全省GDP增速，年均增长14.6%，比湖南地区生产总值年均增速快1.3个百分点（见图1）。

其中，第一产业增加值775.87亿元，占全省第一产业25.0%；总量同比增长1.7%。第二产业增加值7908.66亿元，占全省第二产业68.7%；总量增长13.3%。第三产业增加值5501.53亿元，占全省第三产业的55.7%；总量增长10.1%。

---

* 湛建阶，湖南省工商业联合会。

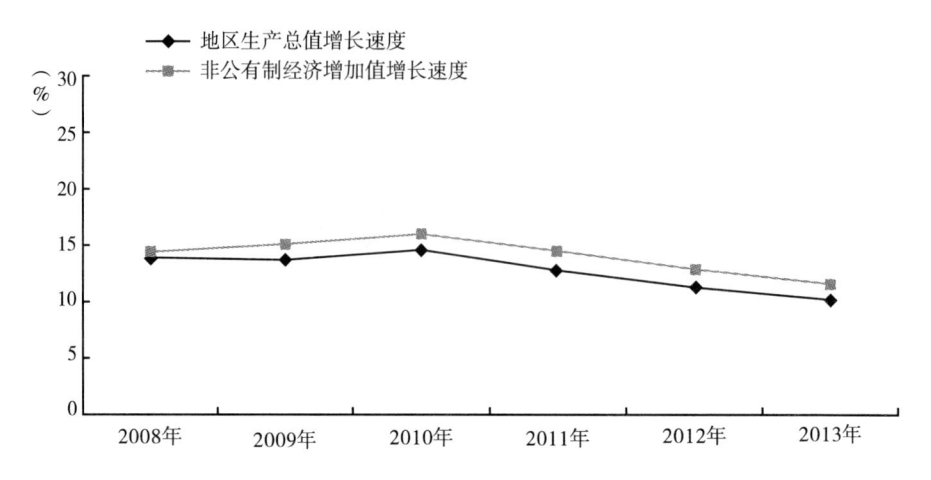

图1 湖南地区生产总值和非公有制经济增加值增长速度比较

（二）非公经济增强市场基础

截至2013年底，湖南省实有个体工商户、私营企业213.19万户，比上年增加20.26万户，同比增长10.5%，其中实有个体工商户182.68万户，私营企业30.51万户，分别同比增长8.7%和22.6%；2008年以来个体工商户、私营企业户数总量以每年约11%的速度增长（见图2），2013年市场主体总数首次超过200万户。

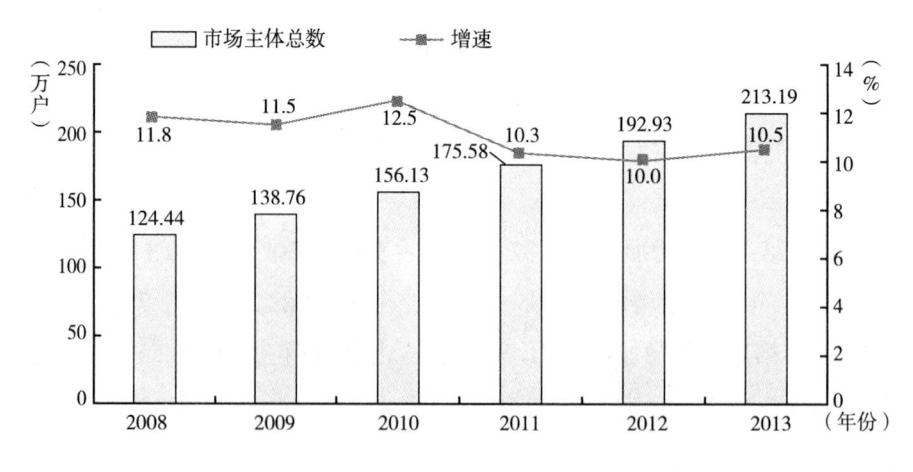

图2 2008年以来湖南省非公有制经济市场主体总量变化情况

（三）非公经济促进产业结构调整

2013年产业结构继续调整，第三产业比重上升。全省非公有制经济中，三次产业构成由上年同期的6.0∶56.4∶37.6调整为5.5∶55.7∶38.8（见图3）。

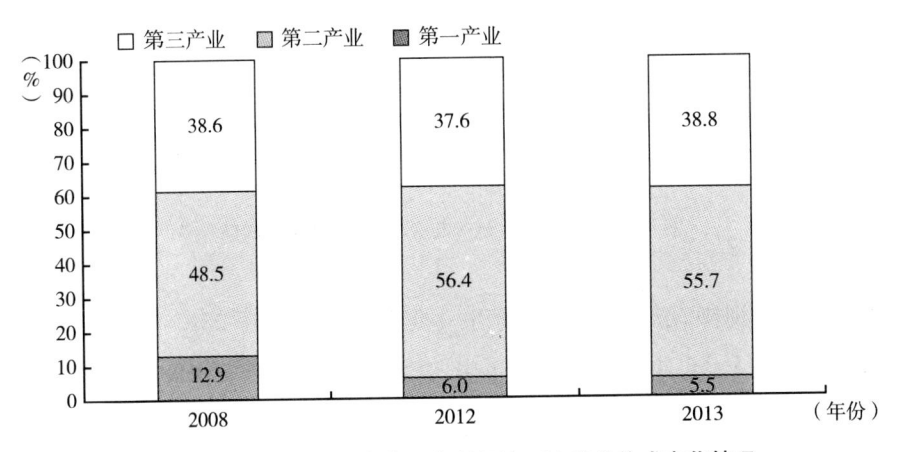

图3　2008年以来湖南非公有制经济三次产业构成变化情况

第一产业、第二产业分别下降了0.5个和0.7个百分点，第三产业比重上升1.2个百分点。产业结构虽然有所调整，但继续保持"二三一"结构。与全省三次产业结构相比，非公有制经济第一产业比全省低7.1个百分点；第二产业比全省高8.7个百分点，其中工业高9.4个百分点；第三产业比全省低1.6个百分点。

（四）非公经济担当工业发展重任

工业经济继续发展，生产稳中有进。全省规模以上非公有制工业企业单位11652个，占全省规模工业企业单位总数的89.6%。2013年度非公有制工业增加值7128.5亿元，占全省非公有制经济的50.3%；增加值增长13.8%，比全省非公有制经济增速快2.3个百分点（见图4）。其中，非公有制规模工业增加值增长14.7%，比全省规模工业增速快3.1个百分点。财务相关指标显示，规模工业主营业务收入23323.82亿元，增长17.0%；盈亏相抵后实现利润1170.44亿元，增长18.4%；应交增值税746.44亿元，增长15.2%；吸纳从业人员230.50万人，增长12.2%。

湖南省非公有制工业形成了电子信息与新材料、汽车及零部件、稀贵金属

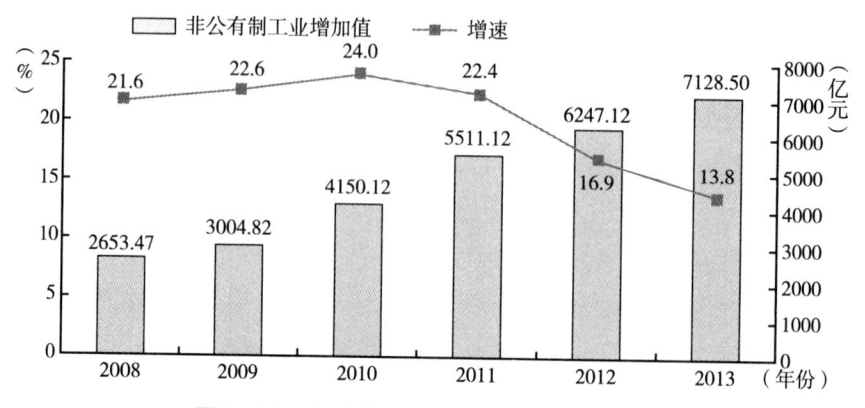

图4 2008年以来湖南非公工业增加值及增速

冶炼及加工、浏阳花炮、生物医药等一批产业集群。在2013年8月公布的"2013年全国民营企业500强"榜单中,湖南省共有11家企业上榜,其中三一集团、新华联集团、晟通科技等3家企业跻身前100强。

(五)非公经济完成投资额占近七成

2013年全省非公有制经济实际完成投资12350.75亿元,占全社会实际完成投资额的67.2%;投资总额增长27.6%,比全社会实际完成投资额增速快1.5个百分点。其中,非公有制工业投资6991.97亿元,增长29.0%。非公有制经济新增固定资产8195.61亿元,增长23.9%;非公有制经济施工项目24096个,其中投产项目16807个(见图5、表1)。

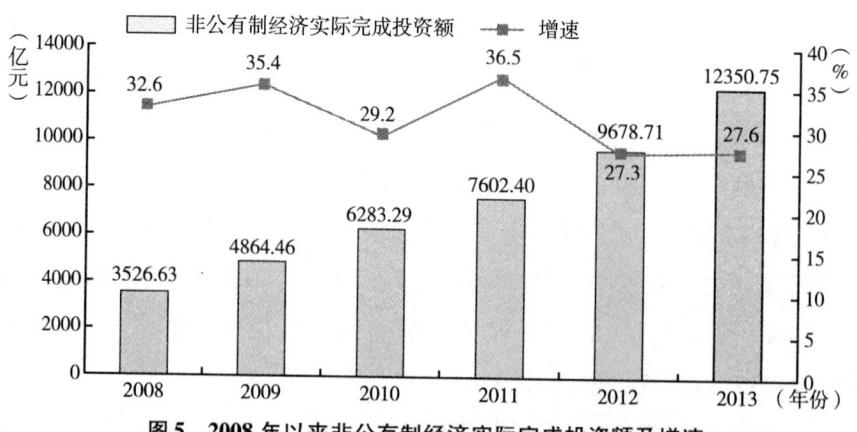

图5 2008年以来非公有制经济实际完成投资额及增速

表1　湖南省非公有制投资主要指标

单位：亿元，%

指标	总量 全部	总量 非公有制	比上年增长 全部	比上年增长 非公有制	非公有制占比
实际完成投资	18381.44	12350.75	26.1	27.6	67.2
其中：工业	7926.57	6991.97	28.1	29.0	88.2
新增固定资产	11930.16	8195.61	26.8	23.9	68.7
施工项目个数（个）	35864	24096	17.0	17.3	67.2
其中：投产项目（个）	24329	16807	17.8	16.6	69.1
资金来源	21428.72	14798.20	25.2	26.7	69.1

（六）非公经济实缴税金已过半

全省非公有制经济实缴税金由2008年不足500亿元增加到2012年的1222.33亿元，翻了一番多，2013年实缴税金1397.05亿元（见图6），总额占全社会实缴税金的51.1%；同比增长14.3%，比全省实缴税金增速高1个百分点。其中，实缴国税581.62亿元，增长10.6%；实缴地税815.44亿元，增长17.1%（见表2）。

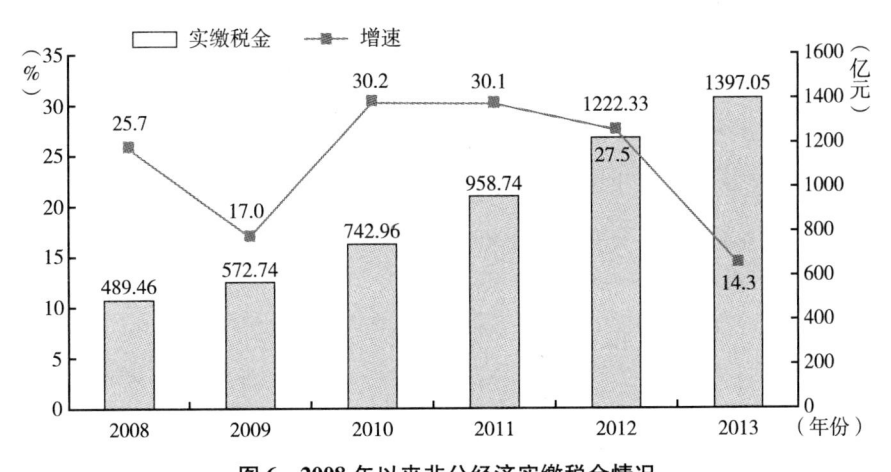

图6　2008年以来非公经济实缴税金情况

（七）非公经济自主创新贡献大

现在，湖南省90%的发明专利、80%以上的技术创新和新产品开发来自非公有制企业。全省创新基金支持的中小企业项目超过2.3万个，全省"小

表2 湖南省非公有制经济实缴税金

单位：亿元，%

指标	总量 全部	总量 非公有制	比上年增长 全部	比上年增长 非公有制	非公有制占比
实缴国税	1426.18	581.62	12.0	10.6	40.8
实缴地税	1154.68	815.44	14.9	17.1	70.6
总计	2580.86	1397.05	13.3	14.3	54.1

巨人"计划企业保持了每年30%左右的增长速度，全省认定的1300多家高新技术企业中，非公有制企业占80%以上。为了保持业内的领先地位，巨星轻质建材公司将创新作为产业链来抓，把技术成果化为专利，形成专利集群，再引导形成国家标准或者行业标准；在4.03亿元政府资金的引导下，醴陵陶瓷产业园的1000多家中小微型企业投资60多亿元，申请专利1547件，成为了全国陶瓷研发、创意和营销的基地。

（八）非公经济成为社会就业主渠道

2012年，湖南非公有制经济吸纳第二、第三产业从业人员2042.30万人，比2008年多吸纳171.58万人，年均增长2.3%；总量占全社会第二、第三产业从业人员的86.9%，比2008年提高1.5个百分点（见图7）。其中，非公经

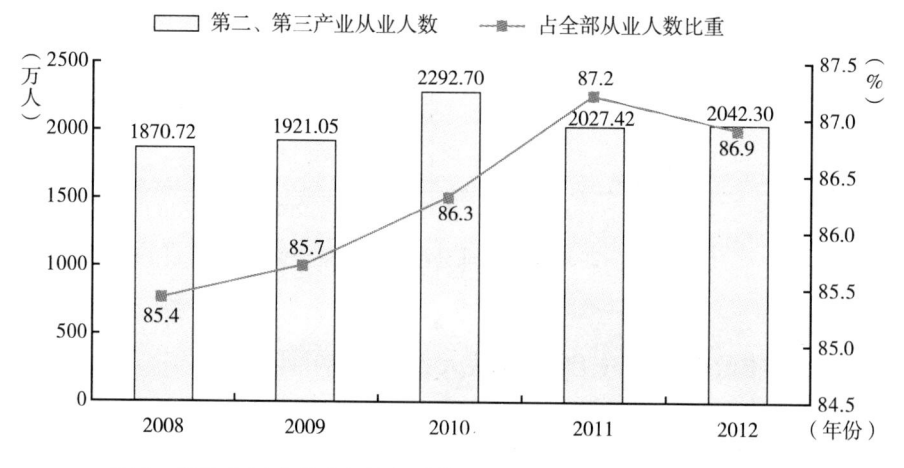

图7 2008年以来非公经济领域第二、第三产业从业人数变化情况

济第二产业吸纳从业人员882.45万人，占全部第二产业的93.0%；非公经济第三产业吸纳从业人员1159.85万人，占全部第三产业的82.8%。

二 湖南非公有制经济发展中存在的问题

非公有制经济的发展虽然呈现稳中向好的趋势，但是国内外经济运行仍存在较多不确定、不稳定因素，企稳向好的基础还不牢固，面临着创新难、人力成本攀升、资金压力大、融资成本高等问题。

（一）非公经济实施创新驱动发展面临诸多困难

非公经济实施创新驱动的产业基础薄弱。一是大部分产品停留在技术链低端，创新程度低，全省非公企业中产品高技术含量和高附加值的行业比重较低。在技术创新上，大部分企业不同程度地存在重成本、重销售和轻技术、轻创新的现象，开发新产品的能力较弱。在市场开发上，部分企业过度依靠资源、要素等开拓市场，未能做到依靠提高员工素质、推动科技进步来赢得市场。二是非公企业的技术装备水平相对落后。全省大多数非公企业生产技术和生产设备水平较为落后，由于不愿意进行设备更新换代，全省超过半数中小企业的50%以上设备还停留在20个世纪八九十年代的水平。三是非公企业的经营抗风险能力弱。湖南非公企业大多数经营规模小，产业集群化发展不够，没有充分利用大企业的带动作用和园区的辐射作用。非公企业的经营抗风险能力较弱，亏损、倒闭、关停现象时有发生。调查显示，只有88.82%的新创业非公企业存活期超过1年，而存活期超过3年的新创业非公企业则仅为59.41%。

非公经济创新驱动的政务环境有待改善。一方面非公企业科技创新管理体系不畅通。非公企业科技创新管理存在多头管理的问题，省经信委、省发改委、省科技厅都有非公企业科技创新管理职责，分别掌管了不同的支持非公经济科技创新的专项资金和项目。例如，省经信委有中小企业发展专项资金、"小巨人"计划和"创业"计划、中小企业"百千万"成长工程等；省发改委有高技术产业化重大专项和示范工程、产业关键共性技术研制开发、重大科技基础设施、技术创新工程等项目；省科技厅有自然基金，省级重点实验室、工程技术研究中心建设项目，科技支撑计划项目，生产力促进中心、大学科技园等技术创新服务平台建设项目等。各种科技创新项目分散，降低了科技创新资金的规模效应。另一方面非公企业创新驱动的政策针对性不强。虽然湖南省这几年从财税、金融、转型发展、公共服务、全民创业、优化发展环境等方面出台了一些支持企业创新发展的政策，但与发达省份相比，湖南非公企业创新驱动政策主要是分散在《湖南省人民政府关于促进科技和金融结合加快创新型湖南建设的实施意见》《湖南省人民政府关于支持长株潭城市群"两型社会"示范区改革建设的若干意见》等一系列企业科技创新支持政策中。而河北省为了促进非公企业的科技创新，从非公企业的研发、资金以及服务平台等多方面重点扶持，积极为省内非公企业搭建交流平台；安徽省虽然对于非公企业的创新发展奖励和支持力度并不大，但是出台的政策完全针对非公企业的创新，这已经走在许多省份的前面，为非公企业实现创新驱动发展创造了有利条件。

非公经济创新驱动的科技支撑有难度。与发达省份比较，湖南省非公企业创新公共服务和中介服务平台差距大。同时，非公企业的中介服务组织"官办"或"半官办"色彩较浓厚，全省注册登记的行业商协会近3500家、评估鉴定等其他中介组织10000多家，由企业自发组建、管理的仅占30%左右，由有关职能部门"官办"或者依附于有关职能部门"半官办"的占70%左右。与发达省份相差甚远，以江苏省为例，江苏省各县市全部建立了中小企业服务中心，依托特色产业集聚区培育了5家国家示范平台、110家三星级以上公共服务平台；依托高校院所及专业技术服务机构，认定了20家公共技术服务示范平台；筹建了江苏中小企业公共技术服务平台联盟和非公企业知识产权交易平台。

（二）非公企业市场准入仍然存在隐形障碍

虽然国家"新36条"规定对民间投资领域实行"非禁即准"，但在实际工作中，民间投资在资格认定、门槛准入、产权转移等环节上，仍然存在手续繁杂、"玻璃门""弹簧门""旋转门"等现象。根据湖南省工商联抽样调查显示，63.9%的非公企业认为民间资本进入垄断领域遭遇"玻璃门"现象相当严重和比较严重；真正进入垄断行业、基础设施领域及公用社会事业领域的企业不到10%。部分已进入的非公企业，如部分BOT项目，在未到合同期限的情况下，被政府收回后交由城建投、交建投、高速投等政府平台企业运作。这些现象严重限制了对本省非公企业进行创新发展所需资金的要求，制约了非公企业的发展。

（三）非公经济发展中的各类用工人才短缺

一是创业人才短缺。一方面，应届高校毕业生创业意愿低。从湖南省的非公经济科技情况来看，全民创业活动指数低于5%，仅0.8%的应届高校毕业生选择直接创业。另一方面，非公企业家综合素质偏低。据调查，湖南省内非公企业家对于企业的科研开发、税收处理、资本运用、领导艺术等方面的自我满意率分别只有42.5%、35.7%、62.4%、65.8%。二是高技术人才短缺。突出表现为企业亟须的科技应用人才少，懂专业技术又擅长经营管理的中高级人才非常紧缺。全省非公有制企业中各类人才89.44万人，仅占全省人才总量的27.62%。从学历结构看，2012年全省规模以上非公企业中，仅有7.59%的非公企业中的本科以上学历超过50%。从专业技术职称结构看，在全省非公企业的1201个高级专业技术岗位中，具有高级技术职称的仅有210人，仅占非公企业高级专业技术岗位的17.49%。三是企业员工流失问题突出。受国家鼓励高新产业的创业政策导向、地域和行业发展不平衡、人才需求旺盛、企业管理水平以及员工自身等多种因素的影响，非公企业员工流动频繁。数据显示，非公企业员工流失率接近70%，流失率相当高。

（四）政府金融支持政策与非公企业融资市场化环境不匹配

一是小微企业从银行贷款难。所有银行在风险管理中都有追责制，即对形成的不良贷款实行责任人追究制度。为避免不必要的麻烦，银行都会对小微企业的贷款申请采取不接受的态度。因此，许多非公企业在出现资金紧张时会向小额贷款公司贷款。但是，小额贷款公司的贷款利率远高于金融机构。人民银行长沙中心支行的统计数据显示：湖南省小额贷款公司全部贷款加权平均利率为16.4%，比省内全部金融机构贷款加权平均利率高出8.7个百分点，比村镇银行和农村合作金融机构的贷款平均利率分别高8个和6.1个百分点。企业从小额贷款公司的融资成本一般在20%~30%，有的甚至高达40%以上。二是抵押担保权的确认存在法律障碍。多数非公企业资产规模较小，偿债能力弱，他们主要依赖"关系融资"。究其原因，主要是本省的非公企业融资担保体系不完善，多数担保公司由于经济环境和业务体制限制，提供的担保服务乃属杯水车薪；而抵押贷款常因非公企业的房产、土地等不动产规模较小而被搁置。如农村流转土地、包含特许经营权等的无形资产等，都无法作为抵押担保物。三是财政资金与财税政策支持方式有待改善，效果有待提高。政府虽设立了各类专项资金，但普遍存在以下问题：一是政府扶持范围广但扶持强度不大。以对农业产业化龙头企业的调研为例，80%以上的农业企业近三年都获得过政府财政补贴、税收优惠和基金扶持中的至少一种。各企业获得的资金支持为几万元到几千万元不等，所调查的297家企业的平均融资需求为9981万元，企业从政府处获得的平均资金支持不到其平均融资需求的5%。政府对农业企业的资金扶持远远小于企业的融资需求。二是政府支持有偏重大企业的倾向。调研显示，注册资本在1000万元以上的企业，获得政府财政支持的企业家数占企业总数的比例大致相当，基本处于83%上下的水平，而注册资本在1000万元以下的企业，获政府财政支持的企业家数占企业总数的比例则大大低于83%的水平。三是民间资金参与地方金融机构改革的步伐比较慢。在鼓励民间资金根据有关规定发起设立或参股村镇银行、贷款公司、农村资金互助社等新型金融组织方面，湖南的发展步伐普遍慢于全国平均水平。到2012年底，全国小额贷款公司总数为6080家，湖南为120家，占全国总数的2%，位列倒数第六。

三 湖南非公有制经济发展的建议

要把非公有制经济发展真正纳入到全省经济社会"四化两型""四个湖南"的大战略当中，下大力气破除制约非公有制经济健康发展的体制机制障碍，打造湖南非公有制经济升级版。

（一）加大科技支持力度，着力创新的升级

1. 优化产业结构，夯实非公经济创新驱动的产业基础

加快发展高新技术产业。打破传统重化工业的发展惯性，以工业园区或高

新技术产业开发区为载体,突出发展新材料、先进制造、电子信息、生物医药等高技术产业,大力发展战略型新兴产业,着力发展生产性服务业和现代服务业。改造提升传统产业。通过引进技术、吸引国内外资金和超前发展重工业特别是先进制造业等途径,加速工业结构高度化进程;应用高新技术和先进适用技术,提升传统产业科技含量和竞争力,使传统产业在新的技术起点上,重新焕发生机;加大投入,加快设备、工艺的技术改造和更新,大力实施品牌战略,促进产品结构升级换代。

2. 搭建创新平台,夯实非公经济创新驱动的平台基础

继续推进非公企业技术研发平台建设。鼓励和支持有条件的非公企业在农业、医药、材料与工程、信息、资源与环境、制造与工程、新能源等领域加快建设一批国家级、省部级重点实验室和博士后科研流动站、院士专家工作站等科技创新平台。鼓励和支持有条件的非公企业在先进装备制造、新材料、现代农业、生物医药、医疗卫生、文化创意、新能源、电子信息、节能环保等领域,加快组建一批国家级、省部级工程(技术)研究中心。引导和支持有条件的非公企业创办综合性和专业性的科技"孵化器"。推进非公企业科技资源共享平台建设。加快大型科学仪器及设备共享平台、自然科学资源共享平台、产业共性技术公共服务平台、科学信息和科学数据共享平台等科技基础条件平台建设,推进重大科技基础设施开放共享。推进区域非公企业创新服务平台建设。以科技创新型园区和高新技术特色产业基地为依托,建成一批综合性区域非公企业科技创新服务平台。依托环长株潭城市群优势产业集群,探索建立跨区域的技术创新与资源共享平台。

3. 推进协同创新,夯实非公经济创新驱动的合作机制

建立面向非公企业及中小企业的科技创新研发服务中心。集中选取5~10个专业或行业,按照"专业集中化、设备齐全化、服务便捷化、费用减半化"的原则,建立面向非公企业及中小企业的科技创新研发服务中心,让有一定市场前景、技术需求的非公企业及中小企业,能够在中心得到技术创新研发的技术设备支持服务。建立面向非公企业及中小企业的科技创新网络交易平台。加强非公企业及中小企业与高校科研院所的对接,由省工商联牵头,与科技厅、经信委和行业协会共同建立面向非公企业及中小企业的科技创新网络交易平

台，促进科技资源优化配置和有效共享。

4. 优化服务体系，夯实非公经济创新驱动的服务机制

成立省非公企业服务中心。将中心定位介于政府和企业之间，是为企业提供各类服务的社会性的综合性中介服务机构，职能主要包括服务、协调、指导和融资。在非公企业行业协会基础上，强化服务、协调、指导、融资功能，将政府部门的管理职责转于行业协会，将省内各类型的非公企业协会合并为一，在此基础上建立以行业协会为主体的非公企业服务中心，按企业的方式运作。建立非公企业"孵化器"集聚区。按不同产业专业在全省建立若干"孵化器"集聚区，在大学校区周围建立不同专业化"孵化器"，为集聚区企业提供全方位服务。

5. 改善管理体系，夯实非公经济创新驱动的管理机制

优化非公企业及中小企业科技创新管理体系。整合现有省工信委、省发改委、省科技厅对非公企业和中小企业科技创新的管理职责，将各种不同的支持非公经济科技创新的专项资金和项目汇总整合起来管理，降低非公企业和中小企业的科技创新专项资金和项目的交易成本，增强湖南省科技创新资金的规模效应，提高资金使用效率。制定专门的支持非公企业创新驱动发展的政策。改变现有支持非公企业创新驱动发展的政策主要分散在各种企业科技创新支持政策中的现状，在自主研发、科技计划项目、技术改造项目、科技成果转化、财税优惠政策、金融扶持政策、科技人才引进政策等方面，制定一系列针对性和操作性强的支持非公企业创新驱动发展的相关政策。

（二）加大金融扶持力度，着力解决融资难问题

1. 建立以发展多元化金融机构为主体的金融发展战略

一方面，改变以银行为中心的金融体系发展战略，建立一个以市场为中心的包括多元多层次金融服务的金融体系。另一方面，构建金融产业园或金融服务中心模式，物理化统一集中的金融服务平台。以优惠的政策和完备的基础服务设施，吸引各类金融机构进入，形成金融服务与金融信息的集中，利于各类投融资机构直接与项目的对接，促进项目质量和项目运作效率的提高。

2. 构建有效的为非公企业提供信用担保的支持体系

解决非公企业融资难问题，只有在提供充足保证条件与降低融资成本两方面下功夫。一是立足于建立信用担保支持体系，而不是仅限于一个环节。推广国家开发银行推出的"一会三公司"的联保信贷制度，在信用缺失的条件下，为原来不能进入信贷配给制度的中小企业提供了融资服务，开创了新的中小企业融资模式，并取得了极大的成功。二是由行业协会或开发园区管委会牵头，构建中小企业集群式信用支持体系建设单位。由愿意进入中小企业集群式信用支持体系的企业共同发起成立三家公司：信用借款公司、担保公司和会计公司，搭建借款平台、担保平台和公示平台。三是积极引入国际化新型中小企业担保模式。其一是"桥隧模式"，其二是"路衢模式"，以政府财政资金为引导，吸引社会资金有效参与中小企业融资。四是将财税支持政策与企业融资行为相结合，把政府支持的资金与税收优惠作为企业融资的引导资金。

3. 加快地方金融机构的建设与发展

一是大力推进地方银行金融机构的发展，提升银行金融机构对本省经济的支持水平。特别是对于地方性的城市商业银行与农村商业银行、非公银行、村镇银行等以本土非公中小企业为主要支持对象的金融机构，要加大政策性支持力度。二是重点发展信托业，目的是打通民间资本进入规范金融体系的渠道，因为信托业具有多样化灵活的特点，地方政府利用空间大，是现代金融业发展最快最大的行业。三是成立湖南省场外资本交易市场。建立一个专注于搞活民间金融资本，为民间资本的投资与融资活动提供一个公平、公正、公开的各类金融资产与权益资本的交易场所——湖南省场外资本交易市场。

（三）加大对民间投资的支持力度，着力破除各种障碍

要进一步细化投资准入细则，增强细则的针对性和操作性，对如何处理细则与现存部门行政规章之间的矛盾问题要有原则性规定。在一般竞争性领域，要下决心加快国有经济公众化改造和退出。凡市场能够有效调节，且不会导致长期资源配置失衡的领域，都应交给市场运作，为民间资本发展留下空间。特别是对于教育、医疗卫生、城市供水、燃气等公益性建设领域要进一步放宽准

入。切实加强对民间投资的法律保护。全面清理和修订现有法律法规、部门规章中和民间投资36条及细则相抵触的条文。借鉴上海世贸区的发展经验，建立非公企业市场准入负面清单，破除非公企业发展中的"玻璃门""弹簧门""旋转门"；同时，简化民间投资在资格认定、准入门槛、产权转移等环节上的手续。

专题报告

Specific Reports

B.25
湖南防范和处置重大群体性事件的对策研究

湖南省人民政府经济研究信息中心课题组[*]

当前,随着改革的不断深入,群体性事件作为社会矛盾的一种形式,已进入相对高发期,如何预防、及时化解和妥善处置各类群体性事件,已成为事关和谐社会建设大局的热点和难点问题。按照徐守盛书记防范和妥善处置重大群体性事件的"底线思维"精神,本报告全面分析湖南群体性事件的现状和发展趋势,剖析深层次原因,并给出湖南防范和妥善处置群体性事件、维护社会和谐稳定的政策建议。

一 现状与发展趋势

(一)当前湖南群体性事件的总体情况

近年来,湖南由各种社会矛盾引发的群体性事件增长速度呈显著上升趋

---

[*] 课题组组长:梁志峰;课题组副组长:唐宇文、李绍清;课题组成员:唐文玉、袁建四、屈莉萍、管冲;执笔人:管冲。

势，妥善处理群体性事件已成为当前面临的重要社会问题。根据省有关部门群体性事件统计报表，近5年来湖南群体性事件起数有升有降，参与人数大幅上升，参与主体多元，利益诉求广泛，具体情况如下。

1. 事件起数和参与人数波动上升

2012年湖南共发生各类群体性事件346起，参与人数37773人，与2008年相比，次数增加36起，参与人数增加17571人。以2008年为基数，除2009年事件起数和参与人数均下降外，2010年、2011年两年都是事件起数增加而参与人数减少（见图1）。

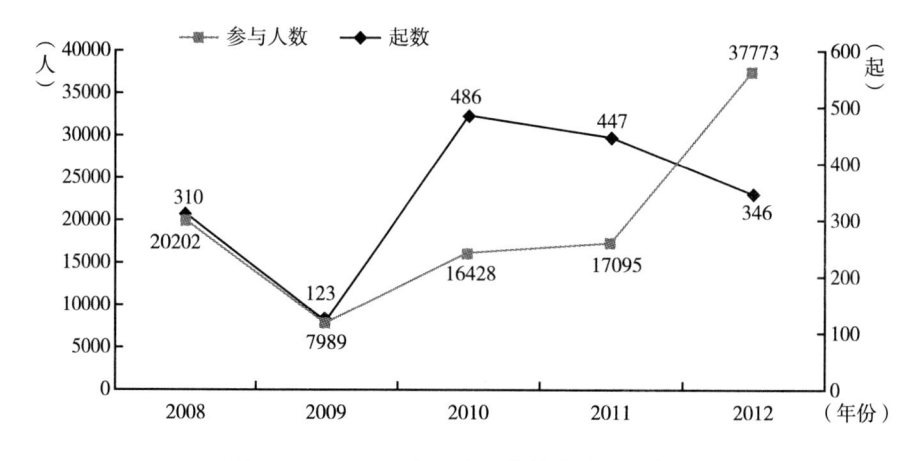

图1 2008~2012年湖南群体性事件总体情况

2. 参与主体多元化

从参与主体的成分来看，2012年农民参与5783人次，占40.7%；个体工商业者2620人次，占18.4%；学生1330人次，占9.4%；军队退役人员1164人次，占8.2%；城镇职工797人次，占5.6%；无业人员742人次，占5.2%；下岗职工586人次，占4.1%；客运司机563人次，占4.0%；离退休人员425人次，占3.0%；教师208人次，占1.5%（暂未计其他身份不明人员23555人次）（见图2）。近5年，下岗职工参与人次2010年最多，为5315人次，到2012年下降为586人次，说明下岗职工的问题得到了较好解决；农民参与人次保持最多，说明农民问题应是当前最主要的问题；其他各类人群参与人数升降互现。

湖南防范和处置重大群体性事件的对策研究

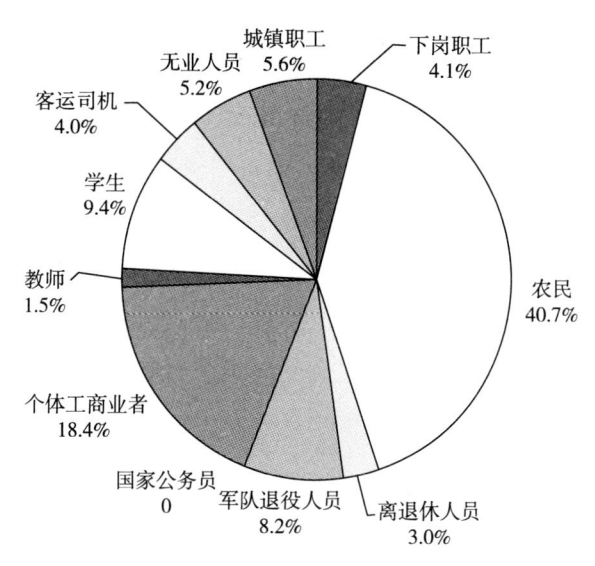

图 2 2012 年湖南群体性事件参与人员身份结构

3. 规模多在 50 人以内

2012 年，群体性事件的规模依次为：10～50 人 267 起，占 78%；51～100 人 61 起，占 18%；101～500 人 12 起，占 3%；501～1000 人 1 起；1001 人以上 5 起（见图 3）。其中，按国家大规模群体性事件分级标准，2012 年发生的较大规模群体性事件 5 起，占全年总数的 1.44%。

4. 诉求范围广泛

从诉求范围来看，2012 年群体性事件中，起数排名前五位的是城乡征地拆迁 61 起，占 17.6%；涉及房产物业、债权债务、婚姻家庭等民事纠纷 58 起，占 16.8%；涉及拖欠工资、社会保障等工资福利待遇问题 52 起，占 15%；涉及执法司法问题 19 起，占 10.4%；涉及军人退役安置 20 起，占 5.8%。从近 5 年，企业改组改制兼并破产有关的群体性事件起数在 2010 年最多，达到 64 起，2012 年减少为 16 起。城乡征地拆迁、环境污染问题变得较为突出，2012 年发生群体性事件的起数分别比 2008 年增加 190.5% 和 87.5%。涉及医患纠纷、非法集资等群体性事件升降互现，需要更为妥善地加以解决。

5. 表现方式以集体上访、请愿为主

湖南近年来发生的群体性事件以聚众上访、请愿、静坐、集会、游行、示

233

```
        501~1000人
101~500人    1起     1001人以上
  12起                 5起
51~100人
  61起




              10~50人
              267起
```

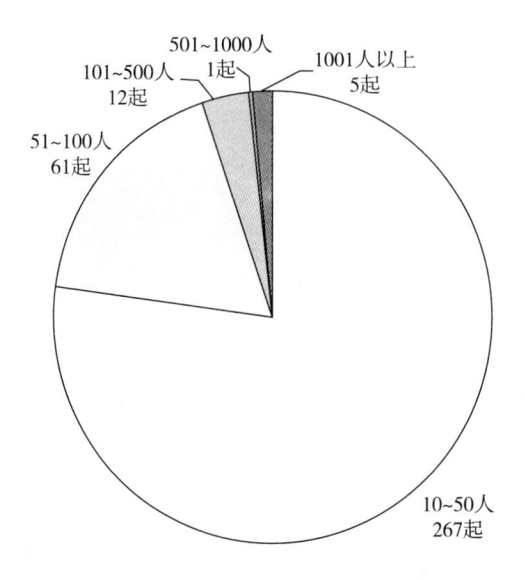

图3　2012年湖南群体性事件规模分布

威等表现方式为主。2012年湖南省群体性事件表现形式为集体上访190起，请愿101起，非法游行10起，非法集会2起，静坐2起，非法示威1起，聚众械斗1起，其他39起。

（二）值得注意的几个发展趋势

1. 以涉及征地拆迁、退役安置等经济利益诉求为主

当前，由经济利益分配与调整过程中产生的矛盾引发的群体性事件，占全省群体性事件总数的80%以上，部分由利益诉求引发的群体性事件快速增长。2012年，退役安置引发群体性事件20起，比2008年增长300%；城乡征地拆迁引发61起，增长190.5%；执法、司法问题引发36起，增加100%；环境污染引发15起，增加88%；对政策不满引发11起，增加83%；民事纠纷引发58起，增加35%。

2. 部分利益群体维权活动联动频繁甚至趋于激烈

近年来，牵涉征地拆迁的农村和城镇居民、改组改制兼并破产企业职工等群体，由于自身权益受到损害，更加容易联合起来，采取激烈的方式来表达诉求。企业军转干部、援越抗美退役人员、伤残退役军人、原民办教师等利益诉求群体，利用节庆、"两会"等敏感时期，加大串联力度，不断提出"统一提高节假日慰问标准""提高门诊医疗费"等新的诉求。2012年，11起企业改组改制破产兼并引起的群体性事件，有3起非法集会，3起聚众上访；11起医患纠纷，2起聚众滋事；6起农村征地拆迁，2起聚众阻挠施工；7起城市征地拆迁事件，4起聚众阻塞交通。

3. 无直接利益相关者参与群体性事件增多

当前，一些大型突发性群体性事件的共同特征，是有为数众多的无直接利益相关者参与，而且数量往往多于直接利益相关者。类型上主要有：本身曾有过不满意、受挫折经历，或对社会、政府有积怨者趁机发泄，跟随鼓噪；好事者利用网络、手机短信等散布信息，夸大事实，颠倒是非，恶意炒作；有劣迹或受过执法处理的人，借机发泄不满和怨恨，冲击党政机关，堵塞交通甚至进行打砸抢烧；敌对势力，或幕后操控，或在网上诽谤攻击，使问题扩大化、复杂化、政治化。当大量人群聚集在一起，个体因缺乏足够的信息和恰当的引导，极易受暗示，产生感情冲动和狂热情绪，容易受传闻和谣言的蛊惑，在从众心理、匿名心理的驱使下，导致集体非理性行为发生。

4. 网络群体性事件频发且影响力不断增强

网络群体性事件是一定数量的网民为了特定目的，围绕热点问题，在网络公共领域大规模汇聚意见进而影响现实生活的群体性事件。从诱因和发展进程来看，有以下三种模式：网络引发模式、网络动员模式、网上与网下互相强化模式。第三种模式的典型如2013年7月的郴州临武"瓜农死亡事件"。网络群体性事件一般诱因相对集中，有较强针对性，事发难以预测，并具有瞬间爆发性，呈现网络内外互动、虚实交互的特点，且影响范围广泛。随着我国互联网的普及、社会领域的变革及公民权利意识增强，未来网络群体性事件的发展还将呈现参与群体的全民性、诱发因素的全面性和不可预测性、爆发时间的全天性、传播形态的全媒体性、事件发生的链式反应性等趋势。

5. 涉外领土争端容易激发群众爱国情绪并导致社会事件

受日本政府非法"购岛"闹剧和"九一八"81周年等因素影响，2012年8~9月，全省14个市州均发生了不同程度的涉日游行示威活动。此次活动多

点爆发，参与人员涉及广，行为方式激烈，特别是9月15日、18日长沙市、株洲市等地因涉日游行示威活动引发了较大规模的"打砸抢烧"群体性事件，给社会治安带来了严重影响。

二 发生重大群体性事件的深层次原因

发生重大群体性事件的原因很复杂，主要有以下几方面。

（一）社会转型期，利益分化、社会阶层固化是引发群体性事件的根源性因素

一是利益的不断调整和分化，不可避免地形成竞争和冲突。当前，湖南省大量国企改制职工、军队退役人员及原农村乡镇电话员、电影放映员、民办教师等群体，在改革的一定阶段利益受到损害，易产生强烈的"相对剥夺感"，从而对改革不满或持否定态度。二是部分社会群体出现弱势化、边缘化倾向。当这些弱势群体、贫困群体遭遇利益分配不公或正当利益得不到保护时，心理失衡形成积怨，便会成为群体性事件的诱因。三是社会阶层固化趋势日益明显。在全国调整所有制结构和推进城镇化的过程中，多种所有制形式下的分配以及生产要素分配标准的不确定性，容易形成非市场因素造成的贫富分化，利益集团逐渐固化。特权者彼此勾结，而下层社会群体很难拥有平等的发展条件，逐渐失去向上流动的动能。如某些行业和企业的平均工资比市场水平高出数倍，但普通人难以进入，只有靠特殊关系才能够获得这种非市场水平的待遇。这种社会阶层固化趋势，势必造成社会发展的停滞和低收入者的心理失衡，引发社会矛盾。

（二）利益表达不畅转向非理性宣泄是引发群体性事件的体制性因素

一是利益表达能力不均衡。具体来看，城市高于农村，文化层次高的高于文化层次低的，较多接触政治的人高于较少接触政治的人，团体利益表达高于个体利益表达。部分弱势群体文化水平普遍较低，自身素质不高，信息来源与

交流不畅通，对法律知识缺乏了解，使其在自身权益表达上缺乏自觉性。尤其是广大农民作为利益表达主体，这方面的缺陷更明显，很少有人通过正当的渠道向有关部门提出自己的合理要求。二是利益表达渠道狭窄不畅。传统的信访制度不能适应当前利益多元、社会矛盾增多的形势，责重权轻、人治色彩浓厚、缺乏整体系统性等缺陷日益凸显。人大代表的代表性不够突出，人大代表来自国有经济和政府部门的较多，而代表农民工、下岗职工等社会弱势群体的很少，部分人大代表并没有充分地为选民谋取公共利益。三是利益表达组织化程度不高，尤其是为弱势群体（如农民）代言的利益表达组织发展滞后。部分社会组织由于自身的组织程度低，又带有很大的自发性和依附性，导致利益表达软弱无力，很难达到预期效果。受上述因素制约，当群众自身利益受到损害时，难以通过有效渠道向政策制定者反馈信息，从而导致矛盾不能得到及时有效化解，反而积聚了更多的爆发力量，继而引发群体性事件。

（三）政府决策偏差、公职人员行为失范是引发群体性事件的政治性因素

一是政府决策偏差易引致群体性事件。典型案例包括宁波镇海PX项目事件、四川省什邡市宏达钼铜项目事件。相关政府部门在实施涉及生态环境的项目时，既没有向当地群众开展充分的宣传，也没有组织听证会征集群众意见，最终引发部分群众集体上访、聚众冲击政府机关的群体性事件。二是强势利益集团绑架政府决策。当前，我国已步入利益分化和利益博弈的时期。强势利益集团经常利用多种手段，说服政府实施有利于自己的管制政策，把其他社会成员的福利转移到自己的利益集团中，导致社会利益分配失衡，弱势群体利益受损，贫富差距加大。部分强势利益集团还利用手中掌握的资源俘获政府官员，官商勾结，权力"寻租"，使公共权力"私有化"，形成严重的政治腐败和社会不公。三是基层组织建设薄弱，软弱涣散，处理问题的方式方法简单，甚至回避问题，远离群众，使群众心生怨怼。有些基层干部缺乏责任心，对群众的疾苦视而不见，对群众的呼声充耳不闻，致使群众反映意见和问题的渠道不通，群众的合理要求得不到满足，长期沉淀积累的各类矛盾引发群体不满，最终导致越级上访或实施其他过激行为以求解决问题。四是少数公职人员官僚习

气严重、贪污腐败，执法人员暴力执法、执法不公，客观上降低了民众对政府的信任，加剧了官民矛盾。五是司法功能弱化。司法是维护社会正义的最后堡垒。当前，中国法院、检察院的人、财、物事实上都受制于地方党政部门，法院、检察院的"地方化"而非"中央化"，使司法的独立性难以保证。大量涉及地方政府利益的案件在当前两审终审制模式下，往往难以得到公正的处理和司法救济，导致诉讼途径遇阻、权利被侵犯的群众被迫转入非法治化、非程序化、人治化特色明显的"上访"。

（四）应急处理不当易导致群体性事件发酵和扩大化

由于群体性事件成因复杂，事发现场往往是参与人员良莠不齐，大众的诉求妍媸并存，各种行为取向并行不悖，各种矛盾互相交织，处置起来非常困难。一些部门和领导对群体性事件的认识存在偏差，导致处置上的过软或过硬。一种是"息事宁人"，无原则退让，即便对极少数煽动群众闹事、打砸抢的犯罪分子，也不依法及时追究，助长了"法不责众"的心理。另一种是"睚眦必报"，对"刁民"绝不手软。一碰到群体性事件就无限上纲，不问青红皂白总是把公安机关推到最前面，不但未能解决问题，反而引发了群众的抵触情绪，使矛盾激化、事态扩大，甚至导致暴力冲突。此外，群体性事件处置过程中，公安、武警和其他有关部门由于各自职能不同，行动方式方法差异较大，各自独立成编，加之临时调集，平时缺少沟通配合，易出现"令出多门""各行其是"的混乱局面。

临武"瓜农死亡事件"剖析

一、事件概述

网友爆料称，7月17日上午10时左右，湖南临武县莲塘村瓜农邓正加两口子在县城文昌路桥头卖西瓜，丈夫被临武城管暴力执法打死，老婆被打住院。

17日下午，临武县官方通报称，临武县城市管理行政执法局工作人员在执法过程中，与南强镇莲塘村民邓正加发生争执，邓正加突然倒地死亡。

18日下午4时15分，临武县委县政府举行新闻通气会，会上临武县公安机关称已经控制了涉事的城管队员，初步调查情况显示，城管队员没有如外界所称"用秤砣砸邓正加"。同时，临武县长贺遵庆代表县委、县政府对死者邓正加表示沉重哀悼，对死者家属表示慰问，对事情发生表示深深歉意。

19日，临武县常务副县长段外宾针对"抢尸"行为进行回应称，18日凌晨警察并非抢尸，而是协助家属运送尸体。

20日，临武警方以涉嫌故意伤害罪，对涉及"瓜农邓正加死亡事件"的廖卫昌、袁城等6名城管工作人员实施刑事拘留。同日，临武县召开常委会决定，免去城市管理行政执法局局长、党组书记胡郴和分管执法的党组副书记邹红卫的职务。

二、舆情走势

临武"瓜农死亡事件"发生后，网络媒体快速行动，文字报道和相关视频很快在网上传播开来。从新闻媒体报道量来看，7月18日相关的新闻数达3千余条，舆情快速升温。根据人民网舆情监测平台数据，截至7月24日，微博平台关于临武"瓜农死亡事件"的相关信息达152万条，自媒体平台从事发伊始便呈现一种高温状态（见图4）。

图4　临武瓜农死亡事件舆情走势图

三、当地政府应对存在的问题

临武"瓜农死亡事件"是一起由现实偶然事件引发的典型网络群体性事件，由于当地政府的失误应对，导致事件没有走向理性的轨道，而是不断发酵，最终造成极大的负面影响。从事件发酵过程中政府的应对来看，存在以下问题。

一是忽略"黄金四小时"法则的体制性迟钝。从舆情走势图看，事件发生后迅速升温，在一天后达到顶点。而当地政府在事件发生后的下午发布官方通告，"争执""突然倒地死亡"这些字眼有轻描淡写、反应迟钝之嫌，不仅没有起到疏导舆情的作用，反而更加刺激了舆情民意。"瓜农之死"事件在网络上引发轩然大波一天之后，临武官方再向外界展示其"积极"处理的姿态，已经错过了最佳时机。

二是惯性维稳思维下采取高压措施衍生次生危机。"瓜农死亡事件"引发社会关注，事件本身造成的舆论压力已然不小，而接下来媒体曝光的"抢尸行动""殴打记者"引发了更强烈的公众舆论地震，让"瓜农死亡事件"进一步升级，使得官方在事件的应对中越发陷入被动的境地。

三是政府立场有失公正导致民众信任尽失。瓜农死亡，家属悲痛之情可想而知，然而从官方当天的表态来看，轻描淡写的"突然倒地死亡"，对辖内民众生命缺乏基本尊重和敬畏，妄图逃避责任的做法也导致民怨沸腾。面对突发危机，政府本应扭转思维，换位思考，体谅受害人家属的感受，争取最广大的民意基础，唯有这般才能有效消除危机进一步升级的土壤，把危机化解在萌芽状态。而临武县政府却把民众放在政府对立面，处理社会公共事件不遵守法制规范，动辄采取强制乃至暴力的手段对付民众，最终导致事情无法收拾。

总之，临武"瓜农死亡事件"，折射出在当前的网络时代部分政府部门应对群体性事件的危机公关能力薄弱以及惯性的维稳思维主导下"重堵轻疏""高压政策"的不适用，需要全省各级各部门深入总结和思考。

三 有效防范和处置群体性事件的政策建议

要有效防范和处置群体性事件，必须深入贯彻落实科学发展观，加强社会治理创新，完善工作机制，加大改善民生力度，促进利益共享，注重源头治理，坚持群体性事件防范与应急处置相结合，确保社会和谐稳定。

（一）切实保障和改善民生，完善利益共享机制

面对社会转型期的各种新矛盾、新问题，要加快社会体制改革，建立有效的社会保障体系，从制度层面解决民生问题。完善现代国民教育体系，让孩子享有同等的受教育权，特别是充分保证义务教育阶段的机会公平，不要让孩子输在起跑线上；建立覆盖城乡居民的社会保障体系，完善社会救助体系和福利制度，包括失业保险、养老保险、工伤保险、社会贫困救助，特别是儿童救助；深化收入分配制度改革，提高居民收入在国民收入分配中的比重；加强职业技能培训，建立和完善人力资源市场，努力构建和谐的劳动关系，千方百计扩大就业；深化医药卫生体制改革，建立覆盖城乡居民的基本医疗卫生制度，确保人人享有基本的公共医疗卫生服务；构建以市场配置为基础、政府保障为补充的住房制度，保障人人有房住；改革农村土地制度，争取率先试行土地所有权的国有化和使用权的私有化（或者家庭化）；加强环境保护和水资源管理，加强对大气、土壤、水的污染防治，加大监管力度，为群众创造良好的生产生活环境。

（二）拓宽渠道，完善利益诉求表达机制

一是探索重构信访体系框架。设立信访事务委员会，将公安、检察、法院、国资、城管、审计、卫生、安监等职能部门纳入为成员单位，下设城市拆迁、民事纠纷、涉法涉诉等信访热门处室，创制联席会议、信访听证、媒体公示、重大信访问题民众评议等工作机制。组织各级人大代表对本选区的重要信访案件进行调查和督办，各级人大代表有权利、有义务对信访反映的问题进行调查，并依据调查向包括成为信访对象的"一府两院"提出质询。二是强化人大代表的利益表达机制。人大代表候选人的产生要充分考虑行业、职业和各利益群体特点，切实选出代表性强、责任心强和为民服务意愿强的代表。创新人大代表接访制度，实行网上接访、主动下访，充分发挥表达利益群体要求、协调各利益群体关系的作用。三是积极培育各类社会组织。通过把社会中分散的利益按照功能分化的原则组织起来，形成人数众多、力量强、利益诉求专业化的社会组织，推进利益诉求表达机制建设。重点加强工

会、共青团和妇联反映各自所联系的社会成员利益诉求的功能，积极培育代表社会公共利益和边缘群体利益的基金会、慈善机构、环保团体等社会组织。注重建立健全利益群体的博弈机制和规则，使不同利益群体能够经常协商对话，提高利益诉求表达的现实性和合理性。四是建立重大事项听证制度和社会稳定风险评估机制。出台涉及群众切身利益的重大决策和改革措施时，要充分尊重群众的知情权、参与权和监督权，让群众参与决策，充分表达自己的意志和愿望。

（三）加强社会矛盾调解，建立和完善源头预防机制

一是促进司法独立，强化司法监督。司法作为一个缓冲带，其有效运转可以及时化解社会中的大量冲突，缓和对立情绪、消解社会矛盾，防止由于政府直接介入冲突解决过程，而使官民之间直接产生冲突进而转化为政治问题。应加强各级人民法院内部制度建设，推动公开审判，保障程序严密、信息透明、合议民主、监督公开。同时，要加强对人民法院的监督，防止司法权力滥用和徇私枉法行为，大幅减少涉法涉诉群体性事件。二是构建"大调解"格局，提高基层矛盾纠纷调处化解能力。加强和创新人民调解制度，创新人民调解组织的建设形式，拓展人民调解组织的覆盖网络，加强医疗纠纷、道路交通事故纠纷、劳动争议、征地拆迁、环境保护等具有行业性、专业性的人民调解组织建设。统筹整合职能，建立健全矛盾纠纷调处化解工作目标和领导责任制，构建领导有力、工作协调、各负其责、运转高效的"三调联动"（人民调解、行政调解、司法调解）工作格局和协调指挥体系。三是完善法律服务制度。发挥街镇（社区）法庭、检察室、司法所和法律工作者、人民调解志愿者的作用，深入开展普法宣传、法制教育、法律咨询、信访代理、法律援助和心理疏导等活动。严格规范各类执法行为，促进公开、公正、廉洁、文明执法。积极倡导居民学法、懂法与守法，引导居民以理性合法的形式表达诉求，解决问题。四是加强情报信息建设，强化重大事件预警、预控机制。建立灵敏、高效的情报信息网络，通过多种途径收集情报信息，加强信息的分类整理，对可能引发群体性事件的现象及时作出预估和判断，向有关方面发出确切的警示信息，以便及时采取有针对性的应对措施。

（四）坚持科学应对，依法分级分类处置

一是完善相关立法。各级政府是处置群体性事件的组织者、指挥者和决策者，对有关部门在处置群体事件中的角色进行法律定位，明确各职能部门的作用及相互关系。借鉴外国紧急状态立法的经验，赋予公安民警紧急状态处置权。二是设立专门的群体性事件管理机构，赋予相应的职能，完善管理体制，增强其日常管理效能。三是建立健全处理群体性事件的联动协调机制。强化对群体性事件的预防，加强政府职能部门之间的配合，各部门既分工又合作，按照职能参与处置群体性事件，戮力维护社会和谐稳定。四是坚持依法分类处理。坚持依法治国，把群体性事件的处置纳入法制化轨道。对绝大多数群众以教育疏导为主；对故意制造事端危害社会稳定的，要依法果断处置；对敌对势力分子、幕后指使者、参与打砸抢烧的违法犯罪分子，要严厉打击。

（五）建立健全网络民意疏导机制，提高政府应对网络群体性事件能力

一是完善政务公开机制。各级政府及各部门应建立政务公开网络平台，及时和定期公布相关政务信息，以充分保障群众的知情权、参与权和监督权，方便网民通过网络开展舆论监督，同时也争取网民对政府工作的理解和支持，推动政府工作有序开展。二是建立高效的信息沟通机制。各级政府应依照处置突发事件的"黄金4小时"法则，完善新闻发布制度和重大突发事件新闻报道快速反应机制，在事件发生后，通过网络平台与网民坦诚沟通、密切互动，赢得事件解释权和民众信任，以利有效引导网络舆论。同时，尽快通过电视、广播、报纸等传统媒体，将事件真相与进展公之于众，减少负面信息和舆论的影响，从而有效消除对政府的误会和隔阂，及时化解矛盾和冲突，避免网络群体性事件的发生。

B.26
湖南防范重大安全事故的对策研究

湖南省人民政府经济研究信息中心课题组[*]

当前,湖南经济社会快速发展,各种形式的安全事故如影相随,既给人民生命财产安全带来严重威胁,也不利于全省安全发展、和谐稳定的大局。按照徐守盛书记防范重大安全事故的"底线思维"精神,本报告全面总结近年来湖南安全生产的现状与发展趋势,分析其变化的深层次原因,并提出防范重大安全事故、保障安全发展的政策建议。

一 近五年湖南安全生产基本情况与发展趋势

根据湖南省应急管理办公室历年突发事件应对工作评估报告统计,近五年来,湖南安全生产事故总量有所上升但死亡人数持续下降,防范遏制重特大事故和较大事故效果显著,重点领域和行业安全生产状况有效改善,全省安全生产形势总体持续好转。但也存在着安全事故呈多行业扩散、发生重大事故风险较高、少数行业(领域)形势依然严峻等问题。

(一)安全生产事故总体呈"一升一平一降"格局,有得有失

与2008年相比,2012年湖南安全生产事故总体呈"一升一平一降"格局。"一升"即直接经济损失持续上升:各类事故造成直接经济损失40597.1万元,增加直接经济损失6855.7万元,增长20.3%。"一平"即事故起数基本持平:全年共发生各类事故12994起,增加687起,上升5.6%。"一降"

---

[*] 课题组组长:梁志峰;课题组副组长:唐宇文、李绍清;课题组成员:唐文玉、袁建四、屈莉萍、管冲;执笔人:管冲。

即死亡人数持续下降：全省各类事故死亡2594人，死亡人数减少1393人，下降34.9%。

（二）较大以上安全事故起数稳步下降，但在全国仍属重大安全事故多发地区

与2008年相比，2012年全省较大事故减少25起，死亡人数减少109人，分别下降30.5%和31.6%；重大事故减少1起，死亡人数减少22人，分别下降16.7%和23.7%。通过有效防范和全力救援，全省全年没有发生一次死亡30人及以上的特别重大事故。但从全国范围来看，湖南仍属发生重大事故风险较高地区。2012年，全国共发生重大事故57起，湖南5起，为所有省份最多。2008～2011年湖南发生重大事故的起数分别为6起、6起、4起、6起，属重大事故多发地区。2013年1～6月，全省发生一次死亡10人以上的重特大事故1起，死亡10人，比上年同期减少3起49人；发生一次死亡3～9人的较大事故22起，死亡100人，同比分别减少8起15人。

（三）重点领域和行业安全生产状况持续改善，但少数领域（行业）形势依然严峻

分领域看，工矿商贸事故和铁路交通事故呈现事故总量与死亡人数明显"双下降"趋势。与2008年比较，2012年工矿商贸事故总量下降58.7%，死亡人数减少55.2%；铁路交通事故减少58.6%，死亡人数减少51.5%。道路交通事故与消防火灾呈现事故多发但死亡人数下降的"一升一降"特点。与2008年相比，2012年道路交通事故增加1066起，但死亡人数减少640人，消防火灾增加363起，但死亡人数减少54人。

分行业看，工矿商贸领域除危险化学品企业外的所有行业保持事故总量与死亡人数明显"双下降"趋势。与2008年相比，2012年煤矿事故减少60.4%，死亡人数下降50.5%；非煤矿山事故减少61.9%，死亡人数下降58.3%；建筑业事故减少38.5%，死亡人数下降38.9%；烟花爆竹业事故减少39%，死亡人数下降45.3%；工商贸其他行业事故减少66.7%，死亡人数下降68.1%。

但必须看到,少数领域(行业)安全生产形势仍较为严峻。2012年纳入统计的12个领域(行业)中,有5个领域(行业)死亡人数同比上升,农业机械、水上交通、铁路运输、建筑业和工商贸其他行业死亡人数分别增加14人、11人、8人、3人和3人。此外,煤矿和道路交通较大事故多发,2012年全省煤矿和道路交通的事故起数及死亡人数分别占全省的75.4%和75%,属较大事故多发领域(行业)。

(四)安全生产控制指标实施情况良好,但少数指标超标

2012年度,全省安全生产控制指标实施进度低于控制目标6.9个百分点。以死亡人数论,煤矿为全年控制指标的59.1%,生产经营性道路交通为91.3%,生产经营性火灾为64.7%,农业机械为46.4%。全年较大事故起数(为工矿商贸、道路交通、火灾、铁路交通、农业机械五项合计)占全年控制指标的76%,其中,煤矿较大事故9起,与全年控制目标持平。全年重大事故5起,占全年控制指标的83.3%,其中,煤矿较大事故1起,占全年控制指标的33.3%。但全年纳入考核的16项指标中,仍有3项指标超标,分别是建筑施工死亡人数超3人,生产经营性火灾死亡人数超16人,铁路运输死亡人数超20人。

二 诱发重大安全事故的深层次原因分析

(一)高危行业企业安全生产基础薄弱

一是利益驱动。为追逐利润最大化,部分生产经营单位有意压缩生产安全方面的开支,削减技术培训、安全设施、劳动防护用品的开支,安全投入严重不足,管理混乱,安全教育培训欠缺,应急处置能力和防范措施不到位,应急预案流于形式。务工人员因家境贫寒、谋生技能单一,在就业压力驱使下,被动进入明显威胁生命安全的危险作业场所。农村剩余劳动力的大量转移,使不具备基本安全生产条件的企业没有"招工难"的后顾之忧。二是从业人员安全意识有待加强。煤矿、危险化学品等高危行业,需要高素质人才从事相关工

作，才能应付生产过程中出现的复杂局面。当前，大量农民工进入苦、脏、累、险的矿山、建筑施工等劳动密集型高危行业，受制于自身的文化素质，再加上部分企业安全意识不强，缺乏对员工的安全技术培训，有时员工未进行任何培训就上岗工作，加大了发生重大安全事故的风险。三是基础设施较差。以煤矿为例，煤矿矿井的寿命多为几十年，随着开采深度加大，范围延伸扩展，瓦斯涌出量增多，地应力和瓦斯压力增大，危险程度急剧增长，原有的矿井生产系统明显落后，需要及时改建以满足新的生产要求。有关数据显示，我国国有重点煤矿安全欠账达500多亿元，其中有1/3的设备需被淘汰。

（二）监管能力不强

一是少数地区和部门安全生产意识不强。不能正确协调经济发展与安全生产的关系，未能牢固树立"以人为本、安全发展"理念，解决安全生产深层次问题的决心不大，对打非治违工作态度不坚决，执法不严，手段不硬。二是行业管理不到位。道路交通、烟花爆竹等领域（行业）的安全监管力量、执法装备和应急救援能力，不能适应日益繁重的安全监管需要，安全监管责任难以落到实处。三是管理难。安全生产管理牵涉的部门多，机构设置重叠，职能交叉，仅仅依靠联合执法难以奏效。有些政府官员唯利是图，在煤矿、建筑、运输等领域参股，参与经营甚至收受贿赂，对安全生产造成严重负面影响。四是基层监管薄弱。县、乡安监机构人员不齐，监管力量薄弱。特别是承担安全监管责任的乡镇安监机构，没有执法权，这种责权不一的状况导致一线监管责任难以落实到位。

（三）科技支撑不足

安全生产的基础和保障是科技，世界主要发达国家都已建立了成熟的安全生产技术支撑体系。美国政府对安全生产的投入庞大，2002年拨给国家职业安全健康研究院、事故伤害预防与控制中心两家机构的经费达4.1亿美元；英国有40多家从事安全生产科研的院所和大专院校。我国安全生产技术支撑体系建设起步较晚，安全生产技术理论研究滞后，科技投入明显不足，科技水平低，科技力量分散，安全生产评价、检测检验、咨询、培训、认证等中介组织不健全。缺乏安全生产技术支撑，部分地区甚至处于空白状态。安全科学与工程2011年才列入国家一级学科，高层次安全人才培养严重滞后，各行业安全人才紧缺的矛盾较为突出。目前，湖南不少企业现有安全管理人员大多半路出家，乡镇煤矿依靠一些未经专门培训的"掌窑师"指挥生产，安全科技人员严重不足。

（四）法制建设不完善

一是安全生产市场准入门槛过低，相关规定粗放。一些小煤矿无法达到法律法规规定的基本安全生产条件，且缺乏相应的规定。二是生产工艺日趋复杂，与此相应，一些安全技术标准也亟须修正和完善。三是安全生产制度创新滞后。在安全技术不断更新的形势下，不管是矿山事故、消防火灾事故还是交通事故、企业商贸事故等，都有其复杂的系统本质和特性规律。当前湖南对于安全事故的防范和处理，往往只注重解决表象上的问题，缺乏深层次的制度创新，治标不治本。

三 防范重大安全事故、推进湖南安全发展的政策建议

深入贯彻落实科学发展观，加强依法管理，注重源头治理，坚持事故预防与控制相结合，不断完善安全生产监管和应急保障工作机制，夯实基层基础工作，遏制重特大安全事故发生，全面保障湖南省安全发展。为此提出以下建议。

（一）全面加强高危行业企业安全生产能力建设

一是完善安全生产培训和考核机制。要对企业主要负责人加强安全教育培训，提高其安全意识、法制观念和"第一责任人"的责任意识。着力提高企业安全管理人员的主体责任意识和工作能力，协助企业相关负责人制定各项安全生产规章制度，完善安全生产技术操作规程，查找安全生产工作中的薄弱环节和潜在的安全隐患，开展安全生产宣传、教育、培训等。强化企业对员工的

安全教育和培训，重点加强岗前安全教育，使员工充分了解所在岗位的危险因素，知晓危害程度，了解预防措施和应急处置方法等。经常开展安全应急演练，提升应急能力和水平。二是强化企业安全生产标准化建设。在高危行业，如煤矿、非煤矿山、烟花爆竹、危险化学品等，强制推行安全生产企业标准化评审认定。三是加强安全生产先进装备与先进技术的推广应用，对于那些能有效防范和降低安全事故的先进技术和先进装备，在高危行业应要求强制应用。

（二）完善安全生产监督检查制度

一是强化安全生产日常监管执法。深入推进矿山资源整合、打非治违行动，开展重大安全隐患治理和高危行业安全专项整治，完善矿山开采和采空区、尾矿库、危险化学品与烟花爆竹生产和储运、装卸等重大危险源安全监控预警系统。二是探索建立"部门主导，重点整治，执法同步"的"三位一体"机制，实行驻矿安检员、包保责任制、政府部门和企业工会的监督检查双轨制等基层监管工作制度，做到排查、排除隐患的经常化和规范化。

（三）加强应急救援体系建设

一是建立健全防范和应对重大事故的组织体系。充分整合安全生产应急保障资源，加强对矿山、危险化学品、烟花爆竹等的安全监管，重点建设省、市两级安全生产应急救援指挥中心，形成完善的安全生产应急救援指挥体系。二是加强资源保障。加大应急救援资金投入力度，加强基础设施建设和救援装备配置。健全应急救援经费保障机制，优化资源配置，提高应急资源综合利用效能。三是加强应急救援队伍建设。建立完善安全生产省级救援基地，增配大型、特种救援救生装备。组建区域矿山应急救援和危险化学品应急救援专业队伍。在没有专业救护队的煤矿，强制建立兼职救护队，提升装备水平，并加强应急培训和演练。四是推动现代信息通信技术在防范和应对重大事故中的运用。

（四）切实提高安全生产法治化水平

一是制定和完善安全生产相关法律法规，加强对相关安全技术标准的修订工作。二是将一些有利于安全生产的做法和措施，以法律法规和规章制度的形式固定下来,并强制推行。如实行安全淘汰机制——对发生重特大安全事故的煤矿收回采矿权,在高危行业强制推行责任保险,落实安全"生命工程";在道路的危险路段安装防撞护栏,开通学生专车,提高安全风险的识别,提升风险管理的科技含量等。三是落实对责任事故负责人的惩治。对因隐患整改不到位或安全生产责任不落实造成事故的企业主要负责人,要顶格处罚,从重追究其法律责任。对"打非"责任不落实、长期存在非法违规生产的地方,对生产企业安全监管责任不落实造成企业经常性违规违章的地方,要启动事前问责机制,严肃追究县、乡政府和职能部门相关负责人的责任。

(五)加强安全生产科技与人才支撑体系建设

一是强化安全科技研究。以矿山、化工和重大危险源、重大事故发生发展基本规律为重点,将安全科技研究纳入全省科技规划,力求尽快取得突破性进展。加强对重点领域安全生产技术攻关。以煤矿为例,应针对当前开采条件进行研究,以建立本质安全化的矿井生产系统。再如高瓦斯矿井应解决预测预报提前量与准确度问题,及应急处置技术与管理问题。二是开展科技示范,及时推广成熟、先进、适用的安全技术。加快推进矿山、烟花爆竹等行业机械化生产步伐。三是强化人才培养。加强安全生产的理论研究,完善安全学科专业体系,强化专业教育认证,推进安全生产精品课程和教材建设,努力提升高等院校和职业中专的安全学科培养能力,加大安全生产技术研发、工程管理、高级技能三类专业人才培养和储备的力度。

B.27
湖南保障低收入群体基本生活的对策研究

湖南省人民政府经济研究信息中心课题组*

为切实改善民生，保障发展成果更多、更公平地惠及全体人民，促进社会和谐稳定，徐守盛书记提出要坚持"底线思维"，切实保障低收入群体基本生活。本报告从分析湖南低收入群体构成特点入手，总结了近年湖南省保障低收入群体基本生活的主要做法和成效，分析了存在的问题，并为进一步保障全省低收入群体基本生活，提出了有针对性的对策建议。

一 湖南低收入群体的构成与特点

（一）低收入群体的界定

低收入群体的界定有绝对标准和相对标准两种。绝对标准的低收入群体指个体收入水平低于国家规定的最低生活保障线标准的人群，2012年全国城市低保月平均标准为330元，农村低保年平均标准2068元；湖南省城市低保月保障标准为314元，农村低保年保障标准为1837元，均低于全国平均水平。湖南各市州根据自身经济社会发展状况，参照全省城、乡低保标准，将人均低保标准2倍范围内，经民政部门核实的人员统称为低收入人群，省民政厅统计全省总规模约700万人。按照相对标准，通常将20%的最低收入人口确定为贫困人口。以湖南常住人口6600万人计，全省贫困人口约1320万人，其中农村扶贫人口767

---

* 课题组组长：梁志峰；课题组副组长：唐宇文、李绍清；课题组成员：唐文玉、袁建四、屈莉萍、王颖；执笔人：王颖。

万人。按照保障低收入群体基本生活的宗旨，本报告采用省民政厅统计口径，低收入群体包括城乡低保对象、五保对象及专项、临时救助对象等，2012年全省城乡低保422万人，农村五保供养51万人，临时救助19万人次，专项资助参保283万人，专项医疗救助和生活无着人员救助分别为141万人次、18万人次。

（二）低收入群体数量与构成

1. 城市低保群体构成分析

根据民政厅统计资料，到2012年12月底，湖南城市低保人数144.4万人，占全国城市低保总人数的6.8%，居中部六省第一，高于广东5.1个百分点。全省城市低保对象按年龄分为三类：老年人29.1万人，占20%；成年人85.4万人，占58.7%；未成年人30.9万人，占21.3%（见表1）。

表1 2012年全国及部分省份城市低保人员内部结构

单位：%

地区	城市低保人数占全国的比例	老年人	成年人				未成年人	
			在职人员	灵活就业人员	登记失业人员	未登记失业人员	在校生	其他人员
湖南省	6.8	20.0	1.5	13.5	25.2	18.5	12.3	9.0
山西省	4.2	10.5	3.1	29.2	12.6	15.2	21.0	8.4
江西省	4.6	19.0	2.8	23.1	18.5	13.3	13.5	9.8
安徽省	3.8	28.2	1.1	16.6	13.8	20.3	13.4	6.6
河南省	6.2	16.3	1.6	18.5	23.0	18.6	13.4	8.6
湖北省	6.1	17.1	6.2	28.4	18.7	17.0	8.0	4.6
广东省	1.7	19.8	2.9	20.5	12.8	18.1	18.8	7.1
全国	—	15.7	2.3	21.4	18.6	19.5	14.7	7.8

资料来源：国家民政部官方网站。

2. 农村低保群体构成分析

到2012年12月底，全省农村低保对象277.4万人，占全国农村低保总人数的5.2%，居中部六省第二，高于六省中最低省份2.4个百分点。其中女性75.8万人，占全省农村低保对象的27.3%；老年人、未成年人、残疾人分别占36.3%、11.7%、7.4%（见表2）。

表2　2012年全国和中部六省农村低保人数及构成

单位：人，%

地　区	农村最低生活保障人数	农村低保人员占全国的比重	女性	女性占比	老年人	老年人占比	未成年人	未成年人占比	残疾人	残疾人占比
湖南省	2774225	5.2	758418	27.3	1007893	36.3	324011	11.7	205584	7.4
山西省	1505517	2.8	495911	32.9	834450	55.4	86233	5.7	163559	10.9
江西省	1502702	2.8	619253	41.2	439602	29.3	286753	19.1	334025	22.2
安徽省	2142791	4.0	750197	35.0	818953	38.2	213647	10.0	243176	11.3
河南省	3722884	7.0	1110971	29.8	1794733	48.2	329066	8.8	280494	7.5
湖北省	2303244	4.3	949159	41.2	867297	37.7	174703	7.6	240454	10.4
全国合计	53409239	—	17881829	33.5	20172059	37.8	6398359	12.0	4527858	8.5

资料来源：国家民政部官方网站。

3. 五保供养群体构成分析

截至2012年第四季度末，农村集中供养五保人数为10.5万人，占全国农村集中供养五保人数的5.7%。其中，女性2.2万人，占全省农村集中供养五保人数的21.4%；老年人9.2万人，占87.6%；未成年人0.5万人，占4.8%；残疾人1.6万人，占比15.5%（见表3）。

表3　2012年末全国和中部六省农村集中及分散供养五保内部结构

单位：%

地　区	各省农村集中供养五保人数占全国总数比值	各地农村集中供养五保的内部占比结构				各省农村分散供养五保人数占全国总数比值	各地农村分散供养五保的内部占比结构			
		女性	老年人	未成年人	残疾人		女性	老年人	未成年人	残疾人
湖南省	5.7	21.4	87.6	4.8	15.5	11.2	20.2	85.8	5.7	15.2
山西省	1.6	7.5	81.1	2.1	23.2	3.9	10.5	73.0	5.5	29.1
江西省	6.5	36.6	84.0	9.9	14.4	3.0	35.5	81.0	11.4	17.1
安徽省	8.7	15.4	92.7	2.0	12.4	8.0	18.4	92.3	2.4	11.7
河南省	10.8	21.4	90.2	3.5	14.3	7.7	21.3	89.2	3.7	13.9
湖北省	6.5	22.4	92.8	2.0	14.7	4.4	18.5	93.7	2.2	11.4
全国合计	—	19.1	89.1	3.4	16.1	—	19.8	84.7	5.7	17.4

资料来源：国家民政部官方网站。

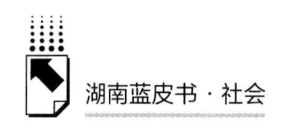

全省农村分散供养五保人数40.6万人，占全国农村分散供养人口的11.2%，居中部六省第一，高于中部最低省份8.2个百分点。其中，女性8.2万人，占全省2012年农村分散供养人口的20.2%；老年人、未成年人、残疾人分别为34.9万人、2.3万人和6.2万人，占比分别达到85.8%、5.7%和15.2%（见表3）。

4. 专项和临时救助分析

2012年全省城市医疗救助42.8万人次，救助次数是中部救助人次数最低省份的3倍，资助城市参保75万人；农村医疗救助人次数达到98.3万次，资助参合208.4万人；救助生活无着人员18.3万人次，救助床位数0.5万张。城市和农村医疗救助支出分别占全省社会服务经费实际支出的1.9%和3.3%，资助参加城市医疗保险和农村合作医疗支出费用占比分别为0.3%和0.7%。临时救助方面，城市、农村临时救助分别为9.4万人次和9.5万人次，其中支出型（一些因重大刚性支出而造成家庭经济困难，基本生活难以为继的支出类别，比如大病、教育之类）临时救助28.1万户次，应急型（火灾、交通事故等天灾人祸亟须帮助，否则无法维持基本生活的支出类别）临时救助7.9万户次。临时支出方面，城镇、农村临时救助支出分别为6473.32万元和12032.72万元。

（三）低收入群体的构成特点

分析全省低收入群体现状，以下几点值得关注。

1. 保障低收入群体基本生活的压力大

目前，湖南省城市低保群体、农村分散供养五保人数占全国比重居中部第一，农村低保群体人数占全国比例居中部第二位，全省城市和农村医疗救助次数、生活无着人员救助人次数、城市和农村临时救助人次数均居中部首位，湖南的低收入群体基本生活保障工作任重道远。

2. 低收入群体与经济发展水平相关

如表4所示，低保占比由高往低排名前五位的地市分别是湘西土家族苗族自治州、永州、张家界、郴州、邵阳，排名后五位地市分别是长沙、株洲、岳阳、湘潭和常德，其中比值最低与最高地区相差达10个百分点；而人均GDP

排名呈逆相关态势，排名由高至低前五的地市分别是长沙、湘潭、株洲、岳阳、常德，排名后五位的地市分别是邵阳、湘西土家族苗族自治州、永州、怀化、张家界。由此可见，低收入群体分布与当地经济发展水平有一定联系，即发展水平较低地区低保人口比例偏高，反之低保人口比例较低。

表4 2012年末湖南省各市州低保占比与人均GDP排名对比表

地 区	城市居民最低生活保障人数（人）	农村居民最低生活保障人数（人）	居民最低生活保障人数（人）	总人口（人）	居民最低生活保障人数占总人口比例（%）	居民最低生活保障人员占比排名	人均GDP（元）	人均GDP排名
湖南省	1453967	2774225	4228192	66389300	6.36		33480	
长沙市	76920	139105	216025	7146600	3.02	14	89903	1
株洲市	82521	116734	199255	3906600	5.10	13	45186	3
湘潭市	62214	88913	151127	2781000	5.43	11	46248	2
衡阳市	131404	281427	412831	7198300	5.74	9	27258	7
邵阳市	137650	369649	507299	7170000	7.08	5	14406	14
岳阳市	120057	161967	282024	5523100	5.11	12	39968	4
常德市	127980	186421	314401	5760000	5.46	10	35475	5
张家界市	37321	80053	117374	1502100	7.81	3	22658	10
益阳市	124980	175593	300573	4342400	6.92	7	23572	9
郴州市	136217	211008	347225	4632700	7.50	4	32849	6
永州市	127578	339560	467138	5258200	8.88	2	20029	12
怀化市	107188	223801	330989	4775000	6.93	6	21018	11
娄底市	94667	150612	245279	3812100	6.43	8	26367	8
湘西土家族苗族自治州	87270	249382	336652	2581200	13.04	1	15465	13

资料来源：国家民政部官方网站。

3. 农村、老年低收入群体和医疗、教育问题需要重点关注

从区域看，农村低收入群体远远大于城市，且保障难度更大。从人群看，老年人又是重点，特别是农村老年低保人口占全省农村低保总人口的36.3%，分别高于低保中女性、未成年人、残疾人占比9个、24.6个和28.9个百分点，占比居各类型第一，说明低收入劳动群体抚养负担更重。从支出型临时救助看，医疗、教育救助是主体，农村占支出总额的65%，说明当前医疗、教

育支出对本省城乡居民特别是农村居民的基本生活影响极大,解决看病贵、读书贵的问题对保障低收入群体基本生活具有重要意义。

二 湖南保障低收入群体基本生活的主要做法与成效

目前,湖南低收入群体保障水平逐步提高,保障方式多元化,基本生活能得到有效保障。

(一)不断扩大保障覆盖面

近年来,湖南省低收入群体保障人数不断增加,覆盖面逐步扩大。2007~2012年,湖南城镇居民最低生活保障人数增长4.3%,城镇居民最低生活保障户数提高12.6%;农村居民最低生活保障人数增长95.9%,农村居民最低生活保障户数增长144%;城市医疗救助人次数提高282.1%,占全国比例由2.8%提升至6.4%;农村医疗救助人次数增长455.4%;资助参合人数增长64%。

(二)不断提高现金保障水平

财政保障投入逐年增加,2013年安排城乡低保和农村五保供养补助资金投入14.1亿元,比上年增加1.45亿元、增长11.5%,其中城市低保补助资金2.82亿元、农村低保补助资金5.15亿元、农村五保供养补助资金6.13亿元。城市低保从1999年建制到2012年末,月保障标准从100元提高到314元,当前保障标准位居中部第四,与广东持平;月人均救助水平从建制时的38元提高到2013年的265元。农村低保从2007年建制到2012年末,年保障标准从683元提高到1837元,当前保障标准居中部六省第三;月人均救助水平从建制时的23元提高到2013年的115元。农村五保户对象分散供养标准从2005年的年人均500元提高到2013年的2468元,集中供养标准2012年末达到年人均4200元。其中,截至2012年第四季度,集中供养标准位居中部六省首位,高于全国平均标准。医疗救助资金支出额从2009年的5.1亿元提高到2012年的12亿元,城市、农村人次均住院救助费用分别达到2015元和1775

元。临时救助制度从 2009 年建立之初到目前，全省每年约支出资金 1.5 亿元，人均救助水平从 430 元提高到 500 元以上。

（三）逐渐扩大非现金保障方式的范围

目前，保障范围已从基本生活项目优惠减免扩大到医疗、住房、就业等方面。基本生活方面，凡城镇五保户和持有民政部门颁发的《城市居民最低生活保障金领取证》的低保户均可享受每月每户自来水免交 4 吨水费、4 立方煤气费、6 千瓦时照明电费以及不高于 11 元的有线电视收视维护费等多项优惠。医疗救助方面，对城市低保户免收挂号费，诊疗费减半收取；对农村五保对象在县、乡两级定点医疗机构住院的，基本医疗费用实行全减免政策；资助低收入群体参加城镇居民基本医疗保险或新型农村合作医疗，开展重特大疾病医疗救助试点。2012 年全省累计救助困难农民 316 万人次，城市医疗累计救助 158 万人次。住房保障方面，至 2012 年底，廉租住房、公共租赁住房省级补助已提高到 150 元/平方米和 100 元/平方米，全省廉租住房、公租房竣工数以及农村危房改造工程分别累计达 387833 套、94420 套、514200 套。教育保障方面，对农村家庭经济困难和城镇低保户家庭的子女、城乡孤儿、残疾学生及因突发事件致贫等家庭中正接受义务教育的子女，实行免书本费、杂费、补助寄宿生生活费等。就业援助方面，实行集中和长效援助、日常和专项活动援助相结合，包括资金补贴、公益岗位、技能培训及生活援助等方面，目前已累计援助 58973 户零就业家庭。

（四）进一步完善保障机制

一是由单一补贴向多种补贴方式转变。本省低收入群体保障由过去单一的现金补贴为主，向现金、生活物资以及服务等多种补贴方式转换，实现补助方式多元化。二是由固定保障向动态保障方式转换。为确保低收入群体的生活水平不因物价上涨而降低，湖南省启动了动态保障机制，实行低收入群体价格临时补贴与物价上涨联动机制。三是由直接保障向间接扶持转换。针对零就业家庭人员提供公益岗位、就业培训、创业资助等间接扶持；针对流浪乞讨人员给予医疗救治、教育矫正；针对特困残疾人，建立了资助安装假肢的长效机制。四是五保供养由农民互助供养体制向财政供养体制转变，五个保障项目得到全

面落实。五是推进认定审批的规范化、民主化。近年来,开展了针对低收入群体资格认证和审批方面的专项整治行动,进一步规范了低保对象的认定和资金管理,优化了救助对象的审核审批机制。

三 湖南低收入群体基本生活保障存在的问题

(一)保障水平低

一是农村保障率偏低,应保尽保的压力大。目前,湖南省社会保障主要以城镇为重点,农村保障水平明显偏低。以低保为例,全省目前农村低保平均保障率仅为5%,低于全国平均6%的保障率,低于其他中部省份,更是远低于西部省份。部分县市区甚至受资金限制,低保覆盖范围仅限于缺失劳动力或基本丧失劳动能力的特困家庭,救助面窄。并且,随着社会经济的发展,生活困难的农村低收入居民需要纳入低保保障范围,造成本省农村低保应保尽保压力增大。二是五保供养标准低,供养率偏低。2012年全省农村五保年分散供养2115元,低于全国平均水平734元,比本省2011年农村居民人均消费水平的5079元低2964元。且湖南省目前集中供养率仅27%,离中央"十二五"规划中50%的目标还有较大距离。三是医疗救助供需矛盾突出。全省医疗救助覆盖人群近700万人,需医疗救助资金支出43亿元。2012年,中央和省级安排医疗救助资金9.27亿元,人均不足132元,远远满足不了救助对象的医疗需要。四是受经济发展、社会财富积累等多种因素的影响,部分地市救助资金总量不足,资金筹措渠道不畅,直接导致地区间救助水平参差不齐,救助覆盖面大小不一。

(二)救助效果不理想

一是在保障低收入群体基本生活的具体操作过程中,各县(市、区)各部门之间分工有余、协作不足,制定的政策存在分割或脱节现象,造成社会救助工作存在职能交叉重叠、资金划拨分散等问题,不利于救助工作的开展。并且,由于缺乏规范的操作程序,人为因素较多,人情保、福利保以及冒领低保金现象时有发生,救助资金未得到有效利用。二是外在不利因素增多,如贷款难、物价上涨、生产资料价格居高不下等，加大了低收入群体增收难度，造成救助效果大打折扣。三是由于缺乏激励机制，部分低保对象缺乏就业积极性，仅依赖低保维持生计，出现了"贫困陷阱"和"福利依赖"等现象，造成帮扶救助目标偏离。四是专项和临时救助效果有限。当前，因各类自然灾害和突发事件以及医疗、教育支出等导致的居民贫困现象日渐普遍，其实际生活水平有的甚至低于低保救助对象。而目前的低保制度，主要以最低收入线作为核定标准，对解决"收入型"贫困问题有一定的作用，但是却无法有效解决这类"支出型"贫困造成的矛盾。尤其是对于因医疗、教育支出明显大于收入造成的"支出型"贫困家庭，专项和临时救助程序复杂、水平偏低，且救助以一次性帮扶为主要方式，其实际作用非常有限，效果不明显。

（三）帮扶合力不足

调查显示，在受援助的低收入家庭中，援助主要来自政府，社会援助占比偏小，且社会援助集中于亲戚、朋友、家人、单位的援助，非政府组织、各种社会力量虽也通过各种形式向贫困群体施以援手，但远远不能满足社会贫困群体的需求，差距较大。并且全社会参与低收入群体关怀帮扶理念未普及，个人、企业参与度偏低，固有的捐钱、捐物的帮扶效果有限，救助帮扶方式有待创新。同时，由于社会力量的救助活动零散且缺乏监督，社会援助作用微乎其微，援助信任度不高。

四 进一步保障低收入群体基本生活的对策建议

为切实保障低收入群体基本生活，应坚持"政府引导、社会参与、全面覆盖、主体保障、完善机制、规范运行"的原则，按照应保尽保的总要求，加大投入量，扩大覆盖面，提升造血能力。

（一）完善社会救助机制，加快建设救助信息网络系统

1. 完善立法，建立健全社会救助工作的运行体制

一是加快社会救助工作地方立法步伐，在地方政府规章中进一步明确社会

救助内容、标准设定、资金来源渠道、救助方式、程序以及主管部门和相关部门的具体职责。开发和合理配置现有各项针对城乡低收入群体的社会救助政策，发挥政策合力效应。二是充分发挥市场、社会、政府三大主体作用，建立以社区行政组织、志愿组织、专业社会工作组织为依托的基层社会救助工作体制。重点强化街道（乡镇）的综合救助职能，在具体操作层面上实现社会救助工作协调沟通和资源整合的有效落实。三是促进帮扶方式改革。从传统的钱物帮扶为主，向提高帮扶对象发展能力转变；从解决"温饱"问题向"开发式"扶贫项目转变，不断探索和创新提高自我脱贫能力的方法和途径。

2. 进一步规范资格认证和核定，落实退出机制

建议尽快出台《湖南省低收入家庭认定办法》，建立健全制度细则，统一基本标准，规范操作程序，减少不必要的工作量和行政成本。重点抓好农村低保民主评议环节，加强监督力度。落实具体管理责任，强化县级、乡镇政府、相关部门以及申请人在低收入群体管理各个环节中的责任划分，完善责任处罚机制，对于达不到标准却享受此类政策者给予高额罚款，对于经办审批者以及主管领导给予责任追究。此外，创新核对方式，提升核对手段，加强信息比对和核查，积极落实退出机制。

3. 加快建设社会救助信息网络系统，实现信息交换自动化

尽快完成覆盖全省城乡的社会救助管理信息系统，把专项救助、社会互助等工作纳入信息管理，实现低收入群体信息的部门数据网络交换自动化，避免重复认定程序，使低收入者能享受各方面的扶助优惠。同时，加快系统信息更新速度，以便相关部门及时准确掌握低收入群体动态变化，从而有效指导社会救助工作。

（二）理顺社会救助资金投入和管理机制，实现应保尽保

1. 加大救助资金的投入力度，建立社会救助资金的长效保障机制

一是逐步加大财政对低收入群体的救助投入，按实际需要将城乡居民最低生活保障的救助经费列入每年预算。为避免保障金落实不到位的情况，认真抓好资金配套指标的落实，实行保障金统一征缴、统一发放制度或者运用资金调控手段，对部分困难地区给予适当补助的办法。二是加大社会救助资金的筹措

力度。充分发挥公益组织、社会团体、个人在提供捐赠、资助中的作用，扩大福利彩票发行，补充社会救助资金的不足。借鉴国外融资经验，通过建立公益信托制度、社会救助基金等多种方式，拓宽社会救助资金来源渠道。

2. 提标扩面，实现应保尽保

以巩固"应保尽保"和提高补差水平为目标，不断提高低收入群体补助标准。进一步落实农村低收入对象的救助优惠政策，对低收入纯农户，实现应保尽保；全面落实农村五保供养制度，有序提高农村五保供养标准，逐渐缩小分散供养标准与集中供养标准的差距；切实加强最低生活保障与扶贫制度之间的衔接，建议将武陵山区、罗霄山脉扩面所需资金纳入中央补助湖南省农村低保资金基数。切实解决低收入困难群体的养老保险问题，建议对城乡重度残疾人、农村五保供养对象、城镇"三无"等低收入群体参保由政府按最低档次全额或部分代缴。考虑到湖南经济承受能力有限，各地在提标过程中要充分论证，反复测算，切不可不切实际地盲目提高标准，甚至互相攀比，最终失信于民。

3. 注重投入效果，实施有效监督

一是整合各类救助资金，实行统一直接划拨方式，提高救助效能。坚持筹措资金与使用资金分开，积极推行救助金社会化发放，保证专项管理。二是定期组织第三方专业评估组对政府救助和社会互助活动开展效益鉴定与评估，继续开展对救助资金的审计和农村医疗救助资金绩效考评，并公布考评结果。对于效益评估差的救助机构或社会团体给予整顿或者淘汰。

（三）注重分类保障，实施基本生活保障工程

1. 完善梯次保障结构，实行分类保障

建议实行多层次低水平的救助标准，在区分不同程度低收入群体的基础上，针对不同的情况提供不同层次、不同类别的救助，实现梯次保障结构。同时，从低收入群体基本生活需求出发，实施分类保障：一是对于低于最低生活保障标准的人员给予维持基本生活必需的衣、食、住、行等费用保障。二是对于有劳动能力且在就业年龄段内的人员，在适当降低救助标准基础上，提供其就业机会，就业期间给予3~6个月的低保保障期限，待收入稳定后再正式退

出低保。对于无故推托就业者，应当逐步减少救助待遇或取消救助资格。三是对特殊救助对象和无劳动能力的老、弱、病、残等困难人员，根据不同情况，建议上浮保障标准，提高补助水平。对灾害、大宗支出等造成的暂时性生活困难人员，实行临时救助。对符合救助条件的家庭因患大病、重病导致基本生活难以维持的，给予医疗费补助或医疗照顾。四是对符合救助条件的非义务教育阶段的学生，减免学杂费和书籍费，通过设立奖学金、助学金，提供助学贷款、勤工俭学等措施给予帮助。对义务教育阶段的学生，提供免费午餐。五是对于符合救助条件的住房困难户，提供廉租住房或房租补助、减免等帮助。六是对农村低收入群体，除提供生活救助外，可通过扶贫开发项目给予帮助。

2. 实施基本生活保障工程，不断创新保障方式

一是以城乡低保制度为基础，对整个社会救助体系进行整合、构建，不断增强低收入群体基本生活保障力度，建立健全低收入群体生活补贴、城镇低收入住房困难家庭的廉租房租赁补贴与物价上涨的联动机制，以及低保标准与低收入家庭人均消费支出挂钩的联动机制，最大限度确保低收入群体的生活水平不因物价上涨而降低。二是加大推广有效方式，不断创新补贴模式。推广建立低收入群体消费超市或扶贫超市的做法，提高生活物资和交通补贴幅度。重点倡导社会服务以满足困难群体的特殊需求，如提供心理健康咨询服务、家政服务、上门医疗服务等。三是针对"支出型"贫困群体，建议参照上海的做法，在长株潭试点"支出型"贫困群体的综合帮扶，实行"保基本、可叠加、多组合"的救助套餐，并采取分步实施办法。等条件成熟时尝试实行"两分类帮扶补助"：对困难程度较小的家庭实行阶段性、基本生活补助；对严重困难家庭实行阶段性、数额较高的医疗帮扶，逐步缩小救助需求和实际帮扶水平之间的差距。

3. 健全低收入群体医疗救助制度，提高参合参保率

在切实保障城乡低保对象和农村五保的基础上，逐步将低保边缘户、家庭人均年收入扣除家庭人均自付医疗费用后仍达不到当地低保标准收入的特殊困难群体纳入救助范围，适当扩大医疗救助的惠及范围。完善以住院救助为主、突出重特大疾病救助、兼顾门诊和临时医疗救助的医疗救助模式；认真做好资助参合参保工作，加快推进贫困地区农村新型合作医疗，完善农村特困居民医疗救助制度，实现资助城乡低保、农村五保、低收入家庭中的重残、重病人员参合参保率达到100%；尽快将重特大疾病医疗救助所需资金纳入预算，重点抓好试点地区重特大疾病医疗救助工作，逐步扩大重特大疾病救助的覆盖病种，打造救助工作示范点。

（四）进一步扩大就业渠道，认真做好就业服务基础工作

1. 开发公益性岗位，重点发展家庭服务业

一是通过城乡环境治理、创建文明城市等活动，开发公益性岗位，重点开发社区的公共福利、生活服务等社区就业岗位，安排困难群体就业。二是政府通过对企业发放社保补贴的方式，积极鼓励企业聘用低收入人员，提供就业岗位、就业渠道，使企业成为低收入群体就业援助主体。三是积极发展家庭服务业，打造"湘"字家政品牌，促进家务劳动的专业化和社会化，有效解决低收入群体就业困难问题。四是积极鼓励、引导和支持低收入者自主创业。在税收、工商登记等方面实现1~3年的减免或优惠政策；建立低收入群体创业启动资金，逐步增加对低收入创业者的直补额度；通过贴息、资金互助社等方式，引导金融机构开展扶贫小额信贷。

2. 加强就业技能培训，实现培训就业无缝对接

积极推进"先培训后就业、以培训促就业"的政策，开展多层次、多形式的就业培训工作，根据劳动力市场需求设置培训专业、确定课程和教学计划，以实践操作为培训重点，通过推行企业与培训机构合作、进厂驻点等模式，实现培训人员与企业、培训与就业的无缝对接。加大培训贫困户劳动力，提高科学种养水平，增强转移就业技能，组织和引导他们外出打工就业或进入当地企业就业。

3. 推进就业服务基础工作，完善一站式服务体系

加强和完善就业服务，通过举办各类针对低收入群体就业援助用工活动，收集并及时发布准确有效的用工信息。深入摸底，对重点人群实行全方位跟踪帮扶，做好后续分类服务，认真登记失业人员和城镇低收入困难群体的情况和就业需求，对就业困难群体实行动态管理。积极开展求职登记、就业指导、职业介绍、档案管理、社会保险关系接续的"一站式"就业服务。

（五）动员社会力量，不断扩大帮扶深度和广度

1. 鼓励和支持社会公益性事业的发展

积极鼓励党政机关单位开展一对一的帮扶活动，切实解决低收入家庭实际困难。引导企事业单位设立帮扶基金，开展单位内部互助帮扶活动。发挥党组织和工青妇女群团组织的优势和作用，做到"帮扶一个、巩固一个、带动一批"。加大宣传力度，弘扬帮扶低收入群体的社会公德，号召每位有能力者，积极参与到低收入群体的帮扶行动中。充分发挥志愿者对低收入群体的帮扶作用，开展志愿者帮扶招募行动、组织实施志愿帮扶结对项目。

2. 大力发展福利性社团组织

关注非营利组织参与低收入群体救助的现状和趋势，加强其自身能力建设和制度规范管理，培养优秀典型，引导和带动更多的社会组织参与。建立政府政策扶持和激励机制，以购买服务、"以奖代补"、经费补贴、公益项目合作委托等多种方式，加大政府对福利性社团组织参与低收入群体帮扶的支持。

3. 大力发展慈善事业

鼓励企业捐赠，建议提高税前扣除比例，放开对捐赠可抵扣机构的限定。积极争取国际组织、个人的捐助。完善捐赠接收网络，扩大捐赠覆盖面，建立以居委会和街道为依托，以社区为基础，社会广泛参与、管理、监督的社会捐助网络。督促慈善机构严格自律，保障捐款进出的公开、透明。

B.28 合肥市"和谐拆迁"的经验与启示

张 严*

近年来,湖南省因征地拆迁引发的到省进京上访数量居高不下,约占全省信访总量的30%;长沙、衡阳、娄底等城市化进程较快的地区尤为突出,以长沙为例,2013年1~6月长沙市征地拆迁信访问题占到了市本级上访总量的70%以上,占该市进京非正常上访的75%,部分上访老户"抱团成势""缠访闹访"已成为困扰信访工作的一大难题。做好被称为"天下第一难"的征地拆迁及其引发的信访工作,就抓住了减少湖南省进京非正常上访的"牛鼻子",也就找到了加速推进湖南省新型工业化、城镇化建设,确保社会和谐稳定的切入点和着力点。

遵照省委常委、省委政法委书记孙建国同志的指示,2013年7月22日至24日,省联席办牵头,组织长沙、衡阳、娄底三市的联席会议召集人、信访局长和长沙市城内三区分管城建工作的副区长以及市征收、征地办主要负责人等21名同志,组成考察组专程赴安徽省合肥市学习取经。考察期间,安徽省省长王学军和副省长方春明先后接见了考察组成员;合肥市委常委、政法委书记张进同志全程陪同考察并介绍了相关经验。考察组先后走访了滨湖新区建设指挥部、拆迁安置小区,并与包河区党政领导和部门负责人进行了"互动式""提问式"座谈,初步了解了合肥市征地拆迁工作的成功经验和做法,现将有关情况报告如下。

一 合肥市征地拆迁工作的主要做法

通过考察,考察组深切感受到,合肥市征地拆迁工作的一条宝贵经验就是:

---

* 张严,湖南省政府副秘书长、省信访局局长。

坚持走群众路线，坚持把群众的利益放在首位，坚持让利于民、让民作主，保障了群众的知情权、监督权、参与权和财产权，得到了广大群众的理解、支持和拥护。2006~2012年底，合肥市累计完成拆迁面积3000万平方米（包括国有土地和集体土地），涉及13.55万户群众，拆迁总量与长沙市大体相当，没有因拆迁引发进京非正常上访，没有出现一起拆迁群体性上访事件。其主要做法如下。

（一）坚持"先拆违后拆迁"的原则

从2005年7月起，合肥市委、市政府果断决策，坚持"有偿拆迁、无偿拆违"的原则，确定"集体土地房屋征迁严格认定人均60平方米为有效建筑面积，国有土地房屋征迁实行拆一安一"政策，按照"先拆公后拆私，先拆官后拆民"的工作步骤，党政机关和党员干部带头，"不拆违的先撤职"，全社会参与监督，打响了为期一年多的"大拆违"攻坚战，全市共拆除违法建筑1380万平方米，一律实行"零补偿"。"先拆违后拆迁"，体现了依法补偿和公平公正，杜绝了征拆中"违章建筑要补偿、不补偿就上访"的现象，减少了征地拆迁引发的信访突出问题。

（二）坚持"集中实物安置"的原则

从维护群众的长远利益出发，合肥市在补偿方式上坚持群众更易于接受的"以产权换产权"方式，其中，对城市危旧房改造项目拆迁，按照商业开发住房建设标准，实行就近集中安置，并且努力做到"安拆同步"，让老百姓能够在房屋拆迁后马上能够住进补偿安置的新房，尽量减少老百姓因临时安置、周转而产生的抵触心理。对社会公益及征地项目拆迁，实行异地集中安置，做到"先建后拆"，有效解决了拆迁群众的住房需求，消除了高房价给拆迁工作带来的负面影响，保护了群众的既有产权利益和未来的产权增值收益，让群众在拆迁全过程中都感受到了政府的让利于民，赢得了被拆迁群众的信任和拥护。

（三）坚持"三榜公示"的原则

在每个项目拆迁中，都将建设项目批准文件以及拆迁通知书、红线图、补偿安置方案、拆迁许可证等公开，让群众一目了然。根据《合肥市基础设施建设房屋认定程序实施意见》规定,被拆迁人的住房面积和人口情况,分别在所在的社区(村)、街道(乡镇)和市委机关报《合肥日报》上进行"三榜公示",受理群众举报。市政府和区政府分别组建由建设、规划、国土、房产、公安、监察、审计和财政等8个部门参加的市、区两级"房屋拆迁证照确认小组",对上报的"三榜公示"程序和拆迁安置户资料及补偿金额进行审核。2006年以来,通过公示、审核程序核减的安置面积数和户数分别达到了27%和17%。为防止工作人员的优亲厚友,在工作推进中,实行以组为单位"集体把关",杜绝一人上岗、一人谈判、一人拍板;建立了集体复核、审批、过会制度,纪检监察部门抽查制度;合肥市瑶海区还从2010年开始,设立官方微博,对棚屋区改造项目进行动迁实况直播,让群众随时监督。

(四)坚持"群众利益优先"的原则

合肥市把改善群众居住条件、维护群众合法权益放在首位,在安置补偿的具体标准上,给予了优惠被拆迁群众。其中,对国有土地上的房屋征迁,住宅类安置房的套型面积与拆迁房屋面积不一致的,安置时在使用面积"增加5平方米至减少3平方米"的范围内予以增减;对拆迁户人均面积低于合肥市最低拆迁安置保障标准的,予以补齐;采取异地产权调换的,根据安置点的距离远近因素,按10%~40%的调整系数给予安置面积补偿。对集体土地上的房屋拆迁,按征地转户在册人口每人30平方米建筑面积安置,允许每人再优惠增购15平方米。

(五)坚持"社会稳定风险评估"的原则

将"要不要拆""怎样拆"等重大事项交由群众做主,在每个项目拆迁前,都召开听证会、拆迁户代表会、居民代表大会、党员大会,就拆迁安置补偿、复建点选址、房屋户型等问题广泛征求意见。有的还以村居选举方式,成立拆迁改造项目群众自治小组,逐户征集群众改造意愿和具体想法,真正做到"拆不拆"由群众说了算。其中,改造项目必须有超过90%以上群众同意才能启动,如在合肥市万达广场附近一个地块,准备进行改造,经过入户调查,有

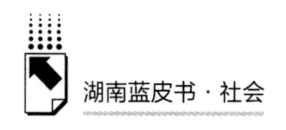

68%的群众不同意改造,最终放弃改造。总之,做到了"是赔是赚,帮助群众算;是明是暗,做给群众看;是留是搬,群众做决断"。

(六)坚持"社会统筹保障"的原则

合肥市将保障拆迁群众的生产生活作为一项重要工作来抓,针对集体土地上的征地拆迁出台了一系列保障政策,其核心是做到"四个一律",即将符合条件的拆迁群众一律纳入城镇非农人口管理体系,建立"农转非"制度;将拆迁群众一律纳入城镇居民医疗保障体系,实行社会统筹医疗;将符合条件的拆迁群众一律纳入全市社会养老保障体系,自男满60周岁、女满55周岁的次月起,可按月领取最低基本生活保障金,并随城市居民最低生活保障水平的调整而调整;将符合条件的拆迁群众,年龄在16周岁以下的,按每人1.2万元标准发放抚养费,16周岁以上的(含16周岁),按每人1.2万元标准发放自谋职业补助费,同时一律纳入城乡就业服务体系,实行优先就业。

二 学习合肥经验的几点体会

他山之石,可以攻玉。合肥之行,让考察组人员深有体会,看到了差距,更看到了希望。考察组认为,合肥市的经验有以下五方面,值得在今后工作中学习借鉴。

(一)工作责任落实得好

一是领导高度重视。合肥市委、市政府高度重视征地拆迁工作,在"大拆违"攻坚战中,时任安徽省委常委、合肥市委书记的孙金龙同志亲自部署动员,亲自约谈督促市直部门领导带头拆迁,并坚持亲自调度重大项目,处置信访突出问题。二是强化了"建管分离、分级负责"的责任制。建立政府主导下的统一分级管理体制,对全市所有项目拆迁安置由市政府统一管理,并按照"权力下放、重心下移、责权统一"原则,实行市、区政府分级管理,其中,区政府负责拆迁安置建设的具体组织实施以及拆迁信访维稳工作,市政府负责统筹拆迁安置的整体规划、综合管理和资金保障。三是上下左右协调联动、相互配合。合肥市对涉及省直机关的拆迁，强化涉拆部门"一把手"责任，法院、公安、城管、工商、税务等职能部门协同配合。相比之下，湖南省有的地方征地拆迁工作责任机制不健全，大多数市州主管部门的机构设置没有理顺，公安、工商、税务等职能部门的协同配合亟待加强，甚至有的地方给违章建筑颁发了经营许可证，人为增加了拆迁的难度。

（二）政策执行落实得好

合肥市的经验表明，在依法办事的前提下，尽可能满足群众合理诉求，统筹制定和落实好政策，对于征地拆迁工作的顺利推进至关重要。合肥市对国有土地上房屋征收补偿90%以上采取了产权调换方式，并坚持就地就近安置。而湖南省的长沙等地区倾向于鼓励群众选择货币补偿方式，尽管安置补偿的整体价值和失地农民最低基本生活保障金都要高于合肥市的标准，但群众故土难离的心理得不到满足，一定程度上导致了拆迁难。同时，长沙市对集体土地上房屋征收的安置补偿，以2008年4月1日为分水岭，之前适用市政府60号令，之后适用103号令，由于同一城市新旧政策的差异太大，被拆迁群众要求攀比沿用60号令进行重建地安置，不愿意接受公寓式安置，再加上个别地方政策执行不到位，还存在60号令的遗留问题，引发了不少信访矛盾纠纷。

（三）司法保障得好

合肥市切实加大了对征拆工作的司法保障力度。对重大征拆项目，由法院派出法官到现场提供法律咨询服务，让被拆迁群众知法、懂法、守法。对依法需要强拆的"钉子户"，及时立案受理、及时裁决和执行到位，对个别"缠访闹事"典型，从庭审听证、庭后调解、现场执行等，逐一将整个司法强拆程序在电视上全程直播，充分运用法律依据和公开手段，弘扬正气，维护公平，不让阻碍拆迁的"钉子户"占便宜、得实惠，树立了"合法权益得到保护、非法诉求得不到支持"的正确导向。

（四）媒体舆论引导得好

这次考察过程中，考察组人员深切地感受到，合肥市媒体在征地拆迁工作中与政府的良好互动，减少了大量征拆矛盾。安徽省非常重视对媒体的引导，省、市媒体主动积极服务政府中心工作，准确定位社会舆论监督者的角色，大力宣传政府的拆迁政策和拆迁中的正面典型，对反面典型进行曝光。相比之下，湖南省有少数媒体放弃公正立场，罔顾事实真相，对征地拆迁个案的报道失真、失实、失度，甚至恶意炒作，造成了不良社会影响，助长了"缠访闹访"的气焰，导致一些地方拆迁老户串联抱团进京向地方政府施压的现象越演越烈。

（五）群众利益维护得好

合肥市委、市政府坚持"拆迁为了建设，建设为了发展，发展为了民生"这一理念，在推进城市建设发展的同时，坚持发展成果与民共享，充分调动了群众支持、参与拆迁工作的积极性和主动性，让再难的拆迁也做到了"拆得掉、迁得动、安得稳"，征地拆迁工作真正取得了最大共识，得到了最大拥护，基本上没有发生一起强制拆迁。就湖南省而言，除长沙市以外，覆盖全省失地农民的社会保障体系还有待进一步完善，相关制度建设需进一步规范。

三 工作建议

征地拆迁是一项政策性和群众性很强的工作，是关系千家万户切身利益的系统工程、民心工程。为做好湖南省征地拆迁工作，在借鉴合肥市经验的基础上，结合湖南实际，提出五点建议。

（一）大力推行合肥市"三榜公示"的做法，严格规范征拆工作

征地拆迁工作事关群众切身利益，涉及千家万户，群众反映最突出的是工作不规范、信息不透明带来的暗箱操作、弄虚作假和人情补偿问题。对此，合肥市把"公开公平"原则融入工作的每一个环节，创新管理机制，规范操作程序，强化责任落实，实现了依法拆迁、阳光操作和民主监督的有机统一。建议学习借鉴合肥市经验，进一步扩大张榜公布的范围，将需要公开公示的资料，在网站、电视、报纸等媒体进行公示，其中，市一级党委机关报应当免费

发布重大项目的拆迁公示。同时，加强制度建设，强化监督管理，严肃查处征地拆迁工作中的违法违纪行为，对安置补偿不到位甚至暴力侵占群众合法权益的典型案件要公开曝光，倒查追责。

（二）进一步科学统筹安置补偿政策，切实保障群众合法权益

建议省住建厅、省国土厅等主管部门进一步加强对征地拆迁政策的梳理和研究，严格政策标准，加强政策指导，并根据市州部门的意见，尽早出台国务院〔2011〕590号文件的配套办法，防止因政策的不连续、不周全和政策不落实引发信访问题，同时，建议各级党委政府在征地拆迁中，应当坚持"群众利益优先"和"以土地换保障"的原则，因地制宜采取产权调换、货币补偿两种安置方式，积极探索产权入股等多元化的安置补偿方式，健全失地农民的社会保障体系，确保有效平衡利益冲突，维护好群众现实利益和长远利益。

（三）在全省集中开展一次拆违控违的专项整治，加大对缠访闹访行为的依法打击力度

针对一些地方违法违章建筑阻碍拆迁工作、制约城市发展的问题，建议在全省开展一次拆违控违的专项整治，重点整治党政干部、机关单位的自建违法建筑，并进一步加强后续跟踪管理，严格责任追究，杜绝"边拆违、边建违"的现象发生。同时，对经过司法终审裁决和信访三级终结的征地拆迁问题，信访部门不再受理、通报；对串联、煽动组织到省进京越级访的挑头人物和恶意阻挠拆迁的行为，公安机关应按照湘公通〔2012〕45号文件和有关规定，进一步加大依法打击力度，维护正常信访秩序和社会秩序。

（四）在市、县两级建立征地拆迁工作协调联席会议制度，形成齐抓共管的工作格局

明确由政府主管领导牵头，组织相关职能部门定期沟通，商讨研究政策措施，协调处理突出问题；对大型项目的征地拆迁，建立市级领导联点制度。同

时，进一步理顺征地拆迁主管部门的机构设置和职能定位，完善相关绩效考核管理办法，严格执行纠纷排查责任制，形成政府主导、齐抓共管的工作合力。

（五）进一步加强对媒体的引导和监管，营造和谐社会环境

当前，由于舆论引导失范，本省一些非主流媒体的过度聚焦和恶意炒作，持续放大了征地拆迁个案，激化了群众与政府的对立情绪。建议各级宣传主管部门重视对媒体从业人员的管理，加大主流媒体的正面宣传力度，加强对互联网、手机等网络舆情的监管，正确引导社会舆论，形成和谐拆迁的良好氛围。

B.29
当前湖南妇女就业状况及就业权益保护研究

唐宇文 唐文玉*

党的十八大报告提出：坚持男女平等基本国策，保障妇女儿童合法权益。妇女劳动就业权是妇女获得并保有财产权利的重要途径和保障，也是实现男女平等、提高妇女地位的先决条件。近年来，湖南省在保障妇女就业权益、改善妇女生存生活环境等方面取得了积极成效，但仍然存在一些值得关注的问题。本报告结合第三期中国妇女社会地位调查湖南数据和相关调查统计资料，在分析湖南妇女就业及就业权益保护的现状、问题的基础上，提出了完善保障妇女就业权益政策的建议。

一 湖南妇女就业现状分析

（一）女性就业人数增加，在第三产业的优势日益明显

一是就业渠道不断拓宽。2011年，全省妇女从业人数1762.2万人，占全部从业人数的44%。城镇妇女就业人数619.92万人，增加54.32万人，为工业化、城镇化、信息化的推进提供了人力支撑。其中，城镇单位就业女性181.5万人，增加11.3万人，增长6.6%；其他个体工商户女性经营者52.8万人，增加13.96万人，增长35.9%。全年完成城乡残疾妇女职业技能培训20500人次，按比例安排残疾妇女就业1.2万人，城乡残疾妇女在业率分别为

---

* 唐宇文，湖南省人民政府经济研究信息中心党组成员、副主任，研究员；唐文玉，湖南省人民政府经济研究信息中心社会发展研究处处长。

75.3%和75%。二是女性在第三产业的优势日益明显。2010年，从性别就业结构看，男性第一、第二、第三产业就业比重分别为52.7%、22.8%和24.5%，其中第二、第三产业就业比重较2000年分别提高11.1个和8.6个百分点；女性在第一、第二、第三产业的就业比重分别为59.8%、15%和25.2%，其中第二、第三产业就业比重较2000年分别提高7.8个和10.5个百分点。与男性相比，女性从事第三产业的就业人数增幅较快。按国民经济行业分，2010年在第三产业所属的十五大行业门类中，女性从业人员在批发和零售业，住宿和餐饮业，居民服务和其他服务业，教育、卫生、社会保障和社会福利业较男性有一定优势。三是农村女性非农就业比重较高。2010年全国妇联和国家统计局联合组织实施的第三期中国妇女社会地位抽样调查显示（以下简称调查数据显示），除种植技术以外，近四成的农村女性掌握了一门以上的其他实用技术。农村在业女性中主要从事非农劳动的为24.6%；在主要从事农业劳动的同时，还从事其他有收入劳动的农村女性占19.5%，比全国平均水平高出5.0个百分点。有外出务工经商经历的女性从事非农劳动的达42.6%，比从未外出务工经商的女性高29.3个百分点，比全国平均水平高4.8个百分点。30岁以下农村在业女性中，从事非农劳动的更高达58%。四是女性获得生产经营性贷款的比例与男性差异不大。分别有11.7%的女性和16.2%的男性曾经获得过生产经营性贷款，其中，女性和男性获得的商业贷款分别占47.9%和51.2%，获得政府贴息、低息等形式小额贷款的分别占32.4%和31.9%。农村女性获得政府贴息、低息等形式小额贷款的比例为36.8%，高于城镇女性23个百分点，说明湖南省妇女自主创业能力明显增强。五是安排贫困妇女就业取得较大进展。2011年，参加科技培训的妇女13万余人，安排贫困妇女就业4.6万人。发展以妇女为主的扶贫经济实体780个，发展女性科技示范户3450户。组织引导贫困妇女劳务输出141万人，同比增加26万人，增长18.4%。

（二）女性受教育程度提升，职业结构有所优化

一是女性平均受教育年限增加。2010年，全省15岁及以上女性人口的平均受教育年限为9.06年，比2000年的7.33年提高1.73年，人均受教育年限达到初中

文化水平。与男性相比，全省15岁及以上男性人口的平均受教育年限为9.37年，比2000年的8.23年提高1.14年，女性受教育年限提高幅度高于男性。此外，男女两性受教育年限的差距为0.31年，较2000年的0.90年缩小0.59年。10~15岁城镇女童和男童在学率均为99.1%，农村女童和男童分别为99%和98.6%。

二是女性受教育人口增加。2010年第六次全国人口普查发现，全省6岁及以上女性人口2967.02万人，其中受教育人口2821.92万人，占95.1%，比2000年提高4.67个百分点。从受教育程度来看，全省从未受教育人口145.10万人，比2000年减少127.92万人，下降46.8%。受教育人口中，教育程度为小学的女性下降24.6%，具有初中、高中、大专、本科、研究生教育程度的女性分别增长22.3%、53.6%、196.4%、357.8%和649.2%（见表1）。

表1 2000~2010年湖南6岁及以上女性人口受教育程度比较

单位：万人，%

受教育程度	未受教育人口	小学	初中	高中	大专	本科	研究生	总人口
2010年	145.10	916.54	1236.8	443.95	147.29	72.53	4.8	2967.02
与2000年比较	-127.92	-298.52	225.51	154.93	97.6	56.68	4.16	112.44
增长率	-46.8	-24.6	22.3	53.6	196.4	357.8	649.2	3.94

三是女性获得较多的继续教育机会。调查数据显示，在18~64岁女性中，具有高中学历者18.3%是通过继续教育获得最高学历；具有大学专科及以上学历者47.8%是通过继续教育获得最高学历。近三年，有15.6%的女性参加过培训或进修，19.3%的在业女性参加培训和进修。

四是女性就业层次随教育程度提高而得到提升。湖南女性在各职业人口中，受教育程度居前三位的分别是专业技术人员，办事人员和有关人员，国家机关、党群组织、企业、事业单位负责人。三类职业中，具有大学专科以上受教育程度分别占58.8%、53%和35.9%，较2000年分别提高21.2个、21.2个和2.7个百分点。商业服务业人员、生产运输设备操作人员及有关人员中，初中和高中文化程度所占比重最大，均超过80%；受教育程度最低的依然是农、林、牧、渔、水利业生产人员，小学及初中学历的占88.3%。可见，女性职业层次的优化，与其自身的文化水平和素质呈正比例

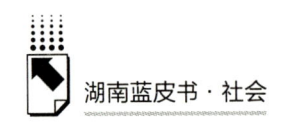

关系，其受教育程度越高，就业机会就越多，择业范围也越宽，职业的层次越高。

（三）妇女人身权利得到保护，劳动权益基本落实

一是女性对《妇女权益保障法》知晓度较高。调查数据显示，18~64岁女性中，有74.3%知道我国有专门保护妇女儿童的法律，其中城镇为87%，农村为63.7%。新生代女性知晓度高于年长女性，30岁以下知道该法律的为86%，比60岁及以上的高出27.7个百分点。79%的受访者认为《妇女权益保障法》在保障妇女权益方面有作用。

二是女性权益保护力度加大。2011年，全省执行了《女职工四期、禁忌劳动保护规定》的企业36029家，增加5902家，增长19.6%，占企业总数的30.8%。全年查处有关违反女职工特殊劳动保护规定的案件103起，增加40起，增长63.5%。

三是女性对性别歧视的认知程度较高。调查显示，70%以上的女性认为"因性别而不被录用或提拔""同工不同酬""因结婚、怀孕、生育而被解雇""因生女孩被人瞧不起"等现象属于歧视；75.6%和88.2%的女性在遭遇"与性有关的接触"和被提出"与性有关的要求"时，采取直接制止的反应。

四是女性权益保护机构不断完善。2011年，全省已建立妇女儿童法律援助机构365个，建立家暴救助（庇护）机构82个，全年办理妇女法律援助案件7602件。得到法律援助机构援助的妇女6896人，占受援助人数的26.9%。妇联系统接待婚姻家庭信访（电话访）12188人次，其中涉及家庭暴力3556人次，家暴救助（庇护）机构救助妇女1208人次。

（四）妇女社会保障明显改善，社会福利水平有所提高

一是女性参加保险人数增加。2011年，企业女职工参加基本养老、医疗、工伤、生育和失业保险的人数依次为454.57万人、363.18万人、292.32万人、247.83万人和197.63万人，分别比上年增加22.68万人、5.58万人、54.97万人、5.35万人和13.86万人，增长5.2%、1.6%、23.2%、2.2%和7.5%。另外，调查数据显示，在18~64岁非农业户口女性中，享有社会养老

保障的占66.2%，享有社会医疗保障的达90%；农业户口女性中，有30.3%享有社会养老保障，96.2%享有社会医疗保障，城镇和农村的医疗保障覆盖率，男女两性均无明显差异。

二是女性生育保障更加人性化。92%的35岁以下城镇单位女性生育最后一个孩子时产假时间达到国家规定，产假期间有基本工资或收入与产前差不多的占67.7%。湖南省2003年1月1日起开始执行女性产假期间，丈夫可享受15天带薪护理假制度。调查数据显示，有近六成年轻女性生育孩子时享受了丈夫的带薪陪护。

三是女性福利享受有所增加。城镇单位女性中，45.8%能享受工作餐或餐补，38%能享受带薪休假，31.4%能享受住房公积金。

二 女性就业存在的问题

尽管湖南省在促进妇女就业、保护妇女就业权益方面取得明显成效，但妇女在就业方面仍存在不少障碍。

（一）妇女就业率和劳动收入较低，农村妇女失地问题突出

一是女性就业竞争力明显低于男性。从就业人口性别比来看，2010年全省性别比为126.32（以女性为100）；从就业人口年龄段看，16~49岁分7个年龄段的性别比，男性均高于女性，但是低于全省总水平；50岁以后，就业人口性别比迅速上升到140以上，60岁以后超过160。这一方面反映了劳动力市场上女性竞争力低于男性的状况，另一方面也反映出女性就业竞争力随年龄增长而下降的态势。二是女性就业率和劳动收入较低。调查数据显示，女性在业率低于男性（占86%）18.6个百分点。年轻女性因结婚生育、照顾孩子职业中断人数比例偏高，48.5%的35岁以下女性中有过半年及以上不工作也无劳动收入的情况，比男性高出25.4个百分点；城镇和农村35岁以下有6岁以下孩子的母亲在业率分别为58.9%和48.3%，比同龄没有孩子的母亲在业率低22.9个和35个百分点。城镇和农村在业女性年均劳动收入分别为男性的76.6%和55.1%。三是农村妇女失去土地及其收益的问题日益突出。调查数

据显示，2010年，湖南没有土地的农村妇女占12.6%，比男性高出5.8个百分点，其中，因结婚或再婚而失去土地的占25%，男性仅为1.9%。在由于征用流转等而失去土地的农村女性中，11.1%的不能获得补偿等收益。

（二）女性承担家务劳动较多，城乡托幼园所提供数量不足

调查数据显示，有75%左右的女性承担了家庭的大部分或全部日常家务劳动，而男性均低于20%。已婚在业女性工作日平均每天家务劳动时间长达205分钟，比男性多122分钟。即使是事业相对成功的高层女性，在家庭中承担大部分或全部日常家务劳动的比例也高于高层男性，只有非日常的家庭维修和购买煤气方面，高层男性承担的比例才高于高层女性。21.3%的在业母亲有时或经常为了家庭放弃个人发展机会，比男性高10.6个百分点。调查数据还显示，农村57.9%的村没有幼儿园或学前班；城镇16.3%的社区没有托儿所或幼儿园，83.2%的社区没有儿童临时看护项目。被访者中，35岁以下母亲有3~10岁孩子的，3岁以前白天主要由母亲照顾的占61.8%；满3岁后仍没上幼儿园的孩子占13.4%，其中城镇为2.4%，农村为22.7%，主要原因是附近没有合适的幼儿园（城市50%，农村63.2%）。调查显示，35岁以下有过半年及以上不工作又无劳动收入的女性中，80.8%是因为结婚生育、照顾孩子而中断工作，工作和育儿的矛盾冲突影响了年轻母亲参加有收入的社会劳动。

（三）性别歧视及观念仍然存在，女性就业的社会环境有待改善

调查数据显示，在就业方面遭遇过性别歧视的女性占12.6%，男性仅为5.8%。即便是高层女性人才，也有24.8%的认为性别给自己的职业发展带来障碍，比高层男性高出21.6个百分点。最近3年，高层人才所在单位有41.5%的存在"男性晋升比女性快"，19.4%存在"只招男生或同等条件下优先招收男生"，59.7%存在"在技术要求高、有发展前途的岗位上男性比女性多"的情况。调查数据还显示，71.5%的男性和64.6%的女性认为"男性应该以社会为主，女性应该以家庭为主"，男性比女性高6.9个百分点；对社会流行的"女性干得好不如嫁得好"，有49.3%的人持认可态度，其中女性认可

的比例（54%）比男性（44.8%）还高出近10个百分点，特别是大专以上文化程度的女性认同上述观点的也达39.2%。

（四）生育保险制度不完善，亟待制度创新

2012年11月21日，国家人力资源和社会保障部、国务院法制办公布了《生育保险办法（征求意见稿）》，并广泛征求社会公众的意见。该办法明确生育保险将实现各类职工人群的全覆盖；用人单位缴纳的参保费，按照本单位职工工资总额的一定比例计算，缴费比例一般不超过0.5%；生育保险基金支付参加生育保险的人员在协议医疗服务机构产生符合规定的生育医疗费用和生育津贴，生育津贴以职工所在用人单位上年度职工月平均工资为标准计发；用人单位不依法为职工缴纳生育保险，造成职工不能享受生育保险待遇，由用人单位支付相关待遇费用。该办法是我国完善生育保险制度的重要一步，但对比其他国家的生育保险制度，新出台的办法仍有覆盖面太窄、处于企业职工保险的层次、生育休假时间太短、津贴标准偏低、各级政府经费投入太少等问题。

三 进一步促进妇女就业、保护其合法权益的政策建议

在湖南全面建成小康社会的进程中，为进一步发挥全省妇女在"四化两型"建设中引领者、推动者和共享者的作用，必须以科学发展观为指导，认真贯彻落实党的十八大关于保障妇女儿童合法权益的重要精神，按照《湖南省妇女发展规划（2011~2015）》的总体部署，贯彻劳动者自主就业、市场调节就业、政府促进就业和鼓励创业的方针，实施就业优先战略和更加积极的就业政策，引导劳动者转变就业观念，鼓励多渠道、多形式就业，促进创业带动就业，进一步完善生育保险等政策措施，全方位促进妇女就业。为此提出以下建议。

（一）加强法制保障，消除性别歧视

一是制定和完善妇女平等参与经济发展的法规政策，提供妇女享有与男子平等的参与经济决策的机会和途径，确保妇女平等获得经济资源和有效服务。严格执行就业促进法、劳动合同法等法律法规。二是消除就业性别歧视。企事

业单位在录用人员时不得以性别或变相以性别为由拒绝录用女性或提高女性的录用标准，不得在劳动合同中规定或以其他方式变相规定限制女性结婚、生育的内容。加大劳动保障监督执法力度，依法查处用人单位和职业中介机构的性别歧视行为。三是全面落实同工同酬。建立健全科学合理的工资收入分配制度，对从事相同工作、付出等量劳动、取得相同劳绩的劳动者，用人单位应支付同等的劳动报酬。

（二）拓宽就业渠道，提高妇女就业率

一是不断拓宽妇女就业创业渠道。提高劳动密集型企业、中小企业和非公有制企业吸纳妇女就业的能力；大力发展第三产业特别是社区服务业，为妇女创造新的就业机会和就业岗位；采取有效措施，推动妇女在新兴产业和新兴行业就业；支持和引导妇女兴办私营、个体经济和发展科技型中小企业；完善创业扶持政策，采取技能培训、税费减免、贷款贴息、跟踪指导等措施，支持和帮助妇女成功创业。二是提高妇女非农就业率。减少制约妇女劳动力非农转移的制度障碍，多渠道引导和扶持农村妇女向非农产业有序转移。加大农村妇女的转移培训力度，增强其非农就业和适应城镇生活的能力。三是促进女大学生充分就业。完善女大学生自主创业扶持政策，加强面向高校女大学生的就业指导、培训和服务。四是为就业困难妇女创造有利条件。政府公益岗位安置向大龄、残疾等就业困难的妇女倾斜。采取减免税收、设置生育返岗培训基金等措施，帮助生育妇女重返工作岗位。落实针对失业妇女的社会保险补贴、培训补贴、小额担保贴息贷款等就业政策。

（三）提高妇女经济收入，保护其合法权益

一是提高农村妇女经济收入。开展便于农村妇女参与的实用技术培训，帮助农村留守妇女和返乡妇女实现多种形式的创业。支持金融机构、企业等与妇女组织合作，面向农村妇女开展金融服务和相关培训。二是加大对贫困妇女的扶持力度。制定扶贫措施，保障贫困妇女的资源供给。帮助、支持贫困妇女实施扶贫项目。小额担保贷款等项目资金向城乡贫困妇女倾斜。三是落实农村妇女土地权益。完善保障妇女土地权益的相关政策，加强政府对村规民约的监

管，纠正与法律法规相冲突的村规民约。建立健全农村集体资金、资产、资源管理等各项制度，推动各地出台农村集体经济组织内部征地补偿费分配使用办法，确保妇女享有与男子平等的土地承包经营权、宅基地使用权和集体收益分配权。四是保障女职工的劳动权益、特殊利益和职工卫生安全。加强对女职工劳动保护法律政策和职业病防治的宣传教育及培训。规范企业用工行为，提高女职工的劳动合同签订率，推进已建工会的企业签订女职工权益保护专项集体合同。禁止安排女职工从事禁忌劳动，降低女职工职业病发生率。加强女职工四期保护，落实女职工社会保障，将女职工劳动保护监察作为劳动监察和劳动安全监督的重点内容，依法处理侵犯女职工权益案件。实施劳动监督员制度，对存在性别歧视、不签劳动合同等损害劳动者权益行为的企业实施黑名单机制，纠正其不当行为。

（四）提高教育水平，提升妇女就业能力

一是促进农村女性提高文化技术水平。要在抓好农村九年义务教育的基础上，加快推进普及高中教育进程，做好女童的入学工作；通过广泛宣传，提高农村妇女对文化技术重要性的认知，并结合本地实际开展相应培训，提高农村妇女的职业技能素质。二是满足妇女接受职业教育的需求。加强女职工职业技能培训，组织失业和阶段性就业妇女接受多种形式的职业教育，提高其再就业能力；探索完善针对经济困难妇女的资助政策，扶持边远贫困地区妇女接受职业技能培训；根据残疾妇女的身心特点，合理设置残疾人职业教育专业。三是促进妇女参与社区教育。整合、优化社区教育资源，大力发展多样化社区教育模式，丰富社区教育内容，满足妇女个性化的学习和发展需求。四是提高妇女接受高等教育的水平。保障妇女平等接受高等教育；落实对贫困女大学生的资助政策，提高农村女性接受高等教育的比例。五是培养一批湖南现代化建设急需的高层次、复合型女性人才队伍。重点培养适应湖南战略性新兴产业发展的先进装备制造、新材料、文化创意、生物、新能源、信息、节能环保等领域的女性专业人才；加强应用性学科女大学生、女硕士生和女博士生的培养；培养造就一批女性学科带头人和高水平的中青年女性科技人才，形成适合不同层次需要的女性科技人才梯队。六是提高妇女终身教育水平。建立完善大众化、社

会化的终身教育体系,为妇女提供多样化的终身教育机会和资源;鼓励妇女接受多种形式的继续教育,提高妇女接受现代远程教育的能力;支持用人单位为从业妇女提供继续教育的机会。

(五)完善生育保险制度,保障妇女权益

一是扩大生育保险覆盖面。长期以来我国生育保险基本上是职工生育保险制度,其保险对象是就业职工,新出台的办法将有雇工的个体经济组织以及其他社会组织等用人单位及其职工纳入,但不包括城镇无就业居民,广大农村妇女更在考虑之外。而世界各国生育保险制度的保险对象大多为全体国民或全体居民。建议尽快启动包括城乡居民在内的生育保险制度,目前可考虑允许无单位或单位不为其缴费的,由女职工个人或其配偶以个人名义缴费,国家给予配套补贴;尽快启动对回乡生育流动女性的生育补偿,至少在生育的医疗费用、产假工资和津贴等方面,给予必要的补偿。二是延长生育休假时间。目前我国妇女生育休假制度安排的母乳喂养时间一般不超过四个月,与相关国际组织推荐的六个月存在较大距离。另外,法国妇女可留职休假3年专职带小孩,瑞典产假最高可以请到672天,台湾地区最长可请2年育婴假。为此,建议修订相关休假规定,产假至少延长为6个月,为实现纯母乳喂养创造条件;允许妇女留职休假1~3年专职带小孩,避免妇女生育阶段的工作与育儿冲突。三是提高生育保险待遇水平。人类的再生产关系中华民族的事业后继有人,因此,女职工的生育费用除由企业承担外,各级政府应承担相应责任。建议国家完善相关政策,将生育保险基金筹资渠道改为参保单位缴纳与政府投入相结合,提高生育保险基金的支付能力;建议对生育保险对象及其家属的生育费用给予经济补助,由财政提供"婴儿津贴"和"保姆津贴",妇女留职休假期间由财政给予适当生活补助。另外,生育保险基金除支付生育医疗费用和生育津贴外,还可根据情况对继续雇用产后女性从业人员的用人单位补偿培训费用和产假期间替换工人费用。四是加大城乡托幼园所建设。加大学前教育的财政投入,大力发展公办托幼园所(学前班),支持普惠性民办园所发展,并对城市和农村进行分类指导,确保需进幼儿园(学前班)的儿童都能就近入园,在保证城镇和农村幼儿享受优质公共资源的同时,为妇女参加有收入的社会劳动创造条件。

B.30
湖南省县级公立医院综合改革试点进展、问题及对策

唐宇文 袁建四*

县级公立医院是农村三级医疗卫生服务网的龙头和枢纽，其改革与发展对提高县域医疗卫生服务水平和缓解农村群众"看病难、看病贵"问题具有十分重要的意义。本报告在实地调研基础上，深入解剖湖南省县级公立医院综合改革试点的进展和问题，并提出相关对策建议。

一 湖南省县级公立医院综合改革进展

2012年，按照国家部署，湖南省在浏阳、茶陵、炎陵、湘乡、石门、祁阳、冷水江、龙山等8县市的人民医院、中医院、妇幼保健院启动县级公立医院综合改革试点工作。总体来看，改革进展顺利，试点成效初显。

（一）重视组织领导，科学制订试点方案

各试点市（县）高度重视改革工作，成立了以县（市）长为组长、分管副县长为副组长、相关部门为成员的县级公立医院改革工作领导小组。在吃透上级改革精神的基础上，各县市均结合本地实际研究制订了试点实施方案，各改革试点医院分别出台了本院的医改实施方案和绩效管理方案等，为改革试点工作的稳步推进提供了强有力的组织保障和可操作的措施体系。

---

* 唐宇文，湖南省人民政府经济研究信息中心党组成员、副主任，研究员；袁建四，湖南省人民政府经济研究信息中心社会发展研究处副处长。

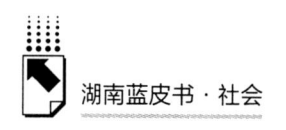

（二）调整服务价格，不断优化收入结构

按照"总量控制、结构调整"的原则，各地调整了各类收费项目价格。据省卫生厅统计，通过改革，试点县级医院医疗服务价格调价总幅度约为30%，其中诊查费用上调180%，护理费用上调约20%，治疗费、手术费上调25%，床位费上调约50%，中医特色服务费上调50%，大型医用设备检查费平均下调10%。从医院总收入来看，试点公立医院2013年上半年实现医疗收入123486万元，同比增长15.46%，环比增长9.63%。诊疗人次和出院人数均增加12.12%和7.89%，环比增长12.28%和25.51%（见表1）。门诊次均医疗技术服务费同比增长5.47%，环比提高0.73%，出院病人人均医疗技术费用同比增长22.17%，但环比下降2.94个百分点。

表1　2013年1~6月22家试点医院医疗技术服务费情况

指标名称	全省	增长	人民医院	增长	中医院	增长	妇幼院	增长
诊疗人次	1979861	12.12	1059672	10.28	631534	16.47	211560	20.90
出院人数	201901	7.89	116027	4.8	58026	15.65	19246	7.23
医疗收入（万元）	123486	15.46	72594.15	13.39	38150.71	21.29	7305.16	17.99
医疗支出（万元）	109289.35	19.66	—	17.22	—	23.90	—	12.89
次均医疗技术服务费（元）	107.17	5.47	118.08	4.85	86.50	4.26	121.24	4.09
出院病人人均医疗技术服务费（元）	2859.58	22.17	2926.75	24.71	3076.78	18.71	1738.50	20.90

说明：湘乡市2013年3月启动试点，未纳入统计分析。
资料来源：湖南省卫生厅、实地调查资料统计。

（三）实行药品零差率销售，打破"以药养医"机制

改革后，试点医院全部药品（重要饮品除外）实行零差率销售，实施基本药物制度，明确要求将基本药物首选配备使用，且使用量均达到规定标准。截至2013年6月，22家试点医院次均费用和药占比均环比下降，其中药品收入占医疗收入比为36.02%，同比下降7.18个百分点，环比下降4.30个百分

点；从表2可看出，门诊、住院人均医药费药占比分别下降3.16%、8.27%，环比下降1.23个、6.16个百分点；门诊次均费用下降0.73%，环比下降2.77个百分点，出院人均医药费环比下降11.86个百分点。据8县市统计分析，试点县级医院的总收入中服务性收费能够补足78%的药品差价。

表2 2013年1~6月22家试点医院医药费用情况

单位：元，%

指标名称	试点医院	增长	环比	人民医院	增长	环比	中医院	增长	环比	妇幼院	增长	环比
门诊次均费用	188.14	-0.73	-2.77	208.60	0.50	-1.88	164.28	-2.66	2.12	162.27	-5.56	-2.12
次均医药费药占比	43.04	-3.16	-1.23	43.39	2.34	-2.34	47.35	3.49	-3.49	25.28	-6.93	-6.93
出院人均医药费	4268.86	7.09	-11.86	4348.22	9.21	-21.10	4786.81	3.06	-2.43	2007.21	13.08	14.04
出院人均医药费药占比	33.01	-8.27	-6.16	32.69	-8.37	-6.60	35.72	13.39	-8.47	13.39	-5.60	-2.41

说明：湘乡市2013年3月启动试点，未纳入统计分析。
资料来源：湖南省卫生厅。

（四）健全医保制度，提高保障待遇

一是将调整后的医疗技术服务费增加部分纳入医保报销范围，实行总额控制、多种方式支付，发挥了医保对医药费尤其是过度用药的制约作用。二是医保基金承受风险不大。从表3可看到，新农合次均住院费补偿率有升有降，其中茶陵县增长2.7%，祁阳县增长2.26%；炎陵县下降3.2%，石门下降3.09%，7个县市新农合次均住院费用补助率平均增长仅为0.15%，新农合支付压力较小。三是启动新的门诊统筹试点。截至2013年6月，公立医院共完成门诊、急诊1979861人次，同比增长12.12%；完成出院201901人次，同比增长7.89%。如浏阳市按照600元/人的标准，基金报销50%，就医增长达到23%左右，参保人员自费比例也有所下降。同时，增加了12种大病救助病种，看病贵和因病返贫的问题有效缓解。

表3 新农合基金支付额的影响因素分析

地区	住院人次 2012年1~6月	住院人次 2013年1~6月	次均住院费用（元）2012年1~6月	次均住院费用（元）2013年1~6月	次均住院补助费用（元）2012年1~6月	次均住院补助费用（元）2013年1~6月	次均住院费用补助增长率（%）	医保支付增加额（万元）	住院人次增加对支付增加额的解释水平（%）
茶陵县	10391	14941	3324.42	2791.74	2273.1	1984.2	2.7	602.62	171.63
炎陵县	2927	3250	2931.26	3016.4	2027.8	1990.1	-3.2	53.25	123
湘乡市	11072	28405	2807.48	3433.47	1780.4	2216	1.12	4323.29	71.38
石门县	14734	16855	3623.47	4266.39	2078.7	2315.6	-3.09	840.19	52.48
祁阳县	21340	26528	2716.96	2604.79	1834.6	1817.7	2.26	906.96	104.94
冷水江市	4484	4458	3160.75	2782.48	2275.6	2038.4	1.26	-111.66	5.3
龙山县	14808	17183	2960.28	3067.04	1885.5	1995.3	1.36	636.48	70.36
合计	79759	111620	3054.13	3181.845	1970.63	2057.7	0.15	7250.5	86.6

资料来源：湖南省卫生厅。

（五）完善内部管理体制，创新分配激励机制

一是健全绩效考核制度。按照规模及功能重新设置岗位，实行竞聘上岗，重点考核公立医院的成本费用控制、药占比、药品卫材支出比及服务数量、质量和群众满意度，遏制了大处方、滥检查、乱用药的现象，同时要求各公立医院建立医院内部分配激励机制。实施临床路径管理病种方式，医师诊疗行为逐步规范，医务人员积极性未受影响。二是完善内部管理体系。湘乡市中医院借助美国医院管理经验，专门聘请美国专家就医院管理进行咨询和设计，从医疗流程到办公大楼设计、从人员管理到绩效考核，设计了一整套完善的管理体系，医院管理瓶颈基本突破，发展走上快车道。三是创新分配激励机制。部分试点公立医院按多劳多得、优绩优酬、向重点岗位倾斜等原则，提高可变工资的比例。收入分配注重向临床一线、关键岗位、业务骨干、贡献突出等人员倾斜，适当拉开差距。

（六）强化便民惠民，改善就医感受

试点医院从医院硬件设施配套、软件服务上注重患者感受，全面推行"十项惠民便民措施"，逐步实施建立以病人为中心的服务模式，推广预约挂

号、优质护理服务和"先诊疗、后结算"服务模式,实行基本医保费用即时结算,实行同级医疗机构检验结果和影像资料互认。完善患者投诉机制,加强医患沟通。通过开展"平安医院"创建活动等,提升医患双方的信任度。同时,建立完善医疗纠纷第三方调解机制,即时化解医患矛盾。

二 湖南省县级公立医院综合改革存在的主要问题

(一)资源配置不合理,医院发展不平衡

一是公立医院定位和规模标准与实际不符。按相关规定,县级公立医院和基层医疗卫生机构床位数应以区域内人口4‰配置床位数。目前,试点公立医院实际开放病床数均超过编制病床数,病床使用率达107%,长期超负荷运转。据调查,通过新一轮医改,凡中央和省财政支持过的县级公立医院,其基础设施均为超标建设。如不划定一个扩张标准,容易出现盲目性。二是人才机制不灵活。突出表现为人员不足、用人不活,目前公立医院的人才引进政策比照党政机关和事业单位,每年人员招聘及编制管理由政府人事部门统管,医院用人自主权小,高端人才引进难,竞争性用人机制无法建立,直接影响激励分配机制和卫生事业发展。如浏阳市每年浪费约70个人员编制指标,要的招不来,现有符合条件的上不去。

(二)管办不分普遍,"多龙治水"并存

政府办医与管医职能不清,"管办不分"成为县级公立医院普遍现象,医院法人治理结构不健全,严重缺乏自主权。同时并存的"多龙治水"现象也较普遍,各有关部门都对医院有管理权限,但权责不清,造成了该管的管不到位,不该管的却管理过度,加上部门间协调难度大,严重制约了医院的改革发展。在用人制度上,院长选拔任用制度不健全,院长责权严重不对等,加上全员聘用尚未真正实施,员工能进不能出、能上不能下,管理人员和医务人员的积极性难以充分发挥。

（三）政策衔接不到位，实际执行存偏差

和医院相关的政策很多，如财政补贴、医疗保障、新农合管理、医药采购、医药定价等，但由于政出多门、缺乏衔接，导致执行时遇到种种困难。比如：按相关政策农村五保户住院的基本医疗费用80%由新农合承担报销支出、20%由民政医疗救助，但该项政策执行中对住院次数、住院费用等没有规定上限。据浏阳新农合局统计，2012年曾有某五保户住院24次的记录，除了正常就医外，部分五保人员把住院当作一种福利，医院为了收入不拒甚至提供各种超乎实际需要的医药服务，增加了新农合基金风险。

（四）公立医院负债重，补偿机制不健全

目前，湖南省各试点医院均面临设施建设、设备购置、重大疾病专科建设等基建任务，融资压力大。由于历史原因，县级公立医院资产负债率在30%~60%。在政府投入严重不足和补偿不到位的情况下，面对群众日益增长的医疗服务需求，医院只能自己解决建设资金，靠银行贷款、职工集资等融资途径购买先进医疗设备、修建业务用房，尽力改善医疗条件。职工薪酬、离退休人员费用、无主病人欠费和大量运转经费等也只能靠业务收入弥补，不可避免地推动了公立医院走商业化轨道，追求利润最大化。这无疑加重了群众的就医负担，与公立医院的公益性背道而驰。

（五）群众负担仍较重，医改实惠期盼高

从住院治疗看，2013年1~6月，试点医院出院者平均医药费达4268.86元，高出2010年30%，尽管提高了基本医保、新农合的住院费报销比例，但住院者个人付费却是不降反增。从门诊、急诊来看，改革后试点医院门、急诊次均费用188.14元，高出2010年30.65%。此外，尽管药占比明显下降，但是过度医疗的风险依然存在。据省卫生厅对14家试点医院调查，2013年1~5月门诊药物处方数总和为806760张，同比增长5.81%；X片人次数总和为152175人次，同比增长7.89%，B超人次数总和为277210人次，同比增长3.11%，手术人次数总和数为25494人次，同比增长12.94%。新农合的门诊

统筹重点在基层医卫机构实施，县级公立医院新农合门诊报销极少，群众在县级医院看门诊的费用也是上升的。特别是基层医卫机构实施基本药物制度后，群众在基层医卫机构的受惠明显增加，对比之后更盼望县级医院加快改革。

三 加快推进公立医院综合改革的对策建议

县级公立医院改革应紧紧抓住综合改革和提升能力两个目标，盘活存量、做大增量。盘活存量就是盘活医疗资源，提升医院效率，实现患者满意、医务人员满意和医院的可持续发展；做大增量就是积极拓展医疗服务范畴，完善基本医疗卫生服务，满足普通大众需求，在国有资产保值增值前提下，鼓励社会资本进入公立医院，发展多种合作模式。

（一）严格控制公立医院建设规模和标准

一要合理配置县域医疗资源，科学设置县级公立医院。针对县域群众主要健康问题，根据地区社会经济人口水平，做好区域卫生规划和医疗机构设置规划，明确县级医院功能定位，坚持效率与公平相结合，确保医疗资源的合理使用，确保公立医院的规模效益以及建设标准与当地社会经济发展水平相适应。二要对公立医院的建设规模、标准、贷款行为进行严格控制与管理。鉴于公立医院的性质，其贷款必须获得政府主管部门批准并由政府负责偿还。因此要严把审批关，禁止超标超规建设。三是鼓励社会力量办医，实现多元化办医格局。通过出台政策支持社会力量办医，推动医疗服务市场的健康公平发展。

（二）加快建立健全多渠道补偿机制

一是着力健全财政投入和补偿机制，财政投入应树立"养事不养人""养专业、养学科、养专业人才队伍"的思想，进一步加大对公立医院定项补助力度，如医院基建和大型设备购置、符合国家规定的离退休人员费用和政策性亏损补偿、重点学科建设和学科带头人培养等。进一步保障政府指定的紧急救治、援外、支农、支基、支边等公共服务经费。二是合理调整医疗服务价格政策。在确保药品价格下降的同时，尽快建立健全医疗服务成本、价格监测体系，建立灵活的价格调整机制，如医疗服务价格中可增设药事服务费等。三是适当调整县级公立医院的水电收费标准。试点公立医院既是公共卫生单位，也是公共医疗单位，可探索对县级公立医院水、电、气收费均按照居民使用标准收费，确保医院公立性。如浏阳市三家综合改革试点医院一年可节约水电支出1000万元左右。

（三）着力强化医院能力建设

一是提高县级医院技术能力。结合疾病谱和县外转诊率情况，有重点地加强县级医院科室能力建设，同时推广与县级医院功能定位相适应的临床路径。二是提高县级医院管理能力。加快医院治理机制改革，建立决策、执行和监督相互制衡的激励与约束机制，促进医院合理控制费用，不断提升管理水平和服务质量，始终坚持公益性导向。三是提升县级医院服务能力。加强县级医院基本建设与信息化建设，加强卫生专业技术人才队伍建设和医院专业服务能力建设，使农村常见病、多发病、危急重症的诊治在县域基本得到解决，通过开展便民惠民服务构建和谐医患关系。四是建立健全分级诊疗机制（双向转诊机制）。建立县级医院与基层医疗卫生机构长期稳定的分工协作机制，加强对基层医疗卫生机构的技术帮扶指导和人员培训，支持县医院对乡镇卫生院和村卫生室医务人员进行专项培训和定期轮训，建立县级医院向乡镇卫生院轮换派驻院长和骨干医师制度，提高县域医疗卫生服务体系整体绩效，促进基层首诊、分级医疗、双向转诊等服务模式的形成。

（四）大力推进医保支付方式改革

医保、医疗、医药是公立医院改革的三个关键环节，目前医药和医疗改革已经全面启动，医保支付方式改革有待进一步深化。必须改革目前按项目付费的医保支付方式，推行总额预付下的按病种、按人头、按床日等复合付费方式改革，充分发挥医保补偿和控费双重作用，促进医疗机构健康良性发展。尽快研究制定加快推进支付方式改革的指导性意见，促使医保经办单位不断提高服务效率和质量，通过多种方式约束医院和医生的诊疗行为，控制医疗费用不合理上涨。同时，继续加大医疗服务价格改革力度，建立合理反映医务人员技术和劳务价值的服务价格体系。

（五）深化人事分配制度改革

一要建立竞争性的人事制度。在科学合理确定人员编制的基础上，适当为县级医院支援基层预留编制储备。落实县级医院用人自主权，全面推行聘用制度，坚持竞聘上岗、按岗聘用、合同管理，建立能进能出、能上能下的灵活用人机制。二要完善激励性的分配机制。既要让县级医院医务人员待遇得到提升，提高医院人员经费支出占业务支出的比例，又要优化分配结构，体现多劳多得、优绩优酬、同工同酬的原则，使收入分配与服务质量、数量和患者满意度挂钩，并适当拉开收入差距。三要为县级医院医务人员创造职业发展的平台。抓紧制定县级医院人才培养计划、专科发展规划，依托城市大医院的力量，积极推进新进人员住院医师规范化培训、县域学科带头人培养、临床骨干人才培训工作。四要加快事业单位用人制度改革，创新编制管理。现行事业单位限编控人的人事管理制度，极大地束缚了医院的手脚。因此，迫切需要针对医疗行业特点，研究专门的酬薪制度。同时加快推进养老保险的社会化管理，以期促进医务人员的合理流动。

（六）大力推进信息化，扩大改革成效

一是夯实医院内部信息化建设。促进信息技术与管理、诊疗规范和日常监管的有效融合，有力推动联系紧密、协调一致、相互促进的卫生体制机制和服务模式的形成。二是强化外部信息化建设。完善与区域卫生信息系统衔接、以医院管理和电子病历为重点的公立医院信息化网络。加快实施信息化网络体系建设工程，包括远程治疗会诊系统的建设，与城乡居民健康电子档案的互联互通、一卡通、数字化医院建设等。三是进一步完善县级医院与省、市级大医院的远程会诊、远程检查、远程教育和信息共享，充分发挥优质医疗资源的辐射带动作用。加快推进县级医院之间、县级医院和社区卫生服务机构之间、医院和医保经办机构之间的互联互通机制建设，构建便捷、高效、共享的医疗服务信息平台，提高管理和服务水平。同时，结合湖南省基层远程会诊系统建设，在现有10家县级公立医院的基础上，进一步扩大试点范围，努力实现城市优质资源与县医院的互补互动，提高医院综合实力。

B.31
转型期推进农村基层社会管理发展的价值特征和路径选择

刘丹 彭澎*

  加强和创新社会管理是党的十八大明确的当前经济社会转型期的核心任务，是加强社会建设、全面建成小康社会的具体战略部署，但对于农村现代化进程中加强和创新基层社会管理的价值特征和发展路径的认识还不是很清晰，在转型期构建合适的农村社会管理体制机制和制度框架，优化基层社会管理的功能以实现对农村有效的社会管理成为转型期加强和创新农村社会管理的重点内容和主要方向。在发端于20世纪70年代末的改革开放过程中，逐步确立了社会主义市场经济的发展道路，由此全面掀开了中国经济发展和社会进步的大幕，城乡社会发生了翻天覆地的变化。农村是我国国土面积的最大组成部分，在市场经济的发展大潮中，农村和农业也开始了市场化的发展转换。市场化机制激活了农村社会的利益元素，改变了农村传统的社会结构和固有思维，农村社会呈现多元化的发展趋势，经济的市场化、利益的多元化和社会的分化给原来农村社会的管理结构和体制带来了挑战，伴随市场化进程农民的政治思维、自主意识和权利观念发展成熟，为基层社会管理的发展和完善带来了机遇。市场化发展强化了农民经济的独立性和自主性，增强了农民的参与热情和积极性，改变了很长一段时间以来已经根深蒂固的传统思维和陈旧思想，不断对现有农村管理结构和体制进行反思和批判，寻求现代化发展路径下农村基层社会管理发展的价值观念和逻辑体系。"已经在社会本身当中起作用、政治系统可以加以吸收和

---

* 刘丹，中共湖南省委党校副校长，教授，硕士生导师；彭澎，中共湖南省委党校法学部副教授，法学博士，中国政法大学博士后研究人员。

发挥的那些有利于民主的格局和与之相呼应的趋势，可以作为合理化潜力来把握。"① 农村现代化发展为基层社会管理机制转型和农民管理观念变革带来契机、凝聚力量，提供合理性的社会基础。而且在法治发展的大背景下，农村的社会管理体制和制度模式面临法治转型的重任，农民的社会管理理念和观念面临法治转型的契机。农村市场化在改变农村经济结构的同时，也深刻影响到了与经济结构密切相连的社会结构，在新的现代化发展体制中，原来的乡村管理传统和管理资源注入了新的发展元素，面临着新的发展背景。因此，与现代化发展几乎同时的农村基层社会管理体制在不断探索和寻求着制度优化的选择路径。对制度发展来说，现代化带来的最大成效就是确立了农民的主体地位和人们对加强和创新社会管理的认同。因而，在现代化进程中，完善和优化农村基层社会管理制度的关键是，抓住农村社会管理的体制需求，实现农村社会管理制度和村民社会管理观念的转型，这是农村转型期推进基层社会管理发展而带来的"人们对制度创新的认同"②。

一 转型期推进农村基层社会管理发展的价值特征

（一）转型期推进农村基层社会管理发展是加强农村基层社会治理、推进基层治理体系和治理能力现代化的基础工程

党的十八大报告提出："推进国家治理体系和治理能力的现代化"，"加快形成科学有效的社会管理体制，完善社会保障体系，健全基层公共服务和社会管理网络，建立确保社会既充满活力又和谐有序的体制机制。"党的十八届三中全会通过的《中共中央关于全面深化改革若干重大问题的决定》报告提出："创新社会治理，必须着眼于维护最广大人民根本利益，最大限度增加和谐因素，增强社会发展活力，提高社会治理水平，全面推进平安中国建设，维护国家安全，确保人民安居乐业、社会安定有序。"党中央最近一段时期围绕社会管理和社会治理特别是农村基层的社会管理和社会治理所制定的一系列文件与

---

① 〔德〕哈贝马斯：《在事实与规范之间——关于法律和民主法治国的商谈理论》，童世骏译，生活·读书·新知三联书店，2003，第212页。
② 〔英〕尼·多德：《社会理论与现代性》，陶传进译，社会科学文献出版社，2002，第234页。

决议显示了一个政策信号，即农村基层社会管理的发展必须紧紧内置于农村现代化发展的大背景之下，创新农村基层社会管理的模式，提升农村社会治理的水平和能力，最终实现整个国家治理体系和治理能力的现代化，这是在新时期坚持走中国特色社会主义政治发展道路而在农村提出的一项具体且重大的战略步骤。农村经济的市场化发展趋势改变了乡村社会传统的经济结构、文化结构和社会结构，推动了乡村社会转型的现代变迁，经济的发展和社会的转型也逐步带来了基层社会管理的深刻变革以及社会治理观念与制度的全面转换。农村市场化发展激活了乡土社会尘封的利益元素，使得乡村社会利益多元化、主体多元化、社会多元化进程加快，利益需求与利益整合的联动机制推动了乡村社会结构的深层次转变。利益受到人们的重视，成为农村市场化进程中人们行为的原动力，成为社会发展的主导因素，人们在关注经济利益的同时，也在不断关注自身的政治利益，激发人们对乡村利益保障机制和利益诉求渠道的制度性探索。农村市场化进程中，村民的民主意识、政治思维、法治理念、权利观念开始萌芽，对参与基层治理和社会管理的热情空前高涨，推动了乡村社会管理的观念变革和制度转型。转型期，在加强和创新农村基层社会管理的实践过程中，探索出了许多值得总结和推广的特色形式，如契约化的社会管理模式、社区式的社会管理渠道等，以及大力发挥基层协商民主在社会管理中的作用，这些都是农村基层社会管理的实践成果和有益模式，大量创新性的基层社会管理模式和方法，扩大了群众参与社会管理的范围和积极性，受到农民群体的欢迎。农村现代化进程中推进基层社会管理发展，以此为中心进行有益的探索和尝试，拓展农村基层社会管理的实践空间、制度空间和体制空间，不仅有效解决了农村现代化进程中基层社会管理模式创新的现实可能性，而且有力探求了农村现代化基层中基层社会管理模式创新的实际可行性，为完善农村基层社会管理、加强农村基层社会治理、推进基层治理体系和治理能力现代化的提供体制基础。

（二）转型期推进农村基层社会管理发展，是适应农村市场经济发展和乡村社会现代化发展的现实需要，是提高农村社会管理能力和基层治理水平的核心工程

农村市场化发展推动乡村实现现代化转型，会导致传统农村社会结构、体制和文化的重大变化，需要在新的利益结构中构建一种稳定和谐的社会秩序和健康有效的管理模式。党的十八届三中全会通过的《中共中央关于全面深化改革若干重大问题的决定》报告提出："创新社会治理方式。坚持系统治理，加强党委领导，发挥政府主导作用，鼓励和支持社会各方面参与，实现政府治理和社会自我调节、居民自治良性互动。坚持依法治理，加强法治保障，运用法治思维和法治方式化解社会矛盾。坚持综合治理，强化道德约束，规范社会行为，调节利益关系，协调社会关系，解决社会问题。坚持源头治理，标本兼治、重在治本，以网格化管理、社会化服务为方向，健全基层综合服务管理平台，及时反映和协调人民群众各方面各层次利益诉求。"创新农村基层的社会管理模式，应当充分宣扬现代政治参与中的民主、法治等精神，但必须立足于乡村社会的本土实际，既要依据农村社会现代化转型的现实情况，又要考虑农村社会传统的文化结构，更要顺应农民群体的心里期盼和实际需求。现有的农村社会管理模式是以基层自治为主体构筑起来的制度体制，自治是基层社会管理的基本精神，任何基层社会管理的模式都要充分尊重和发挥农民群体自治的制度优势。农村现代化进程中推进基层社会管理发展，不仅尊重和遵守农村社会现有的制度体制，而且充分挖掘乡土社会既有的管理经验和治理资源，吸收乡村优势资源中的现代基因。提高农村社会管理能力和基层治理水平，核心在于适应农村现代化发展的现实情境和顺应社会转型的时代潮流，构筑彰显现代社会管理特色和符合现代社会治理要求的运行体制，实现农村社会的稳定和谐和村民的自治治理，建构农村规范化、制度化和现代化的社会秩序。

（三）转型期推进农村基层社会管理发展能科学谋划和有效解决农村问题，是农村现代化进程中建设有中国特色社会主义农村民主政治制度和社会管理制度的重点工程

加强农村的基层社会管理是个历史问题，也是现实问题，特别是随着农业市场化发展，农村出现了复杂的情况和全新的局面，乡村经济社会发展路径与农村现实的困境产生脱节是造成农村现代化发展不畅的主要原因，迫切需要创新农村基层社会管理体制机制，以解决农民群体管理诉求较高而实际基层治理层次不高的现实困境。创新农村基层社会管理的发展模式，就是转型期解决农

村社会管理问题的一种新的认识论和方法论，使得农村问题的解决能够突破传统思路的束缚，提供了一种顺应现代化发展的更加广泛和更加开阔的理论思维。推进农村基层社会管理发展立足于乡村治理的现有体制和原有制度，将基层社会管理与农村基层治理、基层民主法治建设统一和协调起来，通过完善基层治理结构，健全基层治理组织，以实现农村现代化进程与基层社会管理发展、民主政治进步的同步。在坚持农村宏观制度体制不做变动的基础之上，通过社会层面的微观机制建设，推进基层社会管理发展和基层治理水平提高，这是为农村政治现代化、管理现代化创造条件和积累经验，也是农村现代化进程中探索基层民主政治制度和社会管理制度改革发展的关键举措。

二 转型期推进农村基层社会管理发展的路径选择

农村社会管理体制是以基层自治为基础，自农村市场化发展以来逐步构建起来的，突出农民群体在社会管理中的主体性，这是农村市场化发展以来基层社会管理体制变革的一种制度飞跃。党的十八大报告提出："加强基层社会管理和服务体系建设，增强城乡社区服务功能，强化企事业单位、人民团体在社会管理和服务中的职责，引导社会组织健康有序发展，充分发挥群众参与社会管理的基础作用。"农民群体始终是基层社会管理的主体和基础，激活农民群体的管理积极性才能较好地发挥多元化社会组织的管理功能，这是转型期农村基层社会管理发展的根本特征，是创新农村社会管理模式的发展方向。农村基层社会管理既是乡村治理和基层民主政治的主导模式，又是推进农村经济社会转型的体制动力，只有创新农民群体参与社会管理的载体和形式，适应转型期农民群体自身的不断变化，才能充分展示社会管理的整体价值和作用，这就应当和转型期农村的实际情况紧密结合起来，既显示农民群体在基层社会管理中的个体特征，又发挥基层社会管理规范农民群体行为的整体功能，努力完善和优化农村基层社会管理的发展路径。

（一）理性管理——转型期农村基层社会管理发展的内在要求

传统的农村社会管理分析框架是建构在"国家—社会"理论结构之上的，国家权力与乡村管理在这一理论结构中存在彼此对立和相互排斥的情况，农民群体力量在传统基层社会管理体制中被强大基层权力所掩埋,都错误地将农民群体参与社会管理认识为一种感性化的行为。而与农村市场化改革同步开始的基层自治实行多年,打破了乡村传统的管理格局和管理观念,突出了农民群体的个体作用。事实上,加强农村基层的社会管理不仅仅只是完善管理体制或者管理结构,更为重要的是要在理顺国家与乡村的关系基础之上达致农村与国家经济社会的平衡发展。因而,简单的突出农民群体的管理地位或者单纯的强调民主管理,把国家权力从农村基层社会管理体制中排挤开来,注重农民群体所谓的形式化民主管理,是一种理论与实践的误区,并不是一种现代化进程中理想的基层社会管理结构,更不是一种理性的基层社会管理模式,到头来很可能是"竹篮打水一场空"。可以说,农村基层的社会管理必须注重农民群体的行为功能,但仅仅靠扩大农民群体参与、依靠农民个体自身发展来实现现代化进程中农村基层社会的有效管理是行不通的。基层的社会管理不是一个简单的体制完善和模式构建的问题,它应当在现代化进程中不断寻求和探索其实现农村社会良性发展的合理性、合法性和科学性,它不是一种脱离于实际生活的制度想象,而是一种具有合法性、合理性和现实性的理性管理体制。理性的基层社会管理不是以国家权力从乡村社会的退出为条件的,实际乡村生活中的基层管理会遇到各种因素的影响,简单地以农民群体为主体的管理结构无法解决这些问题,甚至会导致乡村社会的无序状态。农村基层社会管理的目标就是要建立理性的具有合法地位和合理基础的国家基层社会管理运行体制,以及这一体制实际运转而形成的国家基层社会管理的理性秩序状态。市场化激活了农民群体的参与热情和管理欲望,但这种参与不是简单的感性化参与,而是国家权力制度体系内的理性化、有序化的参与,这是转型期推进农村基层社会管理发展的内在要求。理性管理就是理性的处理农村基层的国家权力、社会权力以及农民群体个人权利之间关系而形成稳定的管理框架,科学地平衡国家发展、农村进步与个人发展之间的关系,实现农村社会管理与国家权力控制的良性互动,使基层社会管理与农村社会活力有效结合起来。

(二)规范管理——转型期农村基层社会管理发展的本质需求

制度是以一定价值目标、规范利益分配对利益主体制定的具有强制性和约束性的文件。① 传统的农村基层社会管理是以强大的国家权力控制为基础的,国家权力的制度性安排形成了乡村的社会秩序。市场化条件下,农民群体对经济利益的追逐,客观上激发了他们对参与管理的社会权利和政治利益的要求,而这一方面现有的国家对乡村社会管理的制度输出严重不足,使得创新农村社会管理模式成为必然。制度是规范农民群体行为的基本准则,"在处于现代化之中的社会里,政治参与扩大的一个重要转折点是农村民众开始介入国家政治。"② 而"如果制度准备不足,扩大政治参与可能导致政治不稳定。"③ 现代化进程中推进农村基层社会管理的发展应当实现一种规范管理,一种制度规制下的健康的基层社会管理机制,其既可以规范国家权力在乡村社会的运行方式,又可以保障农民群体有序的社会管理参与行为,并且为此创设规范化的管理渠道。规范管理是衡量农村基层社会管理科学化水平的重要指标,是体现农村基层政治发展和治理高效的基本凭据。有学者认为,"一个社会复杂且文明的政治共同体的形成,在一定程度上决定于该社会内政治组织和程序的力量,而这种政治力量的形成又决定于该政治组织和程序得到国内民众支持的范围大小,以及该政治组织和程序能够获得的国家制度化的规范程度。"④ 规范管理是推进农村基层社会管理发展的关键要义。国家权力对乡村社会的控制需要制度进行规范,这不仅是现代国家权力运行体制的逻辑思路,更是国家权力健康运转的基本方式。规范的农村基层社会管理体制要通过树立乡村基层法治的权威,约束和制约国家权力,规范和保障农民群体的管理行为,形成体现民主管理、自治管理等价值追求的制度框架,通过合理设计来规范农村基层的社会管理结构和权力体制,实现稳定、和谐、美好的农村社会秩序。规范管理的本质内涵就是实现农村基层社会管理的有序化,就是要构造一个理性化的权力运行结构,使得社会管理既彰显现代政治发展的基本理念,又符合乡村社会的实际情况,形成一种农村公共权力有效规制、社会权力有效保障、农民群体权利有效规范的体制局面。

---

① David Easton, *A Framework for Political Analysis*, NJ: Prentice-Hall, 1965, p.110.
② 〔美〕塞缪尔·亨廷顿:《变革社会中的政治秩序》,华夏出版社,1988,第74页。
③ 〔日〕蒲岛郁夫:《政治参与》,经济日报出版社,1989,第55页。
④ 〔美〕塞缪尔·亨廷顿:《变革社会中的政治秩序》,华夏出版社,1988,第12页。

（三）自主管理——转型期农村基层社会管理发展的基本原则

在各类传统的历史社会形态中，农民群体始终具有思想上的封闭特征和行为上的保守习惯，再加上国家制度对农民群体的整体关注不够，农民群体一直以缺乏自主性著称，这一点尤其体现在基层的社会管理之中。有学者认为农民群体"他们不能代表自己，一定要别人来代表他们。他们的代表一定要同时是他们的主宰，是高高站在他们不受其他阶级侵犯，并从上面赐给他们雨水和阳光。所以，归根到底，小农的政治影响表现为行政权支配社会。"[1] 甚至有学者偏执的认为"在第三世界，农民很少会在税收、耕作模式、发展政策或繁琐的新法律等问题上去冒险与当局直接对抗；他们更可能通过不合作、偷懒和欺骗去蚕食这些政策。"[2] 但中国共产党在革命和建设过程中，充分认识到了农民群体的历史推动作用，充分挖掘了农民群体的积极主动性，使之成为了推进社会发展的生力军。农民群体以自己亲身实践推动中国革命和建设发展的历史事实向世人论证了一个原理，即农民不是柔弱无能的边缘群体，而是一个具有一定的政治自主性、历史创造性和可以塑造和依靠的强大力量。农民群体在农村民主政治和基层社会管理面前不再只是被动接受，市场化改革以来农村基层实行的自治治理和社会管理实践告诉我们，农民群体也是推动村民自治和社会管理发展的主体，他们在基层治理和社会管理中的伟大探索与有益创新甚至能影响国家对农村的政策制定和制度重建。特别是农村现代化进程中，基层固有的体制弊端和管理缺陷已经逐步暴露，产生了农村基层社会治理困境和管理难题，农民群体伴随着政治立场和管理思维的成熟越来越强烈地要求参与到基层治理和社会管理的实际运行中去，并希望通过自己的亲身实践来改善和优化当前基层管理的状况，他们已经成为推动农村基层社会管理发展、推进基层社会管理转型不可忽视的重要力量。强调自主管理是转型期推进农村基层社会管理发展的基本原则，充分发挥农民群体在社会管理中的自主性和创造性。从一定程度上说，农村基层社会管理在现代化进程中能否不断突破困难、向前发

---

[1] 《马克思恩格斯选集》（第1卷），人民出版社，1995，第678页。
[2] 〔美〕詹姆斯·C. 斯科特：《弱者的武器》，凤凰出版传媒集团、译林出版社，2007，第3页。

展并在实际生活秩序中发挥作用,关键还是取决于农民群体在基层管理中的主体功能发挥多大,取决于农民群体在基层管理中的自主性有多大。"问题的实质不在于资源环节上(集权与分权),而在于国家分权后,社会是否能够真正自治自律"①。实现农村基层社会的自治管理关键就是实现农民群体的自主管理,只有个体在基层社会管理中具有自主性,才能形成实实在在的基层社会自治局面。管理自主性是维系农村社会稳定秩序的核心基础,保证农民群体在基层社会管理中的自主地位和自主作用,是转型期创新农村社会管理模式的关键内容。自主管理是农业市场化发展的基本要求,是农村现代化发展的根本表现,也是基层社会管理发展的基本方向。自主的精神理念就是让每一个村民能够真正成为管理自己事务的主人,使每一个村民都能成为民主管理的主体。

(四)开放管理——转型期农村基层社会管理发展的价值追求

在历史的传统社会类型中,乡村的社会秩序都维系在国家权力对基层的高度控制之上,专制的国家权力严厉地阻止农民群体的自由流动,使得农民身份被紧紧地约束在了土地之上,由此使得农民群体不可避免地带有落后、封闭、保守的社会形象。中国共产党在农村的发展政策打破了乡村封闭的社会环境,农民群体具有一定的开放自由度。而肇始于20世纪70年代末的改革开放,也揭开了农村市场化的发展序幕,使得广袤农村地区的经济资源开始自由流动、社会行为开始自由行使,封闭保守的农村传统文化开始被现代的思想观念和文化精神逐步渗透,城乡之间的差别显著减少,在现代化发展的进程中,农民群体已经成为理解、接受、认同并运用现代社会理念和先进文化观念的主体力量。拉兹洛认为,人类在生活中逐渐生成的思想理念、价值观念和信念信仰并不是没有用的装饰物,而是在世界历史发展中起着重要作用的催化剂,它们的凝聚不仅产生了世界性的技术革新,更为重要的是成为社会进步和文化发展的根本基础,引导人类社会和文明历史的前进。② 现代化的文化知识输入改变了农民群体的知识结构,也打开了农民群体的胸怀,他们对权利的极大关注、对

---

① 曹沛霖:《政府与市场》,浙江人民出版社,1998,第137页。
② 〔美〕拉兹洛:《人类的内在限度——对当今价值、文化和政治的异端的反思》,黄觉、闵家胤译,社会科学文献出版社,2004,第36页。

政治的不断关心，使得他们对基层治理和社会管理的态度发生了根本性的转变，开放进取成为他们对待农村社会事务管理的平常心态。转型期农村基层的社会管理应当是一种开放式的管理，只有强调管理过程的公开透明才能实现基层社会的有序稳定，只有保证基层社会管理的公开公正，才能实现乡村社会的公平正义，才能维护和保障每一个村民的合法权利。国家视野中的社会管理是一种开放式的管理、竞争性的管理，不仅制定和完善了要求公开透明的管理体制，而且构筑了透明开放的管理程序，农村基层的社会管理不仅能让每一个村民亲眼所见，而且能让每一个村民参与其中，具有较强的开放度，从而实现农村基层社会管理的民主公开。在开放式管理的基层社会管理模式中，民主管理、平等管理和公平正义已经成为现实，基层社会管理以村民看得见的方式得到实现。

（五）积极管理——转型期农村基层社会管理发展的制度基础

农民在传统的乡村格局中具有较强的人身依附性，这其中既有传统农村经济是小农经济，严重制约了农民积极性，客观上造成了贪图安逸生活方式的经济原因；又有乡土社会封闭孤立、体制落后、思想僵化而造成农民群体因循守旧、固守陈规生活习性的环境原因；更有乡村社会礼教盛行、外来文化沟通交流甚少，农民群体养成了满足现状、不思进取思维习惯的文化原因。冷淡是传统农民群体对待基层社会管理的一贯态度。有学者认为，传统农村社会民众参与政治感不强烈，参与热情不高，这与农村自身政治参与机制有关，但更多的与农民参与动机不明确和缺乏积极性有关，淡然的政治参与意识注定出现较为失望的基层政治情形。[1] 这其中当然也与国家权力在乡土社会的扩张，形成了专制严肃的政治环境有关。有学者认为，乡镇政府在农村基层的稳定性和正规化发展是20世纪初以来国家向农村持续渗透与扩张的继续[2]。农村市场化发展改变了乡土社会的传统格局，农民群体不仅发挥推动经济发展的主体作用，也发挥了推进政治发展和社会管理发展的主体作用，这与市场化进程中农民群体的政治地位提升和管理兴趣增强有关。农村基层社会管理体制完善提高农民群体的主体地位，

---

[1] 蒋云根：《政治人的心理世界》，学林出版社，2002，第59~69页。
[2] 王铭铭：《国家与社会关系史视野中的中国乡镇政府》，《中国社会科学季刊》1998年第24期。

认识到了参与基层社会治理的制度价值。现代化进程中，积极参与管理成为农村基层社会管理发展的制度基础，农民群体不断增强的参与积极性、现代的管理观念和文化素质成为推动基层社会管理逐步发展的精神动力，特别是农民群体都接受并认同参与社会管理作为政策权利和法定权利存在的价值和意义，积极管理、主动管理、自主管理已经成为推动农村基层社会管理发展的重要内容。

三 结语

农业市场化改革伴随中国市场经济体制的建设步伐，促使农业生产力大大提高和农村生产关系的极大调整，市场化改变了农村的社会结构、经济结构、利益结构乃至政治结构，农村经济的多元化、社会主体的多元化、利益结构的多元化成为乡村现代化发展的真实写照，由此农村进入了经济社会的转型期，从传统农业社会向现代工业化和信息化社会转型、从传统的乡村社会向城镇化社会转型，也就是农村的现代化转型。农村社会的崭新变化和现代化发展的转型加速，使得农村的政治、经济、文化和社会体制遇到了前所未有的挑战，也给农村的基层社会管理发展明确了新任务。从某种程度上说，农业现代化不只是一个生产力提高和发展的问题，而是一个引发了农村社会深刻变革的基层社会管理发展的问题。推进基层社会管理发展需要建设公平正义的管理环境、建立法制健全的管理制度。转型期推进农村基层社会管理的发展是适应农村现代化时代背景的必然举措，基层社会管理应当与农村现代化发展结构统一起来，充分发挥基层社会管理体制在助推社会发展上的整体效应、协同效应和互补效应，充分发挥基层社会管理组织的社会功能、政治功能、文化功能和规范功能，拓宽农村社会管理的发展空间。推进农村基层社会管理发展，实现理性管理、规范管理、自主管理、开放管理、积极管理，通过尊重和保障农民群体平等的政治、经济、文化和社会权利，从而实现基层社会管理体制的科学运行，这是转型期推进农村基层社会管理发展的基本前提；通过创造和设置农民群体均等的参与机会，从而实现农村基层社会管理主体的有序参与，这是转型期推进农村基层社会管理发展的基本要义；通过制定和构建基层公正的社会管理制度，从而实现农村基层社会管理行为的规范行使，这是转型期推进农村基层社会管理发展的基本价值。

B.32
如何提高公民参与社会治理的有效性

李建华*

公民参与是社会治理合法性的根本前提，是促进社会公共善治的重要保障，是维护社会公共性的坚实基础。近年来，西方代议制政治出现了阿伦特等政治哲学家所描述的公共领域危机，公民的政治生活参与受到限制，公意被歪曲和滥用，公共利益面临被私人化的危险。现代政治实践充分表明，只有当公民基于公共精神和公共良知深入有效地参与社会治理，才能保证公共权力的正确运行轨迹，赋予社会治理合法性地位，并且促进公共善治的达成。

国务院于2011年7月出台了《中共中央国务院关于加强社会创新管理的意见》，明确指出了我国新时期社会管理的基本方向和根本要求，强调加强和创新社会管理要坚持党委领导、政府负责、社会协同、公众参与。党的十八届三中全会指出：创新社会治理，必须着眼于维护最广大人民根本利益，最大限度增加和谐因素，增强社会发展活力，提高社会治理水平，维护国家安全，确保人民安居乐业、社会安定有序。改革开放以来，伴随着经济建设的深入发展，我国社会形态发生了深刻的变化，旧有的单位制社会开始转型，计划经济时代无所不包的政府权力逐渐收缩，公民的主体地位不断得以强化和提升，由此带来个人、社会、国家权力的边界日渐清晰，公共领域开始形成，建立在公民身份之上的公民社会体系正在逐步发展和完善，公民参与社会管理的意义日益彰显。不可否认的是，目前公民参与社会治理存在参与意识不浓、参与机制不健全、参与行为不规范等诸多问题，实际效果不尽如人意。如何提高我国公民参与社会管理的有效性，成为加强与创新社会治理的重中之重。

---

* 李建华，长江学者（2009年），湖南城市学院院长，中南大学、湖南城市学院教授。

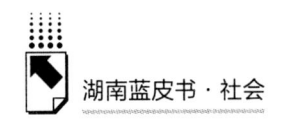

一 加强文化引领，确保参与意识到位

公民参与是公民文化的重要组成部分。培养公民意识、培育公共精神，形成参与文化，才能为公民参与社会治理提供内在动力。更为重要的是，只有出于社会责任感，本着对于社会基本善价值的认识和期待进入公共生活，才能超越私人领域的局限，具备参与社会治理的道德资格。社会不仅要保持公民参与社会管理的热情，而且要确保人们进入公共领域时积极的文化姿态。

第一，建立完备的公民文化教育体系。只有依托于雄厚的公民文化基础，公民参与意识才能够形成并且逐渐积淀为社会传统。我国要建立多维度的公民文化教育体系，将公民意识教育纳入当前最为重要的教育内容。首先，在教育层次方面，从小学、中学到大学，包括职业教育院校，都要设置系统的公民文化教育课程和相关实践环节，完善公民文化教育纵向体系。其次，在教育内容方面，要把思想教育、政治教育、道德教育与公民文化教育相结合，在素质教育中融入公民文化内涵。再次，在教育技术方面，要大力推动教育手段、方法创新，广泛利用媒体信息资源，拓展公民文化教育途径。

第二，开展公民参与社会治理知识专项教育。我国虽然在经济、文化、教育方面取得了巨大的发展，但还存在着地区发展不平衡、人们受教育程度存在差异等问题。加之我国刚步入公民社会阶段，公民对于参与社会管理的必要性、方式和途径缺乏系统了解。在这种情况下，进行专门的参与教育就显得尤为必要。一方面，政府要充分利用各地区中学、小学、高校等教育资源，以社区、街道、乡镇等基层组织为依托，组织广大群众接受参与社会治理的规则、法制等知识的教育。另一方面，政府要引导公民进行社会管理实践，推动基层民主建设，帮助人民群众在公共生活中加深对社会治理的理解，掌握参与社会管理的相关知识，锻炼人们的参与能力。

第三，强化公民参与社会治理的价值导向。公民参与社会治理对于公民的思想观念和道德精神有着严格的要求。只有树立正确的价值观念，公民才能超越个体局限，具备公共精神和社会责任感，获得参与公共生活的道德资格。在呈现文化多元特征的当代社会，只有以符合马克思主义系统理论的先进、科学价值观引导公共生活，才能在公民中达成最广泛的价值共识、保证社会发展的正确方向、最大限度地实现公共利益。首先，在公民参与中必须明确社会主义核心价值观和价值体系的主导地位，明确马克思主义系统理论的真理性和指导性，帮助公民形成有力的价值内核，本着促进社会公益的愿想进入社会管理之中。其次，将实践社会主义核心价值观作为参与社会治理的重要内容，将核心价值观的实现与社会治理目标之间达成内在关联。再次，通过树立优秀典型、榜样标杆等形式对于那些在公共领域展现高尚公共道德和优秀精神品质的公民予以奖励，激励人们追求、实现社会善价值。

二 加强过程管理，确保参与机制健全

公民切实参与社会治理的先决条件就是拥有稳定的常态人口。构建常态的准入机制是保障公民参与落到实处的坚实基础。否则，公民参与就可能流于形式，成为缺乏确定性和连续性的公共现象。公民参与意味着，从社会治理政策、规则的制定到决策、实施，都必须向公民开放。当公民能够通过规范化、程序化的准入渠道进入社会管理，并且对其产生实质影响和作用，实现对于社会的期待时，公民参与才具有现实价值。

第一，在社会治理中实行公民审议制度。西方代议制的实践表明，单一的代议制度并不能保证民主的结果。由于代议制必须经过权力的信任与委托过程，所以其本身存在道德风险。近年来，西方公民的"政治冷漠症"，已充分暴露其缺陷。只有鼓励公民直接参与到公共权力行使之中，才能更大程度地防止公共权力腐败，使公共权力满足人们的要求和意愿。包括罗尔斯、哈贝马斯在内的现代政治哲学家对此有清晰的洞见，并且做出了敏锐的回应。公民审议制度被广泛认为是代议制的有益补充，其主旨就是要为公民提供直接参与公共权力行使的机会。推行公民审议制度意味着，在公共政策的制定、执行过程中要完善公民听证和审议制度。对于与公民生活密切相关的公共问题，相关部门要定期举行公民听证会议，广泛听取人民群众，特别是利益相关主体的意见和建议，在社会中治理凸显人民群众的意志和利益需求。

第二，采用水平化的社会治理参与模式。社会的治理水平化程度通常代表

着某一地区公民社会的发展水平。要调动公民的参与积极性，为公民参与社会活动提供便利，就必须促使社会从治理垂直型组织向水平化转变。水平化治理模式更有助于维护公民间、公民与其他社会主体间的平等政治地位，激发公民的社会主体意识。采用水平化的参与模式，要求各社会治理部门为公民参与设置有效的进入端口，特别在基层提供参与社会治理的稳定通道，让人民群众能够在与自己生活息息相关的公共事务中发表意见、参与决策。现代信息网络的发展无疑为此提供了有力的技术保障。网络本身就构成当代社会重要的公共空间，为信息的更新、交互提供了前所未有的便利。在社会治理中，要充分利用网络资源，实现信息治理的透明化、公开化，维护公民知情权，实现阳光行政。同时，要利用网络信息及时交互的特点实现社会治理多主体互动。网络的普及和应用客观上减少了公民参与社会的治理环节，在节约参与成本的同时降低了参与门槛，扩大了参与范围。通过网络，公民可以随时关注社会治理动态，参与相关决策，实现社会治理中的多主体交互。

第三，建立公民参与社会治理的绿色通道。公民参与意味着所有社会成员都应该成为社会的治理主体。有的社会成员处于社会不利地位，即便具有参与社会管理的机会，也缺乏基本的参与能力。在社会治理中要充分关注处于不利地位的社会群体，为他们提供绿色通道，帮助他们获得参与社会治理的能力。他们对于社会的期待较其他群体更为迫切，但是他们的声音又容易被其他群体的呼声所淹没。所以，要在社会治理中更多倾听他们的声音，保护他们的利益。

三 加强制度建设，确保参与行为规范

公民参与社会治理是建立在公民自愿、自觉基础之上的公共政治活动，直接影响公共生活的秩序和质量。规范公民参与行为，保证参与的有效有序进行是维护社会安定团结的本质要求。公民参与如果偏离一定的程序和制度，就容易引发集体无意识、集体非理性、参与失序等现象，严重阻碍社会健康发展。另外，规范社会治理的公民参与行为，可以提高参与效率，并且维护参与的合理合法性。

第一,健全公民参与社会管理的法律法规。法律是公民参与制度化、程序化最为根本的保障。公民社会管理的参与资格、参与权力和参与方式都需要得到法律的保证和确认。我国必须完善与公民参与相关的法律体系,在法律层面确认公民参与社会治理的资格和限度,并且规范公民参与的条件、形式和程序。通过立法,确定公民参与的权利内容,构筑清晰的参与权力边界,为公民参与提供强有力的法律保障。

第二,制定公开公正的公民参与程序。在公民参与程序的设计中,正义应该成为其首要价值。社会治理必须向全体公民开放,所有公民都有在社会治理部门任职,参与具体政策制定、实施和监督的机会。在公民参与程序中,每位公民都享有平等的政治地位,具有同等的话语权,具备同等的政策影响力。在正义的参与程序中,才能切实维护公民的参与权利,让公民认同参与方式,对于参与社会治理充满信心和热情。

第三,搭建实时的行为引导渠道。一是政府各部门都应该设立针对公民参与的咨询服务机构,为公民参与社会治理提供正确的程序、方式指导,并且提供必要的公共服务。二是要对公共参与进行必要的监督和规制。对于有悖社会规则和公共道德的行为要坚决予以制止和修正,为公民参与创造良好的公共生活环境。

四 加强资源整合,确保参与组织优化

组织公民参与社会治理,发展合法公民团体和组织,能够提升参与的代表性、公信力和目的性,更为充分地体现公共理性。同时,对公民组织进行系统管理,能够整合社会资源,增强其参与能力,提高社会治理效率。

第一,建立公民团体登记制度。公民团体是公民参与社会管理的主要载体。相较于公民个人,公民团体更能集中表达人们的利益诉求和社会愿想,具有普遍代表性。此外,公民团体的组织性能够让公民参与富有目的性和针对性,减少公民参与的随意性。在社会治理中,要建立公民团体登记制度,增强政府与公民团体的横向联系,为公民团体参与政治生活提供更为广阔的空间。

第二,优化公民组织管理系统。公民组织覆盖广阔的社会领域,代表不同

的公民群体提出社会倡导或者提供社会公共产品，在社会生活中占有日益突出的地位。对公民组织进行系统管理，能够协同组织行为，整合组织资源，引导它们将社会建设整体需求嵌入组织发展、规划、运转之中，从而担负更多的社会管理责任。为此，需做好以下四方面工作。其一，完善公民组织法人制度、明晰公益产权，对于公民组织进行财务监管和审计，保证组织的合法性。其二，完善公民组织会员制度，明确会员身份及其社会权利和责任。其三，完善政府购买和权力委托制度，建立政府与公民组织间稳固的工作关系，鼓励其参与供给社会产品和服务，履行社会事务性行政职能。其四，成立专属部门协调政府与公共组织之间的关系，整合调配组织资源，建立多主体信息交互中心，在政府和公民组织间形成长效协商、共谋和合作机制。

第三，完善公民志愿服务体系。公民志愿服务是社会管理的重要形式，是政府公共服务的扩展和延伸，凸显社会的人文关怀和公共精神。公民志愿服务还能够提高社会的抗风险能力，在社会危机管理中扮演举足轻重的角色。在我国近年的重大自然灾害中，比如汶川地震，公民志愿服务发挥了关键的作用，甚至在某一时间段成为最主要的社会治理途径。完善公民志愿服务体系，首先，需建立完备的个人社会服务数据库，将志愿服务作为公民的重要社会评价标准，与公民享受社会物品、获得社会帮助等社会权利相联系。其次，需合理发展志愿者团队，帮助团队建设完整的制度体系，并且给予必要的资金、技术支持，使之在政府引导下有组织地开展志愿活动。再次，需体系化培养志愿者队伍，长远规划、建设志愿者梯队，提高公民志愿服务能力。

五 加强评估监督，确保参与回应及时

社会治理对于公民参与的回应是影响公民参与程度的关键因素之一。构建完备的信息回馈、交流系统，对公民参与状况进行及时的评价并且做出行之有效的调整，是保证公民参与有效性、维护公民主体性的重要方式。

第一，建立公民参与指标体系。要建立科学的公民参与指标体系，对于公民参与程度、范围、效率、有效性进行全面监督和评估。公民参与联盟（CIVISUS）推出公民社会指数，从结构、空间、价值观和影响四个向度评价

公民社会内部和外部的运行状况。其中，围绕公民参与提出了公民志愿组织活动、集会、选举等指标。我国在社会治理之中要结合我国基本国情、社会形态特征和独特的行政文化特点，建立公民参与的专项指标体系，及时反映公民参与社会治理的相关信息，为公民参与的有效性评价、监督和修正提供科学依据。

第二，构建有序的舆论监督平台。公共舆论是公民社会最主要的意见形成机制，也是最重要的公共权力监督方式之一。各级政府要充分尊重、维护人民群众的舆论监督权，同时维持公共舆论的健康秩序。其一，各政府部门都应该建设民主的公民舆论平台，提供政府、组织与公民、公民团体平等对话、交流的常态通道。其二，舆论监督不只是单向的社会行为，政府一方面接受公众的询问和督促，另一方面则应该发挥积极的主体性作用，在舆论监督中提高公民对社会事务的关切程度，调动公民参与社会治理的主观能动性，在公共舆论中培养具有公共精神和道德的公民。其三，公共舆论产生于民众，既能表达公民的切实要求，也具有主体多元、内容混杂等特点。对于公共事务，舆论往往具有传播扩展性，即在信息传播中夹杂不实或者附加的信息，扩大事务的社会效应。因此，在社会治理中，必须确保公共舆论走向必须符合公民根本利益，有利于我国社会建设事业的蓬勃开展。只有以促进社会发展、维护社会健康为目的，公共舆论才能真实地形成公共意见，对政府部门和公共生活进行合理合法、有序有效的监督。

第三，建构灵敏的内部调整机制。公共管理和服务部门必须就公民参与的反馈信息做出灵敏、及时的自我调整。社会治理部门要成立专门的信息分析中心，对于公众参与部门事务的信息进行系统收集、整理和分析，总结前期工作，及时发现问题。在此基础上，政府部门要完善社会治理决策责任制度、复决制度和规章修订制度，根据回馈信息对于管理决策作出富有针对性的调整，对所颁布的政策、法规适时修订。政府对于公众的回应是一个动态和连续的过程，对于其社会管理决策必须进行跟踪调查。在社会治理中，某项管理方案实施的社会效应并不一定都会在短期显示出来。政府对于公民参与应该引入档案管理机制，详细记录公民反馈和相关单位的回应信息，为社会治理调整提供更为有力的支撑。

B.33
论类型理论下国家精神损害赔偿标准的构建

——以 H 省 102 份案例为样本的实证分析

王建林　伍玉联[*]

精神损害赔偿曾是国家赔偿法修改的焦点，备受瞩目。修改立法后，许多人以为万事俱备，抱有法院应当自动"售出"精神损害赔偿决定的人不在少数，但是立法之后的司法却并不轻松，没有具体标准的法律条文并不能告诉法官简单的答案，实践中法官纠结不断、乱象丛生。本文试图从类型理论出发，并以 H 省的 102 份案例为样本对国家精神赔偿的标准做一番探讨，希望对最高法院正在制定中的司法解释和各地的司法实践有所帮助。

一　问题的缘起：无标准下种种乱象的描述

具体赔偿标准的空置，加之精神损害本身的无形性与复杂性，使国家精神损害赔偿成为法律体系中的模糊领域，犹如法学中的"百慕大三角"，当事人诉求和法官裁决无所适从，各地司法实践千差万别。

（一）从起因到额度：当事人诉求的无边无际

对当事人而言，没有标准的后果就是没有稳定的预期，导致其诉求随意化。随意化的一种表现是，对诸多法律上明确规定了不能赔偿的项目也随意提

---

[*] 王建林，湖南省高级人民法院研究室主任；伍玉联，湖南省高级人民法院研究室调研科科长。

出赔偿请求；另外一种表现就是，提出诉求的金额奇高，漫天要价。在102份样本案例中，诉求达到50万元以上的就有34例，占比34%；诉求超过100万元的案例也有7例，而且对诉求超过100万元的案例进行仔细分析可以发现，其案情反映出当事人并无很大损害，被限制人身自由时间并不长（见表1）。诉求的随意化还表现为，诉求的提出和标准没有理由说明，有理由说明的也仅仅说造成了巨大的精神损害或者内心遭受重大痛苦和创伤之类的空泛之词，并无更为详细的阐述。

表1 当事人诉求过100万元的案例

单位：万元

案 例	诉求（精神损害抚慰金）	理 由
柳××诉××县人民法院,违法采取保全措施	650	无具体理由
曲××诉××区人民检察院,错误拘留43天	500	无具体理由
文×诉××县公安局,错误刑事拘留22天	200	无具体理由
肖××诉××法院,错误判决,羁押383天	200	无具体理由
陈××诉××县人民检察院,错误逮捕102天	120	无具体理由
覃××诉××区人民法院,错误拘留5天	100	无具体理由
刘××诉××县人民法院,错误执行	100	无具体理由

（二）从标准到理由：法官裁决的无框无架

与当事人随意要价相对的是法官的随意裁决。样本中部分案例，不管被侵害方被限制人身自由的时间长短，也不管请求赔偿的数额多少，决定赔偿额均为1000元（见表2）。有的则是不管被限制人身自由多长，不管请求多少，决定赔偿额均为3000元。有的法院无论决定赔偿多少，均没有理由阐述。既没有对赔偿与否的理由，更无对赔偿标准的理由，有理由也是简单的"确有精神损害，应予适当赔偿"。另外，对精神损害赔偿的诉求根本就不回应，既不表明赔，也不表明不赔，在文书中看不出对精神赔偿内容的分析和判定。

表 2　法官随意裁决的实例

案　例	诉求（精神损害抚慰金）	决定赔偿
龚××诉××区人民法院,错误拘留2天	82.44万元	1000元
唐××诉××市劳教委,错误劳教9天	1000元	1000元
傅××诉××市人民检察院,错误逮捕24天	2万元	1000元
龙××诉××市中级人民法院错误判决,羁押638天	20万元	1000元

（三）从结论到表述：各地实践的千差万别

除当事人诉求和法院裁决的随意之外，各地区之间的司法实践也千差万别。在涉及精神损害赔偿的102个案例中，决定给予赔偿的有34个，永州法院占了8件，还有5个中级法院没有裁决该类案件。笔者在访谈中得知，不予裁决的原因是，部分法官对此并无概念，部分法官认为多一事不如少一事。差异的另一个表现是标准不统一。有的法院对羁押超过200天的案件仍只决定赔偿3000元，而有的法院则在一个错误拘留22天的案件中决定赔偿精神损害抚慰金20000元。决定文书表述也较混乱。有些法院对赔偿标准根本就没有理由阐述，有的统一表述为："××被羁押，对其造成了一定的精神损害，应当支付相应的精神损害抚慰金。"还有明显违背法律之表述："本赔偿委员会决定按每天500元计算，应支付抚慰金1000元。"

二　深入的分析：当前种种标准的剖析与检讨

与混乱的司法实践相伴随的是尚待完善的理论探究，国内外都已经做了规范裁量标准的努力，但各种努力均存在不同程度的缺憾。

（一）无为主义下的概估模式

该模式认为，精神损害赔偿受诸多因素影响，损害数额难以确定，精神损害赔偿没有可靠的计算依据，只能交给法官概括估计。有些则认为，精神损害只能通过感情的因素达到平衡，赔偿只是表达一种歉意，其标准一般不可能也没必要有一定准确值。在具体操作上，该模式主张斟酌案件和受害人情况等来决定赔偿数额。①

这种模式认识到精神损害赔偿标准确定的难度，交由法官根据具体情况进行自由裁量，容易导致裁量的天马行空和当事人诉求的随意化，前文的乱象基本上都是这种概估模式指引下的实践。

（二）理想主义下的量化模式

该模式认为，国家精神损害的每一个因素可以进行量化，主张构建数字模型，由法官根据实际案情对模拟赔偿数额进行计算。有一种模式从总因素、平均数和法官的裁量进行构建。② 还有论者将精神损害赔偿额归纳为公式：基础金额×规模系数×份额系数。③ 有的主张建立人工智能模型，借用模糊数学和人工神经网络理论建立一个复杂的数字模型，从以往的案例推导未来应有的数据（见表3）。上述三种模式严格来说不算是国家精神损害赔偿的量化，其指向的都是民事侵权的精神损害赔偿，只能作为参考。还有专门针对国家精神损害赔偿的模型，从系数、基数和残差项三者结合的角度构建了数学模型。④

表3　几种量化模式的主要内容

量化模式类型	主要公式	备注
模式一	总赔偿额＝各因素系数之和乘以其平均数，即：$Z = (y_1 + y_2 + y_3 + y_4 + y_5) \times P$。其中，$Z$＝总赔偿额；$P$＝平均数；$y_1, y_2$……为各因素系数	针对民事精神损害赔偿
模式二	精神损害赔偿额＝基础金额×规模系数×份额系数	针对民事精神损害赔偿
模式三	以模糊数学和人工神经网络等理论为基础建立的复杂的人工智能模型	针对民事精神损害赔偿
模式四	总公式为：$L = (K_1 + K_2 + K_3) \times (X_1 + X_2 + X_3 + X_4 + X_5) + E$ 其中，L为总额；K为系数；X为基数；E为残差项 $X_1 = \text{Max}(U_1, 20p)$；$X_2 = (A + C) \times U_2$；$X_3 = (T + J) \times U_3$；$X_4 = (F + S) \times U_4$；$X_5 = U_5$。其中，$U$为基准；$A$为年龄；$C$为职业；$T$为持续时间；$J$为工作；$F$为影响范围；$S$为身份	专门针对国家精神损害赔偿

---

① 王利明：《人格权新论》，吉林人民出版社，1994，第700页。
② 王勇亮：《论精神损害补偿的确定方法》，《政治与法律》1988年第3期。
③ 卫晓蓓：《论精神损害抚慰金的算定》，华东政法大学2007年硕士论文，第20~35页。
④ 高建明：《国家精神损害赔偿量化模式研究》，载万鄂湘主编《审判权运行与行政法适用问题研究——全国法院系统第二十二届学术讨论会论文集》，人民法院出版社，2011，第1168页。

该模式的优点在于客观、量化，但精神损害恰恰是一个排斥量化的领域，再精准的公式也难以包含世界的丰富多彩，特别是在当今大数据时代，静态的量化方式很难得到真正的精确。而且数字模型的系数和取值带有一定假设性，也影响其真实性。模式三的人工智能模式虽然尽量避免静态模型的弊端和假设的不合理性，但实践中存在一个更为现实的成本问题，统计大量数据是一项很大的工程，耗时耗力，其运行成本很大。[1] 调查样本中没有按量化模式进行决定的案例。对于目前的国家精神损害赔偿领域来说，全国案件数量不是很多，投入在该领域的司法资源也有限，基于司法成本与收益的考虑，量化模式的形式意义大于实质意义，其探究更多停留于玄算与空谈。

（三）实用主义下的局部解决模式

局部解决的方法有很多，在日本有一种固定赔偿法，为快捷处理好案件，针对交通、公害等情况制定固定赔偿表格，不分具体项目直接提出总额。[2] 在德国有医药费比例法，受害人精神损害的赔偿数额根据受害人医药费的比例加以确定。[3] 丹麦以日为单位来计算精神损害赔偿数额，住院病人每日抚慰金25丹麦克朗，其他病人抚慰金每天10丹麦克朗。[4] 实用主义的优点是暂时的部分实用性，缺点也是暂时的部分实用性，优点是局部，缺点也是局部。该模式能解决一部分问题，但没能提供整体图景（见表4）。

表4 国家精神损害赔偿标准各模式之比较

模式类型	哲学基础	优 点	缺 点
概估模式	无为主义	认识到了精神损害标准的难度，理论上更接近实质正义	导致当事人诉求和法官裁判的随意化
量化模式	理想主义	形式上可以给出一个看似精确的结果，部分结果也准确	现实的复杂情况难以数字化，函数系数带有假设性，成本高
局部解决模式	实用主义	可以解决部分问题	不能提供整体图景

---

[1] 张妮：《精神损害赔偿的定量研究》，西南财经大学2012年博士论文，第115~135页。
[2] 李微：《日本机动车事故损害赔偿法律制度研究》，法律出版社，1997，第192页。
[3] 胡建淼：《比较行政法——20国行政法评述》，法律出版社，1998，第313页。
[4] 杨立新：《人身权法论》，人民法院出版社，2006，第266页。

三 宏观的引导：类型理论及其对国家
精神损害赔偿的意义

上述问题存在的原因之一是理论探究没有切入司法实践，其理论工具也存在问题。对于国家精神损害赔偿标准，传统思维方式无法给出令人满意的方案，有必要从新的角度进行尝试。

（一）类型理论的基本含义与基本意义

拉伦茨认为，当抽象的一般概念及其逻辑体系不足以掌握某生活现象或意义脉络的多样表现形态时，大家首先会想到的辅助思考形式是类型。[①] 舒国滢教授也指出，类型化乃是弥补抽象概念不足的生活样态。[②] 法学领域诸多问题正在类型思维检视下产生新的形态，上述各种试图确立赔偿标准的模式，如果接受"类型思维"的梳理，将会有新的发现。类型思维的基本观点是任何分析对象都可以归为不同的类型，[③] 还有类型理论的主要和次要、流动性和交叉性、典型与非典型等具体理论，都可以用于对法律现象的剖析。

国家赔偿责任脱胎于民事责任中的侵权责任，很多情况下与民事精神损害赔偿的侵权方式相同，前者诸多制度构建可以参考后者。国外早已运用类型理论对侵权法进行研究，我国民法学者对于侵权行为法的探究也已运用了类型理论。[④] 这种路径对本文之探究也有着很好的启发作用。

（二）类型理论宏观启示一：所有事物均可以类型化

从面对的类型个体的素材来看，国家精神损害赔偿的范围主要限定于国家赔偿法规定的第三条和第十七条中侵犯生命权、健康权、人身权造成严重后果

[①] 〔德〕卡尔·拉伦茨：《法学方法论》，陈爱娥译，商务印书馆，2003，第34页。
[②] 舒国滢等：《法学方法论问题研究》，中国政法大学出版社，2007，第449页。
[③] 〔德〕卡尔·拉伦茨：《法学方法论》，陈爱娥译，商务印书馆，2003，第100页。
[④] 代表性著作和文章由杨立新主编《类型侵权行为法研究》，人民法院出版社，2006；温世扬：《略论人格权的类型体系》，《现代法学》2012年第4期。

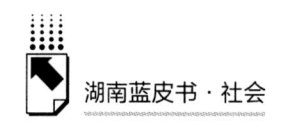

的情形。面对这个类型个体素材可以确定一定的分类标准,然后进行基本分类,从而搭建类型结构(见图1、表5)。

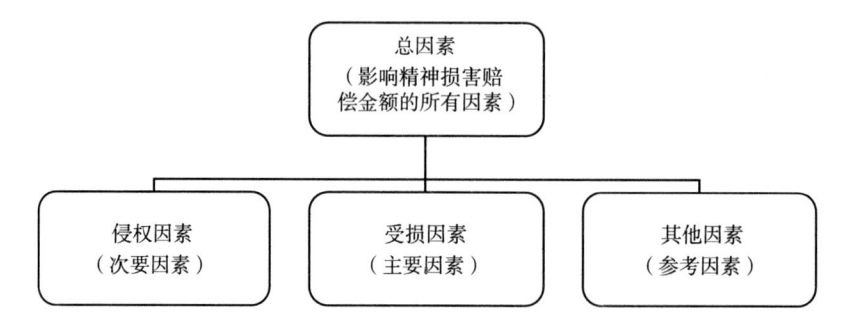

图1 影响国家精神损害赔偿额度的因素的基本分类

表5 国家精神损害赔偿的基础因素的类型划分

侵权因素	侵权起因(侵权人过错、受害人过错)			相对确定因素（相对确定标准）
	侵权情况(手段、方式、场合、持续时间)			
	认错情况			
	纠错情况(补救措施)			
受损因素	显性损害	死亡		确定因素（确定标准）
		残疾		
		人身自由		
		疾病、精神疾病		
		工作、生活状态受损		
	隐性损害	内部损害	内心痛苦增加	相对确定因素（相对确定标准）
			内心乐趣丧失	
		外部损害	外部荣誉丧失	
			外部评价降低	
其他因素	某一时期的政策变化			完全不确定因素（完全自由裁量）
	民众对案件的社会评价			
	其他不确定因素			

(1) 总因素＝侵权因素＋受损因素＋其他因素。这是对影响精神损害赔偿因素的基本划分。受损因素是影响损害赔偿的主要因素,这和刑法里面的"罪刑适应"原则是一致的。刑罚的轻重主要取决于犯罪后果的轻重,侵权因素也就是犯罪方的因素是次要因素,除侵权因素和受损因素之外,还有其他因

素也会影响到刑罚的配置。

（2）侵权因素＝侵权起因＋侵权情况＋认错情况＋纠错情况。从时间维度看，纷繁复杂的侵权行为大抵逃不过几个环节：侵权起因、侵权过程、侵权后的认错情况与纠错情况。比如，侵权人过错和受害人过错的考量就属于侵权起因，受害方也存在过错时可以减轻侵权方的责任；侵权方式、手段和侵权场合以及侵权持续时间，则属于侵权情况；侵权方是否有真诚的悔过和认错，属于认错情况；对已发生的损害，是否采取补救和安抚措施，就属于纠错情况。

（3）受损因素＝显性损害＋隐性损害。受损因素是影响赔偿的最主要因素。显性损害指那些可以通过外部感知的损害，包括死亡、残疾、人身自由、疾病、生活状态受损等，只要存在显性损害就可以推定伴随有精神损害，且其精神损害程度和显性损害程度呈正相关。隐性损害是指那些不容易从外部观察到的损害，隐性损害＝隐性内部损害＋隐性外部损害。隐性内部损害＝内心痛苦增加＋内心乐趣丧失，如果因某种状态的存在而拥有内心乐趣，破坏这种状态则视为内心乐趣丧失，有时某种状态并不带来乐趣但维持了其内心的平静，破坏该种平静则其内心痛苦增加，也视为存在精神损害。隐性外部损害＝外部荣誉丧失＋外部评价降低。所有明星均有外部荣誉，对其生活状态的破坏会导致其外部荣誉丧失，而一般民众外部荣誉不多，但每个人都有基本社会评价，对某种状态的破坏导致其社会评价降低，也属精神损害。

（4）其他因素。社会舆论情况、某一时期的政策变化等，都会影响到损害赔偿的标准。这些因素的出现不稳定，属于完全不确定的因素。

（二）类型理论宏观启示二：不同的类型不同的对待

在搭建起基本的类型框架之后，需要做的就是不同类型的不同对待。从精神损害本身的特点和属性来看，受损因素中的显性损害是确定的因素，而侵权因素和受损因素中的隐性损害却属于相对确定的因素，其他因素则属于完全不确定的因素。这样，具体问题具体分析，对确定因素的制定应当确定标准，对相对确定因素则只能制定相对确定标准，而对完全不确定因素则只能交由法官自由裁量了。

需要指出的是，上述不同因素是可以叠加的，某人可能因人身自由的限制

受到显性精神损害，还可能因为人身自由的限制受到了隐性损害，而且有可能隐性损害大于显性损害，也许因人身自由受限制只有2天，人身自由受限得到的精神损害很少，但完全有可能其隐性的精神损害赔偿数额较大。①

四 精致的启发：类型理论下几项具体制度的构建

除宏观启发外，类型理论中诸多具体思想，如"主要类型"与"次要类型""经常类型"与"形态类型"、类型的开放性和流动性等都可成为审视法律的重要工具。② 许多问题经类型思维的照射后会焕发出新的面貌，犹如一束强光照进黑暗的屋子，一切都豁然开朗。

（一）类型的主要与次要：主要情形之标准的优先明确

立法学有一个重要的问题就是统筹立法，其基本要求是要注意到立法的轻重缓急。③ 即主要类型要及时、重点解决，次要问题可以稍微放缓。在国家精神损害赔偿标准建立的问题上，对于亟须出台的，可以优先出台局部规则。民事侵权行为法的发展历史也遵循了这种逻辑，面对纷繁复杂的侵权行为，人们发明了"一般条款"将侵权行为的基本内容进行最为概括和一般化的规定，《法国民法典》通过"一般条款"使90%以上的侵权行为优先受到明确规制，④ 这是法制史上典型的"抓大放小"现象。我国《国家赔偿法》规定侵犯公民人身自由的，按上年度职工日平均工资计算赔偿金，而最高人民法院每年也会发布一个确定的标准，这一举措也是优先解决部分问题。

在样本案件中，所有决定予以赔偿的100%的是显性损害（部分案件叠加有隐性损害），而在显性损害中，人身自由损害精神赔偿又占了88%。这样的数据告诉我们，完全可以和有必要对影响精神损害赔偿的主要因素优先明确标

---

① 样本中，就有错误拘留22天赔偿精神损失2万元的情况，这就是隐性损害大于显性损害的情形。
② 吴从周：《法理学论丛——纪念杨自然教授》，月旦出版社，1997，第306页。
③ 周旺生：《立法规划的几个理论问题》，《北京大学学报》1993年第1期。
④ 杨立新：《论侵权行为一般化和类型化及其我国侵权行为法立法模式选择》，《河南省政法管理干部学院学报》2003年第1期。

准。这一优先明确意味着可以先解决88%的问题，在某些区域和某些时候则是100%的问题。

就主要因素的赔偿标准而言，也可以通过司法实践经验来探究。虽然目前的裁判是混乱的，但法官们潜意识里还是遵循了一种固定逻辑，在34个决定赔偿的案件中，可以看出一个大致的规律。[①] 虽然个别案例会出现混乱，但精神损害赔偿数额和限制人身自由天数之间还是存在一条正相关曲线（取均值）（见表6）。也就是说，对于侵犯人身自由情况的精神损害赔偿，以侵犯人身自由的时间作为主要标准是基本可行的。

表6 国家精神损害赔偿数额与限制人身自由时间的相关情况

判决的金额(元)	限制人身自由平均天数(天)	限制人身自由最高天数(天)	限制人身自由最低天数(天)	案例数(件)
1000元以下	12	24	2	6
1001~3000元	95	222	5	10
3001~10000元	134	304	22	8
10001~5万元	775	1687	378	7
5万~50万元	883	883	883	1

然后，就显性因素中除人身自由之外的其他因素的赔偿标准而言，也可从实践中得到启发。调查样本中，致人疾病的参照了医疗费用标准，致人残疾的参照了残疾赔偿金标准，致人工作和生活受到影响的，则参照了工作收入和生活受损情况。这样，显性精神损害赔偿完全可以参照已有做法，优先制定相对确定的标准，死亡的情形参照死亡赔偿金标准，残疾的参照残疾赔偿金标准，等等。而且，这个预设与不同省市规范性文件的规定是吻合的，就笔者目前所了解的广东、湖南、辽宁、浙江的内部文件以及最高法院关于国家精神损害赔偿司法解释的征求意见稿中都不约而同地采纳了这种参照方式。对于参照的具体额度，基于精神损害抚慰金的性质，不应太高，也不应太低。假如高到和人身自由赔偿金、死亡赔偿金一样，就会突破抚慰的性质；如果太低就没有规定

[①] 在计算这种基本规律时，我们除去两个非常特殊的案例，一个是错误拘留22天决定精神损害抚慰金2万元，一个是羁押638天决定赔偿1000元，因此进入统计的案例为32个。

的必要，根本就达不到抚慰的效果。考虑到上下适中的问题，建议以50%作为参照标准（见表7），这个标准也在问卷调查中得到了印证，65%的法官认为50%的标准是比较适中的。

表7　显性精神损害赔偿标准

类　别	标准确立的可能参照
死亡	死亡赔偿金的50%左右
残疾	残疾赔偿金的50%左右
人身自由	人身自由赔偿金的50%左右
疾病、精神疾病	医药费（含后续治疗费、康复费）的50%左右
工作生活状态受损	耽误的工作损失等的50%左右

对于不常见的、隐性的损害情况，目前最可行的是参照民事方法，因为"具体地列举抚慰金额算定的基准和根据是不可能的，最终只能等待判例针对种种类型制定出一个大体上的基准"。英美国家关于精神损害赔偿也通常通过案例进行数额计算，以成文法为主的德国在针对精神损害赔偿时，也较多用案例而少用成文法。[1]比如对于侵害人身自由时间不长，但是给当事人造成了严重后果的麻旦旦案，仅根据侵犯人身自由时间确定赔偿额还不够，就必须参照有关民事案件。再如警察在错误追捕过程中伤害了某明星的面部，造成严重的精神创伤，也只能参照有关民事侵权案件。从某个角度而言，不常见的次要现象也是非典型现象，因此，如同后文要论及的，次要标准很多时候就和"非典型"现象一样应交由法官自由裁量或者当事双方协商。

（二）类型的流动性与开放性：标准确立中调整机制的建立

相较概念的隔绝式、封闭式特点，类型是一种更为开放的思维。类型无法被精确定义，而只能以接近的方式加以描述，类型虽然有一个固定的核心，但却没有固定的边界。在类型与类型之间的边缘地带，过渡是和缓而渐进的。在拉伦茨看来，此种因为流动过渡而显现出来的层级性特征是类型最重要的特

---

[1]　张妮：《精神损害赔偿的定量研究》，西南财经大学2012年博士论文，第1页。

性："一种类型相对其他类型，并非是界限固定的；相反是流动的：经由不同的强调重点的移动及特征的变化，它便转向另一类型。"① 正由于其连续性特征，使得相邻类型之间呈现一种次序性的排列状态。② 国家精神损害赔偿标准也如此，彼此之间存在交叉、重叠和过渡，很难有分明的界限。

（1）标准额度确立的阈值制度。基于类型与类型间的开放，标准层级之间不可能有固定的边界，额度必然是交叉重叠的。精神损害有其固有的无形性和复杂性，其损害程度更是流动和开放的，必然呈逐步的、梯度的状态，因此赔偿标准也是流动的、开放的。如果按严重程度将精神损害分为严重、一般和轻微三大类，然后再细化每一个等级的损害认定标准，那这种标准的制定必然是多层级的，存在部分交叉和部分重叠。举例说来，假若某人被限制人身自由1年，按照2012年每天182.35元的标准，当以66557.75元×50%作为基本参照，特殊情况的可以适当浮动（比如上下浮动20%左右），依据阈值理论，亦属于情理法理中的事情。

（2）标准额度确立的上下限制度。类型的流动性告诉我们，类型存在最基本的边界——标准确定中的上下限额制度。《国家赔偿法》就死亡赔偿金和丧葬费就规定有上限，即不超过上年度职工年平均工资的20倍；最高法院《关于审理涉外海上人身伤亡案件损害赔偿的规定（试行）》设定损害赔偿的上限为80万元。具体到当前的标准，基于精神损害抚慰金的性质，建议上限为死亡赔偿金，各项损害相加之后不超过死亡赔偿金。而下限可以当前司法实践诸多案例中出现的1000元为基准（可随年份调整）。

此外，这里的"下限"与"致人精神损害造成严重后果"紧密相关，"严重后果"就是精神损害赔偿起点（下限）的确定。从这里确定的下限可以推导出其他各类情形的"严重"标准，1000元的精神损害赔偿对应2000元的显性赔偿，也就对应15天的人身自由（15天也是行政拘留的上限），这可以成为一个坐标点。疾病的情况、对生活造成损害的情况可以参照显性损害2000元的标准（隐性损害占主要情形时，则只能参照民事案件或者交由法官裁

---

① 吴从周：《类型思维与法学方法》，台湾大学法律研究所1993年硕士论文，第29页。
② 杜宇：《类型作为刑法上独立思维形式——兼及概念思维的反思与定位》，《刑事法律评论》2010年第1期。

量);对于死亡和残疾而言,只要构成死亡和最低级别的残疾都应属于严重情形;其他少见的情况,则交由法官裁量是否为严重。

(三)类型的典型与非典型:标准确立中补充机制的建立

"经常类型"所具有的共同特征有时并非普遍性地同时存在,可能以变化的或者混合的形态呈现出来,这就是"形态类型"。经常类型与形态类型的区分也就是典型与非典型的界分。就精神损害赔偿而言,基于其精神损害的无形性,非典型现象更是常见。非典型现象须有独特机制来弥补。

(1) 法官根据特殊情况的自由裁量制度。很多特殊情况无法归入某一典型类型。对于跳远运动员而言,脚部受伤是致命性的;对于歌唱家而言,声带受损是致命性的;对于未做过母亲的少女而言,因某错误措施而丧失做母亲的权利是无法接受的。在这些非典型情况下没有标准可以参考,只能靠法官自由裁量。诚如王泽鉴先生所言:"慰抚金之表格化外……须就个别案件,斟酌一切情事,始能实现慰抚金制度之目的。"[1]

(2) 协商机制的引进。协商是双方意志的自由表达,也属于弥补性机制。如果依据上述框架仍不能确立赔偿标准,就有必要引进当事人和赔偿义务机关的协商机制。或者,只要双方愿意,即使存在赔偿标准的情况下,也可以进行协商。在参照现有标准的基础上,协商可以突破最高限额的规定。

五 实践的检验:类型理论下几个常见问题的解答

法律的生命力不在于逻辑,而在于经验。经得起实践检验的理论叙说才有说服力,备受瞩目的国家精神损害赔偿案件和事项俯首皆是,本文的理论叙说可以得到多层次的检验。

(一)国家精神损害赔偿标准设立的主要方式问题

目前关于精神损害赔偿标准的设立有概括式、数值式、倍率式三种方式。[2]

---

[1] 王泽鉴:《民法学说与判例研究》,中国政法大学出版社,1997,第268页。
[2] 张妮:《我国精神损害赔偿标准设立方式的实证研究》,《湖南社会科学》2013年第2期。

概括式即仅规定给予适当赔偿未规定具体赔偿额。数值式是将赔偿额设立为具体的数值或是数值范围，包括了赔偿额上限、下限或赔偿范围等。倍率式是特定基数下的某倍率，基数是浮动和灵活的（如上一年度平均工资等）。笔者赞同倍率式，基数赔率式与阈值理论是一致的，符合类型开放、流动的特点。从这个逻辑演绎下去，数值式精神损害赔偿标准按照"限制人身自由3个月以内赔偿5000元以下；3个月以上不满一年赔偿5000以上1万元以下；1~3年赔偿1万元以上3万元以下；3~5年……"的规定没有必要，这样试图追求精确的具体规定与阈值理论是完全违背的。按照阈值理论，被限制人身自由时间和赔偿数额的对应是重叠和交叉的。

（二）关于常见现象的精神损害赔偿标准

依据前面论及的标准，造成死亡、残疾、致人罹患疾病和侵犯人身自由的，分别以死亡赔偿金、残疾赔偿金、医疗费（含后续治疗、康复费用）、侵犯人身自由赔偿金为参照标准，且不超过该标准的50%。这样，一般情况下的赔偿标准（以2013年赔偿标准为例）见表8。

表8 常见情形的精神损害赔偿额度

类 别	损害基本情况和基本赔偿	精神损害赔偿基本参照数
侵犯人身自由	被羁押十年（3650天），人身自由赔偿总额为665577.50元（182.35元/天×3650天）	332788.75元
罹患疾病	医疗费支付总额50万元为例	25万元
造成残疾	造成部分丧失劳动能力并认定支付国家上年度职工年平均工资的十倍475930元	237965元
死亡	死亡赔偿金47593元/年×20年	475930元
严重影响工作、生活	造成工作生活损失20万元	10万元

（三）几个典型案例的评析

依据本文的论述逻辑，可以对涉及国家精神损害赔偿的几个影响性案例进行一番梳理，以便得到更为合理的认识（见表9）。

表9 几个影响性案例的评析

案　件	案件基本情况	案件评析
麻旦旦案	2001年,少女麻旦旦被以嫖娼为名限制人身自由,并被迫两次做处女膜鉴定,最终赔偿其人身自由损害74.66元,精神损害赔偿被驳回	可以参照相关的民事案件。依据其造成的全国性负面影响这一主要相似点,可以参照刘嘉玲诉广东汕头雅丽丝实业公司等肖像侵犯案,获得10万元的赔偿
唐慧案	湖南高院对其提出的损害赔偿请求全部予以认可,判决被限制人身自由9天的赔偿金1641.15元;并判决精神损害抚慰金1000元。网民批评精神损害赔偿太少	法院判决无可指责,请求1000元当然只能判1000元。但因其特殊性和影响性,其精神损害除了显性的被错误劳教9天之外,还有隐性精神损害。如唐慧提出一个相对较高的精神损害请求,可以经过协商达成一个高于1000元的赔偿数额
赵作海案	决定支付赵作海国家赔偿金50万元整,生活困难补助费15万元整。被网民指责没有精神损害赔偿	15万元生活困难补助可替换为精神损害赔偿,则完全符合法理,15万元额度稍低,但也还在本文设定的50%上下
浙江张氏叔侄案	决定分别支付人身自由赔偿65万元,精神损害抚慰金45万元	跟本文设定的50%相比有点偏高,接近于死亡的精神损害抚慰金(475930元),但并没偏离基本法理

结　语

国家精神损害赔偿的复杂性众所周知,目前世界各国均无完美解决方案,本文也不指望一揽子解决所有难题。本文目的在于,对已有的观点,努力多提出一个理论佐证;对已有初步探究并在实践当中的观点,[①] 努力为其进行理论补强;对部分摇摆中的观点,努力为其提供理论支撑。提供另外一种思路、另外一个角度,也许能使探究对象更加条理化,方向更为明确。如能给纷乱的国家精神损害赔偿的法律实践以点滴启发,则甚感欣慰。

---

① 主要情形优先确立、阈值制度、上下限制度、自由裁量等制度均已在各地的内部文件中使用。

B.34
同龄人司法

——未成年人刑事司法参与模式的反思与超越

邓志伟　赵彩艳*

少年司法制度是司法制度中最具有创新性和开放性的领域之一，也是衡量一个国家法治发展水平的重要标准之一。[①] 多年来，我国针对未成年人刑事司法推出了一系列参与制度和措施，如指定辩护、合适成年人到场、社会调查、圆桌审判等无不体现出国家对未成年人权益的人性关怀，并获得了新《刑事诉讼法》的确认。但在具体的前进路上，总是充满荆棘与坎坷，这些改革措施伴随着社会的不断发展和司法实践的需求，弊端已逐渐凸显。应然与实然的纠结、理想与现实的冲突，使我们不得不寻求一种新的参与模式作为对实现社会发展的实质回应，作为对成年人参与模式的狭隘性突破，更作为对传统思维方式的反思和超越。本文试图借鉴美国青少年刑事司法模式中的"同龄人司法"，结合我国未成年人司法的实践语境探索新的改革思路，以求更好地发挥未成年人刑事司法的多功能特点。

一　现实的困顿：现有参与模式的病症分析

"通向未来的关键在于了解过去"，[②] 在未成年刑事司法参与模式的改革道路上，通向未来的关键则是了解其他参与模式的病症，才能使新的制度摆脱既往的窠臼。近几年来，我国在描绘未成年人刑事司法参与模式的画卷上，一系

---

* 邓志伟，湖南省高级人民法院研究室副主任；赵彩艳，娄底市中级人民法院行政科科员。
① 姚建龙：《英国适当成年人介入制度及其在中国的引入》，《中国刑事法杂志》2004年第4期。
② 〔美〕马文·奥拉斯：《美国同情心的悲剧》，美国政要热读编委会译，文津出版社，2004，第3页。

列旨在更好保障未成年人权益的新制度和新规定的出现，使整个画面看起来流光溢彩、熠熠生辉，但由于"色调"调和不均匀，这些美丽的风景随着现实风雨的洗礼，显得有些"黯然失色"，严重地阻碍了未成年人合法权益的保护。

（一）合适成年人参与形式化

合适成年人参与制度因其可以保护未成年人的合法权益、弥补法定代理人或监护人无法或不宜到场的缺陷等作用，被社会各界认为是未成年人刑事司法中最能体现人性关怀的表现之一。但这一起源于英国的制度在我国移植生长过程中似乎营养不良，在一定程度上游离于实践之外而沦为一种形式。以下是笔者以H省L市中级法院及其下辖的5个区县法院2008~2012年审理的外地未成年刑事案件为样本，考察合适成年人制度在未成年人刑事案件审判中运行状况表，其结果见表1。

表1 2008~2012年L市法院涉外地未成年人刑事审判中合适成年人参与情况

单位：件，%

年份	4个区法院 受理外地未成年人刑事案件总数	适用合适成年人参与	占比	L市中院 受理外地未成年人刑事案件总数	适用合适成年人参与	占比
2008	53	8	15.1	28	7	25
2009	62	12	19.4	23	6	26.1
2010	48	11	20.8	19	5	26.3
2011	56	12	21.4	32	9	28.1
2012	83	18	21.7	36	11	30.6

说明：合适成年人的适用条件是法定代理人无法或者不宜到场，一般情况下本地的未成年人法定代理人都会参与，合适成年人制度主要是针对外地未成年人犯罪，为了更好地说明实际情况，本文调查范围圈定在外地未成年人刑事案件参与。

从表1可以看出，随着合适成年人制度在全国的推广，中级法院以及基层法院越来越重视合适成年人的参与，参与率也越来越高。为了解这一制度的实质效果，笔者进一步对50位曾经在两级法院参与过未成年人刑事审判的合适成年人做了一份详细的问卷调查，却发现参与情况不容乐观（见图1）。再次，由于成年人角度的经验化、情景趋利化以及法律规定的粗糙性、权利难保障性等原因，造成一些合适成年人在参与过程中，将自身定位为"沉默的第三者"，其履行的职责主要是到场和旁听，只有当未成年人向他们求助或者发问时才会发言，因此合适成年人在参与阶段一言不发的现象并不少见，这种似有还无的"陌生人"角色，让未成年人欲说还休。

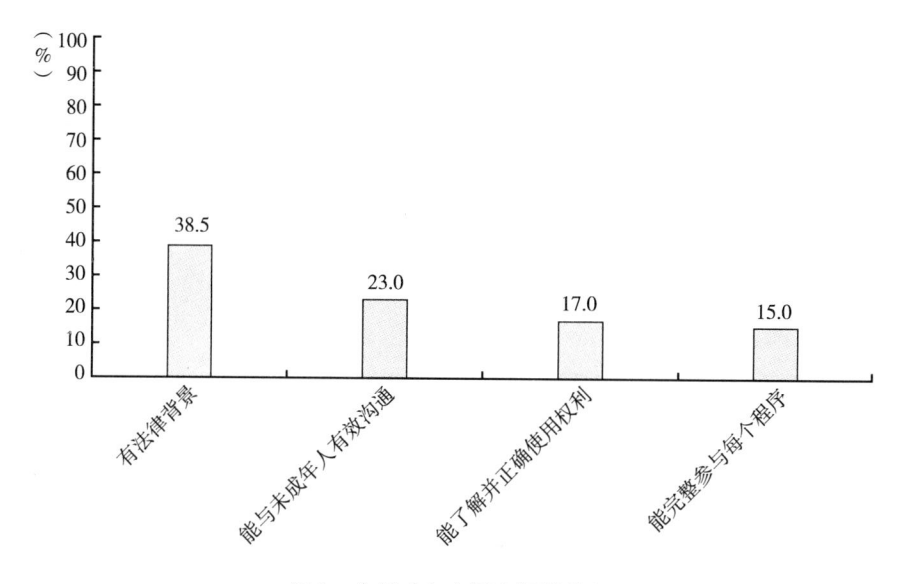

图1　合适成年人调查问卷情况

项目	百分比(%)
有法律背景	38.5
能与未成年人有效沟通	23.0
能了解并正确使用权利	17.0
能完整参与每个程序	15.0

（二）辩护律师虚化

新刑事诉讼法将辩护律师参与到未成年人刑事司法的时间提前到侦查阶段，这无疑更有力地保障了未成年人的权益，但也对律师提出了更高的要求，如参与的援助律师不仅要求会办案，还要善于和未成年人沟通、交流，能提供特殊的、帮助他们日后重返社会的法律援助。实践中，由于刑事法律援助案件收费非常低，[①] 援助律师的提前介入，就意味着他们需要花更多的时间和精力投入到案件中，这

---

① 以笔者所在市为例，每办一件指定援助案件补贴1000元，再没有任何其他补贴。而且在司法局援助中心登记在册的律师必须从事律师工作三年以上。这与笔者所在市的刑事律师收费标准5000~10000元的标准相差5~10倍。

种"高投入低产出"的业务,让许多有经验的执业律师在辩护指定的案件时,经常呈现"打酱油"的状态,提出的辩护意见简单化、格式化,缺乏对抗性,法院对援助律师的辩护意见采纳率非常低(见表2)。这样的援助质量无法体现对未成年犯罪嫌疑人进行刑事法律援助的特殊性和针对性,使未成年犯罪人的诉讼权利保障落空。

表2 L市法院审理未成年人犯罪案件中援助律师的辩护意见采纳情况

单位:件,%

年份	案件	无罪辩护	采纳率	免刑辩护	采纳率	减轻辩护	采纳率
2008	29	1	0	5	0	23	38
2009	30	4	0	7	0	19	53
2010	41	3	0	11	0	27	56
2011	53	7	0	9	0	37	32
2012	62	9	0	13	0	41	61

(三)圆桌审判异化

在我国,圆桌审判方式是一个舶来品,因其有助于营造一个宽松、缓和的环境,能最大限度地减轻未成年被告人的心理压力,而得到理论与司法实务界的青睐。但在审判实践中,这一方式对于未成年被告人及法定代理人来说,显得有点陌生,甚至有些不理解这一"华丽的舞台"会对定罪量刑有多大的影响(见图2)。而且在司法实践中,一些法院虽然设置了圆桌审判法庭,但徒有其外在形式,未成年人刑事案件的审理与成年人案件审判方式、方法以及程序设置几无区别。[1] 另外,由于成年人特有的社会角色局限了他们在参与未成年人司法过程中的发挥作用,造成了他们在法庭教育阶段存在教育内容空洞、缺乏技巧性和有效性、态度不诚恳等方面的问题。而这些都为他们有效帮助未

---

[1] 范登峰、易慧琳:《从形式走向实质:未成年人刑事案件圆桌审判方式的完善路径探讨》,万鄂湘主编《建设公平正义社会与刑事法律适用问题研究——全国法院第24届学术讨论会获奖论文集(上册)》,人民法院出版社,2012,第754页。

成年人，实现教育、感化、挽救等造成了一定的障碍，严重影响了圆桌审判的效果（见图3）。

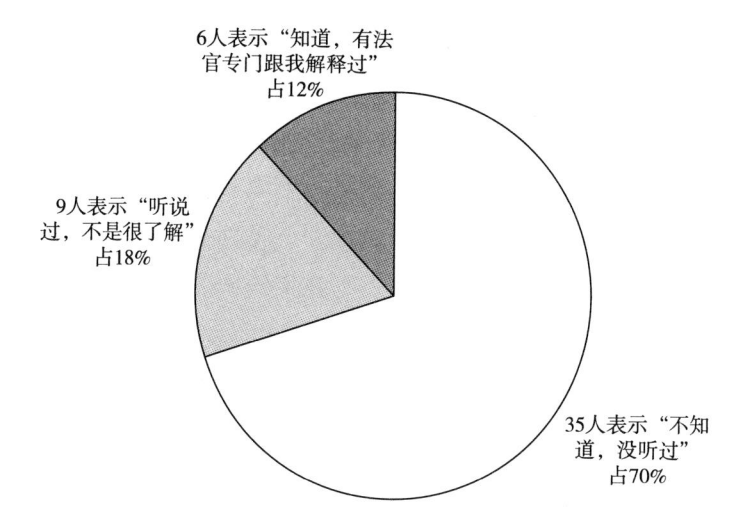

图2 对L市50名未成年被告人适用圆桌审判模式了解情况的问卷统计情况

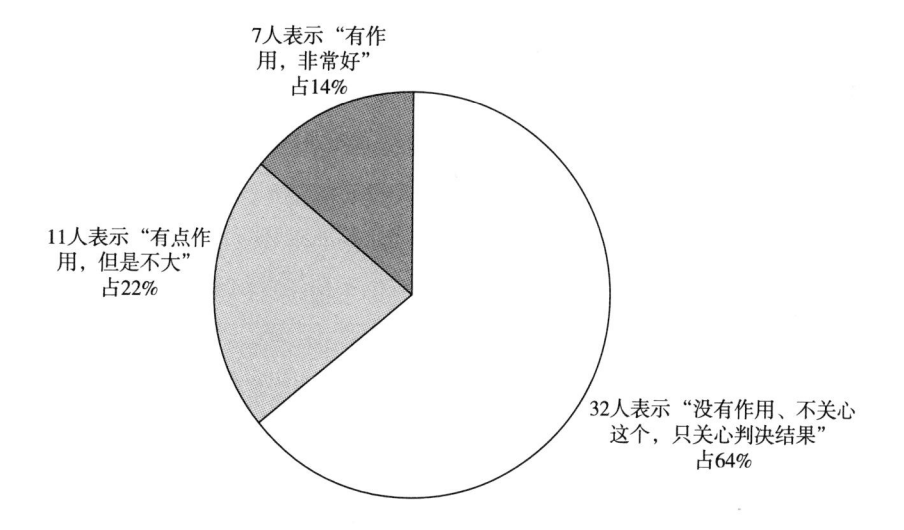

图3 对L市50名未成年被告人适用圆桌审判模式效果的问卷统计情况

（四）社会调查随意化

社会调查是指办案机关在办理未成年人刑事案件时，不仅要查明案件本身的情况，还应对未成年犯罪嫌疑人、被告人的个人情况、家庭环境、犯罪背景等做全面细致的调查分析，并根据调查结果选择最恰当的处理方式。[①] 在刑事诉讼中，对未成年犯罪嫌疑人、被告人的各种情况进行社会调查，与刑法上主张的刑罚个别化原则相契合，体现了儿童利益最大化和获得特别关照的要求。但这个赋予了多重价值的制度，在实践中的运用率却不高（见表3）。同时，由于调查主体范围的不统一性、调查的被动性、经费难以保障、调查报告的效力不确定性以及社会支持体系缺失等因素的影响，不论是调查报告的程序启动，还是调查报告的内容等，都呈现貌合神离的随意性。

表3 2008～2012年L市对未成年人刑事审判中社会调查制度适用情况

单位：件，%

年　份	基层法院			中级法院		
	案件数	适用社会调查制度	占比	案件数	适用社会调查制度	占比
2008	103	0	0	31	0	0
2009	124	7	5.6	33	2	6.1
2010	181	11	6.1	45	2	4.4
2011	207	9	4.3	57	3	5.3
2012	179	13	7.3	68	4	5.9

上述种种参与模式的弊端与病症促使我们不得不对我国少年司法的价值追求和导向进行深刻反思，寻求新的制度资源注入，如何在现有的条件和体制下探求更有效的参与方式，是推进未成年人刑事司法改革目标实现的关键。

[①] 陈光中：《〈中华人民共和国刑事诉讼法〉修改条文释义与点评》，人民法院出版社，2012，第378页。

二 可能的消弭：引入"同龄人司法"的理论皈依

在法律制度的演进过程中，少年司法制度常常充当了先驱者的角色。[①] 许多制度的创新和尝试往往是从少年司法制度的一种例外开始，然后从例外到原则，最后推而广之。在未成年人刑事司法参与模式的改革中，以"理解成长中的孩子，并为他们寻求能在正常社会健康成长的方法"被视为拯救这些罪错少年的合适理念，"同龄人司法"作为这一理念的延伸如同漆黑夜里一道亮光照亮了其改革的方向。

"同龄人司法"舶来于美国，起源于1994年美国加利福尼亚州的麦库勒姆青少年法庭，其最显著的特色是：对于一些初犯、偶犯、轻犯、过失犯等未成年被告人的庭审活动（尤其是量刑活动）基本上都是由与被告人年龄相仿的同龄人主导，如公诉人、助理辩护人以及决定量刑结果的陪审团成员都是由青少年担任，且未成年罪犯的服刑方式之一就是参加陪审团审理其他同龄人犯罪的案件[②]。

如果说美国少年司法一直引领着世界少年司法改革的潮流，同龄人司法则是前沿潮流中最时尚的"元素"。这种"史无前例"的创举，不仅符合未成年人成长的现代理论，体现了少年刑事司法的国际发展趋势，而且展示了国家处理青少年犯罪的新思维、新路径。据美国相关部门统计，有85%的未成年罪犯在参与新庭审模式后觉得自己在与同龄人相处时能够作出更好的选择，更有90%以上的参与者（包括85%以上的青少年罪犯）对未来充满信心。[③] 虽然"同龄人司法"在美国取得了巨大实际成效，但笔者觉得有必要在我国当前语境下对其理论依据再进行一番梳理。

（一）刑法学维度："恢复性司法"下的无缝耦合

"同龄人司法"的优势之一是在价值取向上与今天渐成潮流的"恢复性司

[①] 姚建龙：《英国适当成年人介入制度及其在中国的引入》，《中国刑事法杂志》2004年第4期。

[②] 李玉萍：《同龄人司法——美国青少年刑事司法改革模式》，《人民法院报》2011年5月27日第8版。

[③] 李玉萍：《同龄人司法——美国青少年刑事司法改革模式》，《人民法院报》2011年5月27日第8版。

法"理念遥相契合,堪称恢复性司法在未成年人司法领域的体现和突破。众所周知,恢复性司法的目的在于恢复犯罪行为对被害人、犯罪行为人及社会所造成的创伤。具体到未成年人司法则要求其运作过程应兼顾加害人补偿被害人、发展未成年人的能力和社会防卫[①]三项功能。同龄人司法具有较强的社会公益色彩,体现的是"教主刑辅"的刑事指导思想,以开发性的社会参与、和缓化的审判方式和程序运作,促成未成年人实现真正的"再社会化"。这种体现刑法谦抑性和自助于实现未成年犯罪人社会复归的"柔性司法"模式,理应成为深化我国未成年人刑事司法的改革路径之一。[②] 在同龄人司法的整个运行模式中,通过立体化和多元化的参与形式有效"整合耻辱",用以唤醒未成年犯罪人潜在的"耻辱感",得以重新发现受害人正当需求和真实诉求,这就为因未成年人犯罪行为所产生的社会冲突链接了一个互动消除机制,缓解了由此造成的社会关系紧张,社会的基本价值观也得以维系和恢复。

(二)心理学维度:"对话互通"下的心理共振

犯罪人的心理矫正和帮教效果是衡量未成年人刑事司法制度成效的重要维度,我国现行未成年人刑事司法制度的一大缺陷,即是矫正和帮教性对话渠道和互动机制不完善。传统的对话都是从成年人视角以一种"俯视性"姿态来表达,灌输、教育多于对话沟通,进而形成了对话"盲点"。研究表明,大部分的未成年人犯罪都与同龄人对其的影响有较大的关系。心理学家朱迪丝·里奇·哈里就曾说过:"与家庭生活和遗传基因相比,外部因素,如流行文化、同龄朋友甚至街头混混等,对儿童的成长和性格形成影响更大。孩子们更容易接受来自同龄人的影响,而对父母的'耳提面命'少有'感冒'。"[③] 心理学

[①] 所谓的加害人补偿被害人是指,平衡与恢复性司法模式并不排斥处罚,但是处罚的首要目标是要求犯罪人偿还或者恢复因其犯罪行为而给被害人和社区所造成的的损失。发展少年的能力是少年司法介入的康复性目标,即要求进入少年司法系统的少年在脱离少年司法系统的时候,能够对所在社区更加有责任能力和贡献能力。社会保护是指少年司法必须同样强调促进公众的安全,而且是以尽可能少的付出达到这一目的。

[②] 刘磊:《修复性司法的正名与我国未成年人刑事司法的转向》,《青少年犯罪问题》2013年第2期。

[③] 高钒:《同龄人对儿童的影响大于父母》,http://news.qq.com/a/20070427/000778.htm,访问时间,2013年7月13日。

家马洛斯也曾说过:"我们现在依据经验得出的资料表明,集体治疗可以做一些个别心理治疗无法做到的事情。"① 同龄人参与可以看作是一个小集体组成,同龄人(尤其曾经有过罪错行为的未成年人)共同面对问题,能增强正在接受刑事司法的未成年人的心理共容性,较易产生心理共振,形成一个自愿、坦率、互信的对话氛围,使得未成年人的情感与需要因为沟通而获得了最大限度的张扬和相当程度的缓解,体现的是哈贝马斯的"沟通理性",在传统参与模式"对话"效应不断递减的前提下,"同龄人司法"或许是一种更好的尝试。

(三)教育学维度:"意义障碍"②下的合理引导

青少年认同的是同伴群体,而不是自己的父母;他们认同的文化不是由父母直接向他们传递的文化,而是由父母群体向同伴群体传递的文化。③ 也就是说,父母有效传递给青少年的文化是经过同伴的筛选和过滤的,同伴和同伴群体比家长更能准确地预测青少年危害健康的行为。④ 同龄人的影响和教育对群体来说是直接而且有效的,因为这种参与方式形成了一种"排练场",在这个场域中,提供了比较正式的角色互换与角色承担机会,所有的参与者既是施化者又是受化者,避免了"意义障碍",较好地将同龄人参与过程还原成一场真正意义的"现场普法课程",一种现代社会文明的教育,一种关于权威、证据的辨认,一种新的生命和人格的操练,一种单兵教练式的规训,⑤ 这种影响所带来的"意外后果"将远远超过大费周折准备的普法宣传与教育讲座。

---

① 胡俊文:《法社会学视角下未成年人犯罪心理矫治初探》,《湖北社会科学》2007年第6期。
② "意义障碍"是教育心理学中的概念,它是指青少年学生由于某些心理及社会原因而在接受教育过程中表现出来的心理障碍,主要有道德认知障碍与情感障碍两大类。青少年学生心理上的意义障碍,会妨碍学生理解、接受与遵循道德规范,这种心理障碍严重阻碍着青少年学生接受教育,健康成长。参见朱安安《青少年的意义障碍及其引导》,《广东教育学院报》1998年第3期。
③ 李萌、周宗奎:《儿童发展研究中的群体社会化之争》,《西南师范大学学报》(人文社会科学版)2003年第5期。
④ Urberg K., Goldstein M. S., Toro P. A. Supportive Relation-ships as a Moderator of the Effects of Parent and Peer Drinking on Adolescent Drinking. Journal of Research on Adoles-cence, 2005, (15): 1-19.
⑤ 肖仕卫:《刑事法治的"第三领域":中国刑事和解制度的结构定位与功能分析》,《中外法学》2007年第6期。

（四）社会学维度："去标签化"下的阳光回归

标签理论认为，每个人都有越轨行为，但如越轨行为被发现并被"有意义"的贴上一种"罪犯"标签后，这个人就很可能在这种标签的影响下逐渐沉沦，从一个初级越轨者走上越轨的生涯。该理论中，"标签"是指人们对形象的自我界定，是透过他人的互动而产生的。具体到未成年人刑事司法中所产生的效应，即如果我被称为坏孩子，而且被当作坏孩子对待，我会逐渐对此形成内心形象，而且按照他人对自己形象的模式定位去行为。实际上，未成年犯罪是社会病态现象，更多的是他们所处的自然环境与社会环境共同作用的结果，因此，国家有义务为他们顺利回归做出应有的努力。同龄人司法秉承的就是坚决撕掉"罪犯"标签，以更加谦抑和低调的积极方式处置初次犯罪未成年人的理念。例如，凡是进入到同龄人司法程序的所有案件对外保密，而且是以书面形式永久封存，除法律规定有权机关可以查阅之外，任何人都不得接触。这就给犯罪未成年人一个宽容的态度和环境，使其尽快恢复自尊、建立自信，并能以阳光的形象回归社会，有效避免了"标签"化所带来的蝴蝶效应。

三 深入的明辨：几个实践诘难的谨慎解答

"同龄人司法"尽管在美国已经取得了较好的成果，但毕竟不同国家的法治土壤不同，法制的移植是否会出现南橘北枳的现象？无论是理论界还是实务界都提出了一些质疑，在此笔者必须对此予以回应，以利"同龄司法"在我国生根发芽。

（一）是否会导致放纵犯罪

随着未成年人再犯罪率的不断上升，有人提出这种牺牲社会及被害者利益而倾向少年犯罪者的处遇是否合适？是否会导致惩罚的逃避。[1] 这种顾虑是没必要的。"同龄人司法"的实质是刑事司法程序从犯罪控制模式向正当程序模

---

[1] 姚建龙：《福利、惩罚与少年控制——美国少年司法的起源与变迁》，华东政法学院2006年博士论文，第116页。

式的转向，它是以程序公正来确保司法公正，并为初犯且罪轻的未成年人提供卓有成效的、富有创造性的早期干预服务。[①] 同时，发展心理学认为，未成年人选择违法犯罪可能源于其决策能力的不够成熟，或是受到了发育过程过于短暂的影响，如果对其严惩则可能会适得其反。[②] 从这一点来看"同龄人司法"的优点之一就在于，它成功保护了未成年人免受犯罪控制的正统观念侵害。并且，在最后的判决中，如果未成年人不按规定履行判决确定的义务，则要转入其他传统方式由执法部门执行相关刑罚，这也为防止放纵犯罪建立了一道坚实的屏障。另外，同龄人司法所采取的实际上是"小刑事司法"法庭模式，其福利化和社会化空间的有限性也使得案件进入到司法程序的通道狭窄，并不是一种变相的放纵未成年犯罪的形式。

（二）是否能正确地判断案件

有人肯定会提出，同为未成年人，心智还不成熟，怎么能对一些法律和事实进行判断？这种担忧不无道理。首先，需要说明的是，同龄人参与并不是在司法过程中全部都是同龄未成年人，每一个案件的审理会有一位资深的成年法官把关，在对案件的定罪上资深法官有绝对的话语权，同龄人的意见只被作为参考。只有在量刑上采取的是少数服从多数的方式，这也让错案的风险降到最低。打一个形象的比方：如果把同龄人司法看作是一个未成年人诊所，在诊断罪错未成年人犯何种"病"上，资深法官的角色类似于医生，同龄参与人则是负责为医生的科学诊断提供重要参考依据的检验人员；在为罪错未成年人开何种"药"上，资深法官与同龄参与人则同为检验人员及护理人员，有相同的话语权。再次，关于未成年的认知方面，有研究指出，未成年人的理解与决策能力实际上与成年人差别不大。换句话说，即使是未成年人，他们对事实的判断和危害社会的行为所可能导致的后果有自己的认识。[③] 最后，进入到同龄

---

① 李玉萍：《同龄人司法——美国青少年刑事司法改革模式》，《人民法院报》2011年5月27日第8版。
② 徐显明主编《少年司法的一个世纪》，商务印书馆，2008，第151页。
③ 李立丰、高娜：《独立青少年司法模式的应然废止：以美国实践为摹本的前提批判与经验分析》，《当代法学》2012年第2期。

人参与模式的案件已经进行过严格的筛选，就算在审判过程中进行了错误的量刑判定，相比同龄人司法所带来的社会正面效应，这种风险都是可容和可控的。

（三）是否在实践中难以操作

同龄人司法是从美国青少年刑事司法改革引入到我国的新理念，在美国已经有了比较成熟的经验，但在我国的实际操作将会如何难免有人存疑。其实，引入同龄人参与其中的原因之一是因为未成年人能从同龄人的角度看待问题，对事实的判断、心理的动态以及社会的危害把握更为准确，更能为司法机关在定罪量刑时提供很好的参考意见，使犯罪未成年人从各个方面得到相应处遇。这种司法模式在我国的司法实践中已有相似的模型，例如，妇女组织或者有过相似经历的受害人作为人民陪审员参与到保护妇女权益方面的案件审理，在知识产权案件中专家陪审的制度以及一些专业性比较强的案件邀请专家对一些专业性知识解答等，都体现一种"同行司法"的理念。具体操作中完全可以借鉴这方面的规定和做法，例如，在同龄人来源上应包括曾经有过罪错的未成年人，而且通过一系列的培训或者考试，还可以将这些未成年人纳入到陪审员以及助理辩护的角色上来，在这方面已经有了人民陪审员制度可以借鉴，现实中不难把握和实现。

（四）是否成本太高

同龄人司法与其他的参与模式相比，并没有将强大的司法权施加在少年犯上。除了具有很高的道德原则外，它还是一种成本较低的犯罪处遇方式。根据美国执法部门统计，同龄人司法投入的直接成本与传统的未成年人刑事司法参与模式相比，法庭每审理一个案件只需要投入600美元，而传统模式则需要花费4.4万美元。① 从错误成本来看，同龄人司法能使初次犯罪的未成年人远离成人的审判模式，减少交叉感染的机会，降低未成年人的再犯罪率，这本身就

---

① 李玉萍：《同龄人司法——美国青少年刑事司法改革模式》，《人民法院报》2011年5月27日第8版。

是对刑法错误成本的降低。从国家和社会成本来看，因为犯罪的未成年人中很大部分来自家庭、社区、学校整体状况欠佳的环境，如果要对这些未成年人实行监禁刑，则很难使这些孩子摆脱"低人一等"的感觉。对他们而言，如能找到同龄段的"模范角色"无疑是令人鼓舞的事，更会激发他们改正向善的强烈愿望。① 从这个边际效益层面上，适用同龄人司法减少了国家和社会的隐性成本，也使资源得到最优配置，达到事半功倍的效果。

综上所述，无论是从赞成保护未成年人的言辞，还是从经济节约成本等各个层面而言，同龄人司法对那些主张未成年刑事司法改革的人来说是充满着巨大的吸引力的。②

四 全新的探索："同龄人司法"的本土构建

南非前总统曼德拉曾有一句名言："没有什么比我们对待孩子的方式更能体现我们这个社会的核心价值追求。"③ 在对待未成年人刑事司法参与模式改革方面，我们完全可以借鉴美国已经探索出的一套相对成熟的规则体系，以现实主义态度和超越形式主义法治的勇气，将其本土转化，推动我国未成年人刑事司法不断向前发展。

（一）实体框定——"有限原则"下适用范围的确立

"同龄人司法"是国家对司法正式程度的降低以实现对未成年人特殊保护的一种审判模式，它延续了一种宽容和克制的理念，所关注的是未成年人的需要，而不是行为，并且最后的刑罚是以非实刑为主，所以其适用案件的范围应该从维护未成年人的合法权益和惩治犯罪的平衡地带中严格框定，以保护国家"超级父爱"的合理释放，这是有限适用原则确立的基础，也是通过立法调整

---

① 李玉萍：《同龄人司法——美国青少年刑事司法改革模式》，《人民法院报》2011年5月27日第8版。
② 〔美〕富兰克林：《共同的思路：少年法院法学中的转处制度》，载徐显明主编《少年司法的一个世纪》，商务印书馆，2008，第161页。
③ 张文娟主编《中国未成年人保护机制研究》，法律出版社，2008，第262页。

与制度整合能探寻到的改革突破点。具体的规定中则应列明如下条件：一是未成年人所犯罪行为轻罪，而所谓的轻罪是相对于重罪而言的，即所犯罪行的法定刑是三年以下有期徒刑、拘役、管制，并处或者单处罚金。二是未成年人犯罪是属于初次犯罪或者偶然犯罪。规定这个条件是因为此罪错未成年人的可塑性、再社会化可行性空间比较大。三是案件简单、主观恶性小、社会影响小。对于一些如故意杀人、故意伤害致人重伤或死亡、强奸、抢劫、绑架等严重的暴力犯罪，或者共同犯罪被告人数众多等主观恶性大、社会影响大的案件，则不能进入该程序，否则势必引起放纵犯罪的嫌疑。四是犯罪未成年人表示认罪且愿意接受该法庭的程序。如犯罪未成年人不承认自己的罪行，则会加重审判的成本，同时也会对参与的同龄人陪审员提出更高的要求，而这些与同龄人司法的程序设计是相违背的。

值得注意的是，以上列的四个条件是进入同龄人司法模式的充分条件，而非必要条件。当然，在司法实践中，还有其他适合同龄人司法模式的例外情形，经少年法庭庭长同意也可以进入到该程序进行审理，但一旦发现不适宜的情形则应当休庭转为普通刑事法庭审理。

（二）主体构成——"1+2+N"模式的嵌入

首先，建立同龄人参与制度，一个关键问题是谁可以参与到其中来。就整个制度来说，同龄人来源有两种：一是曾经接受过该程序的未成年人；二是从一批热心从事青少年保护工作的队伍，如高校学生、共青团、法律协会等招募的未满18岁的志愿者。这两种来源的未成年人都要经过必要的培训，建立同龄人参与的社团组织，再由这种社团组织来提供优质、迅捷的同龄人参与服务。而如果进入到案件审理过程则要嵌入"1+2+N（N≥1）"模式，即一个成年人法官+两个未成年人陪审员+N个未成年参与人。至于N个未成年参与人，具体是指未成年人辩护律师助理或者法庭工作人员等。

其次，为保证案件的顺利进行，应对同龄参与人的权利义务进行明确规定：如同龄参与人享有参与不受非法干预、充分地表达自己意见、列席会议、参与讨论、必要费用补贴等权利，同时也有保密义务以及不得干涉司法机关正当诉讼活动等义务。

最后，为保障同龄人参与的效果，对成年法官的素质也有独特要求，不能再延续传统参与模式以扩充法官职能为特点的职能型司法，而形成法官包揽一切事物的"路径依赖"。在同龄人司法中应更多体现的是法官的参与性，如充分听取同龄人对一些事实的判断和独特的见解，能专门针对青少年的心理特征控制好整个庭审流程，并能在判决中合理考虑同龄人的建议，这就需要成年法官接受专门训练，掌握必要的心理学及社会学等综合知识，在同龄人司法程序运作过程中能洞察"司法社会学"及"政治力学"。

（三）程序塑造——节点管理模式的植入

节点管理模式是管理学中运用的一个基础方法，该方法关键在于找准每一个节点，并将每一个节点的程序细化，由点连线、由线成面，将整个工作程序清晰完整呈现。在同龄人司法程序塑造上，也可以针对未成年人的特点植入该模式，其中的节点包括：①在庭前会议中，承办法官应告知被告人及法定代理人庭审所要进行的程序，对有关问题进行释明，与当事人一起审查案件的某些细节，确定开庭日期。②在开庭审理阶段可以比传统的审判模式灵活一些，如一个月开两三次庭将案件集中审理。由一名资深法官主持，同龄人作为陪审员[①]或者辩护律师助理的角色参与。法庭的布局可以借鉴圆桌审判的设置，以便减轻未成年被告人的心理压力，推进程序顺利进行（见图4）。③在合议阶段，同龄参与人可以充分发表其意见，并记录在案，法官在做出定罪时必须充分考虑同龄人的意见，最后形成判决。在关于量刑的判决中实行少数服从多数的规则，且宣告的主文中必须包含特定的内容：如被告人须参加专门的矫正活动小组，或是参加辖区内有关未成年人案件的陪审活动，或是定点社区服务工作。根据个案的具体情况，判决中还可以要求未成年人参加心理辅导与治疗、接受滥用精神药品的监督、向被害人写道歉信或者对其进行赔偿等。[②] ④量刑

[①] 需要在此解释的是，本文的诸多制度设计是突破了现行法律规定，现行法律对陪审员的年龄是有固定要求的，这里设计的陪审员则是未成年人，还有未成年人的意见入刑、量刑约见等都体现了一种少年司法的大胆突破和创新理念。当然这些突破性的设计只针对限定的案件中，对于超过笔者文中所规定的案件则不适用。

[②] 李玉萍：《同龄人司法——美国青少年刑事司法改革模式》，《人民法院报》2011年5月27日第8版。

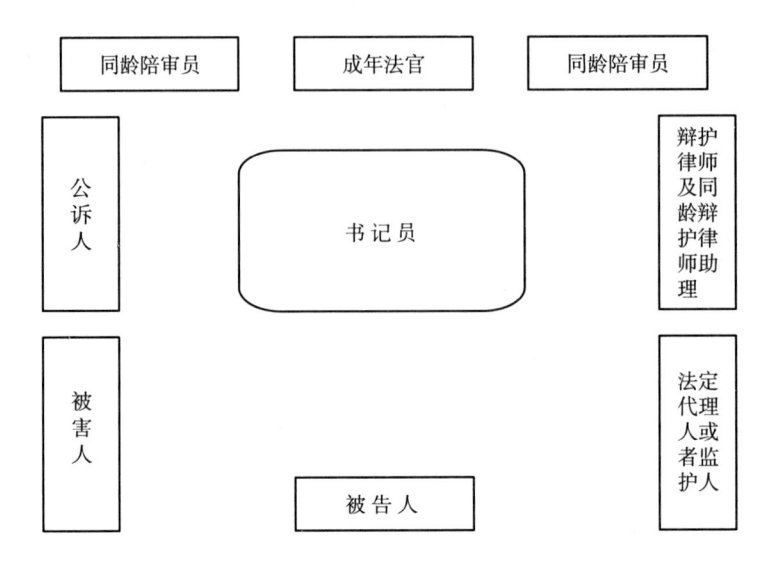

```
同龄陪审员        成年法官         同龄陪审员

                                              辩
                                              护
公                                             律
诉              书记员                         师
人                                             及
                                              同
                                              龄
                                              辩
                                              护
                                              律
                                              师
                                              助
                                              理

被                                             法
害                                             定
人                                             代
                                              理
                                              人
                                              或
                                              者
                                              监
                                              护
                 被告人                        人
```

图4 同龄人参与模式的少年法庭庭审布局

后约见。庭审结束后，承办法官要约见未成年被告人与同龄参与人，一起回顾判决书的内容，给出意见，商讨如何履行判决义务。[①] ⑤记录封存。所有进入该司法程序中的案件，将对外保密，而且将以书面形式永久封存，除了法律规定有权机关可以查阅之外，任何人都不得接触。

为了让上述的每个流程更加清晰明朗，可用图5直观表示。

（四）功能延伸——"助人自助"理念的引入

教育刑主义是以人本主义作为哲学理论基点，它把人看作是经验人而非理性人，通过转化、改造教育是可以弃恶从善，回归"新人"，[②]而"助人自助"是达到这一规则的有效途径，更是同龄人司法不可或缺的一项功能延伸。"让未成年罪犯重生"和"以经历换能力"则是其内容的核心理念。"让未成年罪犯重生"是指，对于初次犯罪且罪轻的未成年人，通过这一程序可以实

[①] 李玉萍：《同龄人司法——美国青少年刑事司法改革模式》，《人民法院报》2011年5月27日第8版。

[②] 姚建龙：《少年司法与社会工作的整合——以少年法庭法官的"非审判事务"为论证中心》，《法学杂志》2007年第6期。

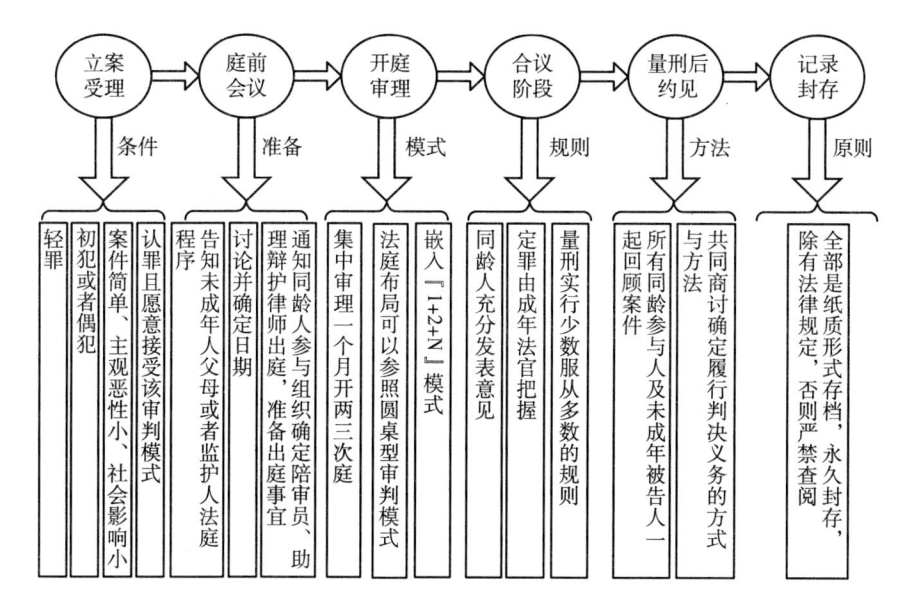

图5 同龄人参与庭审模式的节点管理流程图

流程节点：立案受理（条件）→ 庭前会议（准备）→ 开庭审理（模式）→ 合议阶段（规则）→ 量刑后约见（方法）→ 记录封存（原则）

- 立案受理（条件）：轻罪；初犯或者偶犯；案件简单、主观恶性小、社会影响小；认罪且愿意接受该审判模式
- 庭前会议（准备）：程序；告知未成年人父母或者监护人法庭讨论并确定日期；通知同龄人参与组织确定陪审员、助理辩护律师出庭，准备出庭事宜
- 开庭审理（模式）：集中审理一个月开两三次庭；法庭布局可以参照圆桌型审判模式；嵌入"1+2+N"模式
- 合议阶段（规则）：同龄人充分发表意见；定罪由成年法官把握；量刑实行少数服从多数的规则
- 量刑后约见（方法）：所有同龄参与人及未成年被告人一起回顾案件；共同商讨确定履行判决义务的方式与方法
- 记录封存（原则）：全部是纸质形式存档，永久封存，除有法律规定，否则严禁查阅

现与其他的未成年人犯罪有效隔离，避免了因进入传统的司法模式而带来的不良影响。同时，对未成年人进行培训，可以使他们能够以健康的心态重新投入到学习和工作中去。"以经历换能力"则是指，青少年（包括失足少年）参与未成年人犯罪案件审判，为其提供学习、生存以及发展的空间和机会，使其在为自己过去的犯罪行为负责和悔过的同时，能够得到积极向上、改过重生的体验。如参与"基础法律培训"课程，并通过特定的考试可以获得相应的资质，持有此资质可以在少年法庭中担任有偿律师助理、有偿陪审员、有偿法庭工作人员等。

结　　语

美国著名法学家庞德称："就传统的司法而言，少年司法中确实有着极具革新性质的内容。"[①] 对于那些把青春期看作是向成年过渡的一个充满压抑和

---

① 姚建龙：《英国适当成年人介入制度及其在中国的引入》，《中国刑事法杂志》2004年第4期。

挑战阶段的未成年人来说，长大成人的过程也是治愈少年罪错的一剂良方。如果这个过程是以将其隔绝在社会环境之外，并把他们送进监狱为理念，则成为了威胁他们成长的毒药。同龄人司法的处遇理念不是要替代帮助未成年人的观念，而是一种比绝对的"拯救"更为谦逊、特别、集中及有责任的帮助方式，从而使他们在犯罪之后和经历司法过程之后，都保有完整的人生发展机会。在我国，对于少年刑事司法的改革从来不缺乏充满关爱的目光，但是缺少深深植入少年司法理念的对话、沟通、协商、交涉的空间，缺乏锐意革新的勇气与一定的国际化视野。同龄人司法作为传统青少年刑事司法的创新模式，其成长肯定需要经历痛苦的"磨砺"，而法律人需要做的还很多很多。

B.35
加快法治政府建设　推动更好更快发展

唐曙光　王启贤*

近年来，在省委、省政府的正确领导下，长沙市坚持用法治的思维方式、法治的制度体系和法治的创新措施来处理经济社会发展中的各类事务，切实加强法治政府建设，以政府法制监督为重要抓手，全面规范政府行政行为，着力优化经济发展环境，依法行政工作对全市经济发展的保障力和推动力明显增强，荣获第二届"中国法治政府提名奖"。

一　浓厚的法治政府建设氛围，为经济发展提供尚法保障

践行"尚法、务实、创新"的长沙市政府法制精神，坚持用法治的思维方式来引领法治政府建设。一是主要领导表率作用进一步发挥。市长坚持"以案说法"，《政府工作报告》专题阐述"任何时候都要做到决策有据、行政依法，确保政府的每一项决策都体现民主的力量，每一个行政行为都闪耀法制的光辉"。每年召开一次全市依法行政大会。自2013年开始，长沙市政府常务会议专题学法已形成制度。第五次市政府常务会议集中学习了《中华人民共和国立法法》及法律法规有关地方规章设定法律责任的相关规定。第六次市政府常务会议邀请湖南省高级人民法院副院长杨翔主讲《法治建设中的政府行为与司法审查》。市政府领导、各区县（市）领导、市直各有关部门领导都参加了集中学习。通过加强政府常务会议学法工作，领导干部法律思维与法治意识显著增强。二是法制机构核心地位进一步凸显。坚持"高看一眼、厚爱

---

* 唐曙光、王启贤，长沙市人民政府研究室。

一层"，加强政府法制机构、队伍建设。作为市政府依法行政工作的参谋、助手和法律顾问，市政府法制办由部门管理机构升格为政府工作部门，增加行政编制8个、事业编制3个。各级政府法制机构自身建设、服务能力和水平均得到进一步提高，在政府行政决策和经济社会建设中发挥着越来越重要的作用。三是行政机关执法效能进一步优化。推行行政执法体制改革、行政执法案卷评查、案例指导，不断扩展依法行政考核的范围。开展行政执法培训，建立个人学法档案，提升了政府法制工作人员队伍素质，提高了市直部门、区县（市）政府法制整体工作水平，真正把依法行政落实到政府工作的各个环节中去，促进行政机关依法履职、规范执法、尽职服务。

二 构建法治政府制度体系，为经济发展提供制度保障

坚持用制度管人、管事、管权，完善行政管理制度体系，保障法治政府建设。一是构建"一决定一纲要一规定"制度体系。颁布实施《关于进一步加快法治政府建设的决定》，形成符合长沙实际、体现长沙特色的法治政府建设行动纲领。《长沙市推进社会管理法治化实施纲要》纳入综治考核，明确"建立切合长沙实际的社会管理体制和机制"的基本目标和推进"十个法治化"的主要任务，建立科学的法治建设指标体系和考核标准。率先出台全国首部规范政府法制工作的地方政府规章《长沙市政府法制工作规定》。发布《长沙市政府法制建设报告》，建立政府法制建设"白皮书"制度。二是提高地方性法规、政府规章制定质量。大力推进政府科学立法，对于长沙经济社会发展急需、目前缺失的制度规定，及时向市政府提出意见建议，尽快完善长沙经济发展的制度支撑体系。2013年列入长沙市立法计划的地方性法规草案立法项目共有13件、规章立法计划的项目共有11件。《长沙市高新技术产业开发区条例》《长沙市职工劳动权益保障条例》等地方性法规立法项目和《长沙市企业国有资产监督管理办法》《长沙市地下空间开发利用管理办法》等市政府规章组织制定工作正在稳步推进。继续深入开展立法听证工作，大力推进立法公众参与。2013年9月12日召开了《长沙市电梯安全管理办法（征求意见稿）》

的立法听证会，邀请来自全市的市（居）民代表、电梯企业代表、物业服务企业代表、律师代表、媒体代表、街道代表等10位社会各界人士作为陈述人，围绕电梯使用管理者的确定、住宅小区电梯安全管理要求、电梯安全监控要求等主要问题分别阐述了各自的意见和建议，并进行了积极热烈的辩论，3名旁听人代表也发表了自己的意见。立法听证陈述人的遴选充分体现了广泛性，并且创新采取由新闻媒体全程参与陈述人遴选工作的方式，使外界不再质疑陈述人的遴选程序。参会的陈述人都具有强烈的责任感和使命意识，也有严谨的科学态度，立法听证会取得了良好的社会效果。三是做好规范性文件审查、监督工作。进行政府或政府办文件审查149件次；向法定监督机关报备规章、规范性文件61件，报备率、及时率和规范率均为100%；同时接受区、县（市）人民政府报备122件，全部予以备案，并按要求及时在网上公布已备案规范性文件目录。创新性开展部门规范性文件"三统一"信息公示工作，在政府门户网站统一公布。加大规范性文件清理工作力度，凡是不符合现行法律法规规定、阻碍长沙发展的文件，按程序予以废止或修改。

三　全面加强行政复议工作，为经济发展提供和谐保障

坚持"以人为本、复议为民"，全面推进行政复议规范化建设。一是积极受理、办理行政复议案件。共收到行政复议申请431件，受理349件，旧存13件，审结316件，所有案件均在法定期限内审结，结案率87.29%；其中，维持275件，占审结案件总数的87.03%；撤销及确认违法6件，占审结案件总数的1.9%；驳回申请2件，占审结案件总数的0.63%；经调解申请人撤回及其他方式结案的申请32件，占审结案件总数的10.13%。二是加强行政复议应诉配套制度建设。制定了《行政复议立案审查规则》，建立完善了申请材料提交、送达地址确认等程序，为后期行政复议案件的审理和有效送达提供了有力保障。出台了《长沙市行政复议听证程序规定》，对行政复议听证范围、听证程序、听证结果的使用作出了明确规范，有力地保障了当事人参与行政复议的权利，增强了行政复议的透明度，提高了行政复议案件的审查质量。三是加大行政复议案件全过程、全方位的协调与调解力度。加大行政复议案件全过

程、全方位的协调与调解力度，多个主体、多种渠道联动调解，抓住立案前、审理中、决定后的各个环节，通过召开案件协调会、法律释明、说服教育等方式，引导当事人换位思考，疏导当事人的情绪，充分发挥协调和调解在化解行政纠纷过程中的积极作用。共协调、调解处理行政复议案件30余起，大大提高了复议工作的效率，实现了法律效果与社会效果的有机统一。同时，建立行政司法互动机制，召开行政司法互动会议22次，有效化解了矛盾纠纷，避免了行政争议，最大限度地促进社会和谐稳定。

四 加强依法行政执法监督，为经济发展提供秩序保障

完善行政执法责任制度，把执法职责和执法要求层层分解到每一个部门、每一个岗位和每一名行政执法人员。一是全面落实行政执法责任。市人民政府向56个行政执法责任单位下达了行政执法责任书，建立规范有力的行政执法责任体系。开展依法行政示范单位创建工作，向市人大代表、政协委员发送征求意见函，征求社会各界对市直行政执法部门依法行政工作的意见建议，对市直行政执法部门依法行政情况进行公开评议，净化、优化全市行政执法环境。严格执行"先培训、后发证"和"持证上岗、亮证执法"等制度，全市行政执法队伍管理进一步加强，聘用临时人员执法、无证执法、执法违法等现象得到有效遏制。开展行政执法人员上岗培训，2013年市政府法制办组织培训班4期，共培训市直单位和五区政府行政执法人员499人；与相关部门联合举办培训班3期，共培训行政执法人员129人，行政执法队伍建设得到全面加强。二是完善修订行政裁量权基准。根据《湖南省人民政府法制办公室关于进一步完善行政裁量权基准规范行政执法行为的通知》要求，制定了《关于进一步完善行政裁量权基准规范行政执法行为的通知》，督促各执法单位及时修订完善裁量权基准，确保裁量权基准的依法适用，并将裁量权基准的规范适用作为行政处罚案卷评查的一项重要指标。三是首开依法行政讲评先河。召开依法行政讲评会，对区县（市）和市直部门的20个规范性文件和10个行政执法案例采用PPT讲解方式进行深入、直观的剖析和点评，首开全省依法行政讲评先河，成为本省推进依法行政工作的一次全新实践。

五 推进法治政府工作创新，为经济发展提供服务保障

坚持用创新的法治手段来推进法治政府建设，在全国产生了一定影响。先后四次参与国务院《国有土地上房屋征收与补偿条例》的立法修订，参加最高人民法院组织的杭州"行政争端解决机制论坛"等高端会议并做主题发言。一是建立重大行政决策听证机制。不断完善行政决策程序，健全重大行政决策规则，推进行政决策科学化、民主化、法治化，重点对事关经济社会发展全局、与人民群众利益密切相关的重要规划、计划、重大资金使用等重大决策事项进行规范，充分发挥政府决策参谋机构、研究咨询机构和专家论证评估的作用，重视并做好调研、论证、咨询、听证工作，广泛征求群众意见，把公众参与、专家咨询、风险评估、合法性审查和集体讨论决定，作为决策的必经程序。2010年，首次组织《长沙市城市管理条例》立法听证会，至今已成功举办了22次重大行政决策听证会，其中《长沙市全民健身办法》《长沙市物业专项维修资金管理办法》听证会引入网络直播方式。建立重大决策合法性审查机制，政府法制部门就长沙水业集团重组上市、长沙新广电中心建设等重点工程的建设提出了专业的法律意见。二是开展政府合同审查管理。率先成立政府合同审查管理处，制定政府合同审查管理办法，审查合同216份，涉及合同金额2000多亿元，有效防范了政府经济活动中的法律风险。2013年，市政府法制办完成政府合同审查（含文件）74件，审查金额达1000多亿元，出具法律意见57份，所出具的法律意见基本得到认同与采纳，参加政府及部门各类涉法事务性会议40多次，确保了政府合同审查工作的顺利开展。共审查科技计划项目等多种类型的政府合同示范文本34个。参加政府及部门各类涉法事务性会议40多次，积极参与省、市一批重点项目、重点工程的推进落实工作，完成了中南现代商贸物流城开发建设、"智慧长沙"等众多项目的合同审查工作。三是顺利推进简政放权工作。通过部门公告、单位网站等多种形式，向社会公布承接省委、省政府下放的45项经济社会管理权限事项的办理机构、办理条件、办理流程、办理时限等具体内容。属于审批事项和年检事项的，全面及时地纳入到网上政务服务和电子监察系统中进行受理、办理。按照政府、社

会、企业"三位一体"的要求，通过给区县（市）、中介组织、企业放权，包括市本级行政许可事项、市本级非行政许可事项、市本级年检事项、市本级行政处罚事项和市级行政事业型收费事项，涉及的放权单位包括市直各部门和垂直管理部门，最大限度地发挥放权作用。四是成功开通市民服务热线。整合全市非紧急报警类政务服务热线电话，建立12345市民服务热线社会求助平台，建成涵盖广泛的平台网络，将市级所有政府部门、群团组织及部分公共企事业单位、区县（市）政府共108个单位网络平台全部纳入，形成了市、区县（市）、乡镇（街道）、社区（村）四级工作网络。建成了规范的呼叫中心，共设45个坐席，24小时接听市民来电，已于2013年12月26日正式运行。

近年来，长沙市的法治政府建设工作多次受到中央政法委、国务院法制办、省政府法制办、省推进依法行政工作领导小组的肯定和推介。但我们也清醒地认识到，长沙市法治政府建设仍然存在一些亟待解决的问题，如依法行政的力度还需进一步加大，措施还需进一步强化，制度还需进一步完善和创新。随着社会的文明进步，特别是党的十八届三中全会对加强法治政府建设的思路更清、要求更明，法治政府建设进程加快，人民群众对法制工作的要求更高，我们将加强学习领会，准确理解全面深化改革的新思想、新论断、新举措，力争在以下四方面取得新的突破。

一是牢固树立法治理念。法治是实现社会公正的基础和保障，改革也要在法治的大背景下来推进。新形势下，政府及其部门履职，必须树立"抓法治建设就是抓发展环境"的理念，着力加强领导干部特别是主要领导崇尚法律、敬畏法律的意识，营造办事依法、遇事找法、解决问题用法、化解矛盾靠法的良好法治环境，充分发挥政府守法、行政依法的引领、推动作用。公务员要增强法治意识，自觉遵纪守法，严格依法办事、规范履职行为，身体力行推进法治政府建设，营造公平公正的发展环境。

二是完善重大决策规则。坚持公众参与、专家论证、合法性审查和集体讨论决定等重大决策必经程序。推进行政决策听证机制，丰富听证组织形式，尽量拓展听证参与面，建立听证代表名录，保证听证会代表的广泛性、代表性，增强听证会过程和结果的公开性与公正性，建立健全决策问责和纠错制度，有效避免发生"有人决策、无人负责"现象。实行重大行政决策评估制度。对重大行政决策实施情况进行跟踪了解，多渠道收集、掌握利益相关方和社会公众的意见建议，对决策实施效果进行全面评估。

三是增强法制系统活力。进一步发挥政府法制机构法制人才培养高地的作用，畅通法制人才的输出、交流渠道。加强对基层政府法制机构、人员的指导，切实发挥参谋、助手和法律顾问作用。

四是加强行政执法监督。进一步建立健全行政执法评议机制、强化行政执法考核机制、推行行政执法责任机制。规范行政执法人员的执法行为，真正实现严格执法、规范执法、公正执法、文明执法。整合纪委、审计、人事和政府法制办的行政执法监督力量，加强重点民生领域执法的监督力度，强化监督结果的运用。

为此，长沙将在省委、省政府的坚强领导下，按照"六个走在前列"的要求，不断提升法治政府建设水平，为率先建成"三市"、强力实施"三倍"、加快现代化进程提供强有力的法制保障。

B.36 湖南农民工城市融入的现状及其对策建议

潘泽泉[*]

农民工是湖南省现代化和城市化进程中的一支新型劳动大军，是现代产业工人的主体，是工人阶级的重要组成部分。湖南省是人口大省、农民工大省，农民工问题相对比较突出。如何采取有效措施逐步解决他们在城镇的就业和生活问题，促进农民工融入企业、子女融入学校、家庭融入社区，切实维护农民工合法权益，保障他们享有更好的公共服务，是当前中国社会发展必须应对的一个重要问题。

一 农民工城市融入：研究思路及其框架

基于湖南省农民工具体实际，我们认为农民工城市融入是一个多层次、多维度、复杂的互动过程与持续状态，具体包括农民工个体融入企业、子女融入学校、家庭融入社区三方面。

（一）个体层次：农民工融入企业

农民工从农村进入城市，首先需要依托相应职业活动获取一定的经济收入以维系自身生存与发展的需要。就业机会则决定了流动人口是否享受近似公平的就业渠道、拥有类似的就业水平及就业保障，而职业隔离、较低或最低的就业层次、职业稳定性的缺乏、升迁机会的不公、社会保障待遇的缺失等都是农民工融入企业不足的具体表现。农民工融入企业是其城市融入的起点与基石。

---

[*] 潘泽泉，中南大学社会学系主任、教授、博士研究生导师。

（二）群体层次：农民工子女融入学校

浓郁的家庭观念以及向上流动的期望使得农民工较为关注子代的教育与成长，留守儿童与流动儿童的教育构成农民工城市融入的一个重要方向。农民工子女教育是促使畅达社会流动、壮大中间阶层与完善阶层结构的有效机制。故农民工子女融入学校是农民工城市融入的重要方面。

（三）整体层次：农民工家庭融入社区

农民工文化接纳、行为适应及身份认同往往与其生活的社区联系在一起，通过与社区居民以及管理者的互动逐渐塑造、调适与明晰。农民工家庭成员与社区居民交往、与社区管理者联系、自身居住条件与消费状况及休闲活动等，是农民工最为直接的生活体验，与生产场域的体验相比，生活场域的体验更为直接与鲜活，能更好地满足其情感与心理方面的需要，故农民工家庭融入社区是农民工城市融入的落脚点。

当然，需要指出的是，农民工融入企业、农民工子女融入学校、农民工家庭融入社区是农民工城市融入的内在维度，三者之间并非简单线性关系，有着交织复杂关系。揭示三者间的内在关联也是本研究的重要议题。

（四）调查对象与资料收集

湖南是农民工大省，根据2012年第4月农村劳动力转移就业情况统计表的数据，湖南省共有农民工1291.78万人，其中在省内就业的为370.64万人。本次问卷调查的对象确定为10000名农民工，这10000名农民工依严格的抽样规则抽取。

对农民工的调查主要通过问卷调查的方式进行。问卷调查主要在于了解农民工的工作、生活等情况，测量其城市融入度。课题组为保证调研的科学性和有效性，在问卷调查阶段，采用科学规范的抽样方法，抽取了长沙、株洲、湘潭、岳阳、娄底、衡阳、湘西土家族苗族自治州等7个市（州）的50家企业中10000名农民工作为问卷调查对象，共发放调查问卷10000份，有效回收问卷9987份；对近200名农民工进行个案访谈、小组访谈和焦点访谈，召开企业负责人和政府职能部门负责人参加的座谈会14次。

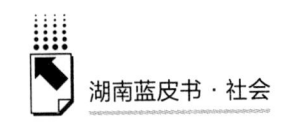

二 湖南农民工城市融入存在的问题

农民工是城市产业工人的生力军，是拉动内需的潜在消费群体，这一特殊社会群体的存在，表明我国城乡劳动力转移的特殊性，即大量农村劳动力在实现职业转移的同时，其空间迁移却没有同步实现。我们的户籍制度、住房政策、社保体系、教育培训、子女教育、公共资源配置等许多领域，关于农民工方面的政策安排刚刚破题，农民工城市融入面临着一系列障碍。

（一）农民工融入企业

可以说，收入低、合同签约率低、社会保障程度低的"三低"状况是农民工顺利融入企业的最大障碍。与过去相比，现在，农民工虽然在基本劳动权益实现上的情况有所改善，但总体境况相似，始终面临着一些普遍的、亟待改善的问题，主要表现为收入水平低、合同签约率低和社会保障程度低的"三低"状况。

1. 从就业的行业分布看，农民工主要集中在劳动条件差、劳动强度大、劳动技能要求低、工资水平低的行业

首先是农民工从事采矿业、制造业、建筑业的人员所占最大，占所属行业的53%；其次是从事批发和零售业、住宿和餐饮业、租赁和其他服务业。这些行业劳动条件差，劳动门槛低，劳动技能要求低，工资水平低。除此之外，有68%的人是在不需要多少劳动技能的普通员工和服务员的岗位。

2. 农民工收入普遍偏低，劳动时间长，劳动强度大，生活条件较差

农民工工资收入普遍偏低，65%的人平均月工资不足2000元，这也成为他们生活中面对的主要问题。由于农民工进城务工主要是为了改善家庭状况，而非生存状况。所以，农民工收入很大比例是用来改善家庭境况。随着工资收入的提高，农民工的生活开支比例递减，而用于改善家境的数额比例却在递增。在工资收入很低的情况下，他们除了进行必要的个人生活消费之外，省下的钱多数都用于给家里补贴家用，这样，工资收入低，还要补贴家用，大大增加了他们的生活压力。

3. 职业能力不足、职业规划欠缺是阻碍农民工城市融入的素质因素

农民工带着梦想来到城市，相对较低的文化层次和职业技能难以适应城市产业发展和结构调整的需要。62%的农民工没有资格证书，37%的拥有资格证书的人也主要是初级证书。因此，他们所具备的实际知识和技能远远达不到城市劳动力市场的需求，这也决定了他们在城市属于就业弱势群体，仍多属于"非正规就业"，职业能力不足和职业规划欠缺现象并存。职业技术直接影响打工者的收入和打工的稳定性，也直接影响着农民工的城市融入。

农民工进城打工的目的是实现自身向上流动。未来想继续留在城市的人所占比例不高，更多的人只是希望存下一笔钱或学到技术后回家乡生活，这种职业规划不利于农民工融入城市。

4. 农民工在城市就业中，职业稳定性低，跳槽频率高，流动性强

融入城市的前提是有一份相对稳定的工作。而调查表明，农民工在城市的工作稳定性较差，80%的人近年来更换过工作，而且有50%的人更换工作的频率达到3~5次以上。特别是建筑和餐饮、百货、服务等行业，工作的稳定性更差，近半数的农民工在一个单位中稳定的工作时间仅有1~2年。不稳定的工作环境，使这个群体中的多数人始终处于"城市雇佣者"的状况，加大了他们实现梦想、融入城市的困难。

通过访谈发现，除了因为工作辛苦、收入少而跳槽，还有些农民工是因专业能力不够导致流动。这种由于个人能力欠缺引起跳槽的情况值得重视。技能和文明素质的高低决定着他们的就业稳定性、择业的竞争力和发展空间，也关系着能否真正融入城市，实现阶层流动。调查发现，政府当前对农民工的继续教育和职业技能培训普遍重视不够，农民工群体的就业服务弱化，企业在农民工培训中严重缺位。在上述因素的作用下，农民工的职业发展目标、就业单位频繁变换，不利于企业的可持续发展，也不利于农民工群体在城市稳定就业和高层次就业。频繁的跳槽同样影响他们与社会交往的广度和深度，也影响社会对他们的评价。

多数农民工工作不稳定，必然导致其对未来职业规划较为茫然。大多数农民工工作不稳定，首先表现为临时用工多于合同用工，"干完现有工作就走人，再找下一份工作"的现象十分普遍。通过对接受我们调查的农民工的研究，我们发现他们中大部分都是临时用工，合同用工所占比例很低，临时用工比例高意味着多数农民工工作并不稳定，工作更换相对频繁。尤其是对于农民工中那些缺少一技之长的纯体力劳动者来说，由于从事的工作可替代性强，工作更不稳定。用一位农民工的话说，"做'小工'（指没有技术的工人）的就是卖力气，哪里给的钱多就去哪里"。

5. 政府就业服务欠缺，就业信息渠道不通畅，职业培训不能满足农民工融入企业的需要

多数农民工在找工作过程中存在社会资源不足、信息来源不多，孤立无援的困境。就业信息仅占农民工从就业服务机构中获得服务的10%，出现了严重的信息不对称。在座谈会中，一些农民工也表示刚来城市的时候，举目无亲，感觉孤独无助。

农民工接受教育培训少的情况也是影响他们融入城市的因素之一。在本次调查中发现，农民工整体受教育水平与城市人口仍有差距，就业培训尚未普及，培训层次低，覆盖面狭小。一方面，参加工作以后尽管大部分员工参加过单位组织的技术培训，但这些培训主要集中在安全常识和职业技能两个方面，其中安全常识占了38%，职业技能占34%。其他的法律和职业道德的培训仅占25%，明显反映出法律知识、职业道德规范培训的不足。

57%的农民工没有经过专业技术培训，缺乏在城市从业的相关专业知识、技能和经验，虽有能吃苦、听话老实、薪酬低廉等优点，但由于农民工的教育水平较低，在城市就业竞争中仍然处于劣势，能够找到的一般都是不需多少技术、附加值低、稳定性差、只需简单体力的工作，很多是城里人看不上、不愿干的苦、脏、重、累而又报酬较低的岗位，与城市居民形成明显的职业岗位、报酬待遇分层落差，也较难在一地长期稳定就业。因此，得到相关的、较高层次的职业培训是农民工融入城市的关键。

6. 规范合同的签约率低，劳动关系紧张，劳动冲突仍然不断发生；农民工工资水平普遍低下，企业欠薪现象依然存在；超时间、超强度劳动现象依然普遍，休息权缺乏保证

调查发现，用人单位与农民工签订劳动合同率低，26%的人从来没有与用人单位签订过劳动合同。另外，大部分农民工根本不知道是签的一纸什么协议，规范合同的签约率很低。通过调查发现，有56%的农民工的工资完全由用人单位决定或通过协商和口头约定，仅有35%的人通过与企业签订劳动合同来确定工资。比较而言，机械、化工、制造行业中固定期限合同的签约率相对最高。餐饮、百货、服务和建筑行业"没有签任何合同"的人群最多。

规范合同的签约率低，意味着农民工的劳动权益难以保障，企业欠薪现象仍然存在，11%的人表示曾被拖欠工资。当遇到欠薪、工伤和职业病等意外状况时，无法维护自身的正当权益，在劳动力市场上处于明显的弱势地位。

7. 社会保障层次单一，覆盖率低

被调查者中有21%的人未办理任何养老保险，35%的人拥有农村养老保险，仅有40%的人拥有企业职工医疗保险。可见，当前农民工的社会保障水平尚低。2010年全国两会《政府工作报告》中提出："维护劳动者合法权益，构建和谐的劳动关系"，"要积极推进农民工参加社会保险"。上述"签订劳动合同和享受社会保险"是农民工融入城市的基本保障，没有这两个方面的保障，他们无疑会遭受更多的歧视和社会排斥。

五险为社会保险中的养老保险、医疗保险、工伤保险、失业保险和生育保险，其中养老保险和医疗保险是劳动者社会保障方面最基本的社会保险，而调查发现这方面的政策落实存在不足。

8. 劳动安全卫生条件较差，往往缺乏最基本的劳动保护

调查发现，农民工的劳动安全条件差，劳动安全意识普遍较弱，劳动保护条件缺乏。

9. 农民工维权意识弱，缺乏有效的利益表达机制与渠道

调查发现，农民工劳动权益受到侵害的情况仍然存在，16%的农民工表示有过劳动权益受侵害的经历。但是，农民工劳动维权难，维权途径闭塞，维权意识不强，相对缺乏有关劳动权益保护方面的法律法规及相关知识。农民工力图在城市中扎根，成为城市居民，如何建立和谐的劳资关系，就成为当代企业的一个重要问题。农民工是一个数量庞大却又处于社会弱势的群体，迫切需要支持。

相关职能部门要积极帮助农民工解决劳资纠纷，积极推荐农民工参与制定企业民主管理条例，参与劳资利益集体协商，改变劳资关系失衡局面，进一步帮助企业稳定农民工人心，推动企业建立和谐劳资关系，积极营造和谐企业氛围。

利益是社会发展的基础、前提和动力，"人类奋斗所争取的一切，同他们的利益有关。"在商品经济高度发达的情况下，人们的行为被利益所支配，整个社会就是由不同的利益群体所组成的一个相对稳定的利益结构网络。公共政策过程从某方面看就是不同利益群体之间相互博弈的过程，公共政策本身则是利益群体之间相互谈判妥协达成结果的一种反映。农民工作为当今社会的一个阶层群体，自然也会谋求有效表达其自身的利益诉求。

农民工有效的利益表达机制的确立和完善，一方面需要客观有效的表达渠道和制度保障，另一方面也需要农民工有较强的自我保护意识和维权意识。访谈过程中关于利益表达问题出现了两种情况：一种是完全不了解有哪些利益表达渠道；另一种是通过这些渠道维权但并没有收到良好的效果。这说明，农民工在维护自身权益方面的意识较差，就调查结果来看，大部分农民工对相关农民工政策一无所知，有的甚至不知道维护自身合法权益的渠道。

调查发现，农民工在遇到工资被拖欠等权益损害时，均把与老板协商放在第一位，表示要通过法律维权的所占比例不高。除了自身维权法律意识薄弱外，更重要的是映射出政府和社会的维权援助平台的严重缺失。现实生活中，"与老板协商"更多属于双方私下的调解，极易隐藏暴力威胁和被威胁因素，这种非法律框架下的维权行为容易引发恶性群体事件，这种情况在建筑行业最为典型，是城市社会稳定的一个隐患，建立健全农民工权益表达的合理程序与渠道迫在眉睫。值得注意的是，文化程度的高低与法律意识的强弱并无直接联系。遇到工资被拖欠等权益被损害的情况，调查中较高收入的人群主张"暴力解决"的比率更高而低收入人群中"自认倒霉"的人则更多。我们认为，不论"暴力解决"还是"自认倒霉"，都是弱势群体的两种无奈的极端选择，只不过外在的表现方式不一样而已。因此，针对这两类人群的及时维权介入和心理疏导就显得更为更要。

（二）农民工子女融入学校

外来务工人员随迁子女的教育问题受到户籍制度的限制，使得他们不能享有与同龄城市孩子相同的教育机会。许多农民工，特别是刚有子女的农民工基于自身阅历和切身体验，对子女受教育的期望都非常高。他们中越来越多的人，正是为了让子女能够在城市接受更好的教育，而选择在务工地就业和定居。农民工子女未完全享有平等的教育机会是影响农民工融入城市的重要影响因素。

1. 解决农民工子女的义务教育难题仍然艰巨

农民工基于自身阅历和切身体验，对子女受教育的期望非常高。尽管国家出台的一系列政策，在一定程度上缓解了农民工子女的义务教育难题，但农民工随迁子女入学难问题仍相当突出。调查显示，由于我国各省市的教育管理体制和教学内容不统一，大多数地区规定农民工子女在义务教育完成后必须回户口所在地参加各种考试，让孩子选择在哪里接受义务教育成为农民工头疼的问题。被调查的已婚有子女农民工中，尽管随迁子女在公办小学就读的比例很高，但很多城市公立学校，仍然变相收取所谓的"捐资助学款"。

另外，由于城市公办教育资源稀缺，仍然存在大量农民工入学难的问题，随迁子女教育问题，也必将越来越成为影响他们在务工地稳定就业、生活的现实性、紧迫性问题。如，农民工子女学校的教育质量还难以和公办学校一样得到保障，农民工子女较难融入城市儿童集体，对各种农民工子女学校监管力度还不够，由于需求旺盛而涌现出办学质量良莠不齐的非法办学机构，投入于农民工子女义务教育的经费缺乏有效监管，私立学校入学要求高，程序复杂，一般农民工子女很难进等。

农民工居住地域相对集中，造成区域教育资源供给短缺与闲置并存的局面；受未来流动人口发展的变化及相关政策的影响，义务教育阶段农民工子女的数量变动存在较大的不确定性；相关统计制度的不完善，使教育职能部门难以掌握农民工子女的基本情况，由此增加了区域教育资源配置和规划的难度；初中后教育通道以及免收义务教育借读费等政策的出台，进一步加大了资源供需矛盾的核心——财政压力，而借读条件门槛的设置是不得已之举，显然会让一部分农民工子女失去受教育的机会，也加大了对农民工子女学校的整治难度。农民工子女面临教育基础薄弱、社会融合进程缓慢、高考户籍制度的限制等不利因素，造成其受教育难的客观现实。应该说，上述问题将在相当长的时期内存在，解决农民工子女教育问题也是一项长期的任务。如果处理不当，不仅会影响农民工子女教育的进程，也会影响户籍学龄人口义务教育水平的提高。

2. 农民工子女上学的差别化政策，阻碍了他们融入城市生活

本次调查数据显示，有子女的夫妻，更倾向于将子女放在老家抚养。在座谈会中，多数有子女的访谈对象为子女教育问题担忧。

子女的教育问题长期困扰着农民工。农民工子女上学时遭遇的差别化对待，阻碍他们融入城市生活。在一些地方，农民工子女在入学的时候，要提供计划生育证明、住或租房证明、劳动合同证明等多个证明文件，不少农民工子女因此无法顺利入学。部分农民工子女还没有真正享受平等教育的权利。

3. 大多数农民工子女在学校的生活圈子较为单一，身心健康被忽视

农民工大多居住在市郊狭小的工地圈子中，日常往来的对象主要是在一起打工的农民工工友，他们中多数与"城里人"缺少接触。调查显示，只有21%的农民工子女最好的朋友是城市小孩，其他的则是农民工小孩或没有朋友，占比近79%。农民工子女在学校也同样如此，他们不善于和城里同学交往，自卑感强、孤独，心理健康问题凸显。

针对子女在校的综合表现，72.4%的家长认为孩子过得比较快乐，与同学相处融洽，近30%的人认为孩子过得不开心，经常逃学、不完成作业。更严重的是，76.2%的农民工家长认为自己孩子的学习成绩处于中等。由此看来，农民工子女的心理健康状况低于城市孩子的心理健康状况。他们比城市孩子表现出更高的学习焦虑、孤独倾向和自责倾向。他们渴望能得到与本地学生同等的待遇，他们在学校里常常感觉自己是一个异类，这使他们缺乏自信，产生自卑。农民工子女入校后，城乡的差异带来的不适应，自信自尊受到一定的打击，心理变得比较敏感脆弱，长期处在紧张焦虑的状态下，他们的身心健康和个体社会化发展受到影响。性格上也容易产生变化，多表现为性格内向、孤僻、不合群，攻击性行为多，不喜欢与同伴交流，适应过程比较长。

在有些公办学校对接收的农民工子女一般采用整校接纳、单独编班、插班就读等形式，农民工相对偏低的社会经济地位，决定了其子女在公办学校中易受到同龄人的歧视，这种歧视不仅增加了农民工子女的心理负担，而且也不利于同龄人之间的社会融合。

4. 子女教育费用已是农民工城市融入中的沉重负担

调查样本中，有子女的夫妻，面临子女教育费用问题。这些农民工的子女绝大多数还是学龄前儿童，但用于教育的费用很高，有 28.7% 的农民工认为孩子在城里上学的学习费用太高。用于子女的教育费用已经占到每月收入的 10% 以上，有的更高达 20% 以上。对于多数子女即将到义务教育阶段的农民工，子女教育支出可能成为农民工在城市发展中一个望而生畏的重负，这是他们城市融入进程中一个难以回避的严峻问题。

5. 农民工集中居住区域，区域公办教育资源供需矛盾突出，降低了义务教育资源的总体承载力

由于农民工往往集中居住而且多居住于城市某些特定区域，如城市边缘区、老城区或者企业开发区，这使得义务教育资源区域性供给短缺的现象十分突出。调查显示，农民工子女所在班级人数在 45 人以下、享受比较充裕的教育资源的仅为 21%，也就是说有近 80% 的农民工子女教育资源处于紧张状态。一方面流入地集中地区全日制公办学校供不应求，另一方面中心城区的教育资源吸纳不足，从而导致整体教育资源的承载力下降。尤其是义务教育借读费取消之后，大城市农民工子女教育问题的解决难度进一步加大。2008 年 11 月，国家财政部和国家发改委发出通知，决定自 2009 年 1 月 1 日起，在全国取消和停止征收 100 项行政事业性收费。其中教育部门涉及的 10 项收费中就包括义务教育借读费。取消义务教育借读费，将对解决农民工子女教育问题带来巨大的压力，经费不足成为首当其冲的现实问题，教育财政经费的压力将进一步加大。同时，此项政策的出台会对农民工子女就学的数量及其渠道产生影响。城市优质教育资源对外来流动人口的吸引力很大，取消借读费后，不仅会影响农民工对其子女是流动还是留守的抉择，导致更多的农民工子女通过随迁的方式进入大城市就读；而且因为公办学校的教育资源优于民办及农民工子女学校，这一政策的出台有可能导致较多的农民工子女转向公办学校

借读。

6. 农民工无序流动，学籍管理尚未联网，增加了义务教育管理以及教育发展规划制定的难度

由于农民工的工作地和居住地不稳定，其子女为了继续就学不得不频繁转学，而且在农民工子女学校就读的流动人口子女，转学的发生比率和人均转学次数都偏高，就学的流动性也更大，37%的农民工城市就读子女有过转学的经历，12.4%的孩子有过两次及以上的转学经历。频繁转学既影响其受教育的连贯性，也对区域教育规划管理、学籍管理等提出了更高的要求。

（三）农民工家庭融入社区

1. 农民工住房条件差，居住环境同质性强

从目前居住情况看，29%的农民工通过租住单位房或私人住房来解决居住问题，27%的人是住在免费的集体宿舍（活动板房），仅有9.5%的人是住在自己购买的商品房里。人均居住面积不及全国小康水平的占参与调查总数的76.7%，还有18%的农民工的人均居住面积不足5平方米。住房问题逐渐成为农民工城市城市融入的主要障碍之一，也逐渐引起党委政府和社会各界的重视。2006年以来，国家出台了一些改善农民工住房条件的文件，初步明确了农民工住房政策的基本方向。一些地方也积极破解农民工住房难题，主要做法包括建立农民工公寓（农民工经济租用房），将符合条件的农民工纳入城市住房保障体系试点，尝试建立农民工住房公积金制度，对农民工购房给予财税支持等。但整体看来，我国农民工住房总体还处于市场失灵和政府失灵并存的状态。调查显示，目前希望在所在打工城市买房的农民工占的比例较高，但是由于自身收入水平和家庭支持能力有限，城市房价居高不下，只有一小部分人能实现买房的梦想。因此，大量的农民工是由个人或家庭从市场租赁解决住房问题，大部分农民工集中在"城中村"、城乡结合部棚户区，居住面积小，配套设施不完善，居住条件恶劣，与城市户籍居民的居住水平差距越来越大。居住区域和条件限制了农民工与城市居民的有效互动，一定程度上加剧了他们真正融入城市的难度。

2. 农民工公共参与平台不足、渠道不畅，参与资源缺乏

在社会参与上，农民工能否参加城市社区的公共文化生活不仅取决于他们的参与意愿,还取决于农民工是否受到了社区组织的吸纳和邀请。调查中91.4%人表示愿意或一般愿意参与社区的公共性事务,但实际上70%的人都没有参与社区的活动包括文娱活动。因此可以说,目前中国的实际情况是,城市尚未将农民工纳入视野。

公共参与是指"公民试图影响公共政策和公共生活的一切活动",不仅包括政治参与,还包括在公共的文化生活、组织生活和社会事务等领域的参与。在问卷调查和实地访谈过程中,我们意识到,虽然农民工具有参与城市社会的热情,但这种热情目前并没有变成事实。城市社会的政治参与主要体现在人大代表选举、社区居委会选举等方面。由于当前的人大代表的选举资格是按照户籍确定,所以农民工的人大代表选举权在很多城市被剥夺了。在城市社区居委会选举方面,被调查的农民工之中仅有少部分的人表示参加过城市社区居委会选举,大部分则表示从未参加过。关于城市社区公共文化活动的参与状况,大部分农民工表示"没有参加"或"很少参加"。

目前,农民工群体缺乏与城市市民沟通交流的平台,社会参与、政治参与渠道受阻,极为厌恶城市市民的清高与排斥,公共参与的不足,加大了他们与城市社会的隔离。农民工要达到真正融入城市社会,必须提高与城市社会互动的频率,在互动过程中不断提高城市生活意识、现代行为规范和城市文化的认同。

3. 社会参与度低,参与意识不强

农民工在城市融入方面面临的排斥是客观存在的。他们与第一代农民工相比,城市融入的环境优化了,地位提高了。但农民工仍然处于理想与现实的矛盾之中,他们希望融入城市,投身公益活动,热心社会活动、建言献政,但又认为自己不能完全融入城市。这种城市融入的困难,来自户籍制度、就业制度、教育制度等,也有自身因素。

调查发现,农民工的社会参与度不高。一个群体或阶层社会地位的高低,在很大程度上取决于其在社会上所扮演的角色和社会活动的参与程度。调查表明,农民工能够在一定程度上参与扶贫济困、社区志愿服务、义务献血等社会公益活动,但总体参与度不高,大部分人没有参与过任何社区活动。当然,这主要应归因于我们城市对这个群体长期的漠视,不应该完全归结为农民工对社

会活动参与的冷漠。

4. 农民工的社会交往圈同质性较强，与当地居民的交往范围不广、程度不深

在对农民工交往对象的调查中，被调查的新生代农民工的交往对象基本为同乡、同事和同学的"三同"。这表明农民工与当地居民的社会交流不充分，必然导致社会互动不足，影响两个群体的融合。

5. 社会支持网络匮乏，网络构成单一

家庭和同事、朋友是农民工社会支持系统的主要构成，政府和社会组织在这个过程中的缺位比较严重。通常我们把除自己之外而来自组织、社会、亲人、朋友所给予的物质与精神帮助称之为社会支持系统。我国目前整个社会支持网络正在发生非常大的变化，由于社区和社会组织建设还远跟不上时代发展的需要，党团组织的影响力也受到严重削弱，从而使广大农民工在遇到困难需要帮助和重大问题需要与人商量时，基本无法求助于党团组织，更多地把目光投向自己的父母和亲戚朋友。农民工在招工就业时，往往依靠老乡和亲戚朋友介绍，社会网络结构单一，社交能力不强，政府、社会组织对他们的帮助不大。

6. 生活单调，信息比较闭塞，过着低消费水平下封闭的闲暇生活

社会交往是人与人之间在社会生产和社会生活中所进行的交互作用、活动。农民工的社会交往直接影响他们在城市的生活与工作，文化娱乐活动是农民工开展社会交往、融入城市的最有效的途径之一。

农民工认同城市文化，他们行为方式的参照群体是城市中的同龄市民，娱乐消费方式表现出了主动城市化的倾向。较高的文化程度使得农民工更容易接受新事物，他们倾向于通过报刊、书籍以及网络获取大量的知识和信息来为自己服务，比如农民工通过网络、报纸上的信息寻找工作；通过网络购物、交友甚至谈恋爱。农民工的消费观念更加开放，他们的花销不再像父辈那样仅用于简单的衣食住行，他们会把钱花在诸如电器、手机、电脑、网络、服饰、休闲等很多方面。但调查发现，影响农民工对社会政治了解的主要渠道仍然是传统的电视和报纸，传统媒介（电视和报纸）仍是农民工接收信息和娱乐消遣的主要工具，大部分农民工仍然过着一种低消费水平下封闭的闲暇生活。

低消费带来的是闲暇时间安排相对比较单一和封闭，更多地体现在休息而非休闲。大多农民工下班后选择在家看电视或睡觉。无论是看电视还是上网，都是一种比较孤立的娱乐方式，与外界接触少。农民工闲暇安排比较封闭的主要原因，一是受制于收入水平，二是受限于可支配的工余时间。这两点对进城务工的农民工而言，都是比较奢侈的要素。仅能维持生计的收入和有限的工余时间，使多数农民工闲暇时间主要蜗居在家，缺乏主动的社会交往热情，交往圈子狭窄，发展权益受到很大制约。

7. 自我身份认同混乱，城市融入程度处在边缘化状态

农民工在城市居住"有居所没有家园"、在城市工作"有职业没有事业"、与城市居民共同生活"有交往没有交流"，他们在城市处于一种"镶嵌式"状态。农民工处于由农村人向城市人过渡的过程中，兼有工人和农民的双重身份。制度身份和职业身份的分离，使他们自我身份认同出现混乱。调查结果显示，大部分农民工不再认同自己的农民身份，他们希望按照职业、生活领域等经济社会因素来重新认定自己的身份，但是面对制度的强制性认定和市民的习惯性认定，"农民"成了他们身上挥之不去的社会标签。一个人对于生活的满意度，取决于主观认识与客观条件。主观感受在一定程度上是受客观条件影响的。前面的分析中，农民工面临的既有生存条件的艰辛，也有对未来生活的信心缺乏。农民工在这样的双重现实矛盾中感受生活时，满意度不高。

过客心态仍是农民工的主流心态，缺乏对城市和农村的双重认同。城乡二元体制依然阻碍政府对其身份的制度认同，于是角色转换与身份转换的背离使得农民工陷入身份认同的困境，形成"新二元结构"和自我隔离，使他们难以融入城市。总之，农民工在对务工的城市和家乡所在的农村做总体性的认知和评价时，呈现一种模糊性、不确定性和内心自我矛盾性，缺乏对城市和农村的双重认同。此外，传统农民工近似于候鸟的打工方式和亦工亦农经历，造就了他们城市过客心理。调查显示，农民工的乡土情结淡化，城市融入愿望增强。农民工渴望得到城市的认可，渴望"市民"的身份认同及市民化。大部分农民工希望未来在目前打工的城市、家乡附近中小城市或乡镇定居。

三 农民工城市融入的对策研究

（一）农民工融入企业

1. 改善农民工的就业条件，提高农民工就业创业能力

政府、企业与社会要共同推进农民工的教育和培训工作，积极探索多路径、多渠道、多层次、多形式的农民工职业培训和素质教育方法，为农民工提供有针对性的职业技能培训，提高其整体素质和职业技能水平。

2. 维护农民工的合法权益，解决农民工薪酬问题

首先，对农民工工资支付、增长机制进行立法，严格执行劳动合同和最低工资制度，建立农民工工资正常增长机制，完善工资指导线、劳动力市场工资指导价位和行业人工成本信息指导制度，推动农民工与企业其他职工同工同酬。其次，要建立工资支付监控制度和工资保证金制度，建立由政府主导的欠薪应急周转制度，加大对欠薪企业和个人的惩罚力度，保障农民工按时足额领到工资。

适时推进完善劳动和社会保障制度。要想实现农民工在城市长期稳定就业、健康生活的发展目标，政府部门要进一步落实三个方面的社会保障制度：即年老和疾病时的养老保险和医疗保险、失业后暂时生活困难的失业保险、最低生活保障。建议逐步完善医疗、养老、低保制度，落实农民工保护措施。①完善医疗保障。向外来农民工发放"医疗爱心卡"，降低看病费用，提供医疗救助，少花钱、保健康。扩大惠民医疗服务对象，将经济困难的农民工纳入惠民医疗救助范围，对外来的"无主病人"开通绿色通道，实行医疗救治。加大对女性农民工的健康保障，扩大对流动人口中的孕产妇的免费检查服务的范围和项目，扩大外来流动人口中的新生儿保健服务和医疗保障项目。②扩大养老保险。把农民工纳入其中。切实贯彻落实《城镇企业职工基本养老保险关系转移接续暂行办法》，对农民工一视同仁，实现外来农民工基本养老保险关系可在跨省就业时随同转移，推动劳动保障制度的发展。③建立低保记载。着力研究如何建立和完善针对农民工的"低保"政策和机制，使最低生活保障制度，能够有效地向农民工延伸。启动并完善农民工特殊困难救助机制，继续实施农民工子女意外伤害救助项目，开通"农民工法律援助绿色通道"，积极推行"一站式服务"，确保农民工在生产和生活遇到困难时"有救助"。

3. 适时推进户籍制度改革，突破公共服务体制性障碍

户籍管理制度是农民流动的最大制度成本和城市融入的大障碍。农民工身份地位的合法化，是解决农民工城市融入的首要问题。作为身份标签的户籍制度不取消，农民工的权益保护和城市融入就很难真正实现。

各地政府要扩大为农民工的公共服务面，打破以户籍为界限的公共服务体制性障碍，把有固定住所、有稳定职业和收入的农民工，尽可能地纳入政府提供公共服务的范畴，逐步有序开放户籍管理制度，为农民工成为"城市新市民"开辟政策通道，让农民工在城市生产和生活更有归属感。

4. 促进对农民工就业与工作相关问题的立法保障，加大力度维护农民工的合法权利

由于农民工在就业与工作上与城市人难以达到"同城同待遇"的事实差距，已成为农民工难以融入城市生活的一个重要因素。政府应当进一步加强对农民工就业与工作问题的相关立法工作。第一，针对农民工由于未签订劳动合同而导致的工作不稳定、缺乏社会保险等问题，政府应当全力贯彻落实《劳动合同法》及相关法律法规，在政策上引导雇佣单位与农民工签订劳动合同。并且监督雇佣单位社会保险的落实，在一些高危行业，如建筑业等，应当确保工伤保险与医疗社会保险的参保比率达到100%。第二，针对农民工工作时间过长，难以参与社会活动的问题，全省各级政府应出台相关的具体政策，对各行业农民工的工作时间进行规范。对于一些确实需要拉长工作时间的岗位，应当有专项政策规定，并落实农民工的加班工资。第三，根据各行业的具体情况，接触农民工工作较多的单位，牵头组织各行业中农民工的安全生产、职业健康保护等相关培训活动，促进农民工尤其是刚刚参加工作的农民工，树立安全生产意识。

5. 全面维护农民工合法权益，为农民工维权提供支持

要积极探索代表和维护农民工权益的新方法、新手段，为维护他们的合法权益提供及时有效的保障。建立农民工求助平台；建立和完善12355青少年服务台，完善个案的受理和处理制度，及时反映和解决农民工的利益和需求，帮

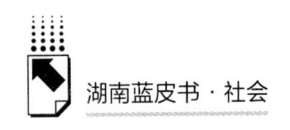

助解决其实际问题和困难；建立农民工舆情监测系统，构建舆情监测网，组织专业人员开展定期监测；建立向党委、政府及时反映农民工舆情的常态化直报制度，为党委、政府提供决策的依据。

（二）农民工子女融入学校

1. 取消农民工子女在教育上的户籍制度限制，保障农民工子女受教育权利

农民工子女受教育的户籍限制是农民工难以在城市安家落户的一个重要因素。户籍制度是长期以来的城乡二元结构造成的，一直是困扰城乡一体化的重要障碍，短时间内很难得到根本解决。但是，在教育问题上的户籍限制涉及平等受教育权，也涉及农民工整体在城市的城市融入，应该率先打破。

流入地政府自觉承担起农民工子女义务教育的责任，将他们的子女义务教育纳入当地教育事业发展规划，列入教育预算，加强流入地公办学校对农民工子女的容纳能力，消除因户籍问题引起的歧视；鼓励和支持农民工子弟学校的发展，提供必要的资金与政策扶持，满足农民工子女的多层次就学需求。针对随迁子女学前教育和高中阶段教育困境，流入地和流出地政府共同研究制定相应的解决政策。作为地方政府，应当实行农民工子女入学的属地原则，根据农民工的居住地按政策要求划片入学，取消一系列的户籍限制。对于流动性较强、没有固定住所的农民工，可以根据具体情况帮助落实就地就近入学。

2. 落实农民工子女的平等受教育权，取消各种差别化对待

义务教育政策的限制和差别化对待，阻碍着已婚农民工家庭成员的城市融入。在基本解决农民工子女义务教育的前提下，重视尚存在的附加条件问题，同时认真研究对策，解决义务教育后的教育问题，包括取消就学证明，建立全国财政转移支付。初中、小学教育是全国统一的义务教育阶段，有中央财政的保障和支持。建议全国建立相应的转移支付制度，由输出地向接纳地转移相应的政府财政补贴，保证农民工子女在务工地的完整受教育权。

3. 强化和改善政府的公共服务职能，将农民工子女教育资源纳入城市社会事业发展规划，均衡配置教育资源，提供公平的教育环境

根据各区域人口变动的不同情况决定教育资源的配置方向。各级财政要加大对人口导入区尤其是农民工子女集聚区的支持力度，将农民工子女教育纳入城市社会事业发展规划，将较多承担农民工子女就学的学校建设列入城市基础设施建设规划，以增加教育资源短缺区域公办教育资源的供给，提高这些区域公办学校接受外来流动人口子女的能力。同时，通过对外来务工者居住地的规划引导，及时调整不同区域学校的设点布局，使其与新的人口格局相适应。为分散农民工子女居住和就学的密度，大城市市区相关政府部门要对有稳定工作的外来务工人员的居住地予以相应的规划和布局。

要正确认识农民工也是城市财富的创造者，他们在无法享受城里人各项公共福利的状况下，以极低的成本为城市的企业提供了大量利润，并创造了城市的税收，同时还在很多方面承担各种不公平的费用。因此，城市政府有责任有义务来解决农民工的子女教育问题，这是政府对于作为纳税人之一的农民工的正常的服务。政府应着力解决导致教育领域受教育权利事实上不平等的体制性问题，取消二元户籍制度所强加的受教育界限，取消教育赞助费等其他不合理的收费制度，保证流动劳动力子女的受教育权利，并为其提供公平的教育环境。注重义务教育公共投资的内部效益，必须建立严格的教师人力资源配置制度和合理的学校设置制度。

4. 统筹农民工子女义务教育的经费，建立经济困难家庭学生的专项基金

构建义务教育经费供给的统筹模式，解决区域之间教育资源负担不均的问题。鉴于农民工居住相对集中、具有高流动性的特性，为了缓解义务教育资源区域性供给的矛盾，建议构建关于农民工子女在流入地接受完全义务教育的经费供给模式。建立专项基金，解决经济困难农民工子女教育费用紧张和流动就学成本高的问题。一要降低收费标准，减少收费项目，建立适合农民工经济状况的收费标准，减少校服费、伙食费、交通费等若干费用，并给予一定的费用减免和经济补助，帮助家庭经济困难学生就学。二是应以城市教育附加费及通过社会赞助等方式建立专项基金，通过设立助学金、减免费用、免费提供教科书等方式，帮助家庭经济困难的农民工子女就学。

5. 学校应给予农民工子女更多的关心与爱护

学校在对待农民工子女教育问题上，应该注意减轻他们的学习压力，多发现他们身上的其他长处，并给予足够的表扬，帮他们提高在集体中的地位，增

强他们的自信心。并且要努力防止形成小团体，注意他们与社会的交流，避免给社会和正常的学校教育带来隐患。

（三）农民工家庭融入社区

社区是社会生活最主要的场所，是城市融入最直接的环节，社区要在农民工城市融入中发挥重要作用，深化社区的融合功能。

1. 探索建立社区农民工服务（活动）中心

在农民工集中居住区，尝试建立农民工服务（活动）中心，为他们提供活动场所和设施，增强社区对他们的凝聚力。

2. 培育农民工的认同感和归属感

定期开展受农民工喜欢、丰富多样的课外娱乐活动，丰富农民工的业余文化生活，增进农民工与社区居民间的相互了解、沟通和信任，培育农民工对社区的认同感和归属感。

3. 建立社区公共服务平台，定期发布农民工需要的信息

在社区探索建立服务窗口，为农民工提供培训、就业、交通、商贸、房屋租赁等信息服务，进而尝试设立农民工需求的社区反映机制，疏通信息互动渠道。

4. 适度加大农民工住房保障，逐步解决农民工住房问题

居住条件差是农民工面临的突出问题，也是最棘手的问题，是影响农民工融入城市社会的最大障碍。各级政府应将农民工居住问题纳入本地城镇住房保障建设规划，加大住房保障投入力度，为农民工提供农民工公寓或者适合农民工租住的住房，取消在申请廉租房和经济适用房时的户籍限制条件；允许具备条件的企业，自筹资金自建公寓和住房，提供有法律保障的居住权、使用权甚至完全产权的住宅，保障农民工安居乐业。

5. 加强对农民工的社会人文关怀，引导农民工参与社会政治生活

加强对农民工的社会人文关怀，引导农民工参与社会政治生活。我们要以社区为单位，积极推动农民工群体内的党组织、团组织建设，吸收优秀的农民工，尤其是青年农民工入党、入团。这在一方面有利于党组织与团组织自上而下地深入农民工群体，了解更多实际情况；另一方面也有利于农民工自下而上的表达意见与利益诉求。

6. 促进农民工的社会交往，改善农民工的生活质量

在社会交往方面，发挥社区的作用，提高农民工的社会交往能力，积极寻求渠道扩大农民工的社会交往面，提高他们的城市融入能力。如建立交友平台，利用社会资源，组织建立交友平台，举办各种交友活动；举办丰富多彩的文化活动，加强农民工与其他群体尤其是城市居民的互动，在交流和互动中增进了解，促进融合，从而促进农民工与其他群体的和谐共处。

参考文献

郑杭生：《弱势群体与社会支持》，中国人民大学出版社，2003。

李强：《农民工与中国社会分层》，社会科学文献出版社，2004。

王思斌：《我国社会政策的弱势性及其转变》，《学海》2006年第6期。

李培林：《农民工——中国进城农民工的社会经济分析》，社会科学文献出版社，2003。

吴忠民：《从平均到公正：中国社会政策的演进》，《社会学研究》2004年第4期。

洪大用：《机遇与风险：当前中国的社会政策议程》，《学术界》2004年第2期。

Spicker, P. *Social Policy: Themes and Approaches.* London: Prentice Hall, 1995.

Fuller, V. & Stevenson, O. *Policies, Programmes and Disadvantage: A review of Literature.* London: Heinemann Educational Books. 1983.

B.37
湖南社区服务保障供给主体研究

谷中原 张 超*

服务保障乃社区保障的重要方式，相对政府而言，社区具有开展服务保障之环境和人脉优势，更易培育社区服务保障供给主体，更好开展服务保障。

一 社区服务保障供给主体及其社会保障价值

社区服务保障供给主体是能为社区居民提供服务保障的各种行为主体。其要义有三：第一，其外延是社区内部的各种行为主体，凡社区之外的行为主体不属社区服务保障供给主体。从可能性判断，社区非营利性组织、社区营利性组织、社区家庭、社区学院、社区机构、社区居民等均可成为社区服务保障供给主体。第二，社区服务保障供给主体提供的保障方式是服务保障。这是保障主体通过服务手段满足国民生活需要的生活保障方式，主要表现为保障主体直接给社区居民提供生活服务，以此满足社区居民生活需要。第三，社区服务保障受益对象是社区居民，这是社区服务保障供给主体开展社区服务的选择依据。这是因为社区服务保障是社区服务保障供给主体利用社区资源或自身资源开展的社区保障业务，由此决定社区服务保障供给主体只是社区内部的满足社区居民生活需要的公益主体。其主体性质导致社区服务保障供给主体只为社区居民提供生活服务保障。

社区服务保障供给主体有特殊的社会保障价值：第一，使社区保障成为政府补充性社会保障形式和自我保障形式的统一体。站在外力保障角度看，政府

---

* 谷中原（1963~），管理学博士，中南大学公共管理学院人力资源与社会保障系教授，主要研究农村区域发展、社区保障；张超（1986~），中南大学公共管理学院硕士研究生，主要研究社会保障。

是国民生活保障的责任主体，社区服务保障供给主体通过自身能力开办生活保障项目，等于减轻政府保障负担，使社区保障成为国家的补充性社会保障形式；站在自我保障角度看，社区服务保障供给主体是居民生活保障的责任主体，社区服务保障供给主体通过自身能力开办生活保障项目，等于社区居民依靠自身力量保障自己的生活，使社区保障成为国民的自我保障形式。可以说，社区服务保障供给主体使社区保障事业成为政府补充性社会保障形式和自我保障形式的统一体。第二，缓解政府财政压力。对于当今社会而言，没有哪个国家像中国建立全覆盖的社会保障体系。中国有13亿多人口，注定政府保障供应的生活保障资金有限。有资料表明，发达国家的政府保障支出占政府财政支出的20%~30%，而我国尚不到10%[①]。可断定，我国政府保障水平较低。如果政府扩大社会保障开支，提高国民生活保障标准，政府财政难承受。社区服务保障供给主体充分调动社区财力、人力、物力等资源，开展多种社区生活保障项目，减轻政府在社会保障开支上的压力，较好支援国家其他战线的建设。第三，满足社区居民生活需要。社区服务保障供给主体不仅为老年人、儿童、残疾人、社会贫困户、优抚对象等提供社会救助和福利服务，而且为所有的社区居民提供便民利民服务，还为社区单位提供社会化服务、为失业人员提供再就业服务。因此，社区服务保障供给主体通过提供多元化服务，较好地满足社区居民的生活保障需求，成为社区居民提高生活质量和生活水平的依赖对象。

二 湖南社区服务保障供给主体发展状况

随着近些年湖南社区建设的推行和社区服务事业的发展，湖南社区服务保障供给主体得到一定程度的发展。

（一）湖南的社区非营利组织

非营利组织指政府与企业之外的所有不以营利为目的的民间组织，有时亦

---

① 童星、张海波：《社区保障：现阶段农村社会保障主体》，《淮阴师范学院学报》（哲学社会科学版）2005年第2期，第176~179页。

称为第三部门,与政府部门和企业界的私部门一起构成三种影响社会的主要力量。社区非营利组织就是建立在社区内的,由社区居民发起,以公共服务为目标、不以营利为目的,组织盈余不分配,具有独立性、志愿性、公益性的社区组织。

湖南的社区非营利组织主要有社区公益服务型非营利组织,如长沙市开福区的社区义工俱乐部、长沙市开福区和雨花区的怡智家园、雨花区圭塘社区孙建华志愿者联盟、雨花区社区孟妈妈青护园、雨花区廖家湾社区学雷锋志愿服务队、雨花区社区砂家帮义工联盟等;社区协调型非营利组织,如长沙市开福区的社区外来人员协会、社区宣传文化法制中心、开福区东风路街道王家垅社区的宠物豢养自律协会、王家垅社区麻将自律协会、王家垅社区护绿协会等;社区资源动员型非营利性组织,如长沙市开福区的社区湘绣协会、长沙市浏阳市杨花乡杨花村社区教育基金会、浏阳市杨花乡端里村教育基金会等。

社区非营利性组织因克服个人实现合理愿望和诉求能力之不足而产生,其运行机制是团结自愿加入组织的成员,形成群体力量,并用群体力量实现大家的合理合法的企求,保护大家的合理权益。在实施社区保障活动方面,社区非营利性组织为社区居民提供生活服务保障资源,满足社区居民生活需要,减轻家庭和政府负担。就长沙市的社区公益服务型非营利组织开展的社区服务活动而言,起到了政府经济保障无法实现的生活保障作用。如长沙市开福区和雨花区的社区怡智家园,是在长沙市人民政府,长沙市残疾人联合会,长沙市雨花区、开福区人民政府和残疾人联合会的帮助指导下成立的,以智障人士为主要服务对象,建立在社区的非营利性残疾人职业康复服务及支援性服务组织。其以"为家长分忧,为社会减负"为己任,坚持一切从残疾人的实际出发,围绕提高教育培训质量和残疾人的就业能力这个中心,以培养残疾人的生活能力和社会适应能力为重点,在残疾人日常行为矫正和规范养成、就业能力上着手,为16~35岁各类有特殊需要的残疾人提供有针对性的整合培训就业,使他们都有机会享受到优质教育和就业培训,最大限度地减轻家庭和社会的负担。又如雨花区圭塘社区孙建华志愿者联盟,是中共党员退休教师孙建华女士建立起来的义工组织,成立十多年来,义工队伍人数达600多人。举办失业人员再就业培训、家政服务岗位培训、大学生就业前创业培训、男女气质培训和技能与才艺培训，受训人数达18000多人次；配合社区开展红十字志愿者服务，进行义务就诊、健康咨询、心灵沟通、心理门诊、知心姐姐等活动；建立"阳光心语咨询室"，开办心灵乐园，为老年人、不同类型的人进行心理门诊；与雨花区社会福利院结对，一个星期至少两次到福利院看望孤寡老人，组织义工们陪老人聊天，疏解老人心理压力。

就长沙市的社区协调型非营利组织开展的社区服务活动而言，起到了改善社区生活环境的作用。如开福区东风路街道王家垅社区的宠物豢养自律协会，是针对社区内饲养宠物的住户较多，造成社区生活环境污扰现象建立起来的协调性组织。王家垅社区属于老城区，楼栋多，人口密度大，社区内饲养宠物的住户也比较多。社区里的宠物大多属于放养型，狗的粪便臭气熏天，晚上出现狗叫声，影响了居民的生活和社区的环境卫生。社区了解情况后，决定成立王家垅社区宠物豢养自律协会，以解决这一不文明现象。通过大家的推荐，选举汽电宿舍退休职工周奶奶为协会会长，各宠物主人与协会签订文明饲养宠物的协议书，协会对养狗产生的扰民冲突和纠纷，进行多次上门调解。通过社区宠物协会的努力，社区饲养宠物带来的不文明现象得到了很大的改善，社区的环境也和谐了。除了宠物豢养自律协会，王家垅社区还成立了麻将自律协会、护绿协会等10个居民自治协会，订立《麻将馆自治公约》《饲养宠物公约》《门店经营公约》等20多项自律性公约。通过社区协调型非营利组织的工作，王家垅社区生活环境变得优美和谐，社区居民生活得更惬意。

就长沙市的社区资源动员型非营利性组织开展的社区服务活动而言，起到了帮助解决社区家庭经济困难的作用。如长沙浏阳市杨花乡的杨花村社区教育基金会，是长沙市首家村级教育基金会。1993年，在外当老板的刘良洪回村当村党支部书记，确立"教育强村、文化兴村"的发展思路，为解决村内寒门学子的经济困难，建立社区教育基金会。该组织采用模拟基金运作形式，捐赠者按照认捐基金，承诺每年支付8%的利息，2012年，已接受认捐101万，每年收入8万元，全部用于奖励教育和奖励学生、扶助困难学生求学、改善社区小学办学条件。每年召开大、中学生会议，经常与学生交流互动，建立学生档案，了解村内出去的大学生的学习生活状况，跟踪大学生就业状况及发展状况，组织大学生参加村内各项活动，营造了"文化兴村、教育强村"的氛围。

浏阳市杨花乡端里村教育基金会是2011年10月成立的社区教育基金会，端里村村干部为了解决村内家庭经济困难的大学生的就学问题，经过多方走访协商，决定全力筹办村教育基金会，在全村736户家庭的大力支持下正式成立，共募集120万元。村教育基金会成立后，派专人管理，保证村里的每一位贫困学子获得资助。两村的社区教育基金会有效地解决了村内寒门学子的就学困难，也较好地营造了社区互帮互助和持续发展的环境。

（二）湖南的社区营利性组织

营利组织指政府与企业之外的所有以营利为目的的民间组织。社区营利组织就是建立在社区内的，以营利为目的，以社区居民为服务对象的，具有独立性、自营性、有偿服务性的社区组织。社区营利组织与企业不同，其业务是提供生活服务产品，业务活动空间是社区以内，服务对象是社区居民，一般是小本经营。社区企业虽然建立在社区，但其业务量很大，一般生产有形的物质产品，活动空间面向社区以外的广阔世界，能给社区居民提供大量的就业岗位和保障资金。而社区营利组织都是自营单位，无法给社区居民提供就业岗位。在我国兴起的社区营利组织主要有理发店、超市、饭店、洗衣店、打印店、药店、物业公司、粮店、菜店、杂货店、便民服务协会、社会福利园、托儿服务组织、家政服务公司、社会工作机构等各种经营实体。这些自营生意，本钱小、经营规模不大、成本不高、劳动强度不大、不需要复杂高深的技能，其资本有机构成较低，而且店面离家很近，是一些社区居民自谋职业的最佳选择，所以，不少社区营利组织就是社区居民开设的。由于这些营利组织以生意人角色从事经营活动，所以必须到政府工商部门登记注册，取得营业资格证，才具有合法性。

目前，湖南社区营利组织提供的服务保障资源主要有便民服务、特殊人群护理服务、托儿服务、养老服务、生活物品服务等。就社区营利组织提供的便民服务而言，长沙市天心区新开铺街道梅岭社区拥有各类经营性便民服务营利性组织，为社区居民提供粮油配送、煤气灌装、摩托修理等便民服务。社区营利组织提供的特殊人群护理服务，主要表现在城市社区建立的商业性福利机构为失能老人、高龄老人、残疾儿童提供生活照料服务。长沙市的一些老年人比较多的社区建立老年人日常照顾机构，收取一定费用，为失能老人和高龄老人提供三餐和日间照料服务；一些社区建立的福利院招聘护理员为残疾儿童提供24小时的清洁、消毒、安全防护等有偿生活照料服务。社区有偿托儿服务主要是应对假期儿童无人看管的需要产生的，在长沙市的城市社区，对于需要上班的父母来说，如何安排孩子的假期活动是他们的难题。为此，有教育特长和空闲时间的社区居民成立假期托儿教育机构，提供绘画、音乐、钢琴、舞蹈、健身、跆拳道、书法、国画、英语等教育服务以及夏令营、外出旅游参观、探险等服务，解除家长的后顾之忧。就社区有偿养老服务而言，长沙市民政部门举办的公立福利院、农村敬老院和民办的社会福利院都对入住老人提供各种生活照料服务，收取一定的服务费。如长沙的一家城市社区小型民办养老院，有一栋两层的楼房，收住60多位老人，这些老人大多行动不便，不少还瘫痪在床，由养老院从农村聘请来的10位护工照顾。他们分白班晚班，每天早上五点半就要开始照顾老人洗漱穿着，喂饭、喂药，还要负责洗碗、洗衣服、打扫卫生，搬动老人去晒太阳，照理老人的大小便等诸多繁琐的事情，直到晚上六点才能休息[1]。可见养老院收取费用是必需的。但民办养老院的服务质量赶不上公办养老院[2]。社区居民需要的生活物品主要由社区的超市、饭店、粮店、菜店、杂货店提供。现在我国城乡社区都入住了这些提供生活必需品的小商店，较好地满足了社区居民的生活需要。

（三）湖南的社区学院

社区学院是社区建立的为社区居民提供人文素养、职业技术、专业知识，以充实生活内涵、提升社区文化水平、培育社区人才、开发社区人力资源为宗旨的教育机构。这种机构是教育与社区结合的主体，是社区开发教育资源、建构学习型社区不可缺少的主体，也是社区提供服务保障，尤其是提供技能培训

---

[1] 张瑜：《民办养老院护工群体不能承受之重》，红网，http://www.rednet.cn 2011/6/5 0:39:24。

[2] 相对而言，民办养老院的服务水平，无法与公办养老院相比，因为他们缺少政府及慈善机构的资金支持，其全部收入只能依靠进住的老人，但是入住老人大部分都是低收入者，从而导致养老院的收入较低。因而，在提高职工福利待遇、聘请专业护理人员以及扩大养老院基础设施等方面，民办养老院存在诸多困难，其服务水平自然也就无法提高。

服务的最重要的社区资源。为了促进自身发展，建构学习型社区，提高社区人口素质，世界各地社区都建立了社区学院，尤以美国为甚。1994年上海创办了我国第一所经市府批准试办的社区学院——金山社区学院。近些年来，我国不少城市建立了社区学院，如北京市建有朝阳社区学院、丰台社区学院等，太原市建有社区学院，杭州市建有余杭区社区大学，呼和浩特市建有呼和浩特社区学院。

相比而言，湖南的社区学院较落后，一是不仅湖南的农村社区没有建立社区学院，而且一些城市社区至今也没有建立社区学院；二是湖南只有极少数城市的社区建立了社区学校，如长沙市的开福区、雨花区等多数社区建了社区学校。并且，社区学校在办学规模、业务、理念上远远低于社区学院。社区学院开展的教育服务五花八门。在西方国家，甚至我国的台湾地区的社区学院能提供相当于大学院校前两年或专科学校二年制程度的教育，他们招收高级中等学校毕业或具同等学力者入学，修习期满，修毕应修学分，成绩合格者可授予副学士学位。而湖南的一些社区学校只能为社区居民提供生活方面的培训和给社区居民提供教育服务，培育居民的就业能力。一些进行农村社区建设的试点县建立的村民学校，只开展党团员教育、人口教育、计划生育教育、妇女培训、家庭教育等内容。当然，湖南的社区学校也有其特别之处，主要表现为湖南的社区学校提供的社区教育，塑造自力更生的社区文化，尤其弘扬社区的工作伦理，更重要的是利于将自主与自我发展成为社区生活保障的核心价值。

相对而言，在湖南，建社区学校的农村社区比城市社区少。但这并不说明农村社区不重视人才培养，相反，湖南的一些经济较发达的行政村都非常重视发展教育保障。如湖南省浏阳市杨花乡的杨花村社区，成立了长沙市首家村级教育基金会，经常组织群众性文化体育活动。

（四）湖南的社区家庭

家庭是以婚姻关系为基础、以血缘关系为纽带而形成的一种初级社会群体。作为社区保障资源的供给单位，社区的家庭所能提供的生活服务保障资源主要集中在提供家庭老年照料服务和为社区居家养老提供住所两方面。

家庭老年照料服务就是老人的配偶、子女、子女的配偶、孙子女、老人的弟妹等家属，为老人提供经济支持、日常生活照顾、情感疏导、疾病护理的服务方式。社区老人，尤其是80岁以上的高龄老人，对子女的经济支持有高度的依赖性；对配偶及家人的生活照料有较强的需求；对亲人的情感支持和心理慰藉有强烈的期待。所以，家庭提供养老服务是社区老人最满意的、最理想的养老保障服务方式。家庭养老具有社会养老和社区养老无法比拟的优越性。中国的家庭养老弥补了社会养老的不足，也符合养儿防老的传统习俗。家庭养老具有物质和精神保障双重功效。西方养老保障制度发达，但老人并没有获得像中国家庭养老一样的幸福感。家庭养老有子女轮养、老人独居供养等形式。其关键是老人所生子女的良心及他们彼此协商的结果。

社区居家养老服务就是以家庭为核心，以社区为依托，以老人日间照料、生活护理、医疗护理、家政打理、精神慰藉为主要内容，以上门服务和社区日托为主要方式，并引入社会养老机构专业化服务方式的社区养老服务方式。这种社区养老服务方式，与家庭养老照料服务和社会机构养老服务有很大差别。社区居家养老服务的资金来自企业捐赠和政府拨款，服务专业化程度较高。而家庭养老服务的资金靠个人和家庭成员的支持，服务专业化程度低；社会机构养老服务的资金来自机构的自营收入，服务专业化程度高。这种社区养老服务方式具有使更多老人得到养老服务、减轻家庭生活负担、能提供个性化服务的优点，极易得到社会认同。社区的家庭尤其是条件比较好的，不仅可以为自家老人提供养老住所，而且能为家庭外的老人提供日托或暂托住所，以及帮助社区养老服务人员开展服务工作。如长沙市2009年6月30日出台《关于推进城乡社区居家养老服务工作的实施意见》，全市建成188个社区居家养老服务中心。服务项目包括生活照料、医疗康复、文化娱乐、精神慰藉等多种形式的上门服务和日托服务，惠及全市10万余名老人。为此按市财政负担30%、区财政负担70%的比例，筹集居家养老服务专项经费，对各种社区居家养老服务中心给予必要资助，为老人提供高质量、多样性、个性化的服务。

（五）湖南的社区机构

社区机构是保障社区运转和发展的治理组织，是社区的中枢系统，在落实社区自治制度、制定社区发展规划、建设社区和管理社区事务、与政府党组织和政府机构保持联系等方面发挥着无可替代的作用。由于中国城市社区和农村社区都是由原来最基层的社会单位改组而成，城市社区是由街道居民委员会改组而成，农村社区由行政村改组而成，所以，原来的单位机构都被保存下来，变成社区机构，如行政村的党支部变成社区党支部，村委会变成社区居委会，行政村原来的妇联、共青团、治保会、民兵营、计划生育协会、村民代表大会、村民小组、村民理财小组等都保存下来。城市社区也是如此。为了适应社区治理模式的需要，不少城乡社区都兴起了不少新型社区机构，如社区服务中心、社区经济合作社、社区治理委员会、和谐促进会、社区卫生服务中心等。从职能上看，社区机构可分为权力机构和服务机构两类。社区党支部、社区治理委员会、村民代表大会、村民小组、村民理财小组、和谐促进会、妇联、共青团等属于社区权力机构，扮演着管理社区居民生活的权威角色；社区服务中心、社区经济合作社、计划生育协会、治保会、社区卫生服务中心等属于社区的服务机构，扮演着服务社区居民生活的服务角色。

具体到每个城市社区和农村社区，社区的组织机构有较大差别，因为社区本身是具体地域里的生活共同体，不同地理空间的构成要素有差异，社区居民只能根据当地具体环境，从事生产和生活，会因地制宜地建立实用性的社区机构体系。从农村社区来说，湖南浏阳市杨花乡的杨花村社区，建构的社区机构就很特别。就权力机构而言，建有党总支，下设社区一支部、二支部、三支部和代管社区团支部；建有村民委员会，下设村民小组、村民代表会。村委会和党总支共同管理村级事务监事会和村级事务代表联席会，并接受其监督。就服务机构而言，建有社区教育基金会、松芙文化研究中心、筒子商会、妇代会、妇女健身俱乐部、计划生育组指导员、自行车运动俱乐部、篮球俱乐部、老年协会。而常德临澧县九里镇同心村社区与杨花村社区不同，其权力机构只有一个社区党支部和村民大会与村民委员会，村委会下设若干村民小组；其服务机构有社区建设协会、产业发展协会、公共公益建设协会、社区文明创建协会、人口与计划生育协会。长沙县开慧镇的飘峰山村社区，在权力机构设置方面与同心村社区并无二致，但在社区服务机构方面有较大区别，建有社区服务中心、居家养老服务中心、蔬菜种植专业合作社、花卉苗木合作社、暑期义务培训班、飘峰山舞龙队。通过比较发现，三个农村社区在社区权力机构体系方面差别不大，但在社区服务机构方面的确存在一定差异。

作为社区服务机构，社区服务中心是社区综合服务组织，一般开展科技生产服务、社会治安服务、社区福利、社区救助、公共服务等。同时承担政府保障在社区业务的落实任务，政府提供的社会救助、优抚、养老保障、医疗保障等福利服务项目需要通过社区服务中心完成，为此完成社区建设工作的城乡社区都建有社区服务大楼，并在服务大楼设立各个福利服务项目窗口或柜台，提供柜台服务。以长沙县开慧镇飘峰山村社区为例，该村在农村社区建设中，筹集巨资，建起两栋1800平方米的飘峰山村社区服务大楼，设有一站式综合服务办公大厅、居家养老服务区、计生服务室、社区卫生室、远程教育活动室、乒乓球活动室、图书阅览室、计算机室、娱乐活动室以及室外篮球场和雷锋超市，并配备专门服务人员，本着服务社区、造福群众的宗旨，坚持福利性、互助性兼顾，无偿、低偿、有偿服务结合的原则，提供多样化的社区服务。由于农村社区的公共设施和公共服务比城市社区缺乏，故在农村社区建设过程中建立起来的社区服务中心，对于农村社区居民来说很重要，在促进农村社区发展和满足社区居民生活方面发挥重要作用。但由于城市社区的公共设施和公共服务比农村社区发达，故社区服务中心的作用没有为城市社区居民看重，对于城市社区居民来说，尤其是城市社区中老年居民来说，比较重视的是社区卫生服务机构。如长沙市为了满足市民健康需求，于2006年发布《长沙市城市社区卫生服务工作发展规划》，提出以政府主导、社会参与、布局合理、规模适度为原则，发展城市社区卫生服务机构，要求一个街道设立一个社区卫生服务中心，服务人口3万~5万；街道辖区人口不足2万、服务半径过小的相邻两个街道可合并为1个中心；对距离中心较远的居民小区，适当设置社区卫生服务站，其业务用房建筑面积要在600~1000平方米；设施建设要满足公共卫生和全科诊疗服务设施规范需要，符合医学服务流程规范，具备预防交叉感染的措施，污水处理必须达到国家的相关规定。其功能分为预防保健区、诊疗与辅助诊疗区、康复训练理疗区、健康教育区、行政后勤保障区。从其运营状况看，建在城市社区里的社区卫生服务中心，每天都有不少社区居民看病、买药、进行健康咨询，比较好地满足了社区居民保健需要。

作为社区的权力机构，社区党支部、村委会（居委会）、社区治理委员会、村民代表大会、社区和谐促进委员会等社区组织，提供社区服务的决策产品、动员社区资源开展社区服务项目、支持社区营利性组织开展商业性服务项目、培育社区非营利性组织开展福利服务项目、制定一系列有效支持社区服务保障和经济保障的规章制度、用治理的方法建构社区服务保障体系、营造社区服务保障环境等。社区权力机构提供的这些社区服务保障资源，虽然不能直接给社区居民带来实际福利，但对所有社区服务保障项目的实施十分重要，是社区服务保障的保障措施。社区权力机构为社区服务保障提供支持环境，是城乡社区开展社区服务的普遍经验。

三 湖南社区服务保障供给主体存在的问题

相对满足城乡社区居民生活服务保障需要而言，湖南社区服务保障供给主体存在诸多问题。

（一）社区非营利组织缺乏开展生活服务的条件

社区非营利组织围绕满足社区生活需要开展生活服务活动，应有三个条件：合法性、活动经费、内部规章制度。其合法性来自社区非营利组织在民政部门的登记注册。但目前，湖南与全国大多数省份一样，社区非营利性组织都没有在民政部门登记注册，几乎都未履行国家民间组织管理机构的法律登记手续。这些组织之所以能开展业务活动，主要依赖于当地党政领导部门的默许以及《村民委员会组织法》《城市居民委会组织法》的相关规定。而且严重缺少业务活动经费，也没有建立透明和规范的财务管理制度。

（二）社区营利组织发育不足

现代社会，尤其是在城市社区因社会分工发达，社区居民各司其职，各忙各的，每家居民都需要社区其他人提供生活服务。社区营利组织正好迎合了现代社会的这种生活需求特征，并以有偿的生活服务和市场机制在社区生存。随着社区居民对生活品质的追求上升和社区居民劳动收入的不断提高，社区居民对社区服务的要求在提高，社区有偿服务也会有更大发展空间。根据国家统计局的调查,我国大中城市居民对社区服务普遍有较高的要求,需要各项社会服务的家庭数量占到全部城市家庭的70%以上,说明社区有偿服务市场的潜在需求很大。拿湖南的有偿生活服务来说,长沙第一福利院只能为1400名、长沙第二福利院只能为1000名、长沙第三福利院只能为850名服务对象提供生活护理、医疗救治、康复教育、文化娱乐等生活服务。而仅仅长沙市内五区老年人数就达27.06万,80%以上的老人有养老服务需求。显然,长沙市的福利院不能满足养老服务需求,更不用谈及满足孤儿、残疾人的生活服务需求。造成这种不对称现象的根本原因就是长沙社区营利组织太少。

(三)社区学院缺乏办学方略

首先,主要表现为社区学院层次低,不管是城市社区还是农村社区都没有合格的标准化的社区学院,即便是长沙市的社区也只建立社区学校。其次,表现为没有认识到社区学院对社区居民克服与应对生活风险的特殊价值,没有树立科学的开办社区学院的理念。最后,表现为社区学校的教学内容单调、陈旧,教育层次过低,不能吸引高中生甚至不能吸引社区文化水平较低的其他居民来社区学校学习。

(四)家庭的社区服务保障功能严重弱化

随着中国从农业社会向工业社会转型的加速,农村社区2亿多青壮年农民转移到城市和经济发达省份的农村乡镇企业就业,城市社区4000万市民离开家乡远赴他乡谋生。由此造成城乡社区产生大量的留守家庭和空巢家庭以及庞大的留守群体,使大量的留守老人、儿童、残疾人等社区弱势群体无人照料。可以说,湖南是农民工输出大省,大约有30万个留守家庭,湖南城乡社区的家庭服务保障功能严重弱化,频频出现留守儿童、留守老人自杀或意外死亡案件,不少留守儿童、老人、妇女产生身心疾病和其他留守问题。

(五)社区机构的服务意识淡薄

由于社区建设时间不长,一些新建起来的社区机构对社区服务认识不深,不少社区机构服务意识不强。主要表现为:一是服务工作不主动、不积极。从形式来看，当前不少社区机构开展社区服务，主要是单向的强制性供给和政治动员的形式。社区居民享受到的社区服务并非一种需求导向，而是一种政府的制度安排。不少社区机构工作人员从来不会主动上门服务。二是对服务对象态度生硬。有些社区居委会工作人员仍然以政府工作人员的姿态面对前来办事的社区居民，没有形成社区是自我服务、自我发展的生活共同体，社区居民相互提供服务是社区运行的基本特质的意识。三是在社区服务上搞形象工程。开展一些社区服务项目，目的是应付上级部门的检查，难以形成日常性工作机制，没有将真正的精力投入到更好的社区服务上。甚至对社区一些弱势群体如残疾人、失能老人等形成一种服务保障上的排斥心理。对于本来属于自己职责范围的事情，往往喜欢夸大，好大喜功。

四 促进湖南社区服务保障供给主体发展之对策

消解社区服务保障供给主体发展问题需采取如下对策。

（一）用法律手段确定社区非营利组织权力

从长远角度和方便业务开展角度来看，国家应该全面展开社区非营利组织的确权工作，为他们创造良好的法律环境。社区非营利组织的业务活动经费可通过募捐和捐献、争取财政拨款、组织成员自愿交费、投资获取收益等途径筹集，并按非营利组织的性质将获得经费全部用于社区服务业务开支，并建立透明和规范的财务管理制度，收支账目张榜公布，接受会员监督。内部规章制度是保证社区非营利组织高效开展生活服务业务的基本工具，各种社区非营利组织都要制定自己的管理制度、章程、行为规定，使业务活动有章可循。有了这三个基本条件做保证，社区非营利组织就能更好地为社区居民提供社区服务资源。

（二）大力发展社区营利组织

一个社区缺乏必要的营利组织，关键是某些社区营利组织在市场经济环境里难以获得长期发展的赢利机会。所以，湖南省发展社区服务事业，就必须为社区营利组织创造赢利环境。为此，对社区营利组织应实行优惠税率或奖励政策。同时，制定优惠措施引导社会资金进入社区，建立社区营利组织，并积极引导营利组织在社区追求以营利为主要目标的同时，树立为社区居民服务的理念，为社区居民持续提供优质的服务，满足居民日益上升的物质和精神方面的个性化需求，以此获得稳定客源，保证持续性地获得盈利收入。

（三）改进社区学院办学策略

首先，确立社区开办社区学院并开展社区教育服务的目的是提高社区居民克服或应对生活风险的能力，使社区学院提供的社区教育服务成为提高社区居民克服或应对生活风险能力的生活保障措施。其次，树立教育与生活同一的生活教育思想，社区学院在社区内开展满足生活需要、提高生活能力的教育服务，体现"生活即教育""社会即学校"[①]的办院理念，把教育与生活完全熔于一炉，用社会各方面的力量，打通学校和社会的联系，创办社区居民需要的社区学院，做到"教""学""做"三合一。再次，不断扩大教学内容，给社区居民或地区居民提供职业教育和成人教育，提供包括职业技术、生活技艺、传统工艺等实用技术和自主经营方法、市场经营知识、市场经济知识、本土文化、公民素质教育等在内的教育培训服务，以便增强社区劳动者的人力资本、就业能力、劳动技能、生活能力，提高社区居民参与市场经济活动的能力。最后，将社区学校提升为社区学院，并发展成为能够提供相当于大学院校前两年或专科学校二年制程度教育的国家认可的教育机构。

（四）通过建构社区服务体系弥补家庭服务功能弱化缺陷

在无法改变或难以转变青壮年劳动力远程流动趋势的情况下，针对家庭核心成员大量外出务工现象，通过建立健全社区服务体系的办法弥补社区家庭服务保障功能弱化的缺陷。第一，建立社区留守儿童关照机构。可以通过市场机制或社会福利措施在留守家庭较多的城乡社区建立留守儿童关照机构，为需要

---

① 梁淑美、司洪昌：《对陶行知乡村教育思想的评述与反思》，《国家教育行政学院学报》2009年第11期，第49~54页。

服务保障的留守儿童提供有偿或无偿的生活服务项目。第二，办好社区敬老院，收留留守老人，并提供生活照料和医疗保健服务。第三，成立社区妇女自我关照组织，将留守妇女组织起来，建立互帮互助制度，开展各种利于留守妇女生产生活的互帮活动。第四，筹措资金，设立社区感情热线和服务热线，为社区留守者和外出务工人员搭建情感沟通热线，传递信息、保持日常联系和沟通。第五，建立社区寄养和托养机制，社区挑选未有外出务工人员的家庭，动员其为社区留守儿童和留守老人提供有偿寄养和托养服务，解决留守家庭后顾之忧。

（五）高强度培育社区机构的社区服务意识

社区机构工作人员的社区服务意识淡薄是个观念问题。由于社会偏见和传统观念中非制度性约束因素的存在，一些社区机构工作人员认为为他人提供服务是下等人干的事，作为社区机构的工作者应该干管理他人的事。由此在社区服务上形成了一种排斥心理。要摆脱社区服务意识淡薄问题，就要转变传统的服务他人的社会排斥观念，重新认识社区的本质和开展社区服务的必然性与必要性。将具有服务意识的职业者尤其是具有社会工作技能的专业人才招进社区机构，高强度培育社区机构工作人员提供社区服务的责任意识；培育社区弱势群体享受社区服务的权利意识，培育社区机构工作者帮助社区弱势群体保障实现其权益的服务意识，并深刻认识到享受服务是社区弱势群体的权利，而不是对弱势群体的同情。尤其要用创新社区服务体制的办法将社区办服务意识深深植入社区机构工作者心里。

五 余论

每个国民要克服生活风险、过上舒心的幸福生活，不仅需要生活消费资金，而且需要直接的生活服务。故应大力发展社区服务保障事业，为此湖南要注重培育多样化的社区服务保障供给主体，尤其要培育湖南社区非营利性组织、社区营利性组织、社区学院、社区机构等社区组织，并引导他们成为社区服务供给主体，在发展社区服务保障事业中发挥重要作用。虽然，目前湖南的这些社区主体在发展中存在不少的问题，但从湖南社区及其社区保障发展趋势看，这些社区组织随着自身壮大，凭借自身特点和优势，必将成为湖南社区服务保障最重要的供给主体。

参考文献

徐永祥：《社区发展论》，华东理工大学出版社，2000。

王名、李勇、黄浩明：《英国非营利组织》，社会科学文献出版社，2009。

赵黎青：《非营利部门与中国发展》，香港社会科学出版社，2001。

资中筠：《财富的归宿——美国现代公益基金会述评》，上海人民出版社，2006。

Broce, T. E. *Fundraising*: *the Guide to Raising Money form Private Sources*. Norman: University of Oklahoma Press. 1974.

Klein, J. *Fundraising for Social Change*. Jossey-Bass. 2011.

Worth, M. J. *Educational Fundraising*: *Principles and Practice*. Phoenix, AZ: Oryx Press and American Council on Education. 1993.

Worth, M. J. *Nonprofit Management*: *Principles and Practice*. SAGE Publications. Inc. 2009.

陈昌柏：《非营利机构管理》，台北团结出版社，2000。

夏学銮：《社区管理概论》，中共中央党校出版社，2005。

B.38 湖南加快建立社会养老服务体系对策研究

孙建娥*

党的十八大报告提出了"统筹推进城乡社会保障体系建设"的要求，国务院《中国老龄事业发展"十二五"规划》提出了"发展适度普惠型的老年福利事业"的要求，《社会养老服务体系建设规划（2011~2015年）》指出了社会养老服务体系建设应以居家为基础、社区为依托、机构为支撑，着眼于老年人的实际需求，优先保障孤老优抚对象及低收入的高龄、独居、失能等困难老年人的服务需求，兼顾全体老年人改善和提高养老服务条件的要求。

湖南省是一个地处中部、经济欠发达的农业大省，但是湖南省人口老龄化形势十分严峻，湖南具有人口老龄化、高龄化、空巢化现象突出，失能半失能老人增加，养老服务压力大等特点，"未富先老"问题日显突出，养老服务社会化需求日趋强烈。湖南加快构建适应省情的社会养老服务体系是应对人口老龄化、适应传统养老模式转变、满足人民群众日益增长的养老服务需求的必经之路，是建立覆盖城乡居民的社会保障体系和推进公共服务均等化的必然要求，是保障和改善民生、促进社会和谐稳定的当务之急。

一 湖南社会养老服务体系建设现状

近年来，湖南初步搭建了以机构养老、社区居家养老、民办机构养老为主要内容的城乡社会养老服务体系，社会养老服务体系建设有了阶段性的发展，取得不错的成效。

---

* 孙建娥，博士，湖南师范大学公共管理学院教授、博士生导师；研究方向为社会学、社会保障。

（一）社会养老服务体系建设资金投入不断加大

近年来，湖南省政府在高龄老人补贴、老年优待政策、养老服务机构建设等方面逐年加大投入力度。2012年，湖南省投入5500多万元，依托城市社区建成居家养老服务中心站点1300多个，开展了20多项居家养老服务。各级政府投入1400多万元，为城镇困难老人购买居家养老护理服务，受益老年群体达23.8万多人[1]。自2009年开始，湖南省按照"推动发展"和"促进公平"的思路，依托全省2300多所敬老院以及五保之家，投入7000多万元，建立老年人福利服务中心（站），为农村老人提供了生活照料、医疗、日托等10多项养老服务[2]。2012年，全省有13个市州提高了百岁老人补助标准，长沙、株洲、湘潭等8个市州提高到每人每月300元，攸县等县市区提高补助标准最高达每人每月600元；全省全年发放百岁老人补助费1.28亿元[3]。这些政策措施有效推动了湖南社会养老服务体系建设，使湖南老年群体共享经济社会发展成果。

（二）城市社区养老工作特点更加突出

2012年湖南省启动城市社区（居家）养老服务示范点建设，省市县共投入建设资金1500多万元，建成69个省级、74个市级、250个县级城市社区养老服务示范点。通过政策引导、资金扶持，全省城市社区建成居家养老服务中心（站）1315个，另外，启动城市社区为养老服务信息平台建设（虚拟"养老院"），长沙市雨花区、郴州市苏仙区列入国家项目试点区[4]。

（三）社会养老服务机构建设逐步完善，服务水平进一步提升

2012年，湖南省新建和改扩建农村敬老院208所、县级社会福利院（福利中心）20个。湖南省有敬老院2079所，床位13万张；五保之家1523所，

---

[1] 湖南省老龄办，《2012年湖南省老龄事业发展统计公报》，2013。
[2] 2011年湖南省老龄工作会议。
[3] 2011年湖南省老龄工作会议。
[4] 湖南省老龄办，《2012年湖南省老龄事业发展统计公报》，2013。

床位1.6万张；综合性社会福利院134所，老年床位2.18万张；登记注册的各类民办养老机构99所，床位1.5万张，老年人养老床位占有率约为17.7‰，社会养老机构数量不断增加[1]。2013年，湘潭市启动政府购买居家养老服务项目，由政府花钱为符合条件的老人购买居家养老服务，开启了居家养老服务新模式[1]。此外，湖南各级政府还为23.8万名城镇困难老人购买居家养老护理服务，社会养老服务水平进一步提升[2]。

二 湖南社会养老服务体系建设存在的问题

数据显示，至2015年末，湖南省60岁以上老年人口将达到1270万[3]。虽然湖南社会养老服务体系建设取得了一定的成绩，但面对老龄化不断加剧、养老服务需求不断增加等新形势、新需求、新挑战，湖南社会养老服务体系还存在很多问题，加快建立社会养老服务体系已刻不容缓。

（一）社会养老服务运行模式分割，缺乏整合

1. 社会养老服务对象缺乏整合

近年来，为了满足身体状况互不相同的老年群体的个性化养老需求，政府和社会各界通过采取不同方式的服务来保障老年人的养老需求。例如针对身体状况较好、生活基本能自理的老年人，提供老年活动场所和器具等服务；对生活部分或完全不能自理的高龄、独居、三无的老年人，通过招募志愿者队伍、结对帮扶、定时定点、邻里守望等方式，为有服务需求的老人提供安全看护、生活照料、精神慰藉等多种形式的无偿服务；给三无、失能失智的老人以专项补贴，帮助他们配置各种必要的康复辅助工具，此外，政府通过购买服务的方式为他们提供了免费养老服务。然而，在这种种老人获益的表面背后，隐藏的恰恰是不可避免地养老服务对象整合缺失、制度体系分块进行的状况。老人不

---

[1] 穆光宗：《我国机构养老发展的困境与对策》，《华中师范大学学报》2012年第2期。
[2] 中华人民共和国民政部：《加快城乡统筹 湖南推进养老服务体系建设》，http://www.mca.gov.cn/article/zwgk/dfxx/ttxx/201312/20131200560189.shtml，2013-12-12。
[3] 2011年湖南省老龄工作会议。

同层次的多方面服务需求非但没有得到满足，取而代之的是各渠道蜻蜓点水式的养老服务供给，社会养老服务对象整合的顶层设计势在必行。

2. 社会养老服务资源缺乏整合

目前，虽然湖南社会养老服务资源呈现多元化供给发展趋势，但众多资源缺乏有效整合，导致有限的资源没有得到充分的利用，难以满足老人需求。一方面，湖南社会养老服务资源还不够完善且分配不均，难以满足养老需求；另一方面，目前参与社会养老服务供给的主体在互动过程中，由于彼此角色、利益的不同，常常导致不同主体之间互动不良，甚至缺乏互动，难以使资源整合并形成良好合作关系。如何把制度资源、经济资源、社会资源、人力资源等有效整合，发挥其最大优势，是必须解决的难题。

3. 社会养老服务机构缺乏整合

社会养老服务机构作为社会养老服务的直接提供者，是整个社会养老服务体系运行的重要载体。湖南老年人基数庞大、家庭结构小型化、高龄化态势显著，对社会养老服务机构的需求不断加大，但是社会养老服务机构的数量、质量和资源利用效率都不尽如人意，引发明显的供需矛盾。大多养老机构由于规模较小，硬件和软件设施不完善、服务人员素质不高、服务内容不全面，使得其在经营管理方面困难重重。公办养老机构存在管理体制、运行机制不灵活，服务成本、投入成本较高，资源利用效率不高，覆盖面不广等问题。民办养老机构面临选址困难、法律制度不健全、优惠措施不到位、发展极不平衡等问题。另外，社会养老服务机构还存在明显的城乡差异，农村社会养老机构发展明显落后。总而言之，社会养老服务机构没有真正发挥优势，缺乏有效整合。

（二）社会养老服务体系配套体制不健全

1. 专项制度政策不健全，评估监督机制缺失

为了进一步完善社会养老服务体系，提升老年人生活质量水平，我国公布了修订后的《中华人民共和国老年人权益保障法》，于 2013 年 7 月 1 日起施行。湖南省近年来加大了对社会养老服务的重视，各地方政府也陆续出台了相关政策，如《长沙市养老福利机构扶持资金管理实施细则》《永州市关于加快发展养老服务业的实施意见》等，但依旧缺乏统筹的省级专项制度政策来完善全省的养老服务体系，对开办养老院所需资金、专业护理人员及床位的多少等也没有具体规定。支持民办养老事业发展的《湖南省关于加快推进养老服务业发展的意见》也只是起草完毕，不知何时能出台施行。另外，监管体制不到位，缺乏严格的审查和评估制度，也导致一些养老机构的运营游离于政府的监管之外，政府不能全面地掌握政策的实行情况和机构的发展情况，公众也无法进行有效监督。

2. 资金支持力小，财政投入单薄

养老机构的筹资渠道相当狭窄，由于福利性和非营利性的性质，其贷款融资受到了严重的影响，主要依靠财政拨款。2012年，省市县为社区日间照料和居家养老服务共投资8400多万元，为农村居家养老服务投资2200万元，投入福彩公益金7200万元，[①] 这一笔投入占养老服务体系建设64%，但与福建、山东、海南等省市70%以上的比重相比还有一定差距。[②] 加上全省老年人口基数大，人均财政投入相应增大，所筹资金也不能满足养老机构需求，导致城市养老机构经费有较大缺口。虽然一直呼吁和号召社会力量进行投资，鼓励民办养老机构建设发展，但由于养老机构属于微利行业，投入大、收益少，回报率低，民办机构很难维持，筹资结果不容乐观。

3. 机构数量欠缺，服务设施不足

随着湖南省老龄人口数量不断增加，加上资金投入不足、群众养老需求日益增长等原因，养老机构、服务设施建设跟不上老龄化进程，造成供需矛盾尖锐。湖南省现有城乡各类养老服务机构3844所，总床位约为18万张，湖南省老年人养老床位占有率约为17.7‰[③]，低于全国1.9%的比例，远远落后于发达国家5%~7%的水平[④]，远达不到《中国老龄事业发展"十二五"规划》要求的每千名老年人拥有30张养老床位的目标。另外，第六次人口普查数据

[①] 湖南省老龄办：《2012年湖南省老龄事业发展统计公报》，2013。
[②] 中国公益研究院：《全国养老服务业走势月度分析》，2013。
[③] 湖南省老龄办：《2012年湖南省老龄事业发展统计公报》，2013。
[④] 窦玉沛：《民政部：着力加快建立健全社会养老服务体系》，《社会福利》2010年第11期，第8~10页。

显示，截至 2010 年底，湖南现有空巢老人 180.55 万户，80 岁以上高龄老人 112.87 万人，失能半失能老人约 200 万，高龄化、空巢化突出，但却缺乏针对这些特殊人群的专业化养老机构。再者，于 2014 年 1 月 1 日起施行的《长沙市敬老院管理办法》规定，对于新建或改建扩建的敬老院，床位数不得少于 150 张，居室人均使用面积不少于 8 平方米，每间房需配备独立卫生间，安装应急呼叫系统，有条件的要安装监控系统。但是实际情况并非如此，以长沙市开福区等数家敬老院为例，不少敬老院不仅床位数未达标，每一个敬老院都设有多人间，并且很少有敬老院安装安全监控系统。

4. 养老服务队伍缺乏，服务项目内容单一

养老服务人员由于工作时间长，强度大，节假日少，工资低，且缺少职业晋升的渠道等，养老队伍严重缺乏。据湖南省卫生厅医政处统计，全省 2010 年老年人口达 1000 万，护工从业人员仅 2 万。除了在"量"上有所欠缺，从业队伍在"质"上也亟待加强，受过专门训练的养老服务人员可谓凤毛麟角，多数从业人员为下岗职工或进城务工农民，文化素质低下，专业知识不达标，基本上没有受过系统的专业的技能培训，且部分人员尊老敬老观念淡薄。在服务项目上，数量偏少且形式单一，这主要是由养老服务人员整体素质不高及经费不足、场所受到限制等诸多原因造成的，大多数养老服务都局限于简单的日常生活照料和家政服务，而现今老年人对生活品质的追求有所提高，能给老年人提供的如养生知识、心理健康辅导等服务少之又少，单一的服务项目无法满足老年人日益增长的多样化需求。

5. 农村养老服务发展滞后，城乡差距不断扩大

党的十八大报告指出要"统筹推进城乡社会保障体系建设"，湖南省是农业大省，也是人口大省，经济发展水平难以和工业省市、发达地区的经济抗衡，加上农村公共资源相对贫乏，社区建设比较滞后，农村老年人经济收入偏低且国家供养标准也较低，导致农村养老机构从数量到质量都不足以满足老年人的需求。2013 年湖南才以村为单位启动建设农村社区居家养老服务中心，无法赶上城区社区居家养老的步伐。虽然省市县三级每年都会对农村进行财政和福彩公益金的投入，但在基数庞大的老年人口前也只是杯水车薪。在养老护理人员方面，农村也远远落后于城区水平，以衡阳市为例，全市医护人员中有

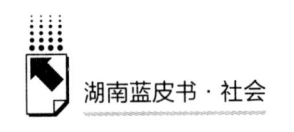

60%都集中在条件好的社会福利院中，40%集中在其他国有和民办养老机构中，农村敬老院几乎没有。[①]

三 湖南省加快建立社会养老服务体系对策

（一）优化社会养老服务运行模式

1. 建立以服务对象需求为基础的社会养老服务体系

社会养老服务体系主要由三个支持系统构成，即家庭支持系统、政府支持系统和社会支持系统。应建立联动模式，使三个系统互补融合。养老服务按需供给是资源配置达到最优的先决条件，因此，建立以服务对象养老需求为基础的社会养老服务体系如同雪中送炭，良方一剂。调查显示，湖南省老年人群对家政服务、医疗保健、心理辅导、文体娱乐及应急救助的需求十分迫切[②]，但由于服务人员不够专业、文体活动场地不足、设施不健全等原因，大多数养老服务局限于单一的日常生活照料及老年人自发组织的娱乐活动，远不能满足老年人日益增长的养老需求。而在英美等发达国家，其养老服务模式则包括生活照料、物质支援、心理支持、整体关怀和医疗保健服务等，为老年人提供了完善的服务。[③]

我们可以借鉴国内外先进经验，坚持养老个性化服务和多样化服务的有机结合，为老年人提供形式多样、内容广泛的社会化服务，来满足老年人多层次的养老服务需求。

2. 建立以社区为平台的资源整合体系

在社会养老服务体系中，社区养老有效弥补了"全托式"的机构养老和家庭承担全部养老责任的缺点，能有效整合和利用各种社会资源为老年人提供居家的养老服务。目前，湖南社区养老发展过程中存在资源缺乏、政策落实不

[①]《衡阳市养老机构发展现状、问题及对策》，湖南省老龄网，2011。
[②] 郑功成：《中国社会保障改革与发展》，《光明日报》2012年11月20日第15版。
[③] 刘晓梅：《我国社会养老服务面临的形势及路径选择》，《人口研究》2012年第5期，第104～112页。

到位、供需矛盾尖锐等问题。以长沙市为例，在城市社区，38.2%的人指出社区缺少老年人活动场所，36.7%认为缺少医疗资源，47.7%认为缺少养老队伍，农村调查结果则分别为28.3%、28.3%和31.5%[1]。可见，虽然政府采取多种措施大力推进社区养老的发展，但依旧不能满足老年人的现实需求。要建立以社区为平台的资源整合体系，必须打破制度困境、资源困境和认知困境。在理念层面，要强化资源整合意识，营造社会养老良好环境；在政策层面，要注重政策在系统中的契合度，保障配套支持落实到位；在机制层面，要建立权威的常态整合机构，探索良性整合机制；在运作层面，要创造条件促进整合，打造社会养老良性的生态循环系统。

具体来讲，可以通过整合民政部门福利机构资源与卫生部门医疗保健服务资源，发挥区域内养老机构与综合性医院对社区居家养老服务的指导和辐射作用。搭建平台，完成各类养老服务提供的资源对接。老年人护理服务和生活照料的潜在市场规模巨大，积极发展社会养老服务经营性事业，既是加快发展第三产业的机遇，也是整合各类服务资源，盘活闲置资源的好机遇。

3. 建立以养老机构为主的机构整合体系

社会养老服务供给应当充分发掘政府、市场、社会组织以及社区所能提供的资源，并探寻其有效整合的渠道，明确各自的功能定位，建立以养老机构为主的机构整合体系，从而共同推进社会养老服务体系健康、有序发展。

第一，完善政府的宏观管理，促进养老机构的发展。发挥政府的主导作用，在加快公办养老机构改革的同时，要充分利用现有社会资源发展养老服务机构。如鼓励医院、培训机构、厂矿等企事业单位利用闲置的场地、设施兴办养老服务机构。鼓励下岗、失业等人员创办家庭养老院、托老所，开展老年护理服务。

第二，明确养老机构自身的服务功能定位。受各方面因素的制约，大部分养老机构没办法满足所有不同类型老年人的需求，我们可以借鉴国内外先进的分类经验，结合湖南老年人的具体情况及现有条件，对湖南养老机构进行统一标准的分类管理，例如技术护理照顾型、中级护理型、一般照顾型这三个类

---

[1] 郑功成：《中国社会保障改革与未来发展》，《中国人民大学学报》2010年第5期，第2~14页。

型，这不仅能给老年人提供更好的照顾，而且在很大程度上减少了设施设备的重复建设和资源的浪费。

第三，建立养老机构与社会组织、社区良好的协作机制。一方面，社区及社会组织应积极走进养老机构；另一方面，养老机构应采取措施，鼓励入住老人积极参与到社区的各种活动中。真正充分调动各种资源，推动建立以养老机构为主的机构整合体系。

（二）完善社会养老服务配套机制

1. 加快制定法规政策，建立监管评估机制

完善的法规政策是社会养老服务体系有效运行的重要保障，评估监管机制是社会养老服务体系长久发展的必要条件。湖南加快建立社会养老服务体系，首先，必须加紧制定社会养老服务体系法规政策。加快制定保障社会养老服务的法规体系、完善的政策，才能规范、引导养老服务机构和养老服务产业的发展，将社会养老服务体系建设纳入法制化、规范化管理轨道[①]。其次，应建立完善的社会养老服务体系评估监管机制。通过建立社会养老服务机构年度审查验收机制、星级评定制度、目标管理考评机制，对服务对象的定期走访收集反馈制度等，加强对社会养老服务提供者的服务评估和监管。还可以通过建立湖南省养老行业协会，制定省养老行业标准，从而逐步规范养老服务行业管理。

2. 加大资金支持力度，鼓励民营资本进入，形成多元化投入格局

社会养老服务体系建设中，资金是保证各项养老服务有序开展的关键，要坚持以政府投入为主导，积极争取社会力量、慈善机构对老年人事业的支持，形成多元化的投入格局，为湖南省社会养老服务体系建设提供有力的资金支持。首先，加大财政投入力度。财政要从养老设施、配套设备、养老机构补贴等方面逐步加大对社会养老服务体系的投入力度，有效发挥政府资金在社会养老服务体系建设中的引导和扶持作用。其次，鼓励民营资本进入，推动民办养老服务事业的发展。采取税费的减免、建设用地的优先安排、金融机构信贷优

---

① 王素英：《中国社会养老服务体系建设现状及发展思路》，《社会福利》（理论版）2012年第9期，第2~6页。

惠、财政补助、水电费用优惠等政策，鼓励、支持更多的民间组织、集体组织、企事业单位及个人对社会养老服务体系进行投入，增强民间组织服务社会养老的功能。最后，充分调动社会力量。开通多种渠道慈善捐赠方式，例如，慈善超市、设立捐款箱等，通过提高全社会的敬老意识和慈善意识，拓宽社会养老服务体系建设的资金来源。

3. 加快养老服务机构建设

解决湖南养老服务的供需矛盾，加快养老服务机构建设，首先，需增加养老服务机构数量。在全省范围内，加快养老机构的建设，增加社区级养老机构数量，发挥社区养老机构的重要作用。其次，需完善养老服务机构设施。根据国家《城镇老年人设施规划规范》（GB50437—2007）确定的指标值，将养老院、老年公寓与老人护理院配置的总床位数要求确定在 1.5～3.0 张/百名老人之间，湖南省 2015 年全省共需养老床位数 19.05 万～38.10 万张床。除此之外，还要注意社会养老服务机构设施的质量、结构合理性以及配套设施建设，加强社区和居家养老服务设施的无障碍改造和建设，加大养老机构活动空间和绿化场地，为老年人的日常生活提供便利。最后，需探索针对高龄、空巢、失能老人等的多元化养老服务机构建设。通过政府补贴、税收优惠措施和土地供应优惠等政策引导部分养老机构向高龄、空巢、失能失智等老年人倾斜[①]。通过这些措施，加快湖南省养老服务机构建设，解决省内养老服务机构供需矛盾，从而推动养老机构规模化、规范化发展。

4. 提升社会养老服务整体水平

提升社会养老服务的整体水平，可以从以下三个方面着手。首先，培养高层次养老服务专业队伍。鼓励湖南省有关高等院校、中等职业技术学校等设置养老服务专业课程，同时探索资金补助等政策扶持培育养老服务人才；依据《养老护理员国家职业标准》，开展养老服务人员培训，以提高其职业道德、服务意识和业务技能水平；有序开展养老服务相关职业技能鉴定工作，推行职业资格证书制度，实行持证上岗。通过以上措施，力求在未来五年内形成较大

---

① 孙建娥、王慧：《城市失能老人长期照护服务问题研究——以长沙市为例》，《湖南师范大学社会科学学报》2013 年第 6 期，第 69～75 页。

规模的专业化、职业化养老服务队伍。其次，逐步拓宽养老服务项目内容。完善省内现有社区服务中心和社区"星光老年之家"等为老年人提供的包括生活护理、医疗康复、家政服务、文化娱乐等较单一的服务项目，并不断拓展服务项目，建立心理咨询室、紧急救助站、法律咨询中心等以满足老年人需求，此外，还可以拓展老年人理财、艺术鉴赏、生态休闲、影片赏析等个性化服务项目。再者，进一步推动社会养老服务信息化建设。采用公益化和市场化相结合的方式，即在政府资金支持的基础上，运用市场机制，通过运营商话费分成、网站广告受益、老年用品销售收入等增加资金收入，进一步扩大"虚拟养老院"覆盖范围，推动社会养老服务信息化建设。

5. 加快农村养老服务体系发展，统筹城乡养老服务

在进一步建立健全覆盖城乡居民的新型社会养老保险制度的基础上，加快农村社会养老服务体系建设。组织开展民政部号召的"霞光计划"在农村乡镇继续建设为五保老人服务的五保敬老设施和"幸福计划"，在农村建设的、由村主办的互助养老幸福院。在全省范围推行农村社会养老工程，抓好农村五保户供养，完善最低生活保障制度；采取政府补贴的方式，继续推进对低收入的高龄、独居、失能等养老困难老人的养老服务补贴制度；提升农村基层医疗卫生机构功能，加强社区文体活动基础设施建设，不断提高农村卫生队伍素质；为农村留守老年人及其他有需求的老年人提供日间照料、短期托养等服务。通过这些措施解决农村居民养老问题，促进城乡养老服务统筹协调发展。

B.39 论城镇化过程中拆迁农民的市民化教育支持

黄帝荣[*]

拆迁农民市民化教育支持是指在农民市民化教育过程中，获得来自政府、企业、社会、民间等多方面的援助，通过教育培训等方式，使农民完成职业身份转变、居住空间转变、社会文化属性和角色内涵的转型以及各种社会关系的重建，与城市社会生活相适应的再教育过程。如何引导拆迁农民在市民化过程中，拥有健康的生活方式，从物质富裕走向精神富裕，建设美好幸福生活，事关农民发展大计，也是我国城镇化发展的难题。众所周知，我国农村人口多，市民化任务重、压力大，目前仅有1.2亿农业劳动力转移到城镇就业，预计在未来十年还有近2亿农民将实现身份转变。[①] 城镇化的实质是农村劳动力转移，而转移的前提是解决就业问题。拆迁农民要真正实现角色转换，必须通过外部赋能与自身增能，学习并发展出与城市相适应的能力，获得市民的基本素质，实现自身在生存方式、生产方式、生活方式、思维方式、身份认同等方面的市民化转型，才可能适应城市，成为城市市民。而获得教育培训是实现这一转变的前提。从总体上看，我国农民的城市意识、社会化意识比较淡薄，小农意识突出，整体素质不高，缺乏一定的文化素养和职业技能，在心理转变上存在危机，难以适应城市生活与社会化发展。这种状况不仅不利于农民自身发展，也阻碍着城市化进程，更成为危害社会稳定和社会良性运行的隐患。必须给予他们以教育支持，加强教育培训，提高其文化素质，树立新的价值观，改变落后的生活方式，从而推动农民市民化转型进程。

---

[*] 黄帝荣，湖南商学院公共管理学院教授。
[①] 郭晓鸣、蒋永穆主编《城市化进程中失地农民补偿安置研究》，农村经济杂志出版社，2005。

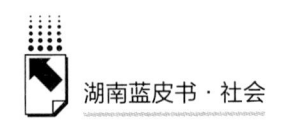

一 "拆迁农民市民化教育支持"的必要性

（一）是促进农民全面发展，实现农民现代化转型的长远要求

城市化不仅要实现经济现代化，更要实现人的现代化和人的自由全面发展。人的全面发展是指人的体力和智力、能力和志趣、道德精神和审美情趣的多方面的发展。大力发展教育，提高劳动者的素质和劳动创新能力，是实现人的全面发展的根本途径，重视精神产品的生产是实现人的全面发展的重要保证。马克思在《资本论》中明确提出了教育与生产劳动相结合，对社会生产和培养人方面的重大作用："它不仅是提高社会生产的一种方法，而且是造就全面发展的人的唯一方法"[1]，教育能发展人的智力，增长人的才干，弥补人的先天不足，恩格斯也指出："教育可使年轻人很快就能熟悉整个生产系统，它可使他们根据社会需要或他们自己的爱好，轮流从一个生产部门转到另一个生产部门。因此，教育就会使他们摆脱现在这种分工为每个人造成的片面性。"[2] 这里的教育指的是真正的全面教育，是克服旧的分工所造成的人的片面性和局限性的教育。人们通过教育把在实践中获得的知识和经验普及、推广并传承不息，使社会成员都能了解和掌握，从而促进人的能力的发展和道德水平的提高。调查发现，不少拆迁农民虽然进了城，住上了高楼大厦，工作在城市社区，但他们的心仍然还在农村，没有城市观念，缺乏城市人格，其文化素质与价值观与城市生活格格不入，就业竞争能力低下，制约了其全面发展，需要通过再教育，更新观念、树立新的价值观、提高文化素质、获得职业技能、接受城市文化，才能获得全面发展，实现农民向市民转型。

（二）是指导拆迁农民完成角色转型的需要

社会角色转换是拆迁农民市民化的基础。农民向市民的转变，不仅仅是简

---

[1] 《马克思恩格斯全集》（第23卷），人民出版社，1972。
[2] 恩格斯：《共产主义原理》，《马克思恩格斯选集》第一卷，人民出版社，1972。

单的物质上和形态上的城市化，更重要的是要从心理上普遍接受城市文化，思想观念、行为方式上与城市化进程的需求相适应，在价值观、生活方式上与城市融为一体。拆迁农民由农村进入城市后，开始扮演一个全新的城市居民角色，但部分人并没有能够很好地实现这种角色的转换。他们失去了原来农村社区文化的约束，但又不能很快融入城市社区文化中，往往出现角色冲突、角色不清和角色失败等社会问题，影响正常的生活秩序，需要通过教育支持以避免这些现象的发生。社区教育通过引进城市先进文化，摒弃农村家庭至上和宗族至上的落后观念，树立开放、竞争、效益和法制观念，提高农民运用现代科技知识创业致富的能力。通过职业技能培训、心理辅导提高其融入城市社会的竞争力；通过社区文化活动的开展与积极参与，使其主动融入到社区大家庭当中去，达到对城市身份的认同，逐渐完成由拆迁农户到城市新居民的转变，实现其社会角色转换。

（三）有利于提高人力资本，促进农村剩余劳动力的转移

由于我国存在城乡二元社会结构，国家重视工业建设，城市的资源配置多，农村投入少，导致农村的基础教育和职业教育相当落后。"据统计，城市成年人平均受正规学校教育9.6年，而农村成年人平均只有5.5年，两者相差4.1年。"[①]。由于经费短缺，农村的职业教育得不到发展，职业培训远远不够。"根据国家统计局农调总队对全国30个省（区、市）6万多农户、18万多农村劳动力进行的抽样调查显示，在农村劳动力中，受过专业技能培训的仅占13.6%。2001年净转移劳动力占农村劳动力总数的3.1%，比上年下降4.6个百分点。2001年转移的农村劳动力中，小学以下文化程度占当年转移总量的比重为23.5%，初中文化程度的比重为62.9%，高中和中专文化程度的比重为10.2%，大专文化程度以上的比重为0.7%，经过专业培训的劳动力比重为12.7%。"[②] 由于文化素质低，他们只能从事较为低级的劳动，很难找到理想的工作。农村劳动力素质的低下既制约了农村劳动力转移的规模和速度，也制约了农村劳动力转移层次的提高。

---

① 李仙娥：《人力资本投资在农村剩余劳动力转移中的作用分析》，《经济纵横》2003年第3期。
② 陈柳钦：《制约我国农村剩余劳动力转移的因素及化解措施》，《环渤海经济瞭望》2003年第4期。

（四）是促进社会稳定，构建和谐社会的关键环节

拆迁农民得到补偿款后，有的选择盖房、买车。而对有些缺乏一技之长的中年人来说，征地款成为其寻找赌博刺激的资本。在城区周边，一些村在被征地后"赌风"盛行，出现了"补偿款今天到手，明天就送上赌桌"的现象。一些来自广东等地的赌博集团进入农民安置区开设赌场，吸引众多村民参赌。据村民介绍，这些赌场组织严密，有人外围望风，有人帮赌徒下注，有人负责食品供应，形成了一个完整的组织结构。除了参与赌博以外，一些被征地农民由于不具备掌控较多财产的经验和能力，在获得巨额补偿款后往往相互攀比，盲目消费，有的给祖宗甚至仍健在的活人修造大坟大墓。在安徽、湖南等地，一些失地农民的安置社区大多数房屋出租给了外来流动人员，一些安置区甚至成了流动人员的传销窝点。这种情况如果不加治理，会引发社会治安混乱和返贫风险等多重隐患。对此，政府在加快经济发展的同时，应加强对拆迁农民的教育和引导，为失地农民建立健全多元保障机制，因地制宜设置管理机构，完善安置社区的配套服务和管理体系，政府要了农民的地，还要管好农民的人，帮助失地农民早日走上可持续发展轨道。

二 拆迁农民市民化教育支持的功能

拆迁农民追求并实现美好幸福生活离不开教育的引导与支持，教育帮助拆迁农民尽快融入城市，建设美好生活。

（一）理想信念教育，坚定拆迁农民对未来生活的信心

一些农户在征地拆迁后，由于补偿款偏少，再加上失去土地，社会保障又不健全，就业能力不强，存在许多后顾之忧，使他们对生活缺乏信心，对前途感到悲观和迷茫，造成城镇化的动力不足。此时如果不对他们加强理想信念教育，增强其对城市化和未来生活的信心，一些农民就可能对拆迁产生敌对情绪，甚至走上"拒迁"或"抗迁"的道路，成为城市化进程的阻力。针对这种情况，必须向他们大力宣传新型城镇化内涵与意义，向他们讲解新型城镇化

不是要消灭农村，而是要统筹城乡发展，实现城乡一体化，通过建设社会主义新农村，使农民在生活方式、居住环境、公共服务等方面享受与城市人同等待遇。城镇化要求每个农民不能被动消极等待，要主动适应环境的变化，树立劳动致富、科技致富的思想，敢想敢干，勇于创新，做新时代的农民。

（二）心理健康教育为拆迁农民消除心理疑惑

城乡一体化发展的进程让许多农民一夜暴富，又因拆迁财产分配不均而引发家庭纠纷；农民变成居民，条件好了却十分想念以前的平房生活……生活条件的巨变给他们带来了一些莫名的烦扰和心理问题。心理辅导，对于生活环境发生极大变化的人群来说极为重要。失去土地、拆迁上楼、转居等一系列的变化，使拆迁村民的心理受到不小的影响。因此，加强对他们的心理疏导，是帮助他们尽快克服以往生产、生活和思维方式所带来的束缚，以新的角色更快地适应市民生活的一种必要手段。北京市常营乡作为全国首个社区心理健康干预示范点，自活动开展以来，发放心理健康宣传材料4万余份，举办心理健康知识讲座6场、受众达4200人次，在自办报纸上制作心理健康专栏22期，使广大群众的心理健康意识显著增强；引进专业机构，开通了心理咨询热线电话，设立了心理咨询室，建立了社区心理危机干预系统，针对失地农民面临的生活压力、思想困惑、婚姻纠纷、家庭矛盾等问题，开展科学的、多方位的心理调节和疏导。截至目前，已完成了22例重点个案咨询，还为群众提供了5000多次日常心理辅导，有效发挥了解疑释惑、疏导情绪、平衡心态的作用，保障了群众身心健康，促进了区域和谐稳定。[①]

（三）理财投资教育让拆迁补偿款项"保值增值"

不少农民拿到拆迁款后，并不知道如何有效地应用这笔钱。有的盲目炫富攀比，买豪车、穿名牌，几年花完几十年的钱；有的将钱全投在高风险项目上，结果"富翁"变"负翁"；更有的轻信非法金融机构和骗子的蛊惑，上当

---

① 李伟书：《北京市郊区农村创新教育引导模式引领拆迁农民建设美好生活》，人民网，2011年11月15日。

后损失惨重。拆迁农民非常需要实现观念提升，在劳动就业观念、科学理财与消费观念、转变生活方式等方面对农民进行培训，着力培养具有新思维、新观念、新方式的新型农民。"理财培训班"，正是基于农民的这种需求而开设，引导农民管好"钱袋子"，受到了农民的普遍欢迎。北京市常营乡聘请理财专家，为农民量身打造理财投资方面的课程，并将根据各村情况不定期开课，重点讲授农民一听就懂的理财内容：如何规划自己的人生，如何做短期和长期投资，如何做投资调查，如何用小钱办大事，如何筹备养老费用等，引导村民树立科学理财观念，合理支配拆迁补偿资金，确保实现"保值增值"。近两年以来，该乡共举办"理财培训班"15期，参加人员达2800人次。在专家的指导下，理性消费、科学投资成为越来越多农民的共识。[①]

（四）自主创业教育促拆迁农民过上"幸福生活"

城乡一体化进程中，大量农民实现转居。但由于农转居人员就业素质不高，不能适应社会发展和市场需求，导致就业压力逐年增长，直接影响到社会的和谐稳定。对此，北京市通州区大力弘扬创业精神，加强创业教育培训，完善创业服务体系，推动农村劳动力自主创业，取得明显效果。以梨园镇为例，该镇加大对农村劳动力自主创业扶持力度，在政策、资金、智力和场地等方面给予支持和帮助，形成了较为完善的农村劳动力创业服务体系。在政策支持上，对自谋职业、自主创业的农村劳动力，落实税费减免政策；对于吸纳农村劳动力的企业，给予减免税费、社保补贴支持。在资金支持上，对外出自谋职业、自主创业的农村劳动力，发放专项补贴资金；对于创业资金不足的人员，协调有关部门，给予小额贷款支持，解决创业燃眉之急。在智力支持上，组织有自谋职业、自主创业愿望的人员免费技能培训，帮助他们掌握一技之长，并实施跟踪服务，针对农村劳动力在创业及经营发展中遇到的困难和问题，提供政策咨询和业务指导。在场地支持上，对有自谋职业、自主创业愿望但无经营场地的人员，协助解决经营场地问题，结合市场改造、社区建设等工作，优先

---

① 李伟书：《北京市郊区农村创新教育引导模式引领拆迁农民建设美好生活》，人民网，2011年11月15日。

为农村劳动力提供经营场地。通过几年来的实践，该镇探索出了一条符合本地实际的"以创业带就业、以就业促增收"的创业工作新模式，培养和造就了一批"小老板"，带动了本地农村劳动力就业发展。①

三 "拆迁农民市民化教育支持"存在的问题

（一）有关农民教育政策法规不完善

我国只有《职业教育法》，尚未建立一套完整的、专门的有关农民职业教育的立法，不能满足我国农民接受职业教育的需要。近年来，农民职业化过程明显加快，农民职业化教育培训现实需求更加突出，不能只是依靠临时性政策的支持，需要把农民教育培训纳入法制轨道，需要有国家法律的支撑和保障。西方发达国家对农民市民化教育支持历来很重视，注重教育投资、政策保证、充分发挥政府在农民市民化发展过程中的主导作用。第二次世界大战之后，美国为了解决农村剩余劳动力的转移问题，加强了政府干预。为了顺应经济结构的变化，提高农民转移劳动力的整体素质，政府制定了多种计划和法律，主要有1962年的《人力发展与训练法》和1964年的《就业机会法》等；1905年，英国政府为了彻底解决农村剩余劳动力的转移问题，出台了《失业工人法》，为失业者提供职业培训，提供就业计划和社会安全保障，标志英国政府由济贫政策向福利国家政策转变，为农村的剩余劳动力转移创造了良好的社会环境，其他国家也通过采取提高农民的综合素质等多方面的政策措施，促进农村剩余劳动力的转移。

（二）农民受教育的积极性没有充分调动起来

近年来，党委、政府虽然重视成人教育并且将之列入议事日程，但长期以来，由于广大农民经济上处于弱势，学知识、学技能缺乏积极性，更谈不上自

---

① 李伟书：《北京市郊区农村创新教育引导模式引领拆迁农民建设美好生活》，人民网，2011年11月15日。

我发展、提高，往往受行政干预的多，得益于某种经济补偿的多，即使接受教育，教育内容往往缺乏针对性，应急趋时的多，空洞抽象的多，学与不学，受教育与不受教育一个样，受教育程度及教育结果没有与土地经营承包、农村经济、就业等挂钩，严重挫伤了农民的学习积极性，造成广大农民的逆反心理。

（三）教育资源还有待进一步地综合开发和利用

从农民变为市民，是一项复杂的社会系统工程，既要解决思想观念、行为方式问题，又要解决提高素质、社会权利的问题，还要解决提高生活质量的问题，它具有社区性、综合性、多元性等特点，需要依托全镇范围内的科技、文化医疗等各种资源。但由于组织协调尚未完全到位，许多单位各自为战，致使许多资源没有得到充分开发和利用，如科普部门常规性的科普培训缺乏长效性；医疗卫生部门的教育培训形同虚设，仅靠计生部门独撑门面；大部分学校的现代化设备和设施难以向社会开放等。

（四）广大农民的教育需求没有得到充分的满足

农民市民化进程中，广大农民的物质生活发生了明显的变化，而他们期待提高自身的人文素质、职业技能甚至文化程度的愿望也十分强烈，而大多数乡镇还没有形成全面、系统的教育内容，往往"头痛医头、脚痛医脚"，顾此失彼。即使原有的常规性教育内容，也只是"蜻蜓点水"，不够深入，收效甚微。[①]

（五）教育经费投入不足，办学条件差

虽然近几年农民收入水平有了很大提高，农村社会保障也得到了落实，但农村成人教育的发展还难以摆脱政府的扶持，真正用于成人教育特别是农民素质教育的经费还偏少，工作中往往捉襟见肘、力不从心。教学条件差、设备陈旧、图书资料少，缺乏系统的教材和科学的教学方法。如何拓展农民教育的资金渠道，进一步改善办学条件，逐步建立与乡镇经济发展相适应的投入机制，使农民教育步入良性循环和可持续发展轨道，仍任重道远。

---

① 黄建明：《农民市民化中素质教育问题的思考》，苏州职教网，访问时间：2007年3月17日。

四 "拆迁农民市民化教育支持"的途径及对策

（一）健全农民教育法律制度

要制定和完善相关政策法规，把农民教育培训纳入法制轨道，争取尽快出台农民职业教育法。在经费投入、师资水平、教育培训对象、培训模式、技能达标水平、基础设施建设、社会效果评价等方面建立立法保障。我国可以参照发达国家的培训经验，对劳务工培训权益进行立法保障，通过立法支持拆迁农民培训权益的实现，依据法律规定，规范利益相关者的行为。

（二）思想上高度重视拆迁农民的市民教育工作

拆迁农民是城镇经济和社会发展的主体。农民问题始终是中国革命和建设的首要问题。随着行政区划调整和城市化进程的加快，农业和农村工作依然面临着农业结构调整、农民增收和农村稳定等三项艰巨任务。拆迁农民作为农业结构调整的主体，对结构调整的态度和积极性，对市场信息的选择和运用水平，对科技的吸纳能力，以及是否能够真正实现增收等问题的认识，根本上还是取决于农民自身的科技文化素质。社会稳定也离不开有理想、有道德、有文化、有纪律的社会主义新型农民。抓好拆迁农民教育是城镇经济持续发展的需要，更是新形势下促进城镇化进程，提升城市化品位的迫切需要。对此，各级党政干部要统一认识，适应新形势，在不断提高自身素质的基础上，教育引导拆迁农民树立市场观念、开放观念、竞争观念、效益观念和法制观念，提高拆迁农民运用现代科技知识创业致富的能力。要从建设现代化新农村、加速城乡一体化进程的战略高度，充分认识加强拆迁农民素质教育的重要性和必要性，切实做好拆迁农民教育工作。

（三）加强管理，建立健全拆迁农民教育责任制

抓好对拆迁农民的教育始终是党的农村工作的重要任务，更是镇党委、政府和广大基层干部的一项政治职责。因此，要进一步把这一工作列入工作计

划，提上议事日程，纳入考核范围。明确要求基层党组织负责人切实负起农民教育的第一责任，思想上重视，工作上部署，措施上落实。要针对拆迁农民思想的新特点，大胆探索拆迁农民教育的新路子、新方法。要进一步完善拆迁农民教育考核管理制度，逐步加大反映农民素质的指标，把农民教育与基层干部的所得利益挂钩，促使他们有心思抓教育，舍得气力抓教育，敢于扎实抓教育。同时对重视农民教育并有明显成效的，给予表彰和奖励；对于那些忽视拆迁农民教育，导致农民素质下降，出现各种问题的，要进行必要的惩戒。

（四）增加教育经费投入，改善办学条件

农村社区文化教育阵地是理论进农村的重要载体，必须强化政府拆迁对农民教育的资金投入，建立多元化、多途径的投资、筹资渠道。建议设立拆迁农民教育专项基金来发展农民教育，要根据社区教育中"全员、全面、全程""三全"特点，建立镇、村两级农民教育统筹机构，落实相关部门、条线、单位的职责和任务，形成齐抓共管、全社会支持拆迁农民教育的局面，要突出重点，抓好基层党校、成人学校、村人口学校、文化站及图书阅览室、体育、卫生等农村社区文化教育资源的建设，搞好街道、办事处及行政村的宣传栏、黑板报等宣传阵地，提升镇、村文化教育品味，添置电化教育、网络教育设施设备，以适应信息社会化的需求，积极为提高拆迁农民技能素质服务。

（五）突出重点，增强拆迁农民教育的实效

从农民到市民，跨度很大，任务艰巨，农民素质教育同样任重而道远，需要我们有计划、有步骤地落实长效教育措施，制定科学、完整的教育内容，改进教育方法，务求教育实效。一要切实提高拆迁农民的人文素质。把解除农民传统陋习，加强法制观念，提高辨别是非能力作为今后社区文化生活教育的主流。二要切实加强拆迁农民职业技能培训。尽快、尽可能地缩小农民工与城市职工在职业技能的多样化和专业化方面的差距，适应农民就业途径和就业岗位的变革，为农民实现非农就业创造条件。三要根据农民市民化特点，扫除功能性文盲。抓好农民电脑、外语、电器等方面的教育培训，帮助农民主动适应城市化生活的需求。四要切实加强对农村社区教育的指导。运用典型引路、文艺

表演、体育活动等形式，使农民在通俗易懂、形象生动、喜闻乐见的活动中得到自我教育和提高。

（六）建立以政府为主导的、社会各方积极参与的多层次、立体式、全方位的社会支持网络

拆迁农民教育支持是一个系统而复杂的工程，除了政府是重要的责任主体外，企业、社会要积极参与，工会组织也可以在这项工作中发挥重要作用。要建立一个开放型的多渠道、多层次、多形式的优势互补、资源共享的培训教育支持体系。企业要积极参与对拆迁农民教育的支持，发挥捐资助学、职业教育、就业培训、招聘辅导服务、理财指导与金融服务等方面的优势作用。安置社区要积极改善社区办学条件，加强基础设施和教学设备建设，建立社区多功能的教育互联网，充实学校图书资料，丰富教育内容，及时向拆迁农民提供新区发展动态、政策法律宣讲、理财知识、心理健康、城市生活方式的指导。开通社区之间，与各类普通教育、职业教育、成人教育、高等教育的联动渠道，形成以就业、创业培训及学历教育为主的办学模式。开展丰富多彩的文体娱乐活动，丰富居民生活，增强凝聚力和归宿感。社会各界包括民间组织、慈善机构要发扬慈善精神、积极参与对拆迁农民教育的送温暖献爱心服务，并在效率评估督导服务方面发挥作用。社会工作服务机构要提供心理辅导、教育资源支持等全方位的服务。大学生要发挥志愿者精神，积极参与到对拆迁农民支教行动中来。

B.40
湖南省知识产权战略实施的成效、问题与对策

何炼红 邓欣欣[*]

2009年，湖南省人民政府发布了《湖南省知识产权战略实施纲要》（以下简称《纲要》），实施至今已有四年多时间。为了全面考察湖南省知识产权战略实施的效果，本文以《纲要》所设定的目标为核心，在兼顾评估的科学性、数据的可获取性和可比较性的基础上，构建了湖南省知识产权战略评估指标体系，通过分析和处理相关统计数据，对2009~2012年《纲要》的实施情况进行了绩效评价。

一 湖南省知识产权战略实施的成效

为了充分反映湖南省知识产权工作在创造、运用、管理、保护和服务领域所取得的成绩，本研究构建的知识产权战略评估指标体系包括知识产权产出、运用、保护、管理和服务五个一级指标，在五个一级指标下又分解设立了54个具体的二级指标，知识产权战略实施成效可从以下几方面进行分析和评价。

（一）激励机制效果明显，创活力持续迸发

知识产权的产出是知识产权战略实施的首要环节，获取知识产权是获得市场竞争力的前提条件，任何创新成果如果不能形成知识产权则无法成为有效的市场竞争力。知识产权产出情况集中体现为拥有知识产权的数量和质量。以专利为例，2012年，湖南全省专利申请量和授权量分别为35709件和23212件，

---

[*] 何炼红，中南大学知识产权研究院教授；邓欣欣，中南大学知识产权研究院硕士研究生。

同比增长21.0%和44.5%，分别是2008年的2.55倍和3.78倍；其中发明专利申请量和授权量分别为9994件和3353件，是2008年的1.87倍和2.8倍。全省每万人有效发明专利拥有量达到1.72件，提前实现了《湖南省国民经济和社会发展"十二五"规划纲要》1.6件的目标（见表1）。

表1 2009~2012年湖南省知识产权产出情况

单位：件，%

指标	2009年	2010年	2011年	2012年
每万人口有效发明专利拥有量	0.67	0.98	1.29	1.72
发明专利授权量	1752	1920	2607	3353
PCT申请量	41	173	405	448
长株潭城市群专利申请量	9200	9593	13243	18604
发明专利申请比例(%)	27.69	28.77	29.73	27.93
企业专利申请比例(%)	44.22	45.86	53.56	57.14
职务发明专利申请比例(%)	54.94	55.96	64.56	68.69
有效注册商标量（累计）	60034	85743	103624	121001
中国驰名商标拥有量（累计）	62	101	165	267
省著名商标拥有量（累计）	992	1262	1612	1916
马德里商标国际注册年申请量	7	18	13	13
版权年登记量	438	337	376	633
软件版权登记数量	1327	1383	1474	1490
获国家工商总局地理标志证明商标注册数量（累计）	32	39	52	59
获国家质检总局地理标志产品数量（累计）	18	22	27	32
获农业部地理标志产品保护总数（累计）	11	24	27	31
植物新品种拥有量（累计）	121	175	186	190
国家级非物质文化遗产名录项数（累计）	70	70	99	99
省级非物质文化遗产名录项数（累计）	220	220	220	290

上述成绩的取得，得益于湖南省近年来实施的一系列激励政策和措施。例如，在专利领域，2010年，省知识产权局和省财政厅联合出台了《湖南省专利奖评奖办法》，2011年，省知识产权局与省财政厅修订了《湖南省专利资助办法》，提高了发明专利资助标准，对年专利授权排名靠前的企业和高校给予补助。各市州局也先后制定了专利奖励制度，常德、岳阳、邵阳、衡阳、永州加大了对县市区的考核奖励力度。这些激励机制效果十分明显，有效地促进了专利量和质的提升。

（二）着重促进成果转化，运用水平整体提升

知识产权运用是知识产权战略实施的核心步骤，如果说知识产权产出是发挥知识产权作用的基础，那么知识产权运用则是对知识产权价值的提升，是知识产权实现市场竞争优势的必由之路。2009～2012年，湖南省知识产权运用情况逐年改善，整体运用水平不断提升（见表2）。

表2 2009～2012年湖南省知识产权运用情况

指　标	2009年	2010年	2011年	2012年
高新技术产业增加值（亿元）	1098.8	1427.1	1951.08	2888.2
拥有自主知识产权（受资助专利）产品产值（亿元）	—	—	1838.45	2112.07
拥有驰名商标的企业总产值（亿元）	—	—	1715.51	1781.18
版权产业增加值（亿元）	682.16	827.56	1012	1245.51
专利转让许可备案合同额（万元）	4622	3272	8363	3743
工业企业专利实施转化率（%）	49.50	54.80	62.30	65.50
转让许可备案的专利数（件）	341	306	722	240
进入产业化阶段专利比例（%）	—	29.55	35.91	40.80
专利权质押融资额（亿元）	—	—	1.5	2
商标质押融资额（亿元）	0.3050	0.015	0.065	0.045
版权质押融资额（亿元）	0	0	0	0

促进知识产权运用，实现创新成果转化，不仅需要创新主体发挥自主能动性，也需要政府积极引导和支持。自《纲要》实施以来，为了促进全省企业的知识产权转化和增值，湖南省采取了一系列的措施：2008～2013年，省财政厅共安排专项资金8000多万元，与省知识产权局先后分四批遴选确定了100家知识产权优势培育企业进行滚动支持；安排专项资金850多万元，组织开展知识产权战略实施专项项目，着力解决中小企业专利申请、实施及转化中的重点难点问题。

此外，省经信委、省财政厅还出台《湖南省加快培育战略性新兴产业奖励细则》，从2011年起对发明专利新获得国家专利金奖和优秀奖并在省内转化的企业分别安排100万和50万的项目补助资金。2012年获得中国专利奖的14个项目，自实施以来已累计产生新增销售额1469.7亿元，新增利润170.8亿元，新增出口额96.2亿元，取得了显著的经济社会效益，知识产权运用能力不断提升。

（三）行政与司法双管齐下，保护工作成效显著

《纲要》实施以后，湖南省知识产权行政执法和司法保护均取得明显成效。2009～2012年，全省专利管理部门共处理专利案件1991件，省知识产权局成立了省专利行政执法队，实现了省、市、县三级执法。全省工商系统共查处各类假冒侵权案件7121件。省版权系统共查处各类侵权盗版案件1391件，400余家大中型企业实现了使用正版软件的目标。2010年11月至2011年7月底，湖南省开展了"打击侵犯知识产权和制售假冒伪劣商品专项行动"，全省行政执法部门立案6555件，重大案件立案102个。2012年，湖南省建立了打击侵权假冒工作长效机制，专项工作走向常态化、规范化和制度化。在刑事打击方面，2008～2013年6月底，全省公安系统共立侵犯知识产权案件1054起，共立生产、销售伪劣产品案件1252起，挽回经济损失4929余万元；连续开展"亮剑""破案会战"等行动，查办了"1·19"王某某团伙侵犯著作权案、某计算机系统服务公司侵犯微软（中国）公司著作权案等一批典型案件。

四年来，全省法院共审理知识产权民事案件3449件。案件涉及范围由长沙中院逐步覆盖到各地市中院，案件类型也拓展至网络著作权和网络域名、驰名商标认定、传统知识、植物新品种、确认不侵权、特许经营合同等新类型案件。案件上诉率的明显下降以及审理拉菲葡萄酒商标侵权案、三一商标侵权案等一批社会关注度高、影响面广的案件，充分表明全省知识产权审判水平有了显著提高。为了有效化解社会矛盾，长沙县法院、长沙市（县）仲裁委建立了与长沙经济技术开发区非诉讼纠纷解决（ADR）制度对接的机制，长沙市岳麓区人民法院启动了专利纠纷行政调解协议司法确认试点工作，产生了良好的社会效应。

表3 2009~2012年湖南省知识产权保护情况

指　　标	2009年	2010年	2011年	2012年
全省法院受理知识产权民事一审、二审案件数量	548	656	1181	1064
设立知识产权审判庭的法院数量(个)	18	18	20	20
知识产权法官人数(人)	89	89	89	89
知识产权执法人员数量(人)	1142	1212	1262	1298
处理专利执法案件数量(件)	173	161	271	1386
查处商标侵权案件数量(件)	736	849	4354	1182
年查处非法出版物(盗版)案件数(件)	259	473	317	342
联合执法次数(次)	147	267	427	350

（四）加快转变政府职能，管理体系不断健全

知识产权管理是知识产权战略实施的重要领域，完善的知识产权管理体系可以从政策、制度、机制、机构等方面，为知识产权战略的深入推进提供有力支撑。《纲要》实施以来，湖南省知识产权管理体系得到了极大的完善和健全，主要体现在以下几方面。

1. 政策法规不断完善

地方立法上，新修订的《湖南省专利条例》《湖南省科学技术进步条例》于2012年相继实施，为知识产权工作提供了法制保障；政策引领上，省政府出台了《湖南省知识产权战略实施纲要专项工程推进计划（2010~2015）》《关于深入推进实施商标战略的意见》《关于进一步做好政府机关使用正版软件工作的通知》等若干文件，湖南省委、省政府将培育驰名商标作为推进新型工业化的重要举措之一，省新型工业化领导小组把企业专利工作纳入新型工业化考核指标体系，这些对全省知识产权战略在具体领域的实施和专项工作的开展起到了很好的引导作用。各市州也相继出台了地方知识产权战略实施方案和各类政策性文件50多个，有效发挥了知识产权政策在促进区域经济发展中的积极作用。

2. 工作机制逐步健全

全省加大省知识产权协调领导小组统筹协调力度，建立了打击侵犯知识产权和制售假冒伪劣商品长效工作机制。为探索厅市合作工作会商制度，省政府与国家相关部委开展了工作会商。省、市、县三级知识产权管理机构进一步健全，长沙市率先将版权管理职责划入了市知识产权局。全省法院系统专设知识产权审判庭20个，长沙中院、岳麓区法院、株洲中院、天元区法院开展了知识产权民事、刑事、行政"三审合一"试点工作。

（五）全面加强基础建设，服务环境日渐优化

知识产权服务是知识产权战略实施的基础保障，贯穿于知识产权"获权——用权——维权"的全过程。近年来，知识产权战略实施的基础条件建设、服务环境和服务水平逐步得到了优化和提升。

1. 创新工作模式，优化服务内容

省发改委联合省知识产权局举办园区知识产权和综合评价学习班，建立健全园区知识产权服务体系。省科技厅探索建立了多种以知识产权为纽带的产学研合作模式，创建了集知识产权技术创新、成果孵化、人才培养于一体的知识产权共享中心。在版权领域，由版权协会、版权集体管理组织地方办事处、作品登记机构、版权代理公司、律师事务所、版权专业服务网站等构成的版权社会服务体系已初具规模。在专利领域，省知识产权局积极组织优秀专利项目与银行对接开展质押融资，开展"十所百企"专利代理机构与企业对接服务，开发了专利资助网上申报系统。省财政厅投入1000多万元，建设省专利信息公共服务平台，依托该平台100多家企业建立了专利信息平台或产品专题数据库。此外，省文化厅为"非遗"项目搭建展示展销平台，探索"非遗"与旅游结合的新路子，树立了"非遗"生产性保护典型。

2. 开展系列宣传活动，营造良好文化氛围

每年"4·26世界知识产权日"，湖南省人民政府均发布了《湖南省知识产权保护状况》（白皮书），向社会公众通报相关领域的知识产权保护状况。省知识产权协调领导小组组织开展了"入世十年"湖南知识产权事业十大最具影响力人物和十大事件评选活动。各部门、各市州借助"世界知识产权日""科技活动周""商标节""绿书签""读书月"等大型活动，通过电视、报纸、网络新兴媒体、户外广告、手机短信、宣传手册等各种媒介，广泛开展知

识产权宣传。知识产权进高校、进社区、进园区活动持续进行，人民群众的知识产权意识较五年前有较大提高。

3. 人才培养受到重视

2010年，省委、省政府出台了《湖南省中长期人才发展规划纲要》，把知识产权人才培养作为四大重点任务之一。2011年，省知识产权局和省委组织部联合印发《湖南省知识产权人才发展规划》，提出了建设"533"人才工程和"两院一基地"平台建设工程。中南大学、湖南大学、湘潭大学等高校积极开展高学历知识产权人才培养工作，近年来培养知识产权方向博士和硕士研究生400多名、在校生超过500人。省知识产权局与省经信委、省人力资源与社会保障厅共同实施的"新型工业化专利人才培养计划"，培训了专利工程师800余人。

表4 2009~2012年湖南省知识产权服务情况

指标	2009年	2010年	2011年	2012年
专利代理服务机构数(个)	22	26	27	29
专利服务机构从业人员(人)	106	108	99	147
专利公共服务平台建设(个)	1	2	2	3
商标中介服务机构(个)	94	115	138	173
商标中介服务机构从业人员(人)	282	349	667	865
知识产权人才培训人次(人次)	13500	14600	15000	16350
高校知识产权教育情况	良好			
知识产权宣传工作开展情况	良好			

综上所述，通过对《湖南省知识产权战略实施纲要》的既定目标与实际进展情况进行比较分析和判断，本研究成果认为，《纲要》颁布以来，湖南省知识产权战略实施情况总体良好，有效促进了湖南的创新发展，并在全国产生了较好的示范效应。《纲要》所设目标总体上预期能够实现，在54项评估指标中，其中"提前达到"的有10项，"预期能够达到"的有42项。当然，评估结果也显示，湖南省知识产权工作还存在着一些薄弱环节，需要在下一步战略实施过程中给予足够的重视。

二 湖南省知识产权战略实施中存在的问题

湖南省知识产权战略实施以来，虽然取得了一定成绩，但知识产权质量不优、人才不够、转化不畅、保护不力等问题依然突出，主要体现在以下几个方面。

（一）知识产权意识有待强化

目前，湖南省党政领导和企业高层缺乏的是知识产权战略意识，市场主体缺乏的是知识产权维权意识，技术研发人员缺乏的则是专利信息利用和保护意识。由此导致的后果是：重有形资产、轻无形资产；重成果论文发布、轻知识产权保护；重价格资源等常规手段竞争、轻知识产权规则利用；重学历文凭获取、轻复合型紧缺型人才培养等。例如，2012年全省60家科研院所（省属42家，中央驻湘18家）共发表论文约3700篇，显示出较强的科研实力，但专利申请量只有724件，仅占全省申请量的5.2%，授权量只有464件，仅占全省授权量的7.6%。

（二）知识产权拥有量有待提升

专利方面，湖南省企业专利数量与湖南的工业化程度不相匹配。在对全省1761家高新技术企业调查中，近两年仍有27.43%的高新技术企业处于"零专利"申请状态。同时，技术含量高、专利状态稳定、市场价值大、经得起无效宣告的发明专利数量偏少，并且由于专利转化机制不畅，全省专利转化的比例较低。因为缺乏有效管理，高校、科研院所等单位的职务发明专利许多得不到有效实施；非职务发明专利受限于个人资金短缺、专利价值评估难等因素，专利转化率也很低。商标方面，2012年底全省有效注册商标数超过12万件，但仅占全国640万件的1.88%。大多数驰名商标企业的品牌知名度和市场占有率还存在较大差距，缺乏在全国乃至在国际上有竞争力、影响力的大品牌。

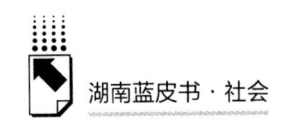

（三）知识产权工作体系和人才队伍建设有待加强

湖南省知识产权行政管理机构有待健全，90%以上县级专利执法机构没有一个专职执法人员，除长沙外，其他市州知识产权局都是科技系统的下属单位，不能充分发挥其行政职能。知识产权代理、评估鉴定、托管服务、融资担保等服务体系尚不完善，目前，全省执业专利代理人仅147人，其中50岁以上的占53.7%。企业知识产权管理人才严重不足，配备专兼职人员的规模以上企业不到100家，人员不超过1000人，懂国际规则的高层次人才更是奇缺。

（四）知识产权保护效果不理想

保护维权的深度和广度上，个别地方和部门存在行动滞缓、力度较弱、保障不力等现象。在执法机构和人员方面，市州没有专门的专利行政执法机构，大部分县市由于没有足额配备法律规定执法人员而不能承办案件；在执法经费方面，公安、工商、版权、专利等部门由于缺乏必要的办案经费而未能对一些案件线索进行顺藤摸瓜，深挖犯罪的源头和窝点，影响了打击的纵深和力度。地区之间、部门之间的协调配合还有待加深，行政执法和刑事司法的衔接机制和督查考核机制尚需进一步落实和加强。

此外，随着国际化进程的加快，国内企业纷纷走出国门参与国际竞争，与国外企业之间产生知识产权摩擦的几率大大增加，比如"三一重工"等一些省内企业遭遇了涉外侵权诉讼和美国国际贸易委员会的"337调查"。由于知识产权法律体系庞大繁杂，诉讼程序和审判标准具有显著的地域性差异，知识产权涉外人才匮乏、应对国际知识产权纠纷的能力不足等矛盾愈发凸显。

三 湖南省知识产权战略进一步实施的对策和建议

为了推动湖南省知识产权战略进一步实施，我们应根据湖南经济发展的实际情况，在提升整体与抓好试点并重、促进产业与强化打击相结合的基础上，实施知识产权战略分类推进与协同发展计划，以期实现全省知识产权实力的整体提升。

（一）提升区域知识产权整体水平

湖南知识产权工作要实现"总量、质量、均量"的协同提升目标，不仅要确保全省专利、商标、版权、植物新品种等知识产权拥有量稳定增长，同时要注重提升反映科技创新水平的发明专利数量，注重提升体现产品竞争优势的著名商标和地理标志数量，注重提升全省特色产业的新技术、新品种、新创意的知识产权保护水平。此外，强化科技创新活动中知识产权政策的导向作用也很重要，运用政策引导等方式调整行业领域和地区之间知识产权发展不均衡的问题，争取湖南知识产权综合实力在中部地区居领先地位。

（二）推进长株潭知识产权密集区建设

进一步优化长株潭知识产权管理机制，发挥长株潭两型社会试验区的创新要素聚集优势，以适应长株潭两型社会建设的新需求，是长株潭知识产权密集区建设的总体要求。为此，需要制定和完善园区企业知识产权准入制度，全面提升长株潭国家级和省级园区知识产权试点示范水平，为建设长株潭国家自主创新示范区提供知识产权保障。同时也要加快园区知识产权人才培养和知识产权服务业发展，培育更多具有国际竞争力的知识产权优势企业，力争在2015年长株潭三市均成为国家知识产权示范城市，三市所属县市区80%成为省知识产权示范县市区。

（三）抓好区域知识产权示范试点工作

湖南省知识产权战略实施工作需因地制宜开展，既要建设长株潭知识产权密集区，实现优势地区优先发展，又要在欠发达区域开展知识产权试点培育工作。结合各地区实际情况，实施差异化的知识产权推进战略是较为理想的选择，即"一点一线地区"要分步创建知识产权示范城市；城市区和园区要以"知识产权优势企业培育"为突破口，培育一批骨干企业和成长型中小企业；县市要以"知识产权强县富民示范工程"建设为载体，发展县域支柱产业和特色产业，加强涉农知识产权和传统知识的保护利用；风景名胜区和少数民族地区要抓紧实施"知识产权促进产业转型升级"专项计划，充分发掘非物质文化遗产、传统文化、地理标志、资源加工专利技术等知识产权的效用；商业流通较发达的区域要开展"知识产权示范市场"的创建和试点工作，逐步培育一批规模较大、集约性、专业性较强的知识产权保护示范市场。

（四）大力促进知识产权产业化

进一步完善装备制造、新材料、文化创意、生物、新能源、信息、节能环保等战略性新兴产业以及中医药、陶瓷、烟花、农产品加工等传统优势产业的知识产权培育机制，同时把知识产权服务业作为高技术服务业的重心，着力打造企业知识产权市场化服务平台，促进技术成果的知识产权化、商品化、产业化，从而不断深化全省专利技术产业化，实现版权兴业和品牌战略。

（五）强化对侵权假冒行为的打击力度

专利、工商、版权等知识产权主管部门要完善省市县三级知识产权行政执法体系建设，健全执法机制，优化执法程序，分层次、分领域推进打击侵犯知识产权和制售假冒伪劣商品的工作。市州和县市区政府要重视知识产权行政执法工作，加大经费投入，建设稳定、高素质的执法队伍，使知识产权执法规范化、常态化。加强"双打"长效工作机制建设，继续推进专利纠纷行政调解司法确认等非诉讼纠纷解决机制的实施，完善行政执法与刑事司法衔接的工作制度，提升行政执法与司法保护整体合力。

（六）进一步加强知识产权宣传教育和人才队伍建设

加快实施《湖南省知识产权人才发展规划》明确的各项目标任务，着力培养一批知识产权领军人才、高层次人才和实务型人才。广泛深入开展知识产权宣传教育，将知识产权教育纳入各级党政领导和专业技术人员培训学习内容，多种形式开展大中小学生的知识产权素质教育。利用各种媒体对知识产权重大事件、典型案例进行宣传报道，加强知识产权法律法规的普及，提高全社会知识产权意识。

中国皮书网
www.pishu.cn

发布皮书研创资讯，传播皮书精彩内容
引领皮书出版潮流，打造皮书服务平台

栏目设置：

- □ 资讯：皮书动态、皮书观点、皮书数据、皮书报道、皮书新书发布会、电子期刊
- □ 标准：皮书评价、皮书研究、皮书规范、皮书专家、编撰团队
- □ 服务：最新皮书、皮书书目、重点推荐、在线购书
- □ 链接：皮书数据库、皮书博客、皮书微博、出版社首页、在线书城
- □ 搜索：资讯、图书、研究动态
- □ 互动：皮书论坛

中国皮书网依托皮书系列"权威、前沿、原创"的优质内容资源，通过文字、图片、音频、视频等多种元素，在皮书研创者、使用者之间搭建了一个成果展示、资源共享的互动平台。

自2005年12月正式上线以来，中国皮书网的IP访问量、PV浏览量与日俱增，受到海内外研究者、公务人员、商务人士以及专业读者的广泛关注。

2008年、2011年中国皮书网均在全国新闻出版业网站荣誉评选中获得"最具商业价值网站"称号。

2012年，中国皮书网在全国新闻出版业网站系列荣誉评选中获得"出版业网站百强"称号。

皮书数据库

权威报告　热点资讯　海量资源

当代中国与世界发展的高端智库平台

皮书数据库　　www.pishu.com.cn

皮书数据库是专业的人文社会科学综合学术资源总库，以大型连续性图书——皮书系列为基础，整合国内外相关资讯构建而成。该数据库包含七大子库，涵盖两百多个主题，囊括了近十几年间中国与世界经济社会发展报告，覆盖经济、社会、政治、文化、教育、国际问题等多个领域。

皮书数据库以篇章为基本单位，方便用户对皮书内容的阅读需求。用户可进行全文检索，也可对文献题目、内容提要、作者名称、作者单位、关键字等基本信息进行检索，还可对检索到的篇章再作二次筛选，进行在线阅读或下载阅读。智能多维度导航，可使用户根据自己熟知的分类标准进行分类导航筛选，使查找和检索更高效、便捷。

权威的研究报告、独特的调研数据、前沿的热点资讯，皮书数据库已发展成为国内最具影响力的关于中国与世界现实问题研究的成果库和资讯库。

皮书俱乐部会员服务指南

1. 谁能成为皮书俱乐部成员？
- 皮书作者自动成为俱乐部会员
- 购买了皮书产品（纸质皮书、电子书）的个人用户

2. 会员可以享受的增值服务
- 加入皮书俱乐部，免费获赠该纸质图书的电子书
- 免费获赠皮书数据库100元充值卡
- 免费定期获赠皮书电子期刊
- 优先参与各类皮书学术活动
- 优先享受皮书产品的最新优惠

卡号：1413685996344011
密码：

3. 如何享受增值服务？

（1）加入皮书俱乐部，获赠该书的电子书

　　第1步 登录我社官网（www.ssap.com.cn），注册账号；

　　第2步 登录并进入"会员中心"—"皮书俱乐部"，提交加入皮书俱乐部申请；

　　第3步 审核通过后，自动进入俱乐部服务环节，填写相关购书信息即可自动兑换相应电子书。

（2）免费获赠皮书数据库100元充值卡

　　100元充值卡只能在皮书数据库中充值和使用

　　第1步 刮开附赠充值的涂层（左下）；

　　第2步 登录皮书数据库网站（www.pishu.com.cn），注册账号；

　　第3步 登录并进入"会员中心"—"在线充值"—"充值卡充值"，充值成功后即可使用。

4. 声明

　　解释权归社会科学文献出版社所有

皮书俱乐部会员可享受社会科学文献出版社其他相关免费增值服务，有任何疑问，均可与我们联系

联系电话：010-59367227　企业QQ：800045692　邮箱：pishuclub@ssap.cn

欢迎登录社会科学文献出版社官网（www.ssap.com.cn）和中国皮书网（www.pishu.cn）了解更多信息

社会科学文献出版社 皮书系列

"皮书"起源于十七、十八世纪的英国,主要指官方或社会组织正式发表的重要文件或报告,多以"白皮书"命名。在中国,"皮书"这一概念被社会广泛接受,并被成功运作、发展成为一种全新的出版形态,则源于中国社会科学院社会科学文献出版社。

皮书是对中国与世界发展状况和热点问题进行年度监测,以专业的角度、专家的视野和实证研究方法,针对某一领域或区域现状与发展态势展开分析和预测,具备权威性、前沿性、原创性、实证性、时效性等特点的连续性公开出版物,由一系列权威研究报告组成。皮书系列是社会科学文献出版社编辑出版的蓝皮书、绿皮书、黄皮书等的统称。

皮书系列的作者以中国社会科学院、著名高校、地方社会科学院的研究人员为主,多为国内一流研究机构的权威专家学者,他们的看法和观点代表了学界对中国与世界的现实和未来最高水平的解读与分析。

自20世纪90年代末推出以《经济蓝皮书》为开端的皮书系列以来,社会科学文献出版社至今已累计出版皮书千余部,内容涵盖经济、社会、政法、文化传媒、行业、地方发展、国际形势等领域。皮书系列已成为社会科学文献出版社的著名图书品牌和中国社会科学院的知名学术品牌。

皮书系列在数字出版和国际出版方面成就斐然。皮书数据库被评为"2008~2009年度数字出版知名品牌";《经济蓝皮书》《社会蓝皮书》等十几种皮书每年还由国外知名学术出版机构出版英文版、俄文版、韩文版和日文版,面向全球发行。

2011年,皮书系列正式列入"十二五"国家重点出版规划项目;2012年,部分重点皮书列入中国社会科学院承担的国家哲学社会科学创新工程项目;2014年,35种院外皮书使用"中国社会科学院创新工程学术出版项目"标识。

法律声明

"皮书系列"(含蓝皮书、绿皮书、黄皮书)由社会科学文献出版社最早使用并对外推广,现已成为中国图书市场上流行的品牌,是社会科学文献出版社的品牌图书。社会科学文献出版社拥有该系列图书的专有出版权和网络传播权,其LOGO( )与"经济蓝皮书"、"社会蓝皮书"等皮书名称已在中华人民共和国工商行政管理总局商标局登记注册,社会科学文献出版社合法拥有其商标专用权。

未经社会科学文献出版社的授权和许可,任何复制、模仿或以其他方式侵害"皮书系列"和LOGO( )、"经济蓝皮书"、"社会蓝皮书"等皮书名称商标专用权的行为均属于侵权行为,社会科学文献出版社将采取法律手段追究其法律责任,维护合法权益。

欢迎社会各界人士对侵犯社会科学文献出版社上述权利的违法行为进行举报。电话:010-59367121,电子邮箱:fawubu@ssap.cn。

社会科学文献出版社